U0916119

Development Report of

China's Securities Industry (2021)

中国证券业发展报告

2021

中国证券业协会◎著

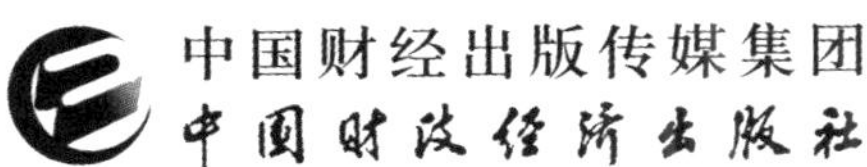

图书在版编目（CIP）数据

中国证券业发展报告.2021／中国证券业协会著.——北京：中国财政经济出版社，2021.8

ISBN 978－7－5223－0641－4

Ⅰ.①中… Ⅱ.①中… Ⅲ.①证券业－经济发展－研究报告－中国－2021 Ⅳ.①F832.51

中国版本图书馆CIP数据核字（2021）第144716号

责任编辑：翁晓红　　　　责任校对：张　凡

封面设计：孙俪铭

中国证券业发展报告（2021）

ZHONGGUO ZHENGQUANYE FAZHAN BAOGAO（2021）

中国财政经济出版社 出版

URL：http：//www.cfeph.cn

E－mail：cfeph@cfeph.cn

社址：北京市海淀区阜成路甲28号　邮政编码：100142

营销中心电话：010－88191522

天猫网店：中国财政经济出版社旗舰店

网址：https：//zgczjjcbs.tmall.com

北京时捷印刷有限公司印刷　各地新华书店经销

成品尺寸：185mm×260mm　16开　23印张　510 000字

2021年8月第1版　2021年8月北京第1次印刷

定价：70.00元

ISBN 978－7－5223－0641－4

（图书出现印装问题，本社负责调换，电话：010－88190548）

本社质量投诉电话：010－88190744

打击盗版举报热线：010－88191661　QQ：2242791300

《中国证券业发展报告（2021）》

编委会

《中国证券业发展报告（2021）》

编写人员名单

（按照姓氏笔画排序）

丁耀武	于子豪	马　敏	马致远	王　云	王　旭
王　岗	王　维	王国强	王建业	王春华	王凌苇
王烨伟	王皓宇	毛兆瑞	艾仁智	曲临凡	朱　蕾
朱志雄	刘　骋	刘　辉	刘相君	刘晓光	池　伟
许　霄	许彦冰	孙　云	孙　媛	孙　鹏	孙庆怀
劳添辉	苏　贤	杜　超	杜洪波	李　贤	李　曦
李亦博	李怀军	李劭琛	李明亮	李学峰	李洲闻溪
李海涛	李银鹰	肖　丹	吴一萍	邱诗阳	汪　丽
宋　娜	张　玲	张　宽	陈　福	陈　磊	陈　橙
陈诣辉	陈显泉	陈韵杨	郁天运	周　陶	周　赟
周洪荣	周素霞	郝　帅	钟　山	姜婧一	贾　颖
贾　新	顾秀娟	徐海燕	高鹏飞	黄侃婧	曹永强
梁泽亮	董欣焱	蒋健蓉	韩　朔	韩云从	韩月琳
谢云霞	廉应斌	熊　莉			

前　　言

作为行业年度发展报告，《中国证券业发展报告（2021）》立足于从行业宏观视角和业务发展的维度，通过对行业数据的分析及国际经验的借鉴，全面、深入、客观地反映2020年行业的发展状况、行业特色和发展趋势。《中国证券业发展报告（2021）》共有17个报告，包括1个总报告，6个分报告，10个专题报告，新增编写证券行业人力资源管理专题报告。

2020年，证券行业坚持稳中求进、规范发展，服务能力和水平进一步增强，行业规模和资本实力稳步增长，市场竞争力和行业形象逐步改善，为高质量发展进一步夯实基础。截至2020年末，证券行业总资产为8.90万亿元，净资产为2.31万亿元，分别同比增加22.50%、14.10%。过去一年，证券行业呈现如下特点：一是行业加快财富管理业务转型，服务市场投资理财需求能力进一步增强，2020年行业代理买卖证券业务净收入同比增长47.42%。二是积极发挥投资银行功能，服务实体经济发展取得扎实成效，2020年度证券承销与保荐业务净收入同比增长39.26%。三是重资本业务收入持续增长，证券投资业务连续四年成为行业收入占比最大的业务，2020年该项业务收入占比为28.16%。四是行业持续推进资产管理业务转型，提升主动资产管理能力，2020年行业主动资产管理规模占比较上年高出17个百分点。五是行业机构履行社会责任成效显著。截至2020年末，102家证券公司结对帮扶的307个国家级贫困县全部实现脱贫"摘帽"；积极参与抗击疫情，助力企业发行"疫情防控债"1 652亿元，捐赠物资超过5亿元；助力民营企业纾困，发起支民资产管理计划累计规模达990亿元。

2020年，在中国证监会的坚强领导和会员单位的大力支持下，中国证券业协会以习近平新时代中国特色社会主义思想为指导，深入学习贯彻党的十九大和十九届二中、三中、四中、五中全会精神，切实提高政治站位，认真贯彻落实新《证券法》赋予的职责，以中国证监会《关于进一步加强中国证券业协会自律管理职责的意见》为指引，发挥“自律、服务、传导”职能作用，进一步引导行业突出主业、突出合规，突出创新、突出稳健，积极营造行业发展良好生态。完善保荐机构承销业务执业质量及行为的自律规范，不断健全行业机构责任体系，提升执业能力；健全行业文化建设规则体系，加强行业文化建设理论研究和宣传引导，促进提升证券公司文化“软实力”和核心竞争力；进一步扩大场外期权二级交易商试点范围，推动行业创新业务发展；引导行业共议共商共推高质量发展，形成促进行业高质量发展的合力；引导行业服务脱贫攻坚，为打赢脱贫攻坚战凝聚行业力量，通过多种形式多角度展现行业帮扶成效，讲好行业扶贫故事。

2021 年是实施“十四五”规划开局之年，是中国共产党建党 100 周年，是向第二个百年奋斗目标迈进、开启全面建设社会主义现代化国家新征程的第一年。证券行业作为我国金融体系的重要组成部分，立足新发展阶段，贯彻新发展理念，构建新发展格局对其提出了新的更高要求。展望未来，证券行业应把握好迈向高质量发展的重要机遇期，重点围绕以下五方面目标持续创新发展。

一是回归本源，坚守服务实体经济的发展定位不动摇。证券行业要以落实金融供给侧结构性改革为主线，坚持中介服务、投资银行服务定位，主动适应发展更多依靠创新、创造、创意的大趋势，紧紧围绕为投资者和融资者提供金融中介服务的总需求，优化服务结构，提升服务能力和质量，着力畅通资本、科技和实体经济的高水平循环，为分散不确定跨期配置资源，为新兴产业发现价值合理定价，为绿色投资长期低回报性创造溢价，为过剩产能退出提供金融服务，不断增强服务实体经济和居民财富增长的能力。

二是持续提升全面风险管理水平，强化风控能力和合规意识。合规风控是证券公司生存发展的底线，证券公司应当始终把合规风控放在更加突出的位置，健全与自身发展相适应的全面风险管理架构，实施事前、事中与事后的风险防范、监控与评价工作；建立有效的风控前置程序、完备的风险管理系统、强大的风险文化体系，将风险控制在源头，实施全生命周期管理，强化内部监督功能，构建与自身业务发展相适应的风险计量模型，夯实证券公司合规展业、行稳致远的制度基础。同时，证券公司更要不断完善与注册制相适应的责任体系，形成发行人质量、发行价格等方面的市场化约束机制，切实加强自身的技术、资本、流动性、声誉等方面的风险管理。

三是持续加强专业能力建设。随着资本市场全面深化改革的推进，作为资本市场最重要的中介机构，证券公司要加强专业能力建设，突出专业特色、专业优势，以适应发展环境的变化。证券公司应从传统投行承销保荐的业务视角中及时转换，提升全业务链投资银行服务能力，切实树立以客户为中心的理念，更加注重各业务条线在客户、业务、牌照、资金、风控等多方面的整合与协同，围绕保荐、定价、承销三大能力，重塑投行尽职调查、增值服务、研究分析、质量控制的业务逻辑，更加注重打造境内外资源良性循环机制，增强国际化经营管理能力，从而建立起一体化、全能型、全业务链的现代投资银行，满足客户全方位、全生命周期的投融资需求。

四是守正笃实推进文化建设，筑牢证券行业高质量发展的根基。证券公司要持续弘扬“合规、诚信、专业、稳健”的文化理念，结合我国国情及证券公司实际，参照《证券行业文化建设十要素》，从观念、组织、行为三个层次，提炼推广证券公司文化建设的关键要素，积极推动文化建设与公司治理、发展战略、发展方式和行为规范深度融合，引导文化建设与专业能力建设、人的全面发展、历史文化传承和党建活动要求有机结合，促进提升证券公司“软实力”。

五是积极履行社会责任，服务国家发展战略。证券公司应深入贯彻新发展理念，注重发挥投行组织交易、集合资源、风险管理的专业优势，巩固“一司一县”结对帮扶成果，接续乡村振兴新使命；积极履行绿色责任，发展绿色金融业务，加大碳中和经济的理论研究，为实现“碳达峰”“碳中和30·60”目标贡献行业力量；当前和未来一段时期，应发挥证券研究专业引领作用，按照高质量发展要求加强证券金融领域战略性、前瞻性、基础性、针对性的问题研究，特别是围绕建设中国特色资本市场的基础制度改革与完善、组织结构优化、基础设施建设、风险防控处置机制、绿色金融和数字金融，以及与科技产业良性循环等重大课题，提升研究分析能力，加大研究力度，增强政策储备。

面对资本市场改革新使命、实行注册制新环境、全面开放以及科技运用新发展趋势，《中国证券业发展报告（2021）》力求将2020年中国证券业的发展全貌展现给读者。同时，该报告对未来行业发展提出了一些展望和建议，旨在促进读者更加深入地思考，共建共治共享推动证券行业高质量发展的美好未来。

中国证券业协会党委书记、会长

2021年7月

目 录

总 报 告

2020年中国证券业发展回顾与展望

分 报 告

分报告之一：2020年中国证券经纪业务发展回顾与展望

分报告之二：2020年中国投资银行业务发展回顾与展望

分报告之三：2020 年中国证券公司资产管理业务发展回顾与展望

分报告之四：2020 年中国证券公司融资类业务发展回顾与展望

分报告之五：2020 年中国证券公司投资业务发展回顾与展望

分报告之六：2020 年中国证券市场资信评级业务发展回顾与展望

专题报告

专题报告之一：2020 年中国证券公司合规管理发展综述

专题报告之二：2020 年中国证券公司风险管理发展综述

专题报告之三：2020 年证券行业履行脱贫攻坚社会责任综述

专题报告之四：2020 年证券公司投资者保护工作发展综述

专题报告之五：2020 年证券行业人力资源管理发展综述

专题报告之六：2020 年中国证券业信息技术与服务发展综述

专题报告之七：2020 年中国证券公司国际业务发展综述

专题报告之八：2020 年中国区域性股权市场和柜台市场发展综述

专题报告之九：2020 年机构间私募产品报价与服务系统发展综述

专题报告之十：2020 年中国证券公司固定收益业务发展综述

总报告

2020 年中国证券业发展回顾与展望

2020 年是“十三五”规划的收官之年，也是决战脱贫攻坚和全面建设小康社会的关键之年，面临国际疫情持续蔓延和全球经济下行风险加剧的复杂形势，证券行业认真贯彻落实党中央、国务院决策部署，始终坚持稳中求进工作总基调，切实践行新发展理念，统筹推进疫情防控、深化改革、防范化解风险和支持实体经济恢复发展各项工作。注册制试点进一步推广至创业板和公司债、企业债市场，优化再融资、新三板改革、健全退市机制等一批标志性改革相继落地实施，行业文化建设开创新局面，数字化转型和金融科技融合实现新突破，资本市场、证券机构和产品双向开放取得新进展，防范化解重点领域风险也有新成效，在支持实体经济和民营企业高质量发展，打赢新冠肺炎疫情防控战和脱贫攻坚战，服务国家绿色发展、创新驱动发展、粤港澳大湾区和“一带一路”建设等方面做出了突出贡献。

2021 年是“十四五”规划的开局之年，也是中国共产党建党 100 周年，疫情变化和外部环境还存在诸多不确定性，世界经济形势仍然复杂严峻。中国证券业将立足服务实体经济高质量发展和构建“双循环”新发展格局，围绕打造一个规范、透明、开放、有活力、有韧性资本市场的总目标，坚决贯彻落实新发展理念，坚持“建制度、不干预、零容忍”，统筹做好常态化疫情防控、防范化解金融风险和支持经济社会发展工作，加快推进金融科技与业务的深度融合，积极构建行业文化建设新格局，着力增强证券公司服务实体经济的能力，为国民经济高质量发展注入新动能。

第一章
2020年中国证券业发展现状

一、证券行业总体情况

（一）证券公司发展情况

截至2020年底，全国共有证券公司138家，较上年增加5家。2020年在沪、深证券交易所上市的证券公司达39家，较上年增加3家；在香港联交所上市的证券公司总数为15家，与上年持平。上市证券公司数量维持稳步增长，资本实力得以增强（见图总1-1）。在全国中小企业股份转让系统挂牌的证券公司有3家，与上年持平。外资参股、控股证券公司共15家。

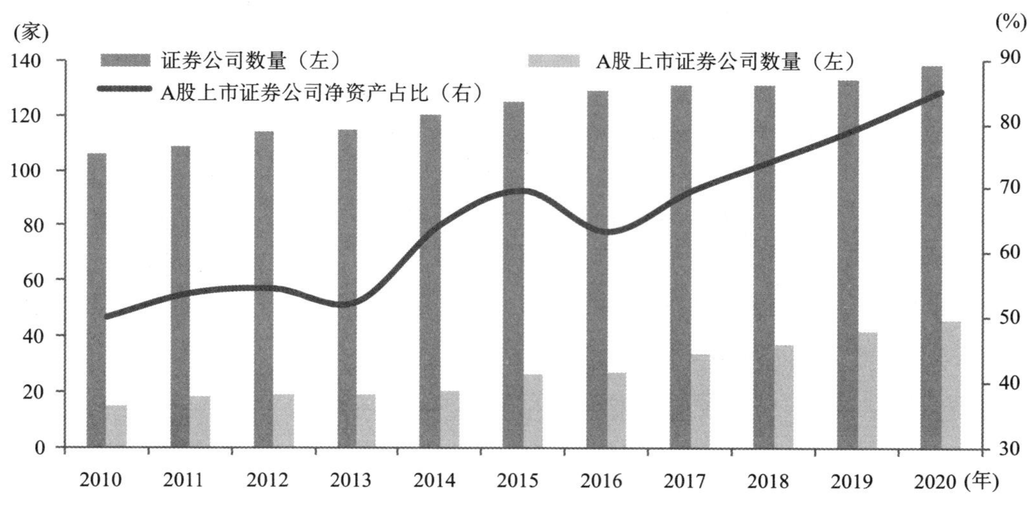

图总1-1　2010—2020年证券公司数量及上市证券公司净资产占比变化

资料来源：中国证券业协会网站，Wind，上市证券公司2020年第三季度报告。

1. 证券公司资产规模

截至 2020 年 12 月 31 日，证券公司总资产为 8.90 万亿元，净资产为 2.31 万亿元，净资本为 1.82 万亿元，客户交易结算资金余额（含信用交易资金）为 1.66 万亿元，受托管理资金本金总额 8.01 万亿元（见图总 1－2）。

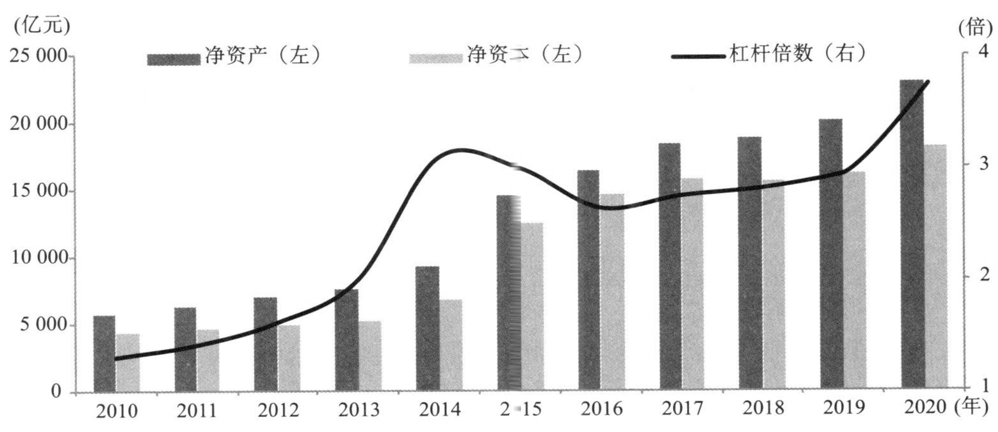

图总 1－2　2010—2020 年证券公司资本规模情况

注：杠杆倍数＝[总资产－(代理买卖证券款＋信用交易代理买卖证券款＋代理承销证券款)]÷净资产

资料来源：中国证券业协会网站，Wind。证券公司经营数据由未经审计财务报表统计而得。

2020 年证券公司总资产增长 22.50%，净资产增长 14.10%，杠杆率提升至 3.86 倍。2020 年末证券公司客户交易结算资金余额（含信用交易资金）为 1.66 万亿元，较上年增长 27.69%，虽然年初遭遇疫情影响，但很快市场回暖且持续活跃吸引了资金入市。2020 年证券公司受托管理资金本金总额 8.01 万亿元①，继续较上年减少 34.83%，证券公司资产管理业务规模收缩的趋势还在继续。融资融券余额从 2020 年初的 10 193 亿元增加至年末的 16 190亿元，业务规模因市场受益而迅速增长。

2020 年证券公司总资产、净资产和净资本集中度指标仍然维持稳定。2020 年总资产、净资产、净资本前 5 家证券公司的集中度（CR5）分别为 37.04%、34.26% 和 23.11%（见图总 1－3）。

2. 证券公司业务利润变动和收入结构情况

2020 年证券公司全年实现营业收入 4 484.79 亿元，同比增长 24.41%；实现净利润 1 575.34亿元，同比增长 27.98%，盈利状况继续提升；净利率为 35.13%，较上年上升了 0.98 个百分点，盈利能力维持平稳；行业净资产收益率（ROE）为 6.83%，较上年上升了 0.74 个百分点。行业盈利在上年大幅回升的基础上保持平稳，市场活跃带来的收入规模增长显著，但盈利提升速度减缓，净利率和净资产收益率上升幅度有限，与历史高位水平也有一段距离，盈利能力和规模效应不完全成正比，反映出行业的经营效率还有进一步提高的空

① 资料来源：中国证券投资基金业协会。

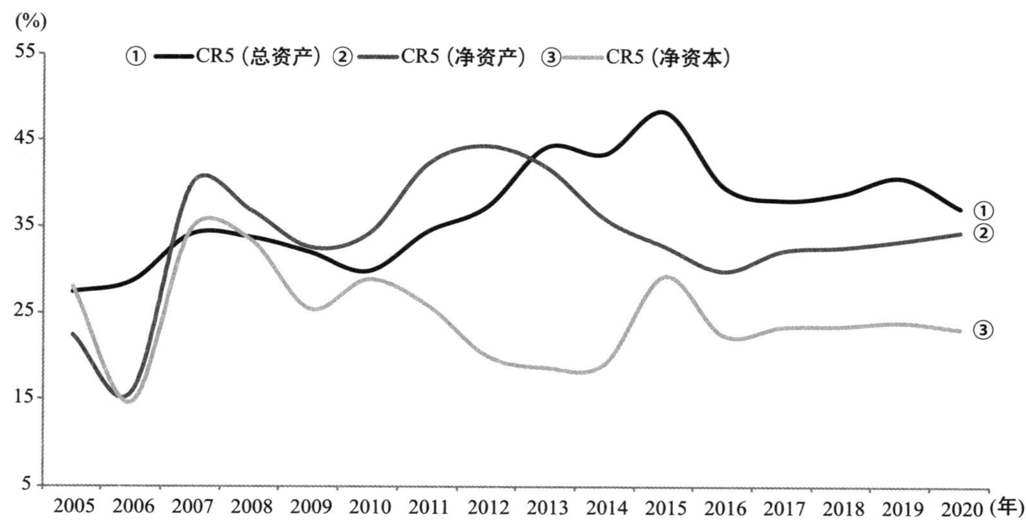

图总1－3　2005—2020年证券公司规模集中度变化情况

资料来源：中国证券业协会，Wind，各公司数据取自2020年中报。

间（见图总1－4）。

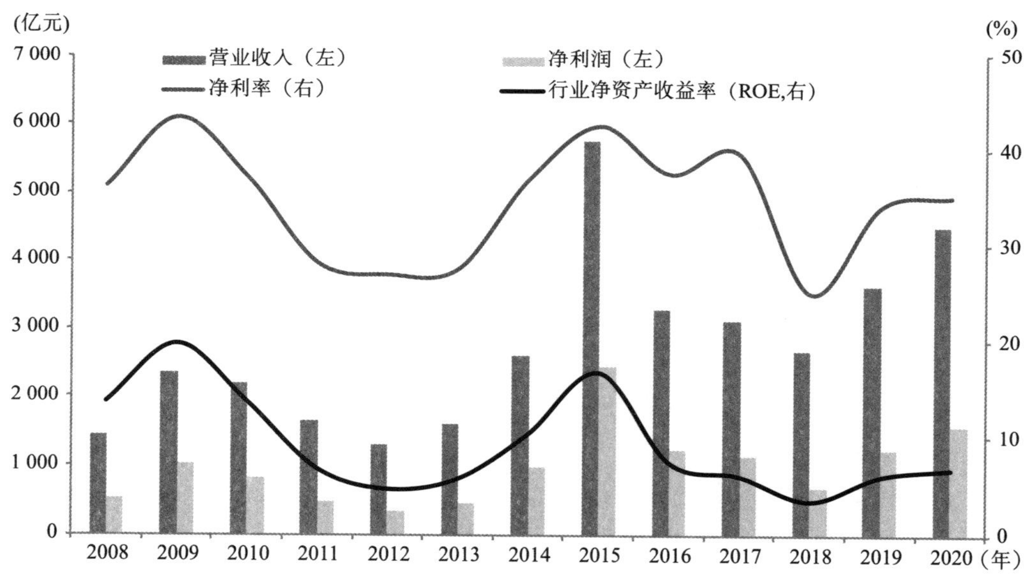

图总1－4　2008—2020年证券公司盈利情况

资料来源：中国证券业协会网站，Wind。

2020年证券公司经营状况在2019年明显好转的基础上又取得了更大进步，各项业务齐头并进，表现良好。分项来看，证券经纪业务跟随市场活跃而回升到较高水平，收入较上年增加47.42%，是盈利的主要来源之一，在整体收入中的占比也提升至25.89%，恢复至历年平均水平附近。另一个盈利的主要来源是自营业务，虽然与上年相比仅略增3.37%，但近两年市场行情活跃使其成为盈利主要来源之一，收入占比 28.16%。2020 年的业务亮点在投行业务，增幅 39.26%，十分突出，注册制和再融资是投行业务的两个推动点：2020 年首次公开发行（IPO）399 家，共募集资金 4 726.49 亿元，同比增加 86.55%；定向增发项目（以融资性为目的）募集资金 4 682.45 亿元；公开增发募集资金 25.71 亿元；配股项目募集资金 626.74 亿元；优先股项目募集资金 110.00 亿元；2020 年证券公司在交易所市场债券发行规模持续稳步增长，全年募集资金规模达 84 777.35 亿元，较 2019 年增长 17.77%。投行业务推进给证券公司带来了较好收益。融资融券业务是利润贡献的另一个因素，融资融券利息收入增幅高达 90.58%，收入占比也提升至 19.70% 的历史高位水平。融资融券业务得益于市场行情的活跃，在投资者的踊跃参与下，融资融券余额较上年末增长了 58.83%。资产管理业务收入规模与上年相比上升了 8.88%，但占比下降至 6.68%，继续维持收入占比逐年下降的趋势，资管业务在新规压力下的转型仍然在持续。

总体来看，2020 年证券行业投行和融资融券业务是最大亮点，也是资本市场服务实体经济和投资者积极参与的直观体现（见表总 1－1）。

表总 1－1　　2019—2020 年证券公司利润和收入情况

项　目	2020 年上半年	2020 年	2019 年
营业收入（亿元）	2 134.04	4 484.79	3 604.83
代理买卖证券业务净收入占比（%）	24.51	25.89	21.85
投资咨询业务净收入占比（%）	0.93	1.07	1.05
证券承销与保荐业务净收入占比（%）	10.36	13.18	10.47
财务顾问业务净收入占比（%）	1.50	1.81	2.92
受托客户资产管理业务净收入占比（%）	6.70	6.68	7.63
证券投资净收益占比（%）	32.93	28.16	33.89
融资融券业务利息净收入占比（%）	12.92	19.70	18.08
其他业务占比（%）	10.15	3.51	9.33
净利润（亿元）	831.47	1 575.34	1 230.95
净利率（%）	38.96	35.13	34.15

注：净利率＝净利润÷营业收入×100%。

资料来源：中国证券业协会网站，证券公司经营数据由未经审计财务报表统计而得。

3. 证券公司营业网点分布情况

2020 年底证券公司营业部共 11 731 个，较上年增加 28 个，增长 0.24%。数据显示，证券公司营业网点的扩张趋势已经逐年趋缓，沿海地区扩张放缓，而越来越多的省份收缩加剧，证券公司网点布局在逐步优化进程中。广东、浙江继续新增 33 家和 32 家营业部，占增量网点的绝大比例；而一直保持在扩张队伍前列的江苏仅增加 2 家营业部。营业网点减少的省份从 2019 年的 5 个突增到了 16 个，河南、河北等中部人口密度较高的省份也开始收缩。证券公司理性布局和追求经营质量的理念在提升（见表总 1－2）。

表总 1－2　　2014—2020 年证券公司营业部辖区分布　　（单位：家）

地区	2014 年	2015 年	2016 年	2017 年	2018 年	2019 年	2020 年
广东	934	1 063	1 252	1 446	1 529	1 569	1 602
浙江	581	676	799	973	1 045	1 088	1 120
江苏	603	681	790	919	986	1 012	1 014
上海	575	640	709	783	825	839	847
山东	403	453	517	602	636	658	666
北京	338	390	456	553	579	585	586
福建	316	350	412	479	522	541	547
四川	301	329	380	443	462	468	472
湖北	243	299	333	403	421	420	424
湖南	249	288	351	393	411	424	427
辽宁	283	312	348	383	400	388	377
河南	235	260	316	378	386	407	398
江西	229	268	294	325	345	348	347
安徽	211	232	263	308	334	346	345
陕西	168	196	224	273	282	292	292
河北	199	216	234	272	277	280	275
重庆	163	176	195	222	229	231	238
广西	146	157	182	202	212	217	188
山西	140	154	173	199	211	209	214
黑龙江	128	148	168	181	189	184	179
天津	127	158	160	175	182	183	181
云南	121	136	152	174	179	176	178
吉林	120	129	140	157	161	160	153
贵州	66	79	98	118	124	126	121
内蒙古	85	91	105	116	121	123	122
新疆	64	73	89	111	118	123	122
甘肃	71	89	97	106	111	113	108
海南	44	52	62	72	79	80	79
宁夏	29	37	44	52	56	56	56
青海	17	23	25	29	31	31	27
西藏	10	15	17	26	25	26	26
合　计	7 199	8 170	9 385	10 873	11 468	11 703	11 731

资料来源：上海证券交易所网站。

2020 年新冠肺炎疫情对原有的社会秩序造成冲击的同时，也为在线模式提供了更多的机会。随着更多工具的推广和科技的进步，线下经营转线上的趋势也越来越明显，导致功能停留在交易通道的网点被削减。而金融科技的加码也在助推着营业网点功能的多元化和综合化，经营环境的改变以及主动提高经营效率在客观和主观两方面推动着营业网点转型和布局优化。“智慧网点”正加快脚步进入证券行业，人脸识别客户身份、智能机器人主动服务、业务自助办理等功能的引入，不仅构建了智能金融服务线上线下体系的闭环，而且推进了营业网点布局的智能化和高端化。

2020年证券公司单个营业部年均交易量持续两年下滑后回升至176亿元/家的水平，较上年增长62%。2020年市场行情较好，投资者交易活跃带来营业部交易量水平明显提高，从证券经纪业务的基本功能来看，营业部的盈利状况是显著提升的。但是，如果从佣金率的对比来看，2020年全行业平均佣金率为3.26‱，较上年的3.49‱略有下降，反映出证券经纪业务的竞争状态仍在加剧，也是导致上述地区营业网点减少的一个原因（见图总1－5）。

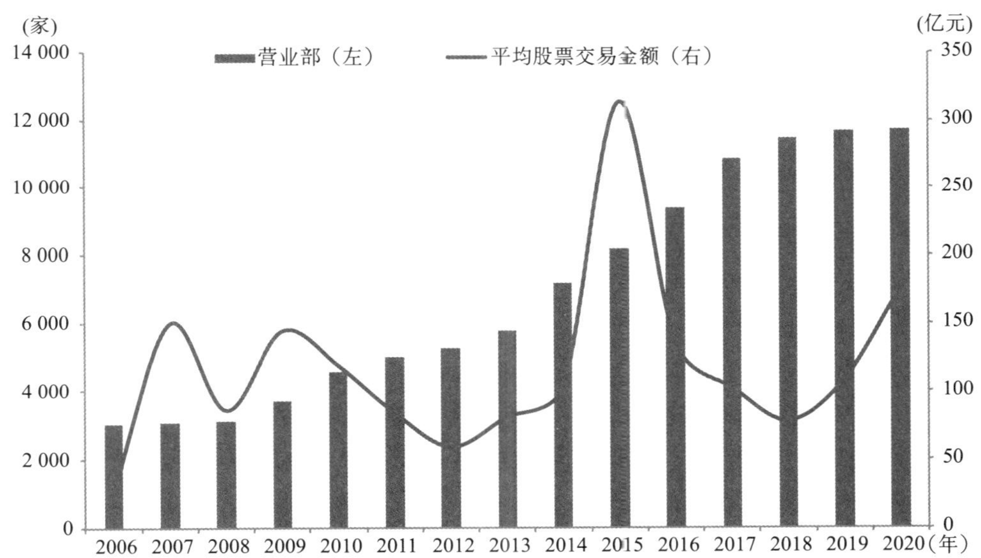

图总1－5　2006—2020年证券公司营业网点发展情况

资料来源：上海证券交易所网站，Wind。

4. 证券行业从业人员

2020年证券行业已登记从业人员34.68万人，较2019年增加8 118人，增幅为2.40%，在持续两年下降后重新转增，从业人员数量重回扩张趋势。其中，一般从业人员20.76万人，证券经纪人6.49万人，保荐代表人6 393人，证券投资咨询业务（投资顾问）6.34万人，证券投资咨询业务（分析师）3 645人，证券投资咨询业务（其他）870人。

从人员结构来看，2020年唯一减少的是证券经纪人，减少了9 555人；保荐代表人增加了2 587人，67.97%的增幅是最高的；一般证券业务较上年增加了6 492人；证券投资咨询业务（投资顾问）增加了8 060人，逐年增加态势明显；证券投资咨询业务（分析师）小幅增加261人，维持相对稳定格局（见表总1－3）。

表总 1－3　　2020 年证券行业从业人员规模及结构　　（单位：人）

机构类型	已登记人员	一般证券业务	证券投资咨询业务（其他）	证券经纪人	证券投资咨询业务（分析师）	证券投资咨询业务（投资顾问）	保荐代表人
证券公司	334 130	198 377	0	64 924	3 475	60 961	6 393
证券投资咨询机构	11 848	9 230	0	0	170	2 448	0
证券市场资信评级机构	870	0	870	0	0	0	0
合　计	346 848	207 607	870	64 924	3 645	63 409	6 393

资料来源：中国证券业协会。

（二）证券投资咨询公司发展状况

截至 2020 年底，证券投资咨询公司共 83 家，近年一直保持稳定。2020 年证券投资咨询机构已登记从业人员 11 848 人，较上年增加 3 119 人，大幅增加 35.73%，从业人员扩张有加速趋势。其中，证券投资咨询业务（分析师）170 人，较上年减少 8 人；证券投资咨询业务（投资顾问）2 448 人，较上年增加 239 人；一般证券业务 9 230 人，较上年增加 2 888 人，增幅达 45.54%，近年连续增长，是证券投资咨询从业人员扩张的主要力量。

投资者机构化的市场力量改变着证券投资咨询行业，差别化佣金正逐渐体现出投资咨询的专业性水准，行业状态向良性方向发展。科技手段也是提升投资咨询质量的一个有效途径，借助科技手段，投资咨询行业过去以产品为主的模式向服务升级的方向发展，差异化选择会越来越显露出有效性。不过，与国外相比，金融科技在投资咨询领域的运用还比较局限，大数据、人工智能等创新还停留在业务浅层，对产业链生态链的深度重构尚需时日，创新推动行业转型势在必行。伴随着这一过程的推进，投资咨询的质量提高值得期待。

（三）证券市场资信评级机构发展状况

截至 2020 年末，国内共有 12 家从事证券资信评级业务的公司在中国证监会备案，有 2 家获得中国人民银行和中国证监会跨市场牌照互认，3 家机构取得香港执业资质。首家境外独资评级机构标普信用评级（中国）有限公司完成中国证监会备案。

根据 2020 年中国证券业协会专项调查统计，12 家证券资信评级机构的总资产、净资产、营业收入、利润总额分别为 42.68 亿元、27.39 亿元、26.18 亿元、9.99 亿元，分别较上年增加 28.55%、27.98%、17.88% 和 43.33%；在总收入中占比 38.19% 的交易所债券评级业务收入 10.00 亿元，较上年增长 17.50%。债券发行规模扩大带动评级机构盈利的上升。

2020 年 12 家证券资信评级机构承接项目 7 037 个，较上年增加 40.94%；出具首次评级报告 7 926 份，较上年增加 29.85%；完成定期跟踪评级项目 5 976 个，较上年增加

32.95%；不定期跟踪评级项目 1 352 个，较上年增加 15.85%；终止或撤销评级项目达到 679 个，较上年增加 162.16%。在业务量增加的情况下行业集中度有所下降，各家评级机构之间的竞争加剧（见表总 1－4）。

表总 1－4　　2020 年证券市场资信评级机构发展状况

年度	资产总额（亿元）	营业收入（亿元）	交易所债评级收入（亿元）	利润总额（亿元）	承接项目数量（个）	首次评级报告（份）
2020	42.68	26.18	10.00	9.99	7 037	7 926
	公司债项目（单）	资产证券化项目（单）	证券公司债项目（单）	信托、资管等非标项目（单）	具有证券从业资格人员数量（人）	硕士及以上学历员工数量（人）
	1 645	1 958	91	599	2 017	1 884

资料来源：2020 年中国证券业协会专项调查。

二、证券公司各项业务开展情况

（一）证券经纪业务

1. 市场规模、交易与收入情况

截至 2020 年底，境内上市公司（A、B 股）数量达到 4 154 家，较 2019 年底增加 377 家；上市公司总市值和流通市值分别同比增加 34.46% 和 33.11%，达到 79.72 万亿元和 64.36 万亿元，流通市值占比约为 80.73%。

2020 年股票和基金市场交易显著活跃，全年共实现 220.45 万亿元股票和基金交易额，同比增加 61.40%。其中，全年全市场累计成交股票 206.83 万亿元，较 2019 年增加 62.32%；累计成交基金 13.62 万亿元，较 2019 年增加 48.53%。2020 年交易所债券市场实现 307.10 万亿元的交易额，同比增加 24.62%（见表总 1－5）。

表总 1－5　　2019—2020 年市场规模和交易情况

年度	上市公司数量（家）	退市公司数量（家）	股本（万亿股）		市值（万亿元）		股票成交额（万亿元）	基金成交额（万亿元）	交易所债券成交额（万亿元）
			总股本	流通股本	总市值	流通市值			
2020	4 154	16	6.55	5.64	79.72	64.36	206.83	13.62	307.10
2019	3 777	12	6.17	5.25	59.29	48.35	127.42	9.17	246.43

资料来源：上海证券交易所，深圳证券交易所，Wind。

2020 年，全年行业平均佣金率为 0.326‰，相较 2019 年的 0.349‰降低 6.59%。尽管佣金率水平持续缓慢下滑，但 2020 年股票、基金交易规模大幅提升，全年证券公司经纪业务净收入为 1 161.10 亿元，同比增加 47.42%。

2. 投资者情况

截至2020年末，沪、深两市投资者数量（投资者数量指持有未注销、未休眠的A股、B股账户的一码通账户数量）达到17 777.49万人，其中自然人17 735.77万人，非自然人41.72万人。自然人投资者中，约99.66%的投资者开立A股账户，1.34%的投资者开立B股账户；非自然人投资者中，约94.89%的投资者开立A股账户，5.18%的投资者开立B股账户。

（二）证券投资咨询业务

证券投资咨询业务包括证券投资顾问业务和发布研究报告两种基本的服务形式。2020年全年，证券投资咨询业务实现净收入48.03亿元，同比增加26.93%。

1. 证券投资顾问业务

2020年中国证券业协会专项调查统计显示，截至2020年底，在参与调研的102家证券公司中，共有95家已开展投资顾问业务，并有62家设立了专门从事及管理投资顾问业务的独立部门。其中，共有23家证券公司成立一级部门来从事投资顾问业务，比2019年减少7家；其余39家多在经纪业务总部、零售业务部和财富管理部等一级部门下开展此项业务。2020年有86家公司的投顾业务创造收入，比2019年增加3家；业务收入主要源于差别佣金和投资顾问费用。

证券公司投资顾问业务的组织形式基本以总部和分支机构分工协作为主。总部主要负责投顾业务规章制度、投研体系、风控体系的构建，以及业务的组织、推广、培训、指导及系统支持等，分支机构则具体负责投顾业务的具体开展。根据调查统计显示，投资顾问业务的产品类型较为丰富。根据投资者的风险偏好，设立稳健型、平衡型、进取型产品；根据投资标的，设立权益类、固定收益类、资产配置类产品；根据服务对象，设立标准化产品和定制产品；根据服务方式，设立基础服务产品、终端服务产品、投资顾问服务产品、短信服务产品、线上投顾服务产品及资讯服务产品；根据收费方式，分为基础服务产品、固定收费产品和浮动佣金产品。

2020年证券公司投顾业务延续2019年的“四化特征”（一体化、线上化、智能化、专业化），并有所深化。一是在服务内容上，新增基金投顾服务，2020年7家证券公司获批公募基金投顾业务试点资格；二是在服务形式上，采用直播服务方式，提供良好客户体验并创造投顾直播收入；三是继续加大金融科技的研发投入，加强智能化投顾服务和量化投资研究。

2. 发布研究报告业务

2020年5月21日，中国证券业协会发布《发布证券研究报告执业规范（修订稿）》和《证券分析师执业行为准则（修订稿）》，以加强对发布证券研究报告业务的自律管理，促进证券研究业务健康发展。

2020年中国证券业协会专项调查统计显示，在参与调研的103家证券公司中，96家证券公司设有研究所（部、子公司），比 2019 年增加 2 家。从研究广度看，研究范围主要包括宏观研究、策略研究、行业与公司研究、金融工程研究、金融产品研究、债券及固定收益研究、买方研究、大宗商品研究、中小市值研究、新三板研究、海外市场研究等。

研究报告依然是证券研究的主要产品形式。2020 年共有 88 家证券公司的研究所（部、子公司）发布研究报告，全年共计发布研究报告 20.13 万篇，同比增加 11.57%，业务同质化竞争持续；其中，深度报告 24 257 篇，约占研究报告总数的 12.05%，同比提高 1.12 个百分点。

证券研究业务的服务对象包括公募基金、保险公司、社保基金、私募基金、产业资本、资产管理公司、证券公司资产管理部门、证券公司自营部门、合格境外机构投资者（QFII）、合格境内机构投资者（QDII）、海外客户、高净值客户等外部机构客户，服务形式包括提供研究报告、路演、策略会、联合调研、培训、电话会议等。根据调研统计，在开展证券研究的 96 家证券公司中，有 80 家开展了对机构客户的产品推广及服务工作。

2020 年，证券研究部门在研究方法上持续创新：一是进一步加强跨行业研究、整体化研究（如周期团队、消费团队等联合研究），发掘投资价值；二是在新设科创板、注册制改革背景下，加强对新经济领域上市公司的研究；三是利用科技手段开发智能撰写、智能审核等功能，提高研究质量和效率，防范合规风险。

根据 2020 年中国证券业协会的不完全调查统计，从事发布研究报告业务的人员数量持续增加，96 家证券公司研究所（部、子公司）的全部员工总数为 5 472 人，同比增加 193 人。其中，具有 5 年及以上从业经验的员工人数为 2 090 人，约占 38.19%；具有博士及以上学历的员工人数为 474 人，约占 8.66%。

（三）证券承销与发行业务

1. 股票发行与承销业务

2019 年上海证券交易所设立科创板并试点注册制，2020 年深圳证券交易所创业板实行注册制改革，发行制度改革为证券公司发行与承销业务提供了发展空间。2020 年证券公司共完成首次公开发行（IPO）399 家，共募集资金 4 726 49 亿元，同比增加 86.55%。2020 年定向增发项目（以融资性为目的）募集资金 4 682.45 亿元；公开增发募集资金 25.71 亿元；配股项目募集资金 626.74 亿元；优先股项目募集资金 110.00 亿元。

2. 债券发行与承销业务

受新冠肺炎疫情冲击，2020 年货币政策稳健兼具灵活适度，证券公司在交易所市场债券发行规模持续稳步增长，全年募集资金规模达 84 777.35 亿元，较 2019 年增长 17.77%。其中，公司债券（仅包括公开发行公司债券和非公开发行公司债券）共发行3 952只，合计募集资金42 229.48亿元，募集规模较 2019 年增长 44.18%；可转换公司债券全年发行 212 只，发行规模合计 2 734.21 亿元；可交换公司债券全年发行 32 只，发行规模约 349.36 亿元；地方政府债全年发行 716 只，发行规模 24 154.95 亿元；政策性银行债全年发行 25 只，发行规模 675.00 亿元。

2020 年，交易所市场创新推出疫情防控公司债券和短期公司债券。年初新冠肺炎疫情给我国经济发展和人民生活带来了冲击。交易所市场推出疫情防控公司债券，用于疫情防控相关领域或偿还疫情防控期间到期公司债券。2020 年市场共发行 170 单疫情防控公司债券，合计募集资金 1 651.06 亿元。随着新《证券法》的落地实施，交易所市场推出公募短期公司债券，满足市场主体的短期流动性资金需求，降低企业财务成本。2020 年市场共发行 225 单短期公司债券，合计募集资金 1 953.11 亿元。其中公开发行 34 单，募集资金 405.00 亿元；非公开发行 191 只，募集资金 1 548.11 亿元。

其他创新品种方面，2020 年共发行 62 单绿色公司债券，合计募集资金 732.1 亿元，募集规模较上年增加 22.88%；共发行 42 单扶贫专项公司债券，合计募集资金 249.30 亿元，发行单数、规模较上年显著增加，增幅分别为 50.00% 和 31.49%；共发行 20 单创新创业公司债券，合计募集资金 135.20 亿元，发行单数和规模较上年分别增加 33.33% 和 334.73%；共发行 218 单项目收益专项公司债券，合计募集资金 1 415.07 亿元，发行单数和规模较上年大幅增加，增幅分别达到 336.00% 和 317.88%。

3. 证券公司参与全国中小企业股份转让系统业务

（1）挂牌公司情况。2020 年全国中小企业股份转让系统新设精选层，并统筹推进精选层、创新层和基础层的协同发展。根据全国中小企业股份转让系统统计数据，截至 2020 年底，股份转让系统挂牌公司共 8 187 家。其中，精选层 41 家，创新层 1 138 家，基础层 7 008家，占比分别为 0.5%、13.9%、85.6%。全年市场成交金额 1 294.64 亿元，较 2019 年的 825.69 亿元增长 56.79%。

（2）定向增发融资情况。2020 年共完成 716 次定向增发，合计募集资金 338.50 亿元，同比增长 27.91%（见图总 1－6）。

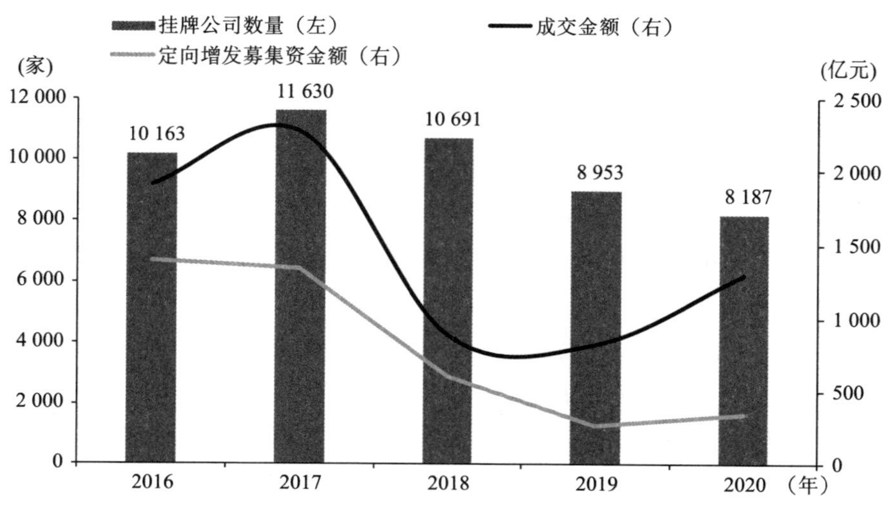

图总 1－6　2016—2020 年新三板市场发展情况

资料来源：全国中小企业股份转让系统。

4. 证券承销与发行业务收入情况

2020年交易所股债发行规模均同比增加，证券承销业务收入亦大幅增长，行业总收入达590.88亿元，同比增加56.55%（见图总1－7）。

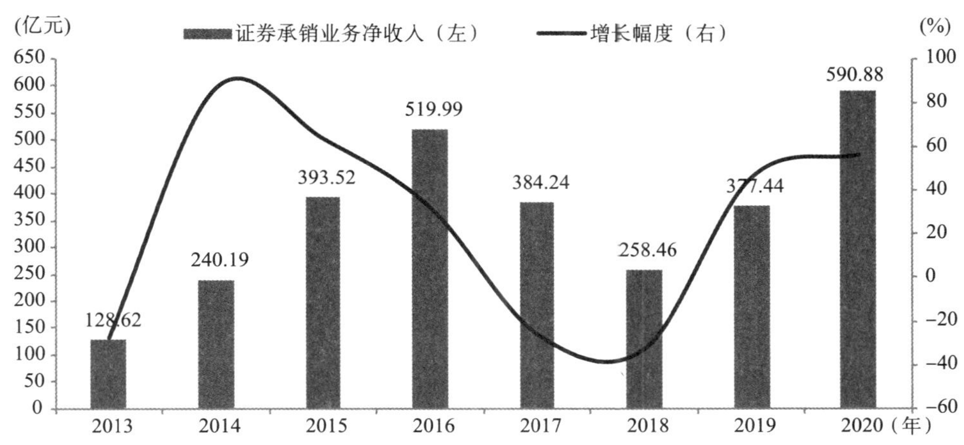

图总1－7　2013—2020年证券承销业务净收入及增幅

资料来源：中国证券业协会。

5. 市场集中度情况

2020年证券公司承销业务市场格局维持集中态势。根据Wind数据，2020年股票承销金额和家数前10家的集中度分别为69.76%和55.62%，与2019年相比分别下降4.63个百分点、上升0.79个百分点；债券承销金额和家数前10家的集中度分别为60.96%和43.40%，均比2019年降低0.76个百分点。

（四）财务顾问业务

2020年我国并购重组市场整体低迷，A股上市公司完成重大资产重组交易数量为114单，交易规模5 666.91亿元，分别较2019年下降19.72%和17.93%。2020年中国证监会并购重组委审核通过并购重组64单，其中上海证券交易所38单、深圳证券交易所26单，相比2019年分别下降7.32%和58.06%。

2020年，证券公司财务顾问业务累计实现收入81.23亿元，同比减少22.79%，财务顾问业务在行业总收入的比重为1.95%，比2019年降低0.97个百分点（见图总1－8）。

（五）资产管理业务

1. 资产管理产品规模情况

截至2020年末，国内证券公司受托管理资金总计8.01万亿元，较2019年收缩32.34%。其中，集合资产管理计划受托规模约2.09万亿元，占总体管理规模的26.09%；单一资产管理计划受托规模约5.92万亿元，占总体的73.91%。

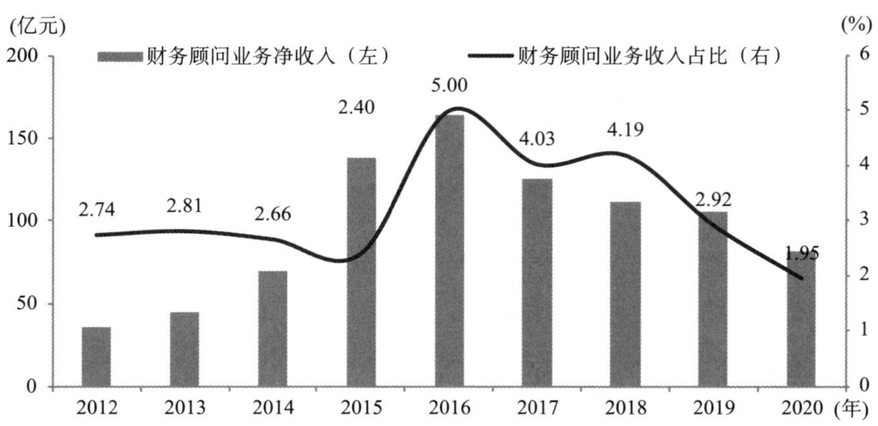

图总 1－8　2012—2020 年财务顾问业务净收入及其业务比重

资料来源：中国证券业协会。

2. 资产管理业务收入情况

2020 年证券公司资产管理业务收入达 299. 60 亿元，同比增加 24. 44 亿元；资产管理业务在行业总收入中的比重略有下降，约为 6. 68%（见图总 1－9）。

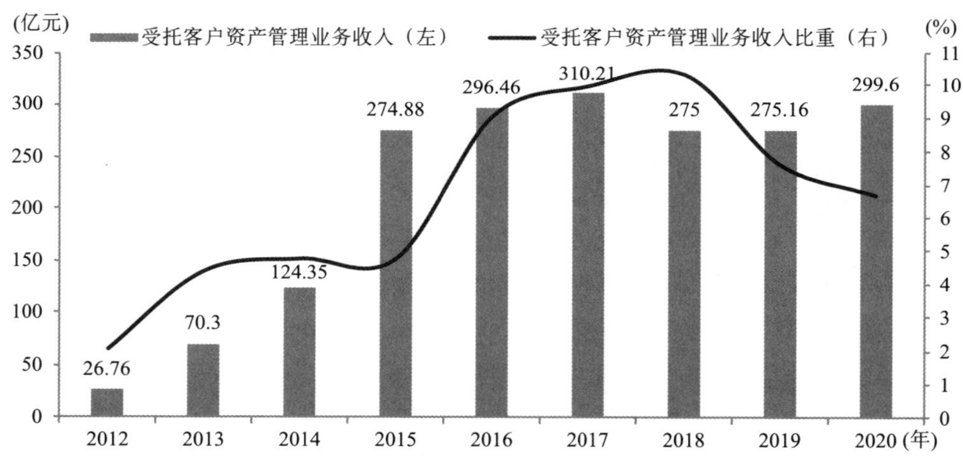

图总 1－9　2012—2020 年资产管理业务净收入及其业务比重

资料来源：中国证券业协会。

（六）证券自营业务

截至 2020 年底，证券公司进行金融产品投资的资金规模达 3. 80 万亿元，同比增加 17. 84%。其中，股票资产和基金资产比重持续上升，分别由 2019 年的 8. 41%、9. 25% 上升至 2020 年的 8. 73%、9. 69%；债券资产比重持续下降，由 67. 58% 降至 65. 35%（见表总 1－6）。

表总 1－6　　**2019—2020 年证券公司金融产品投资配置情况**

年度	投资规模（亿元）	股票（%）	基金（%）	债券（%）	其他证券产品（%）
2020	37 989. 75	8. 73	9. 69	65. 35	16. 23
2019	32 238. 33	8. 41	9. 25	67. 58	14. 75

资料来源：中国证券业协会。

2020 年，证券公司含公允价值变动的证券投资收益略有提升，达到 1 262. 72 亿元，较 2019 年增加 3. 37%。

（七）融资类业务

1. 融资融券业务

（1）融资融券交易情况。2020 年融资融券余额规模呈现逐步上升态势，并在年末超过 1. 6 万亿元。根据中国证券金融股份有限公司的数据，截至 2020 年底，融资融券余额为 16 189. 68亿元，同比增加 58. 85%；其中，融资余额 14 819. 95 亿元，约占融资融券余额的 91. 54%；融券余额 1 369. 73 亿元，约占 8. 46%。

从整个 A 股市场来看，融资融券交易是股票市场流动性的重要组成部分。截至 2020 年底，融资融券余额约占 A 股市场流通市值的 2. 52%；全年累计融资买入交易额约占 A 股交易总额的 9. 5%，同比提升 0. 58 个百分点（见图总 1－10 和图总 1－11）。

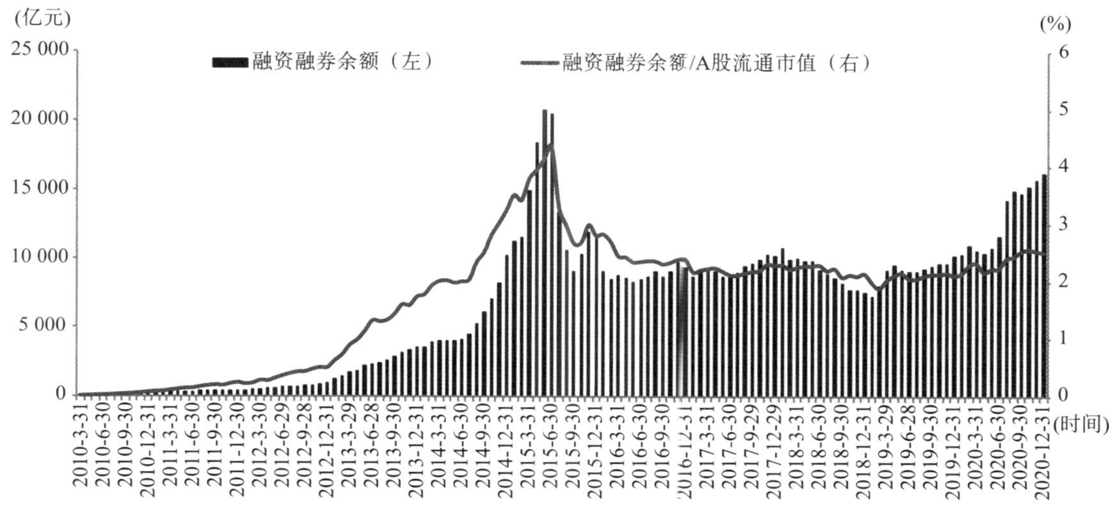

图总 1－10　融资融券业务开展以来规模发展情况

资料来源：中国证券金融股份有限公司。

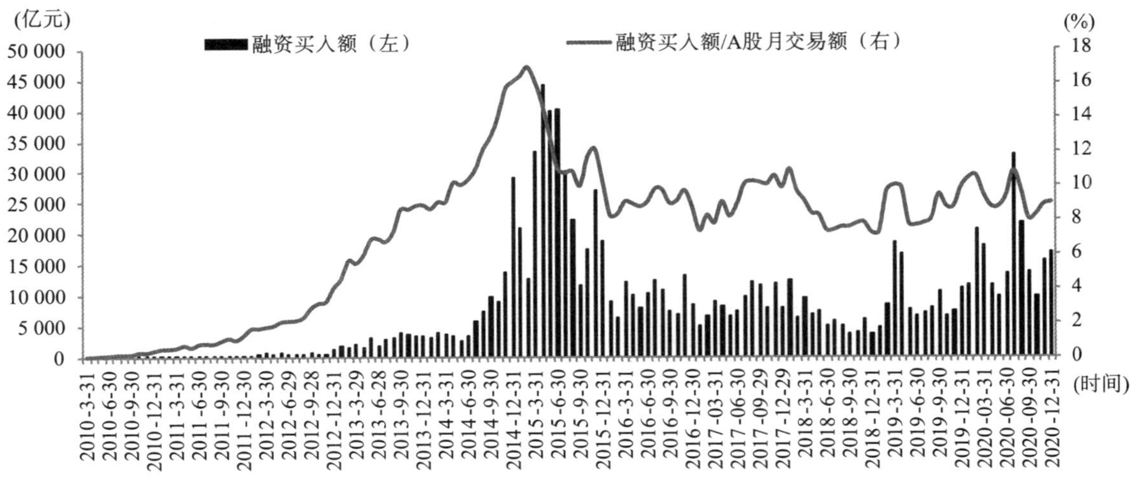

图总 1－11　融资融券业务开展以来交易情况

资料来源：中国证券金融股份有限公司。

（2）转融通交易情况。截至2020年底，转融通余额2 120.23亿元。其中，转融资余额662.12亿元，转融券余额1 458.11亿元，余量70.61亿股。2020年转融资业务累计向市场融出资金1 739.14亿元；转融券业务累计向市场融出证券487.22亿股，累计成交8 070.00亿元。截至2020年底，共有93家证券公司开通了转融通业务，融出转融通标的股票数量从1 669只增加至1 897只，进一步满足投资者的投资需求（见图总1－12）。

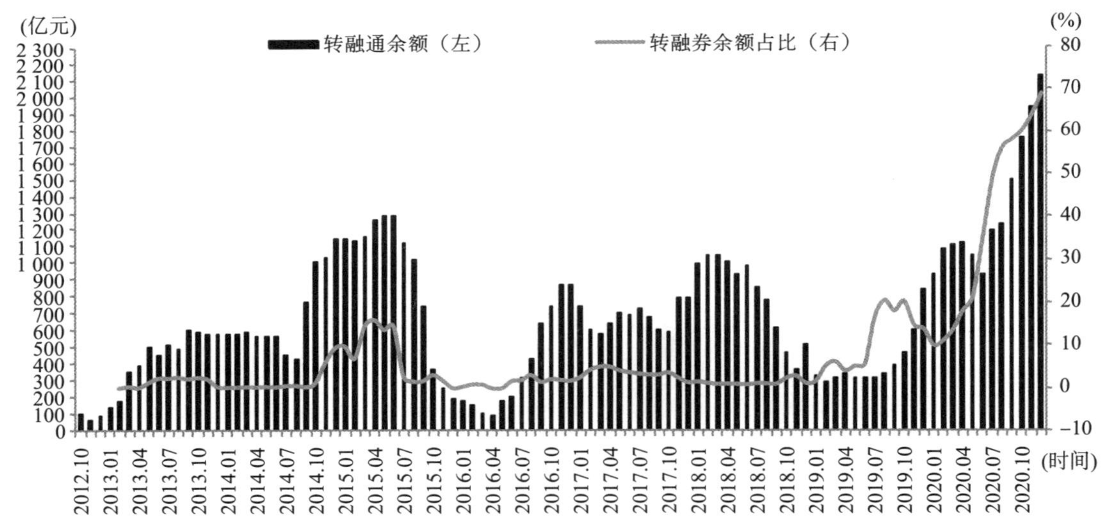

图总 1－12　转融通业务开展以来规模情况

资料来源：中国证券金融股份有限公司。

（3）融资融券投资者情况。2020年，参与融资融券业务的投资者数量继续保持增长趋势。中国证券金融股份有限公司数据显示，2020年，参与融资融券业务的投资者数量继续保持增长趋势：截至2020年末，565.41万名投资者开设融资融券信用账户，比2019年底增加9.43%；2020年平均每月新增4.06万名投资者开设融资融券账户，比2019年月均增量约增加19.41%（见图总1-13）。

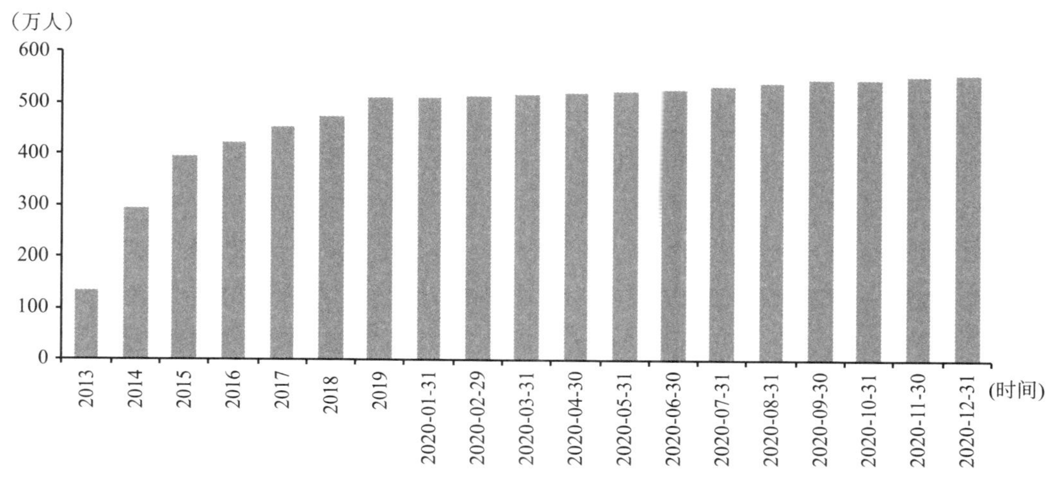

图总1-13　证券信用账户期末账户数量

资料来源：中国证券金融股份有限公司。

2. 股票质押式回购交易业务

根据上海证券交易所和深圳证券交易所专项统计数据，2020年股票质押式回购业务规模持续收缩。截至2020年底，分别有96家和95家证券公司在上海证券交易所和深圳证券交易所开通了股票质押回购业务权限，两市待购回初始交易金额7 377.68亿元，同比减少24.62%。2020年全年初始交易金额合计2 354.18亿元，同比减少10.53%。2020年全年购回交易金额4 508.11亿元，同比减少16.25%。

标的证券股份性质方面，2020年质押标的证券为流通股的待购回初始交易金额为6 216.04亿元，占比84.25%；质押标的证券为限售股的待购回初始交易金额为1 161.64亿元，占比15.75%。

资金融出方类别方面，2020年证券公司自有资金出资的待购回初始交易金额为3 998.02亿元，占比54.19%；证券公司资产管理计划出资的待购回初始交易金额为3 340.12亿元，占比45.27%；其他融出方出资的待购回初始交易金额为39.53亿元，占比0.54%。

3. 约定购回式证券交易业务

根据上海证券交易所和深圳证券交易所专项统计数据，截至2020年底，共81家证券公司开通了约定购回业务权限。截至2020年底，两市待购回初始交易金额23.12亿元，同比上升37.35%。2020年全年初始交易合计462笔，同比下降20.07%；初始交易金额合计25.85亿元，同比下降6.54%。

（八）证券公司私募投资基金子公司业务

根据中国证券投资基金业协会披露数据，2020 年证券公司私募投资基金子公司全年共发起设立各类直接投资基金 924 只，较 2019 年减少 4 只；募集资金（认缴）总额 9 049.21 亿元，实缴资本总额 5 302.73 亿元，认缴资金及实缴资金总额分别较 2019 年减少 0.65% 及 6.55%（见表总 1－7）。

表总 1－7　　2020 年证券公司私募投资基金子公司设立基金情况

基金类型	数量（只）	认缴金额（亿元）	实缴金额（亿元）
股权投资基金	722	7 037.95	3 898.83
创业投资基金	129	691.99	402.12
并购基金	48	927.95	709.47
证券投资基金	2	7.23	7.23
其他类基金	23	384.09	285.08
合计	924	9 049.21	5 302.73

资料来源：中国证券投资基金业协会。

（九）国际化业务

2020 年我国经济发展环境面临深刻的复杂变化，新冠肺炎疫情席卷全球，世界经贸环境不稳定不确定性增大，但中国证券行业国际化发展依然呈现出新的特征。一是资本市场对外开放持续推进，互联互通机制进一步深化。我国香港是内地和海外沟通的重要桥梁，2020 年 10 月末，香港证券交易所刊发《有关法团身份的不同投票权受益人的咨询总结》，允许法团实体同股不同权的公司在香港二次上市；粤港澳大湾区建设有序推进，《关于贯彻落实金融支持粤港澳大湾区建设意见的实施方案》等文件提出，支持粤港澳大湾区内地非银行金融机构按规定在开展跨境融资、跨境担保、跨境资产转让等业务时使用人民币进行计价结算，向国家外汇管理部门申请结售汇业务资格。二是证券公司国际化战略布局稳步推进。根据中国证券业协会 2020 年证券公司海外展业情况调查问卷，131 家证券公司中共有 91 家反馈问卷，其中 34 家开展海外业务，相较 2019 年多了 7 家，内地证券公司积极探索国际业务新模式，加快谋划国际业务新布局。三是中国香港地区已成为中国对外投资的第一大区域。根据国家外汇管理局披露的数据，截至 2020 年 6 月末，中国对外证券投资中有 38% 的资产流向中国香港地区，已超越美国成为第一大地区。自有数据记录以来，投向中国香港市场的金额从 2015 年底的 585 亿美元持续提升至 2019 年底的 2 264 亿美元，平均年复合增长率超过 40%，已超出此前境外投向首位的美国。根据香港交易所披露数据，2020 年在香港交易所挂牌新上市的内地公司共 112 家，总市值 380 730.0 亿港元，分别占香港总股本市场的 73% 和 80%，分别同比提高 11 个百分点和 7 个百分点。

（十）金融衍生品业务

1. 交易所衍生品业务

中国金融期货交易所数据显示，2020 年上证 50 股指期货累计全年成交 1 174.94 万手，成交金额达 110 093.54 亿元，分别同比增长 21.52% 和 33.97%；沪深 300 股指期货累计成交 1 999.87 万手，成交金额 393 924.28 亿元，分别同比增长 26.91% 和 47.50%；中证 500 股指期货累计成交 3 275.54 万手，成交金额 385 278.36 亿元，分别同比增长 64.24% 和 93.81%；10 年期国债期货累计成交 1 591.23 万手，成交金额 158 326.03 亿元，分别同比增长 72.10% 和 75.13%；5 年期国债期货累计成交 580.98 万手，成交金额 58 698.73 亿元，分别同比增长 223.07% 和 227.78%。

2. 场外衍生品业务

证券公司场外衍生品交易业务主要包括证券公司柜台市场和机构间私募产品报价与服务系统两个部分。中国证券业协会数据显示，2020 年证券公司柜台市场产品发行销售总规模 12 048.44 亿元，同比上升 33.65%；产品发行销售总数 35 445 万只，与上年基本持平。柜台市场 2020 年全年累计转让信托计划、资管计划、收益凭证、私募基金等产品 251.45 亿元，规模同比上升 38.09%；转让产品数量 1.34 万只，同比减少 46.72%。

根据机构间私募产品报价与服务系统的数据统计，2020 年证券公司场外金融衍生品业务新增名义本金由 2019 年的 18 404.98 亿元增长至 47 597.06 亿元，同比增长 158.61%；年末存续名义本金由 2019 年底的 6 226.54 亿元增长至 2020 年底的 12 780.50 亿元，同比增长 105.26%。

三、证券行业制度建设情况

2020 年是我国资本市场法制建设的重要年份，也是全面深化改革的关键推进年。伴随着修订后的新《证券法》正式实施以及一系列法规的推进，我国资本市场基础制度得到进一步完善，为以注册制为龙头的资本市场改革提供了有力的法制保障；同时，资本市场服务实体经济的功能也得到了进一步强化。2020 年，规范资本市场参与者行为的各类法规陆续出台，我国资本市场生态环境得到持续改善。

（一）以新《证券法》正式实施为契机，集中修改资本市场规章和规范性文件，持续完善资本市场法制基础

2020 年 3 月 1 日，修订后的新《证券法》正式开始实施。为配合新《证券法》的实施，贯彻落实新《证券法》关于强化信息披露、完善并购重组制度、取消部分行政许可项目、强化监管执法、提高证券违法违规成本等一系列要求，2020 年 3 月 20 日中国证监会发布《关于修改部分证券期货规章的决定》和《关于修改部分证券期货规范性文件的决定》，对

包括并购重组、信息披露、证券交易所管理、监管执法等13部规章、29部规范性文件中的条款予以修改，进一步健全完善证券期货法规体系，同时保障了资本市场相关业务的顺畅运转。

本次配套修改部分规章主要集中在以下四个方面：

一是进一步完善上市公司并购重组制度。修订后的《上市公司重大资产重组管理办法》进一步明确了上市公司控股股东、实际控制人违法违规行为的法律责任，明确了发行股份购买资产存在欺诈的法律责任，依法扩大证券支付工具范围，对证券交易所相应板块的授权规定进行概括性调整，为深化市场化改革预留空间。

二是进一步完善证券交易所管理制度。修订后的《证券交易所管理办法》进一步完善了交易所内部的治理结构，同时促进其一线监管职能的完善：在证券交易所职能中增加依法审核公开发行证券申请的职能，删除决定暂停上市、恢复上市职能；明确规定证券交易所即时行情的权益由证券交易所依法享有；规定交易所应对突发性事件采取技术性停牌、临时停市等处置措施，以及采取取消交易、暂缓交收等措施的相关内容；要求程序化交易应当向证券交易所报告，不得影响证券交易所系统安全或者正常交易秩序等。

三是进一步强化监管执法。修订后的《中国证券监督管理委员会冻结、查封实施办法》对冻结、查封的批准权限以及期限等内容作了相应调整。修订后的《证券公司风险控制指标管理办法》《证券公司和证券投资基金管理公司合规管理办法》对合规管理和风险控制指标不符合规定情形时可以采取的监管措施进行了明确规定，提高了监管执法的可操作性。

四是进一步丰富诚信监管手段。《证券期货市场诚信监督管理办法》明确将《证券法》作为制定依据，将违反新《证券法》相关失信行为纳入诚信信息范围，进一步明确证券交易场所在公开发行证券及上市审核或挂牌转让中审查诚信状况要求。

规范性文件配套修改的相关内容主要集中在以下两方面：

一是进一步完善信息披露要求。修订后的《公开发行证券的公司信息披露内容与格式准则》系列法规，对公开发行证券公司的各项信息披露进行详细规范，特别是针对在上市公司中拥有权益的股份达到法定比例的信息披露义务人，增加要求披露其增持股份的资金来源以及在上市公司中拥有权益股份变动的时间及方式，对上市公司收购活动中的信息披露进行了详细规范。在要约收购义务豁免核准的许可事项取消后，为防范相关收购人滥用制度便利，恶意规避要约收购义务、侵害中小投资者权益，专门明确规定了免除发出要约情况的披露要求。如此细化的信息披露规范对保护投资者合法权益起到了重要作用。

二是强化发行人控股股东、实际控制人的责任。在《非上市公众公司信息披露内容与格式准则第1号——公开转让说明书》《非上市公众公司信息披露内容与格式准则第7号——定向发行优先股说明书和发行情况报告书》《公开发行证券的公司信息披露内容与格式准则第16号——上市公司收购报告书》系列文件的修改中，要求增加公司控股股东、实际控制人对信息披露真实性、准确性、完整性承担法律责任的声明要求；明确要求相关方控股股东和其他实际控制人披露未清偿负债、未解除担保等特定情形下的解决方案。

（二）持续推进注册制改革，深化资本市场改革

注册制改革是中国资本市场改革的方向，继 2019 年上海证券交易所设立科创板并试点注册制后，2020 年创业板也试点推行注册制。2020 年 4 月 27 日，中央全面深化改革委员会第十三次会议审议通过了《创业板改革并试点注册制总体实施方案》。2020 年 6 月 12 日，中国证监会发布《创业板首次公开发行股票注册管理办法（试行）》《创业板上市公司证券发行注册管理办法（试行）》《创业板上市公司持续监管办法（试行）》和《证券发行上市保荐业务管理办法》，创业板注册制试点正式开始实施。

2020 年 6 月 12 日，深圳证券交易所同期发布《深圳证券交易所创业板股票上市规则（2020 年修订）》《深圳证券交易所创业板上市委员会管理办法》《深圳证券交易所创业板上市公司证券发行上市审核规则》《深圳证券交易所创业板上市公司规范运作指引（2020 年修订）》《关于创业板试点注册制相关审核工作衔接安排的通知》等一系列规则，为创业板注册制的顺利推行扫除执行层面法规和操作上的障碍。配合创业板注册制的推行，中国证券业协会于 2020 年 7 月 20 日发布《创业板首次公开发行证券承销规范》，对证券公司承销深圳证券交易所创业板首次公开发行证券行为进行规范。

注册制改革不仅是资本市场改革的重要内容，更是新一轮资本市场改革的总纲。注册制改革的持续推进，将对重塑资本市场投资生态、改善投融资环境、提高资本市场服务实体经济的能力起到关键性作用。

（三）进一步规范中介服务机构管理，持续改善资本市场生态环境

新《证券法》进一步压实中介机构市场看门人法律职责，致力于建立公平公正的市场环境。新一轮资本市场的深化改革对注册制背景下资本市场中介机构的职业操守、诚实守信、执业水平都提出了更高要求。2020 年资本市场就规范资本市场中介服务机构行为，对一系列法规进行了修订及细化规定。

为有效实施证券公司审慎监管，促进证券公司的业务活动与其治理结构、内部控制、合规管理、风险管理等情况相适应，实现持续规范发展，2020 年 7 月 10 日，中国证监会发布修改后的《证券公司分类监管规定》，对证券公司分类监管制度进行优化，促进证券公司增强风险管理能力，引导证券行业差异化发展。修改重点包括：一是进一步强化合规、审慎经营导向；二是进一步适应专业化、差异化发展需要，优化调整业务发展状况评价指标。

新《证券法》创新监管方式，调整了原来相关证券服务机构事前准入审批的监管体制，要求证券服务机构应当报国务院证券监督管理机构和国务院有关主管部门备案。为落实前述备案要求，中国证监会会同工业和信息化部、司法部和财政部，在广泛听取各方意见的基础上，研究制定了《证券服务机构从事证券服务业务备案管理规定》，自 2020 年 8 月 24 日起施行。《证券服务机构从事证券服务业务备案管理规定》共 23 条，对备案机构、备案业务范围、备案时点和备案程序等内容进行了详细规定；同时，中国证监会开发了有关备案信息

采集系统，以推动备案工作的顺利进行。

与此同时，中国证券业协会也发布一系列规则引导证券公司持续完善自身业务的规范和自律规则。2020 年 1 月 22 日，中国证券业协会发布《公司债券承销业务尽职调查指引》和《公司债券业务工作底稿内容与目录指引》，对债券承销、受托管理机构职业行为进行规范。为督促证券行业建立健全投资银行类业务工作底稿电子化管理机制，促进投资银行类业务工作底稿的标准化和规范化，提升执业质量，2020 年 2 月 28 日，中国证券业协会发布《证券公司投资银行类业务工作底稿电子化管理系统建设指引》。

除了对公司行为进行规范，中国证券业协会还非常重视对从业人员的行为规范。2020 年 3 月 12 日，中国证券业协会发布《证券经营机构及其工作人员廉洁从业实施细则》，切实加强对证券经营机构及其工作人员廉洁从业的自律管理。2020 年 5 月 21 日，中国证券业协会发布《证券分析师执业行为准则（修订稿）》和《发布证券研究报告执业规范（修订稿）》，对证券分析师的执业行为和证券报告的规范进行详细规定。

（四）充分发挥资本市场枢纽作用，推动实体经济持续稳定发展

2020 年 4 月，中共中央政治局常务委员会会议提出要坚持在常态化疫情防控中加快推进生产生活秩序全面恢复，国务院金融稳定发展委员会提出要发挥好资本市场枢纽作用，不断强化基础性制度建设。2020 年资本市场在金融支持实体经济方面更加注重法规制度的建设，强调提升制度效率和创新效率，激发市场活力，达到资本市场和实体经济的共同发展和繁荣。

2020 年 4 月 24 日，中国人民银行、中国银保监会、中国证监会、国家外汇管理局联合发布《关于金融支持粤港澳大湾区建设的意见》，从促进粤港澳大湾区跨境贸易和投融资便利化、扩大金融业对外开放、促进金融市场和金融基础设施互联互通、提升粤港澳大湾区金融服务创新水平、切实防范跨境金融风险等方面提出具体措施，深化内地与港澳金融合作，进一步推进金融改革开放，提升粤港澳大湾区在国家经济发展和对外开放中的支持引领作用。

2020 年 5 月 26 日，中国人民银行会同中国银保监会、国家发展改革委、工业和信息化部、财政部、市场监管总局、中国证监会、国家外汇管理局出台《关于进一步强化中小微企业金融服务的指导意见》，从落实小微企业复工复产信贷支持政策、开展商业银行中小微企业金融服务能力提升工程、改革完善外部政策环境和激励约束机制、发挥多层次资本市场融资支持作用、加强中小微企业信用体系建设、优化地方融资环境、强化组织实施等多方面提出三十条政策措施。同时要求全国性银行要合理让利，确保中小微企业贷款覆盖面明显扩大，综合融资成本明显下降；并表示将进一步放宽普惠型小微企业不良贷款容忍度，就完善金融机构绩效考核和发挥融资担保作用等方面提出措施，明确要发挥多层次资本市场融资支持作用。

2020 年 11 月 27 日，深圳证券交易所发布包括《深圳证券交易所公司债券创新品种业

务指引第2号——可续期公司债券》《深圳证券交易所公司债券创新品种业务指引第3号——扶贫专项公司债券》《深圳证券交易所公司债券创新品种业务指引第4号——纾困专项公司债券》的一系列专项公司债券业务指引，充分推动资本市场服务于国家脱贫攻坚战略，积极发挥交易所债券市场纾解民营企业融资困境的支持作用，为各类企业稳健发展营造良好的融资环境。

（五）继续深化新三板市场改革，逐步实现多层次资本市场通道有机互联

我国经济处于规模扩张向创新驱动、高质量发展的关键时期，需要有与之相匹配的多层次资本市场体系的支持。新三板市场的深化改革，正是适应这样市场需求的必要之举。

新三板改革是全面深化资本市场改革的重要环节，2019年10月中国证监会启动全面深化新三板改革，从优化发行融资制度、完善市场分层等五方面对全国中小企业股份转让系统（简称“新三板”）进行全面改革。在2019年已经发布系列法规的基础上，2020年继续推进新三板改革深入，是新三板制度建设的关键时期。

2020年4月17日，中国证监会发布《公开募集证券投资基金投资全国中小企业股份转让系统挂牌股票指引》，允许公募基金投资新三板精选层股票，对管理人资格、可参与投资的基金类型、公募基金估值方法等内容进行详细规范。2020年6月3日，中国证监会发布《中国证监会关于全国中小企业股份转让系统挂牌公司转板上市的指导意见》，对转入板块的范围、转板上市的条件和转板的上市程序、股份限售安排等业务流程做出了详细规范。

2020年，全国股转系统发布了超过40个法规文件，对股转系统的发行及承销、各层级的分级调整、重大资产重组业务、境外投资者的要求、系统的自律自查等方面内容进行了系统的规定。

（六）完善投资者适当性管理制度，持续进行投资者教育，保障投资者权益

中小投资者是资本市场的重要参与者，但由于其处于信息弱势地位，抗风险能力和自我保护能力较弱，合法权益容易受到侵害。资本市场制度建设非常强调对中小投资者合法权益的保护，一直通过适当性投资管理办法、保障投资者知情权、健全投票机制、加强投资者教育等多种手段和途径保护中小投资者的合法权益。

新《证券法》在投资者保护方面进行了更加细化和有力的规定。在投资者适当性制度方面，要求证券公司做到了解客户、揭示风险，并且明确了卖者有责；对投资者进行了普通投资者和专业投资者的区分，对普通投资者设置了“举证责任倒置”机制，进一步保护了处于弱势的普通投资者。在涉及上市公司的部分，新《证券法》从征集主体、征集方式、信息披露、禁止行为、法律责任五方面对上市公司股东权利代为行使征集制度进行了明确规定。此外，新《证券法》为完善上市公司现金分红制度，要求上市公司在章程中对分配现金股利的具体安排和决策程序进行明确说明。在对债券投资者和持有人的保护方面，新《证券法》规定公开发行公司债券的，应当设立债券持有人会议，公开发行债券的发行人应

当聘请债券受托管理人。为有效应对债券发行人的违约，债券受托管理人可以接受债券持有人的委托，以自己名义代表债券持有人提起、参加民事诉讼或者清算程序。新《证券法》对投资者保护机构赋予了更多的责任和义务，同时对投资者保护机构代表投资者进行纠纷化解的三方面机制——调解机制、支持诉讼和派生诉讼进行了详细规定。新《证券法》还探索建立了中国特色的证券集体诉讼制度，允许投资者保护机构接受50名以上投资者的委托作为代表人参加诉讼，允许投资者保护机构按照证券登记结算机构确认的权利人，向人民法院登记诉讼主体。

第二章
2020 年中国证券业服务实体经济成效

金融是实体经济的血脉，资本市场作为我国金融体系的重要组成部分，在优化资源配置、促进资本形成、服务实体经济高质量发展方面发挥着重要的枢纽作用。党的十九大报告提出，“增强金融服务实体经济能力，提高直接融资比重，促进多层次资本市场健康发展”。党的十九届五中全会进一步明确“坚持把发展经济着力点放在实体经济上”，会议通过的“十四五”规划和二〇三五年远景目标的建议强调，“构建金融有效支持实体经济的体制机制”。

2020 年，作为资本市场的主要参与者和躬身建设者，证券行业坚决贯彻党中央、国务院决策部署，全面贯彻落实新《证券法》，坚持回归本源、优化结构，在提升直接融资比重、财富管理转型、履行社会责任、促进资本市场双向开放等方面助力实体经济高质量发展。

一、发展直接融资业务，拓宽企业融资渠道

2020 年是我国资本市场发展的“而立之年”，随着科创板平稳运行、创业板改革并试点注册制成功落地、首批新三板精选层企业挂牌和转板规则出炉，资本市场金字塔体系不断完善，优化资源配置、服务实体经济能力显著提升。证券行业深度参与多层次资本市场建设，通过股权融资、债券融资、并购重组等多种途径服务实体企业提质增效。

（一）立足交易所市场，助力企业多渠道融资

1. 股权融资

IPO 和再融资发行提速，市场扩容显著。2020 年全年，证券行业服务 399 家企业完成首次公开发行，募集资金 4 726.49 亿元，较 2019 年增长 86.55%；服务企业再融资规模 7 315.02亿元，较 2019 年增长 41.67%。

支持创新驱动发展战略，助力市场结构转型。证券行业积极贯彻党中央战略部署，把服务科技创新摆在更加突出的位置，支持重点行业融资需求，助力市场结构转型。2020 年交易所市场股权融资规模排名较 2019 年发生了较大变化，其中，技术硬件与设备、半导体与

半导体生产设备等技术密集型行业的融资规模排名较2019年有所上升（见表总2－1）。

表总2－1　　股权融资规模排名前十位行业

序号	2020年股权融资规模行业排名	2019年股权融资规模行业排名	位次变化
1	资本货物	银行	2
2	材料Ⅱ	材料Ⅱ	0
3	多元金融	资本货物	11
4	技术硬件与设备	制药、生物科技与生命科学	2
5	半导体与半导体生产设备	软件与服务	2
6	制药、生物科技与生命科学	技术硬件与设备	－2
7	运输	半导体与半导体生产设备	5
8	汽车与汽车零部件	公用事业Ⅱ	7
9	食品、饮料与烟草	食品、饮料与烟草	0
10	软件与服务	房地产Ⅱ	－5

注：含首发、增发、配股、优先股、可转债。

资料来源：Wind。

2020年，证券行业共服务145家企业登陆科创板，募集资金2 226.22亿元，占IPO募资总额的47.37%，涉及新一代信息技术、生物、高端装备制造、新材料等行业。自创业板试点注册制到2020年末，证券行业累计服务63家企业在创业板注册上市，涉及计算机、通信和其他电子设备制造、专用设备制造等26个行业，支持传统产业与新技术、新产业、新业态、新模式在更大程度上深度融合。

2. 债券融资

2020年，受新冠肺炎疫情影响，宏观政策逆周期调节力度持续加大，我国债券市场融资环境较为宽松。根据中国证监会数据，2020年证券公司在交易所市场共承销公司债券（含可转债、可交换债）4 196只，助力发行人募集资金4.53万亿元，较2019年增长39.30%；承销发行企业资产支持证券1 355只，合计规模1.46万亿元，较2019年增长45.83%。此外，根据中国证券业协会公布的数据，2020年证券公司在沪、深证券交易所承销地方政府债4 208.30亿元，较2019年增加27.48%，涉及35个省和计划单列市。

3. 并购重组

证券公司作为资本市场中介机构，通过支持上市公司以并购重组等方式进行资本运作，为上市公司提质增效注入“新鲜血液”，有效释放微观主体活力，助力经济转型升级和高质量发展。2020年，证券行业服务上市公司完成重大资产重组114单，交易金额5 666.91亿元，同比下降17.93%。2020年，中国证监会共审核通过并购重组64单，包含上海证券交易所38单和深圳证券交易所26单，较2019年分别下降7.32%和58.06%。

（二）服务新三板市场，满足中小企业融资需求

1. 服务中小企业新三板融资，助力企业成长

新三板是资本市场服务创新型、创业型、成长型中小企业的重要平台，对于打造制度多元、功能互补的多层次资本市场，引导资金流向实体经济发挥了重要作用。根据全国股转公司统计数据，截至2020年末，新三板存量挂牌企业8 187家，包括精选层41家、创新层1 138家、基础层7 008家。2020年，证券公司推荐企业在新三板市场挂牌136家，完成发行716次，融资338.50亿元，同比上升27.91%。与此同时，证券行业支持新三板企业收购和并购重组，服务企业累计完成重大资产重组20次，涉及交易金额20.11亿元；完成收购147次，涉及交易金额69.86亿元。

2. 把握资本市场改革机遇，激发新三板市场活力

新三板精选层及转板制度的设立，是资本市场贯彻党中央、国务院关于“十四五”时期资本市场高质量发展重要部署的具体举措之一。证券行业积极开展新三板精选层挂牌及转板业务，拓宽挂牌公司上市渠道，实现多层次资本市场有机联系。根据中国证监会统计数据，截至2020年末，证券行业服务41家企业在新三板精选层挂牌，募集资金106亿元。截至2020年末，共有335家新三板公司选择主动摘牌并到上交所或深交所IPO，剔除61家已经IPO终止项目，仍有274家新三板公司成功到上交所或深交所IPO或正在IPO审核之中。

（三）规范发展场外市场业务，拓展服务实体经济新方式

区域股权市场、柜台市场和中证机构间报价系统是证券公司开展场外市场业务的重要平台，是资本市场服务实体经济不可或缺的基础设施。区域股权市场是中小微企业直接融资的主渠道，是地方政府扶持中小企业政策措施的综合运用平台。截至2020年末，区域股权市场挂牌企业3.46万家，较2019年新增7 242家。2020年，区域股权市场为各类企业累计实现融资2 883.64亿元。近年来，各地证券公司积极参与区域股权市场服务体系建设，在帮助中小微企业对接资本、落实金融服务实体经济方面取得了显著成效。根据中国证券业协会公布的数据，截至2020年底，50家证券公司通过股权或业务参与33个区域股权市场。2020年全年，证券公司在区域股权市场推荐股权挂牌达455笔，提供债权融资服务达106笔，成为参与各地区域股权市场的重要力量。

证券行业在柜台市场和中证机构间报价系统积极开展场外市场业务，为非上市非公众公司提供金融服务，进一步拓展资本市场服务实体经济方式，通过发行收益凭证、代销金融产品等业务为资本市场提供流动性支持，提升资本要素配置效率，促进实体经济发展。2020年全年，柜台市场和中证机构间报价系统共发行收益凭证3.65万笔，合计金额1.13万亿元，同比增长53.60%。

二、加快财富管理转型，满足居民多元化资产配置需求

财富管理是支持资本市场投资实体经济的重要业务，随着我国居民财富快速增长，居民优化资产配置、增加财产性收入的需求日益迫切。证券行业积极开展财富管理业务，为客户提供多层次、多品种、风险收益匹配的金融产品，提供资产配置和保值增值服务，在满足居民多元化资产配置需求的同时，引导居民储蓄进入资本市场，服务实体经济发展。

（一）加强金融产品供给，满足居民资产配置需求

证券公司在发力财富管理转型过程中，构建客需导向型业务路径，除了为客户提供股票、债券等传统金融产品之外，还配置开放式基金、封闭式基金、商品期货、股指期货等其他金融产品。根据中国证券业协会公布的数据，2020 年证券公司实现代理销售金融产品净收入 134.38 亿元，同比增长 148.76%。证券公司根据目标客群需求和自身满足客户需求的能力，为居民配置全生命周期、多种类金融资产，实现居民财富保值增值。

（二）打造专业化投顾队伍，夯实财富管理发展根基

在证券公司从传统经纪业务向财富管理转型的过程中，投资顾问队伍建设的重要性日渐凸显。作为智力密集型业务，财富顾问业务的展业模式、服务内容和服务客群需要证券公司打造专业化的投资顾问队伍。根据中国证券业协会公布的数据，2018—2020 年，证券公司投资顾问数量逐年增加，从 2018 年的 45 133 人上升到 2020 年的 60 961 人，占从业人员比重由 13.5% 提升至 18.2%。2020 年，证券行业财富管理业务转型初见成效：证券行业全年实现投资咨询业务净收入 48.03 亿元，同比增长 26.93%；实现资产管理业务净收入 299.60 亿元，同比增长 8.88%（见图总 2－1）。

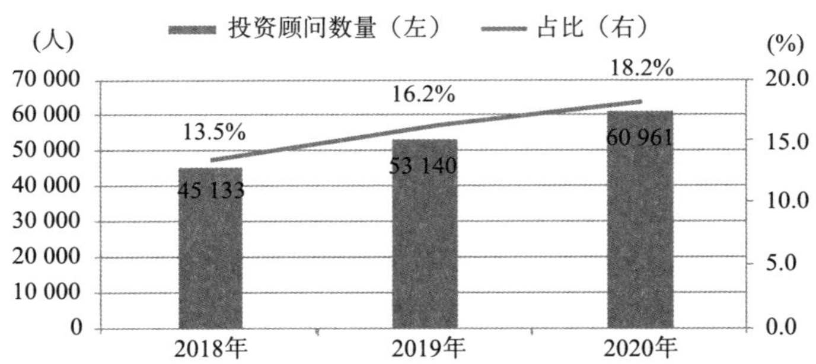

图总 2－1　证券公司投资顾问数量及占比

资料来源：中国证券业协会。

（三）财富管理业务蓬勃发展，助力居民财富持续增长

在金融产品种类逐步丰富以及证券行业财富管理水平不断提升的推动下，居民储蓄多渠道转化为资本市场长期资金，对于实现居民财富积累、繁荣实体经济发挥了重要作用。根据中国证券登记结算有限责任公司公布的数据，截至 2020 年末，我国有 1.78 亿证券投资者，同比增长 11.28%。根据 Wind 2020 年报数据，个人投资者持有基金净值达 10.48 万亿元，占比 53.41%。财富管理业务的快速发展有赖于庞大的居民投资群体，其有效推动了个人财富向资本市场长线资金的转化，既助力实体经济发展，又为居民带来长线投资的稳定回报。

三、强化投资端建设，为市场优质企业注入新活力

在落实资本市场中介职能、参与资本市场建设的同时，证券行业承担直接投资者责任，通过资产管理、自营等业务，将自有资金和客户委托资金直接投资于实体经济。此外，证券行业通过对投资标的筛选和面向市场的研究服务，引导市场资金向具有投资价值的核心资产集聚，推动了实体经济去粗取精、扶优限劣的进程，真正成为实体经济的“重要投资者”和“价值发现者”。

（一）持续扩大投资规模，多渠道向实体经济注入活力

资产管理业务、直接投资业务和自营业务是证券公司投资实体经济的重要方式。证券公司通过资产管理业务将客户委托资金投资于实体经济。资管新规推出以来，在“消除多层嵌套、去通道、降杠杆”等政策指导下，证券公司不断夯实主动管理能力，聚焦权益类和固收类主动资管产品，减少金融空转，积极推动实体经济发展。根据中国证券投资基金业协会的数据，2020 年证券行业资产管理业务主动管理规模达 4.63 万亿元，较上年增长 10.66%，主动资产管理水平进一步提升。

证券公司通过自营等投资类业务将自有资金直接投资于实体经济。自营业务在风险可控的前提下，通过购买企业发行的债券，向实体经济注入流动性。根据 Wind 数据，2020 年末，证券公司自营共持有公司债券规模 3 150.30 亿元，较 2019 年末增长 17.89%。证券公司通过另类投资子公司参与科创板企业等项目跟投，积极支持新经济企业发展。截至 2020 年末，证券公司科创板跟投规模 132 亿元，占科创板流通市值的 1.34%。

（二）挖掘核心资产价值，引导资金配置实体经济

证券公司在实体企业发展的全流程中积极挖掘企业价值。在二级市场投资中，证券公司践行管理人职责，努力寻找高成长性的核心资产，配置各行业代表性龙头企业股票，对于实体经济发展起到了扶优限劣的作用。在一级市场投资中，证券公司高度重视新经济领域成长企业投资，持续为信息技术（IT）、生物医疗、互联网和半导体等重点投资领域注入资金

“活水”。证券公司通过卖方研究服务，为市场投资者提供了重要的参考信息，深化投资者对于优质实体企业的理解与认识，引导市场资金注入实体经济。2020 年，138 家证券公司中有 96 家提供卖方研究服务，各家证券公司及其子公司全年向市场共发布研究报告 20.13 万篇，提供深度报告约 2.4 万篇。

四、聚焦国家战略和社会责任，助力实体经济高质量发展

2020 年，证券行业积极贯彻习近平新时代中国特色社会主义思想和党的十九大精神，充分发挥资本中介优势，提升服务实体经济能力，更加主动地服务和融入国家发展战略，在支持民营企业发展壮大、履行脱贫攻坚社会责任、倡导绿色低碳发展等方面不断提升服务质量和水平，推动实体经济高质量发展。

（一）发挥资本中介功能，支持民营企业发展壮大

1. 服务于民企股权和债券融资，满足民企融资需求

民营经济是社会主义市场经济的重要组成部分，证券业积极支持符合条件的民营企业扩大直接融资，支持民营企业依托资本市场做大做强。根据 Wind 数据，2020 年，52 家证券公司作为保荐机构助力 334 家民营企业首发上市，募集资金 2 921.39 亿元；51 家证券公司在沪、深证券交易所共承销 198 只民营企业公司债，募集资金 188.70 亿元。此外，为支持民营企业融资纾困，根据中国证券业协会公布的数据，截至 2020 年末，9 家证券公司联合共同创设民营企业债券融资支持工具规模共计 17.6 亿元，13 家证券公司创设信用保护工具规模共计 27.01 亿元。

2. 支持民营企业系列计划有效运行，纾解民营企业流动性困难

证券行业支持民营企业发展系列资产管理计划全面启动以来，得到了行业各机构的积极响应，根据中国证券业协会公布的数据，截至 2020 年末，59 家证券公司及其子公司共成立 138 只支民资管计划和 90 只子计划，出资规模近 774 亿元，撬动 390.59 亿元外部资金。从投资方面来看，52 家证券公司管理的支民资管计划及其子计划已进行具体项目投资，累计投出金额约 966.44 亿元（其中约 340 亿元已按照合同约定退出收回），所投资标的共涉及沪、深证券交易所上市的 293 家上市公司及其主要股东，切实缓解了民营企业及其股东的流动性困难。

（二）践行新发展理念，助力绿色金融发展

1. 支持环保企业股权融资，提升绿色项目资金可获得性

党的十八大以来，证券行业积极践行新发展理念，致力于履行环保责任，通过 IPO 融资、上市公司再融资等业务服务环保类企业，引导资金流向绿色产业。2020 年，证券行业共服务 9 家环保企业实现首发上市，募集资金 71 亿元；服务环保企业通过增发以及配股募

集资金80.41亿元。

2. 推动绿色债券市场发展，支持企业绿色融资

证券行业积极推动绿色债券市场发展，绿色债券品种日益丰富，资金投向基本涵盖各类绿色项目，节能减排效益显著。根据中国证券业协会公布的数据，2020年，49家证券公司作为绿色公司债券主承销商或绿色资产证券化产品管理人，在沪、深证券交易所共承销发行76只产品，合计金额904.65亿元，较2019年下降8.15%；其中资产证券化产品14只172.55亿元，较2019年下降8.84%。

3. 发展绿色指数，鼓励和引导绿色投资

证券行业通过发布绿色指数，监测和反映绿色产业和绿色金融发展情况，从而鼓励和引导绿色投资。根据中证指数有限公司公布的数据，截至2020年末，累计有54只绿色指数，其中有11只在2020年发布，包括信用债、主题、策略等类别，涵盖股票、债券两类资产（见图总2-2）。

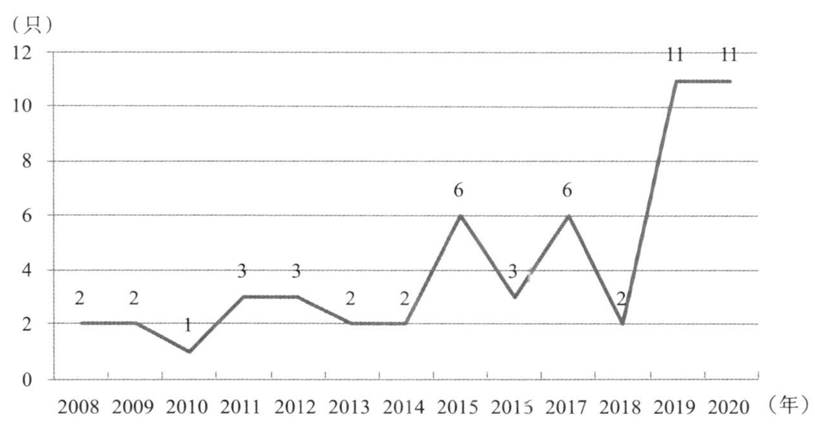

图总2-2　绿色指数发布数量

资料来源：中证指数有限公司。

（三）立足行业优势，助力公益扶贫

1. 聚力战“疫”，支持实体企业打赢疫情防控阻击战

2020年新冠肺炎疫情暴发以来，众多企业生产经营举步维艰，面临巨大困难。证券行业发挥专业优势，支持疫情防控专项债券发行，为抗击疫情提供融资支持。根据中国证券业协会公布的数据，2020年，65家证券公司共承销“疫情防控债”170只，服务22个省份的142家发行人完成融资1 651.06亿元。

2. 结对帮扶，为决胜脱贫攻坚贡献金融力量

自2016年9月中国证券业协会发起证券公司“一司一县”结对帮扶行动倡议以来，证券行业真扶贫、扶真贫，取得务实成效。根据中国证券业协会公布的数据，截至2020年末，共有102家证券公司结对帮扶307个国家级贫困县，其中72家证券公司结对帮扶120个深

度贫困地区，全部实现脱贫“摘帽”。此外，2020 年证券行业共参与承销 55 只扶贫专项债发行，发行总额达 1 733.45 亿元，较 2019 年增加 337.30%。

3. 巩固扶贫攻坚成果，贯彻落实乡村振兴战略

证券行业发挥专业作用，支持乡村振兴专项债发行，疏解乡村资金困难，为持续推进脱贫地区乡村振兴贡献行业应有之力。根据 Wind 数据，截至 2020 年末，债券市场累计发行 102 只乡村振兴主题债券。2020 年，证券公司参与承销 3 只乡村振兴专项债发行，发行总额达 146.95 亿元。

五、提升对外开放水平，构筑双向开放新格局

2020 年是中国资本市场对外开放的关键之年，党中央、国务院深化布局“引进来”和“走出去”，在新时代下加快推进资本市场对外开放，坚持以开放促改革、以开放促发展，努力形成资本市场高水平对外开放新格局。证券行业在国际化浪潮中，通过引入国际资本、拓展跨境服务积极支持实体经济发展。

（一）落实“引进来”战略，引导国际资金布局国内

证券公司多渠道引流国际资金，为实体经济贡献增量投资来源。目前国际资金主要分为合格境外机构投资者（QFII）资金和北向资金两类。针对 QFII 资金，证券公司努力扩大其在一级市场的参与程度，利用锁定期引导国际资金长期配置国内市场。根据 Wind 数据，2020 年 QFII 投资者参与首发获配投入资金 82.75 亿元，是 2019 年的 35.5 倍。针对北向资金，证券行业积极拓展陆港通业务，为国际资金建立便捷的 A 股投资渠道。2020 年北向资金净买入额达 2 089 亿元，累计净买入额突破 1.2 万亿元。截至 2020 年末，外资机构通过陆股通总持股市值达 2.3 万亿元，占 A 股总流通市值的 3.64%，在医疗、软件和电器等行业核心标的中的持股比例已突破 25%，有力促进了国内实体企业发展。

（二）践行“走出去”战略，提升国际化服务能力

证券行业持续推进国内企业海外融资与并购，为实体经济国际影响力的提升做出贡献。融资层面，中资券商协助国内企业在中国香港、美国等国际平台完成 IPO 募资。根据彭博数据，2020 年中资券商在中国香港市场完成 IPO 保荐 62 单，募集资金 2 343 亿元人民币，占港股市场募资总额的 69%；完成美股市场 6 家中概企业的 IPO 主承销，募集资金 310 亿元人民币。此外，证券行业积极推动国内上市企业海外融资，不断丰富上市公司募资途径，支持 2 单全球存托凭证（GDR）在伦敦市场发行。并购层面，中资券商积极提供财务顾问支持，不断推动国内实体企业做大做强，为完善国际布局、优化产业链条、打开境外市场做出了贡献。根据彭博数据，2020 年中资券商协助境内企业完成海外并购 18 单，合计金额 717 亿元人民币，占市场份额 19.6%。

第三章
2020 年中国证券业发展特点

2020 年，资本市场迈入高质量发展的新阶段，证券行业始终坚持稳中求进的工作总基调，认真贯彻落实新发展理念，统筹推进疫情防控、深化改革和防范化解风险等各项工作，着重提升核心业务综合竞争力和加快行业文化建设，积极服务实体经济发展和居民财富管理，在支持脱贫攻坚、疫情防控、绿色发展、“双循环”新发展以及“一带一路”建设方面发挥了重要作用。与 2019 年相比，2020 年证券行业发展呈现如下特点。

一、突出制度建设，全面深化改革

2020 年是国内资本市场全面深化改革的关键之年，3 月 1 日新《证券法》正式实施，5 月 18 日印发的《中共中央　国务院关于新时代加快完善社会主义市场经济体制的意见》明确要求“加快建立规范、透明、开放、有活力、有韧性的资本市场，加强资本市场基础制度建设，推动以信息披露为核心的股票发行注册制改革”。2020 年证券行业始终坚持稳中求进的工作总基调和市场化、法治化、国际化总方向，认真贯彻落实新发展理念，践行“建制度、不干预、零容忍”总方针和“四个敬畏、一个合力”总要求，立足于服务实体经济，紧扣制度建设主线，统筹推进疫情防控和资本市场改革发展稳定各项工作，为证券行业实现高质量发展提供了有力保障。

在市场制度建设方面，以注册制改革为龙头，以贯彻新《证券法》为契机，证券发行、交易、再融资、并购重组、信息披露和退市等各项基础制度建设进一步完善，为资本市场平稳健康发展提供了重要支撑。2020 年，注册制试点进一步推广至创业板和公司债、企业债市场，基础设施 REITs 试点和并表监管试点步入落地实操阶段，公募基金投资顾问试点及场外期权分层管理工作有条不紊，证券公司分类监管规则进一步细化，相关配套制度规则更加完善，资本市场治理生态更加优化，市场法制建设和投资者保护取得新进展，推动上市公司质量提升迎来新突破，全面深化改革形成新格局。在强化行业合规和风险管理方面，2020 年证券行业积极加强文化建设，不断压实中介机构“看门人”职责，从业人员执业及自律管理更加规范，投行业务内控管理体系进一步健全，行业合规和风控能力进一步增强，上市公司股票质押风险化解取得实质性成效，资本市场高质量发展的基础得到进一步夯实。在加快双向开放和国际化进程方面，资本市场和证券行业对外开放有序推进，合格境外投资者境内证券期货投资管理规则进一步完善，沪港通和深港通交易量稳步放大，境外投资者持股比重继续提高，资本市场国际影响力持续增强，在全球资源配置中的吸引力进一步提升，支持国内、国际经济双循环发展迈上新台阶。

2020 年，监管部门着力完善科技监管组织架构体系，不断强化监管效能，全面落实“零容忍”的执法理念，进一步加大对欺诈发行、财务造假、市场操纵等恶性违规行为的打击力度，从严从重查处了一批大案要案，有效净化了资本市场生态环境。2020 年中国证监会共办理案件 740 起，其中新启动调查 353 件（含立案调查 282 件），办理重大案件 84 件，同比增长 34%；全年向公安机关移送及通报案件线索 116 件，同比增长 1 倍，打击力度持续强化。

二、高质量发展稳中求进，服务实体经济能力进一步增强

2020 年，国内资本市场建设迈入高质量发展的新阶段，注册制改革进一步推广至创业板和公司债、企业债市场，新三板全面深化改革取得新进展，优化再融资、强化信息披露和健全退市机制等一批标志性改革相继落地实施，资本市场投融资功能进一步增强，上市公司股票质押风险化解取得实质性成效，为实体经济加快恢复发展提供了有力支撑。

推进创业板改革并试点注册制是贯彻落实新发展理念的重要体现，能够有效助力粤港澳大湾区建设并促进国民经济实现高质量发展。2020 年 4 月 27 日，中央全面深化改革委员会第十三次会议审议通过了《创业板改革并试点注册制总体实施方案》，随后《创业板首次公开发行股票注册管理办法（试行）》及其配套规范性文件相继发布实施，8 月 24 日，创业板注册制首批首发企业正式上市交易。在借鉴科创板有益经验的基础上，创业板对跟投机制和退市机制进行了优化，并对再融资、并购重组同步实施注册制，对于支持粤港澳大湾区和深圳中国特色社会主义先行示范区建设、更好地服务实体经济高质量发展具有重要意义。

2020 年注册制改革试点稳步推广至创业板和企业债、公司债市场，新股发行继续保持常态化，并购重组机制更加市场化，信息披露和股份减持制度更加完善，退市制度进一步严格，交易所市场服务实体经济高质量发展的能力进一步增强。根据中国证监会披露的数据，2020 年共有 399 家企业完成首次公开发行上市，共完成融资 5 260.31 亿元，分别较 2019 年增长 97.52% 和 74.69%，上市公司配股和定向增发融资 5 309.19 亿元，同比增长 444.76%，资本市场的融资枢纽功能得到了更好发挥。

与此同时，年内债券市场市场化改革亦取得突破性进展，公司债、企业债发行正式实施注册制标志着我国债券市场发行注册制已经全面推广。并且，随着可转换公司债券各项制度进一步完善，企业债券融资的效率进一步提升，疫情防控债、纾困公司债、创新创业公司债、新基建专项债和扶贫专项公司债等创新债券品种对实体经济的支持力度进一步增强，为

中国经济快速复苏做出了重要贡献。2020 年交易所债券市场共发行各类债券近 8.48 万亿元，其中公司债 4.53 万亿元，分别同比增长 17.77% 和 39.30%；65 家证券公司承销完成“疫情防控债”170 只，助力 22 个省份的 142 家发行人完成融资 1 651.06 亿元，为打赢疫情防控阻击战提供了强大的金融支撑。

作为服务创新型、创业型、成长型中小微企业的重要平台，全国中小企业股份转让系统全面深化改革迈上新台阶。2020 年共发布实施 28 项业务规则，涉及公开发行、挂牌审查、市场分层与公司监管、股票交易等各个方面，市场自律监管规则体系进一步完善，投融资生态进一步优化，能够为挂牌企业提供更加精准的差异化服务，中小微企业创新成长的基础更加夯实，在服务民营经济和促进创新创业等方面发挥了重要作用。根据全国中小企业股份转让系统披露的数据，截至 2020 年底，全国中小企业股份转让系统共有挂牌展示企业 8 187 家，总市值超过 2.65 万亿元，全年共完成 737 次股票发行，募集资金 338.50 亿元，同比增长 27.91%。

2020 年，区域性股权市场继续坚守服务中小微企业和地方实体经济的基本定位，进一步优化市场分层管理和服务流程，自律管理更加完善，聚焦实体经济创新发展更加精准高效，场外市场生态圈更加丰富和多元化。根据资本市场深化改革总体安排，中国证监会顺利启动了浙江省区域性股权市场制度和业务创新试点、北京区域性股权市场股权投资和创业投资份额转让试点、区块链建设试点等工作，市场生态建设稳步推进，在服务区域经济发展、防范化解金融风险、助力脱贫攻坚和抗击新冠肺炎疫情等方面发挥了重要作用。截至 2020 年底，全国 34 家区域性股权市场共有挂牌企业超过 3.46 万家，展示企业超过 12.9 万家，累计为企业实现各类融资近 1.42 万亿元。

证券公司柜台市场在 2020 年呈平稳发展态势，市场制度进一步完善，基础功能进一步优化，在释放证券公司业务空间的同时也充分发挥了其产品创设、风险管理及市场定价的能力。根据中证机构间报价系统提供的数据，截至 2020 年底，柜台市场业务共开立个人账户 3 002.49 万户和机构账户 4.43 万户，分别同比增长 13.33% 和 53.82%。在产品发行方面，2020 年全年柜台市场产品发行销售总规模 12 048.44 亿元，同比上升 33.65%。在场外金融衍生品业务方面，2020 年证券公司场外衍生品交易笔数同比增长 93.36%，全年新增名义本金规模 47 597 亿元，同比增幅为 158.61%。

三、加快业务转型，经营情况整体向好

2020 年，面对全球新冠肺炎疫情流行和复杂形势带来的严峻考验，国内证券行业坚持稳中求进，立足新发展阶段，贯彻新发展理念，充分发挥资本市场中介功能，不断提升投资银行业务水平，稳步推进财富管理业务转型，着力提升金融服务品质，为构建以国内大循环为主体、国内国际双循环相互促进的新发展格局贡献力量。2020 年全行业共实现营业收入 4 484.79亿元，净利润 1 575.34 亿元，分别比 2019 年高出 24.41% 和 27.98%。

2020年我国资本市场总体上保持了稳健发展态势，年内沪、深证券交易所上市公司总数正式突破4 000家，总市值突破80万亿元，全年股票基金交易金额达到355.44万亿元，同比增幅超过160.22%。受益于此，尽管2020年证券行业经纪业务平均佣金率下行了6.59%，但国内证券公司经纪业务净收入（含交易单元席位租赁）达到1 161.1亿元，同比增长47.42%，占行业总收入的比重为25.89%，比2019年高出4.04个百分点。同样受到市场行情利好影响的还有融资融券业务，2020年内“两融”月均余额同比增长41.98%，融资融券业务利息收入883.63亿元，比2019年增长90.58%。

受益于注册制改革推进和股票、债券融资规模明显上升，2020年证券公司承销和保荐业务收入达590.88亿元，同比增长56.55%，占行业总营收的比重也从上年的10.47%提升至13.18%，证券公司助力直接融资发展和打赢疫情防控阻击战取得了显著成效。

2020年，证券公司共实现证券投资收益（含公允价值变动）1 262.72亿元，同比增幅为12.58%，占行业总营收的比重为28.16%，较上年同期下降2.96个百分点。与此同时，2020年证券公司继续加快资产管理业务转型，坚持去通道、防嵌套和控杠杆，着力提升产品创新和主动管理能力，差异化发展和竞争格局逐渐凸显。根据中国证券投资基金业协会数据，2020年全行业受托管理资本金合计8.01万亿元，其中主动管理规模占比57.85%，较上年末高出17.35个百分点，全年共实现资管业务收入299.6亿元，同比增长8.88%，证券行业服务居民财富管理能力进一步提升，财富管理转型初见成效。

四、坚持依法稳健经营，落实全面风险管理

2020年，面对全球新冠肺炎疫情蔓延和复杂形势带来的严峻考验，证券行业立足于服务实体经济高质量发展，顺应强化合规和全面风险管理的趋势，深入落实合规管理全覆盖，不断提升合规管理执行力，把防范化解重大金融风险摆在更加突出的位置，主动压实压严中介机构职责，积极运用金融科技手段提升风险管理水平，合规风控水平整体保持稳定，上市公司股票质押风险化解取得实质性成效，债券违约、私募基金等重点领域风险总体收敛，为资本市场高质量发展保驾护航。

合规管理是证券行业健康发展的基石，随着监管规则的逐步完善，合规管理在证券公司业务拓展中的重要性显著提升，已经成为影响证券公司综合竞争力的关键因素。2020年，证券公司认真落实《证券公司和证券基金管理公司合规管理办法》和《证券公司合规管理指引》，积极倡导和推进合规文化建设，加快合规管理人才队伍培养，进一步增强全员合规意识，着力防范、监测和化解合规风险，重点提升合规管理效能。根据中国证券业协会专项调研数据，2020年已设立专职合规部门的证券公司占比达到93.65%，比2019年提高了2.34个百分点，证券公司专职合规管理人员总数为12 962人。

2020年是充满挑战的一年，新冠肺炎疫情冲击和复杂的外部环境对证券公司风险管理提出了更高的要求。2020年1月，中国证监会发布《证券公司风险控制指标计算标准规

定》，新规则充分结合市场发展实践，遵循“框架不变、风险导向、局部完善、宽严相济”的原则，进一步优化了指标体系设置，在防范突出风险的同时也能更好地满足差异化发展需求，择优释放资本空间，以适应新形势下风险管理和行业发展的需要。截至2020年底，证券行业平均风险覆盖率252.34%，平均资本杠杆率23.59%，平均流动性风险覆盖率235.89%，平均净稳定资金率153.66%，行业整体风控指标明显优于监管标准。

与此同时，2020年证券公司始终坚守“防范化解重大风险”的底线，重点培育稳健的风险文化，着力提升全面风险管理能力，积极应用金融科技手段，加快推进风险管理转型升级。根据中国证券业协会专项调研数据，证券公司均已建立了多层级的风险管理组织架构，主要按照专业风险类型（包括信用风险、市场风险、操作风险、流动性风险、声誉风险）划分职能，同时还在风险管理部门内设置风控指标管理、模型管理、数据系统、子公司管理、政策与报告等岗位。其中，14.81%设立了独立的模型风险管理团队，57.41%设立了独立的投行业务风险管理团队，12.04%设立了独立的压力测试团队，风险管理的分工进一步细化，专业化水平不断提升。另外，鉴于2020年信用风险事件频发，证券公司进一步强化舆情监控和预警机制，建立健全常态化压力测试机制，持续完善多层次的信用风险限额体系，88.79%的证券公司已实现了信用风险限额指标在业务条线层面的拆解。

五、加快数字化转型，促进金融科技深度融合发展

随着人工智能、区块链、大数据、云计算和物联网等新一代信息技术与资本市场、证券行业的融合不断向纵深发展，金融科技已经逐渐成为推动国内证券行业转型升级的新引擎，在实现业务赋能的同时也深刻影响了证券公司的运营和管理模式，并催化出更多数字化、智能化的新业态，国内证券行业迈进金融科技深度融合发展的新阶段。

2020年，证券公司积极贯彻落实新发展理念，进一步加快推进数字化转型，以数字技术为依托，以数据为纽带，综合运用人工智能、区块链、大数据和云计算等新一代信息技术进行业务赋能，不断提升运营管理的智能化水平，构建生态更加良好的数据治理体系。与此同时，面对突如其来的新冠肺炎疫情，证券公司充分发挥自身的专业技术优势，重点加强信息设备扩容和检测维护，通过电子化、智能化的管理模式，在维护系统安全和保障员工健康的同时，加快推动证券业务线上化转型和办公协同智能化，并在人工智能、区块链等领域积极开展新的探索和尝试，应用场景进一步复杂和深化。根据中国证券业协会专项调研数据，2020年证券公司IT投入总额达到239.94亿元，同比增长15.05%，证券公司IT人员总数同比增长12.99%；大多数证券公司已经把数字化（转型）列为公司战略，数字化战略的主战场逐步由零售经纪业务扩展到机构业务、资产管理、投资银行、自营投资等多个业务领域；行业数据治理工作快速推进，并在配套敏捷研发体系建设等方面不断加大投入。

此外，随着全行业科技化水平的不断提升，年内科技监管加快落地见效，科技监管组织体系更加完善，金融科技助力监管效能进一步增强。一方面，监管机构持续加强对行业数字

化、智能化发展的统筹规划和引导，推动数据共享和数据治理，中证链首个应用已上链运行，上证链亦正式启动试运营，有助于更好地支持证券服务与科技深度融合，助力证券业数字化转型和科技赋能；另一方面，监管机构和行业协会还进一步加快对智能监管的探索，充分利用大数据、人工智能和区块链等新技术手段，提高对新型违法违规行为的识别精度，进一步优化投行业务电子底稿监管系统，加大对监管套利行为的约束力，增强证券行业抵御系统风险的能力。

六、服务“双循环”新发展格局，提升国际业务竞争力

2020年，证券行业立足构建“双循环”新发展格局，稳步推进资本市场高水平开放，为服务粤港澳大湾区和“一带一路”建设注入新动能。年内A股市场与国际成熟市场深度融合迈入新阶段，深港交易型开放式指数基金（ETF）互通产品正式起航，沪港通、深港通、债券通和沪伦通运行良好，交易量稳步放大，全年沪港通和深港通累计交易规模近26万亿元，同比增长117.52%，债券通交易规模达到4.81万亿元，同比增长82.89%；并且，伴随A股纳入全球指数因子进一步提高，外资持有A股比例（占流通股）亦从2020年初的3.31%提升至3.64%。与此同时，2020年期货公司、基金管理公司和证券公司的外资持股比例限制相继取消，我国资本市场和证券经营机构对外开放取得新突破，资本市场在全球资源配置中的地位稳步提升，有利于进一步促进国内国际双循环的顺畅对接。

为了更好地落实党的十九届五中全会关于构建“双循环”新发展格局的总要求，2020年证券公司牢牢把握粤港澳大湾区和“一带一路”建设的重大历史机遇，继续加大海外业务的布局力度，进一步加快探索跨境业务新模式，围绕客户“走出去”做好境内境外全流程服务，着力提升国际业务竞争力，证券公司服务新发展格局和“一带一路”建设的能力显著增强。根据中国证券业协会专项调研数据，2020年已有34家证券公司开展海外业务，较2019年新增7家。在香港市场股票发行承销金额排名中，2020年有27家内资证券公司跻身前50位，比2019年新增11家，市场份额达到45.73%，同比增长24个百分点。在香港并购市场上，2020年有10家内资证券公司排名前50位，比2019年增加4家，市场份额为22.45%，同比增长9.85个百分点。

七、文化建设取得新成效，证券行业“软实力”进一步增强

党的十九大报告指出：“文化是一个国家、一个民族的灵魂。文化兴国运兴，文化强民族强。”文化建设是资本市场健康发展的关键支柱，也是证券公司“软实力”和核心竞争力的重要体现，“合规、诚信、专业、稳健”的行业文化为资本市场长远健康发展提供价值引领和精神支撑。

2020年是证券行业文化建设工作加快推进的关键一年，作为资本市场的“看门人”和

直接融资的“服务商”，证券公司秉承“合规、诚信、专业、稳健”的行业文化理念，主动落实《证券行业文化建设倡议书》，积极探索行业文化建设的新格局和新路径，加速推进企业文化配套机制建设，坚持依法合规，恪守职业操守，秉持专业精神，牢记社会责任，把企业文化建设与党建、公司治理、合规风控以及企业战略有机结合起来，将文化建设全面融入公司管理各个环节，着力构建文化建设的新格局。与此同时，为了持续改善行业发展生态，2020 年中国证券业协会进一步加强行业文化建设引导工作，继续优化行业文化建设的自律规则体系，推动行业文化建设实践不断深化，建立健全证券公司声誉风险管理制度和从业人员声誉评价机制，相继发布了《证券经营机构及其工作人员廉洁从业实施细则》《证券从业人员职业道德准则》，为培养更加良好和先进的行业文化生态提供制度保障。

八、决胜脱贫攻坚，履行社会责任取得显著成效

2020 年是脱贫攻坚决战决胜之年，证券行业全面准确贯彻党中央、国务院关于脱贫攻坚的战略部署，持续深入落实中国证监会和中国证券业协会扶贫工作的决策安排，充分发挥资本市场在服务国家脱贫攻坚战略中的专业优势，不断探索完善扶贫新路径，切实提高脱贫质量，在巩固拓展脱贫攻坚成果的同时进一步提升金融服务的普惠性，服务脱贫攻坚战略取得显著成效。

一方面，在中国证监会和中国证券业协会的协调和引导下，证券公司积极响应、迅速行动，按照“摘帽不摘责任、摘帽不摘政策、摘帽不摘帮扶、摘帽不摘监管”的要求，多措并举、综合施策，突出产业发展，聚焦产业培育，促进贫困地区内生“造血”，构建长效机制，提高脱贫质量，助力贫困地区永续脱贫，形成了全行业“合力攻坚”的良好态势。经统计，通过公司债券、并购重组、新三板股权融资和产业基金等多种方式，证券公司服务贫困地区企业融资累计超过 2 500 亿元，为促进贫困地区产业发展和推动乡村振兴提供了更加精准的金融服务支持。另一方面，为了能够更加广泛地调动行业力量和凝聚证券经营机构帮扶合力，中国证券业协会着力完善监管部门、自律组织、市场主体“三位一体”的扶贫工作格局，持续优化脱贫攻坚成效考核评价体系，不断强化正向激励机制。中国证券业协会充分发挥自律组织的动员、联系作用，自 2016 年起先后发起“一司一县”结对帮扶、“一县一企”产业扶贫行动倡议。截至 2020 年底，已有 102 家证券公司结对帮扶 307 个国家级贫困县，其中 72 家证券公司结对帮扶 120 个深度贫困地区，帮扶融资规模达到 2 739.84 亿元，证券公司结对帮扶的 307 个国家级贫困县全部实现脱贫“摘帽”。

第四章
2021 年中国证券业发展展望

2021 年我国资本市场的发展环境面临诸多挑战，证券行业需要从中长期视角研判面临的新情况、新变化、新特点，着力把握好稳与进、系统统筹与重点突破、创新与监管的关系。坚持以习近平新时代中国特色社会主义思想为指导，全面贯彻党的十九大和十九届二中、三中、四中、五中全会精神，落实中央经济工作会议部署，坚持稳中求进，立足新发展阶段，贯彻新发展理念，服务新发展格局，切实提高政治站位，坚持市场化、法治化、国际化方向，继续深化改革开放，不断提升资本市场治理能力。

一、继续深化改革和对外开放，夯实高质量发展制度基础

做好注册制试点总结评估和改进优化，加快推进配套制度规则完善、强化中介机构责任等工作，为稳步推进全市场注册制改革积极创造条件。在不断完善科创板和创业板注册制试点安排的基础上，稳步推进主板、新三板市场注册制改革，系统推进基础性制度改革，加快建立更加成熟的资本市场基础制度体系。加快推进投资端改革，优化中长期资金入市环境。加大权益类基金产品供给与服务创新力度，推动个人养老金投资公募基金政策尽快落地。贯彻落实新《证券法》和《刑法修正案（十一）》，配合修订证券期货犯罪案件刑事立案追诉标准，出台欺诈发行股票责令回购等配套制度。推动期货法立法，加快推进行政和解办法、上市公司监管条例等法规制定。建立跨部委协调工作小组，加大对欺诈发行、财务造假、市场操纵等恶性违法违规行为的打击力度，对有关机构和个人的责任追究一抓到底，夯实高质量发展基础。未来可以持续深化资本市场互联互通，进一步优化沪港通机制，扩大沪深股通投资范围和标的，不断丰富内地和香港全方位、多层次的务实合作。继续与伦交所等境外主体紧密联系，推动伦交所优质上市公司在上交所上市交易非融资型中国存托凭证（CDR）；支持境内蓝筹企业借助“沪伦通”业务渠道，充分利用伦交所的国际金融中心地位发行GDR，拓展国际业务，提升国际知名度。进一步探索与欧美等成熟市场的合作，探索建立互联互通机制。债券市场方面，将证券交易所债券市场纳入与中国香港等发达资本市场的互联

互通，可以为境外投资者提供更丰富的投资选择，有利于实现债券市场对外开放的统一，推动资本市场形成全方位的对外开放格局。

二、全力支持服务国家战略，不断提升服务实体经济能力

全力支持服务国家战略是证券行业服务实体经济的重要内容。近年来，证券行业在深化服务供给侧改革方面初显成效，通过沪、深两市和新三板、证券公司各项业务主动对接和服务“一带一路”“中国制造 2025”和“国资国企改革”等。

2021 年，在“一带一路”建设中，证券行业仍应继续响应号召，不断拓展“一带一路”沿线的业务发展，积极给予相关企业有力的融资支持。在服务国资国企改革中，证券公司可以通过不同的业务形式为国资国企打造量身定制的金融服务方案，帮助业务落后国企实现转型升级。在未来的发展中，资本市场需要更着力加强对科技创新企业的服务，特别是对国家战略具有核心竞争作用的高新技术企业，给予资源、资金和管理各方的有效帮助。

三、标本兼治，妥善应对潜在风险

2021 年，证券业将继续落实监管责任，精准定位，有效处置风险。构建有效的监管体系，对股票质押、债券违约、私募基金、场外配资、各类资管业务等重点风险领域加以重点监管，将监管精准定位到细节，对违法违规行为精确预警、打击，特别是加强对杠杆资金交易、股票质押、信用债履约等风险区域的预判。一方面，加快推进“伪私募”等相关风险的分批处置，严格落实私募基金底线性要求，建立部际联动、央地协作的风险防范处置机制，加快推动出台私募条例；另一方面，稳妥化解债券违约风险，加大债券市场基础制度和法治供给，优化债券违约市场化处置机制。建立区域性信用风险爆发的应急预案，防范债券违约系统性风险。此外，着力提高风险防范的科技化水平，综合运用大数据、人工智能等现代信息技术，不断提升监管的科技化、智能化水平，全面强化市场风险监测和异常交易行为识别能力，及早发现、及时处置各类证券期货违法违规行为，把握好风险防范的主动权。加强对宏观形势的跟踪研判，密切关注市场流动性变化，严密监控资金杠杆水平，严防跨市场跨领域跨境的交叉性、输入性风险。

四、证券业文化建设进入全面推进期，加强行业文化制度机制建设

“健康良好的行业文化是行稳致远的立身之本，是支撑行业健康稳定发展的底气所在、力量之源。”2021 年是证券行业文化建设的全面推进期，证券监管部门和行业自律机构将进一步推动行业全面落实与业务发展相适应的制度和机制，加快推进证券行业文化建设。作为行业文化建设的主体，证券经营机构以习近平新时代中国特色社会主义思想为指导，全面贯

彻落实党的十九大关于加强社会信用体系建设、建设文化强国的决策部署，以弘扬和培育行业精神为核心，以保护投资者合法权益为出发点，以打造“合规、诚信、专业、稳健”的行业文化为目标，通过建设良好的行业文化，传承和弘扬行业精神，凝聚和践行行业价值观，积淀和涵养行业生态，推动打造高质量投资银行和资产管理机构，在担当促进“双循环”的新使命中，不断增强服务实体经济和国家战略的能力，用文化的力量引领方向、促进发展、塑造形象，为推动证券行业高质量发展注入新动能、提供新支撑。

五、进一步强化在信息技术领域的投入和布局，重塑证券业服务生态

2021 年，证券监管部门将加强证券期货行业科技发展的统筹规划，大力促进大数据、云计算、区块链、人工智能等创新科技在证券行业的推广应用。证券公司将大力加强在信息技术领域的投入和布局，进一步提升线上线下资源整合能力和效率，继续促进业态优化、变革和升级，“数字化 + 平台”业务和管理模式将逐渐成为主流，在云计算和大数据分析应用方面取得新进展，在人工智能和区块链应用方面取得新突破，金融科技与证券业务的融合方式也将从简单“拼接”向深度“融合”纵深演进，数据治理能力进一步加强，数据化生态环境进一步改善，我国资本市场和证券行业将迈入“金融科技”新时代。

分报告

分报告之一：2020 年中国证券经纪业务发展回顾与展望

第一章 2020 年中国证券经纪业务的总体情况

第一节 2020 年中国证券经纪业务的市场环境

一、市场总体情况

（一）两市指数先抑后扬，大幅上涨

2020 年，股票二级市场在第一季度大幅下跌，第二季度稳步上涨，第三季度小幅回落，第四季度开始连续上涨。

2020 年上证综合指数从上年收盘的 3050.12 点，最高到 3474.92 点，最低达 2646.80 点，收盘 3473.07 点，全年指数上涨 13.87%；深证综合指数从上年收盘的 1722.95 点，最

高到 2340.89 点，最低达 1552.96 点，收盘 2329.37 点，全年指数上涨 35.20%。

中小板指数从上年收盘的 6632.68 点，最高到 9559.81 点，最低达 6222.77 点，收盘 9545.18 点，全年指数上涨 43.91%。创业板指数从上年收盘的 1798.12 点，最高为 2969.75 点，最低为 1769.16 点，收盘 2966.26 点，全年指数上涨 64.96%（见表分 1－1）。

表分 1－1　　2019—2020 年 A 股市场板块指数变化情况

收盘点位	上证综合指数（000001）	深证综合指数（399106）	中小板指数（399005）	创业板指数（399006）
2019 年收盘点位	3050.12	1722.95	6632.68	1798.12
2020 年收盘点位	3473.07	2329.37	9545.18	2966.26
变化幅度（%）	13.87	35.20	43.91	64.96

资料来源：上海证券交易所，深圳证券交易所。

（二）市场持续扩容，市值大幅增加，市盈率上升

2020 年市场持续发行新股。截至 2020 年底，境内上市公司数（A、B 股）合计 4 154 家，较 2019 年底 3 777 家增加了 377 家，增幅为 9.98%。

市场新股扩容，沪、深两市指数先抑后扬，总市值大幅增加。2020 年底，沪、深两市股票市价总值为 79.72 万亿元，较 2019 年的 59.29 万亿元上涨 34.46%；其中，流通市值从 2019 年的 48.35 万亿元增加到 2020 年底的 64.36 万亿元，增幅达 33.11%。

市场平均静态市盈率涨幅明显。截至 2020 年底，沪市平均静态市盈率为 16.76 倍，较 2019 年底的 14.64 倍增长 14.48%；深市平均静态市盈率为 34.51 倍，较 2019 年底的 26.15 倍增长 31.97%（见表分 1－2）。

表分 1－2　　2020 年证券市场概况统计表

项　目	2019 年底	2020 年底	变化幅度（%）
境内上市公司数（A、B 股，家）	3 777	4 154	9.98
境内上市外资股（B 股，家）	97	93	－4.12
股票市价总值（A、B 股，亿元）	592 934.57	797 238.16	34.46
其中：股票流通市值（亿元）	483 461.26	643 605.29	33.11
股票成交金额（亿元）	1 274 158.80	2 068 252.52	62.32
日均股票成交金额（亿元）	5 221.96	8 511.33	62.99
上证综合指数（收盘）	3050.12	3473.07	13.87
深证综合指数（收盘）	1722.95	2329.37	35.20
平均市盈率（静态）			
其中：上海	14.64	16.76	14.48
深圳	26.15	34.51	31.97

资料来源：中国证监会，上海证券交易所，深圳证券交易所，中国证券登记结算有限责任公司。

（三）股票、基金、债券[①]交易量均大幅增长

2020 年，沪、深两市股票合计成交 206.83 万亿元，较 2019 年的 127.42 万亿元增长 62.32%，股票日均交易额从 2019 年的 5 221.96 亿元上涨到 2020 年的 8 511.33 亿元，涨幅为 62.99%；基金成交方面，2020 年两市基金成交金额 13.62 万亿元，较 2019 年的 9.17 万亿元上涨 48.53%；债券成交方面，2020 年债券合计成交 307.10 万亿元，较 2019 年 246.43 万亿元上涨 24.62%（见图分 1－1）。

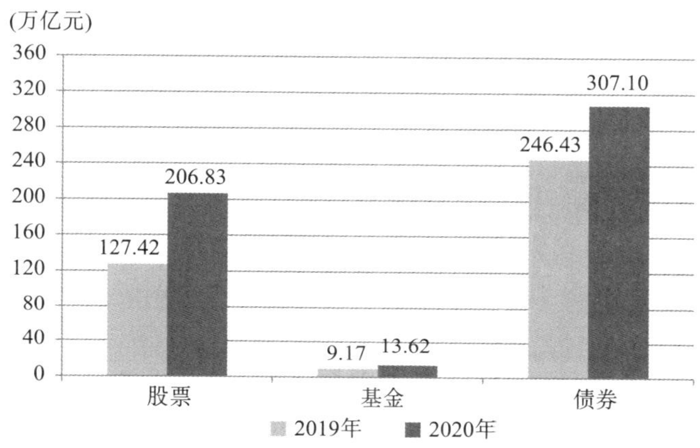

图分 1－1　2019 年和 2020 年各品种交易量变化对比图

资料来源：上海证券交易所，深圳证券交易所。

股基[②]总交易量大幅增长。根据沪、深证券交易所的统计数据，2020 年两市股票、基金总成交 220.45 万亿元，较 2019 年的 136.59 万亿元增加 83.86 万亿元，增幅 61.40%。其中，上海证券交易所股基交易金额 94.74 万亿元，深圳证券交易所股基交易金额 125.71 万亿元，分别较 2019 年上涨 54.68% 和 66.86%。日均成交量方面，2020 年成交天数为 243 天，比 2019 年 244 个交易日少一天，2020 年两市日均股基交易量为 9 071.98 亿元，较 2019 年上涨 62.07%。

（四）融资融券交易活跃，融资和融券交易均上升

2020 年，融资融券整体交易呈现上涨态势，融资融券业务余额由 2019 年末的 10 192.85 亿元上涨到 16 190.08 亿元，涨幅为 58.84%。

融资交易规模上涨。截至 2020 年底，融资余额 14 820.24 亿元，期间买入额 195 624.59 亿元，偿还额 190 859.39 亿元，而 2019 年同期对应的三项指标分别为 10 055.04 亿元、

① 这里的债券交易特指深圳证券交易所和上海证券交易所的债券交易。

② “股基”指股票和基金。其中，股票包括主板 A 股、中小板、创业板和主板 B 股；基金包括 ETF、LOF、分级基金和封闭基金。

113 452.84 亿元及 110 887.60 亿元，增长幅度分别为 47.39%、72.43% 及 72.12%。

融券交易规模持续上升，2020 年期间卖出额 8 118.11 亿元，较上年涨幅为 179.63%（见表分 1－3 和图分 1－2）。

表分 1－3　　2018—2020 年融资融券业务发展数据

年份	融资			融券		融资融券余额（亿元）
	截止日余额（亿元）	期间买入额（亿元）	期间偿还额（亿元）	截止日余额（亿元）	期间卖出量（亿股）	
2018	7 489.81	75 693.94	78 421.71	67.23	258.36	7 557.04
2019	10 055.04	113 452.84	110 887.60	137.80	365.50	10 192.85
2020	14 820.24	195 624.59	190 859.39	1 369.84	671.39	16 190.08
2020 年相比 2019 年的变化幅度（%）	47.39	72.43	72.12	894.08	83.69	58.84

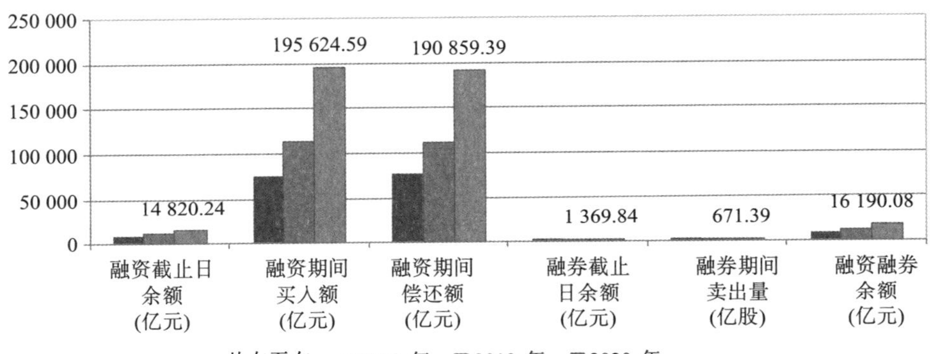

图分 1－2　2018—2020 年融资融券业务发展数据

资料来源：Wind。

二、市场参与主体

（一）沪、深两市投资者数保持增长

2020 年末，沪、深两市共有投资者数 17 777.49 万户，较 2019 年增长 11.28%（见表分 1－4）。

表分 1－4　　2018—2020 年沪、深两市投资者数量

项　目	2018 年	2019 年	2020 年
沪、深两市投资者数量（万户）	14 650.44	15 975.24	17 777.49
较上年增长（%）	9.35	9.04	11.28

续表

项　目	2018年	2019年	2020年
其中：			
自然人（万户）	14 615.11	15 937.22	17 735.77
较上年增长（%）	9.38	9.05	11.29
非自然人（万户）	35.33	38.02	41.72
较上年增长（%）	-2.08	7.61	9.73

资料来源：中国证券登记结算有限责任公司。

（二）信用账户投资者数保持增长

截至2020年末，开立信用证券账户的投资者数为5 580 729个。其中，个人投资者开户数为5 549 314个，较上年增长9.31%；机构投资者开户数为31 415个，较上年增长39.88%（见表分1-5）。

表分1-5　　2018—2020年信用证券投资者数　　（单位：个）

项　目	2018年	2019年	2020年
期末信用证券账户	4 724 164	5 099 008	5 580 729
其中：个人	4 706 993	5 076 549	5 549 314
机构	17 171	22 459	31 415

资料来源：中国证券登记结算有限责任公司。

第二节　2020年中国证券经纪业务的发展情况

一、行业代理买卖证券业务净收入增长，占比上升

根据中国证券业协会统计，2020年证券行业全行业实现营业收入4 484.79亿元，较上年的3 604.83亿元上涨24.41%；净利润为1 575.34亿元，较上年的1 230.95亿元上涨27.98%。

具体到证券经纪业务收入方面，2020年行业代理买卖证券业务净收入为1 161.10亿元，较2019年的787.63亿元上涨47.42%；从收入结构来看，代理买卖证券业务净收入占营业收入的比重自2015年起首次上升，从21.85%上升至25.89%，落后于证券投资收益占比（见表分1-6）。

表分 1－6　　2019—2020 年证券行业主要经营数据对比

项　目	2019 年	占比（%）	2020 年	占比（%）
营业收入（亿元）	3 604.83	—	4 484.79	—
代理买卖证券业务净收入（亿元）	787.63	21.85	1 161.10	25.89
证券承销与保荐业务净收入（亿元）	377.44	10.47	590.88	13.18
财务顾问业务净收入（亿元）	105.21	2.92	81.23	1.81
投资咨询业务净收入（亿元）	37.84	1.05	48.03	1.07
资产管理业务净收入（亿元）	275.16	7.63	299.60	6.68
证券投资收益（含公允价值变动）（亿元）	1 221.60	33.89	1 262.72	28.16
融资融券业务利息收入（亿元）	651.68	18.08	883.63	19.70
净利润（亿元）	1 230.95	—	1 575.34	—
证券公司盈利家数（家）	120	90.23	127	94.07

资料来源：中国证券业协会。

二、证券公司营业部数量基本稳定

截至 2020 年底，证券公司营业部数量达 11 731 家，相比 2019 年的 11 703 家，增加 28 家，增幅为 0.24%。

从营业部数量排名靠前的证券公司比较来看，2020 年，中国银河证券减少 1 家，营业部数量保持行业第一位；安信证券减少 1 家，营业部数量排名行业第二位；方正证券、中泰证券、海通证券营业部数量分别增加 33 家、6 家、6 家（见表分 1－7）。

表分 1－7　　营业部数量排名靠前的证券公司 2019—2020 年营业部数量　　（单位：家）

会员名称	2019 年营业部数量	2020 年营业部数量	增加数量
中国银河证券	494	493	－1
安信证券	371	370	－1
国泰君安证券	362	360	－2
方正证券	323	356	33
中泰证券	314	320	6
海通证券	301	307	6
中信建投证券	296	296	0
广发证券	291	290	－1
长江证券	276	274	－2
华泰证券	269	269	0

资料来源：上海证券交易所。

三、从业人员总量持续上升

根据中国证券业协会统计数据，2020 年证券公司从业人员数持续上升。截至 2020 年底，证券公司证券从业人数为 334 130 人。其中，一般从业人员 198 377 人，证券经纪人 64 924 人，证券投资咨询业务（投资顾问）60 961 人，证券投资咨询业务（分析师）3 475 人，保荐代表人 6 393 人。

从证券公司从业人员结构来看，一般从业人员占比 59.37%，相较 2019 年略有提升；证券投资咨询业务（分析师）、证券投资咨询业务（投资顾问）、保荐代表人较 2019 年占比上升，人数增加；证券经纪人占比下降，人数减少（见表分 1－8）。

表分 1－8　2019—2020 年证券公司从业人员结构

从业类型	2019 年（人）	2019 年占比（%）	2020 年（人）	人数变化（人）	2020 年占比（%）
一般证券业务	193 255	58.94	198 377	5 122	59.37
证券经纪人	74 479	22.71	64 924	－9 555	19.43
证券投资咨询业务（分析师）	3 206	0.98	3 475	269	1.04
证券投资咨询业务（投资顾问）	53 140	16.21	60 961	7 821	18.24
保荐代表人	3 806	1.16	6 393	2 587	1.91
总计	327 886	100	334 130	6 244	100

资料来源：中国证券业协会。

第二章
2020年中国证券经纪业务面临的问题与2021年前景展望

第一节　2020年中国证券经纪业务面临的问题

一、价格竞争持续，收入弹性进一步缩窄

2020年，证券经纪业务的价格竞争依然存在，行业平均净佣金率继续下滑至3.26‱[①]，相较2019年的3.49‱，降低6.59%。

2020年股票市场结构性牛市明显，沪、深两市股票日均交易额达8 511.33亿元，创2013年以来的第二高位（见图分1-3），成为证券公司继续下调佣金率的重要支撑。2020年，行业代理买卖证券业务净收入（含席位租赁）1 161.10亿元，虽然相较2019年增长47.42%，但明显落后于股票日均交易额62.99%的增幅。同时，2020年经纪业务收入的贡献度自2015年以来首次上升（见表分1-9），相较2019年的21.85%，增加4.04个百分点。

二、传统经纪业务亟待向财富管理转型

2020年全国居民人均可支配收入32 189元，比上年实际增长4.7%（见图分1-4），沪、深两市投资者数年度累计新增1 802.25万户。中国经济的高速发展带动人均可支配收入及财富的迅速增长。在此背景下，中国财富管理市场总规模迅速增长，已超7万亿元。

① 中国证券业协会测算；净佣金率=当期代理买卖证券业务净收入（含席位租赁）/当期股基交易额。

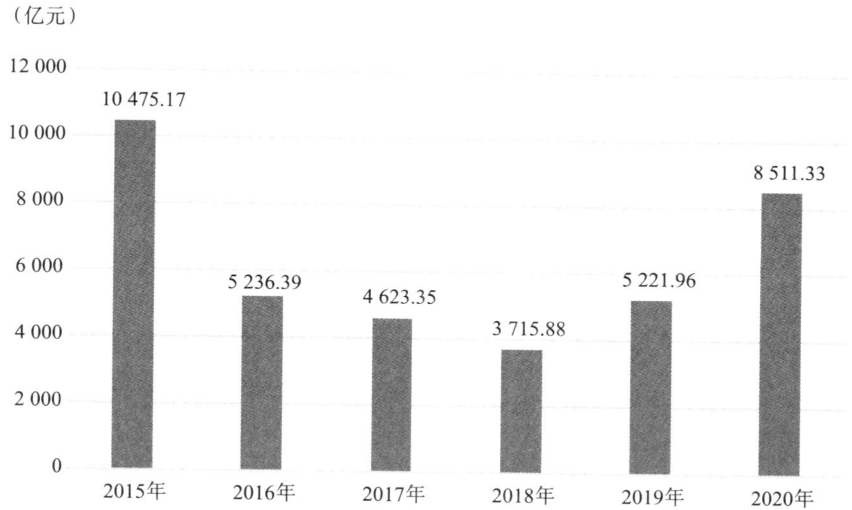

图分 1－3　2015—2020 年沪、深股市股票日均交易额

表分 1－9　2015—2020 年经纪业务收入贡献度统计

项　目	2015 年	2016 年	2017 年	2018 年	2019 年	2020 年
行业代理买卖证券业务净收入（含席位租赁）（亿元）	2 690. 96	1 052. 95	820. 92	623. 42	787. 63	1 161. 10
行业营业收入（亿元）	5 751. 55	3 279. 94	3 113. 28	2 662. 87	3 604. 83	4 484. 79
经纪业务收入贡献度（%）	46. 79	32. 10	26. 37	23. 41	21. 85	25. 89

资料来源：中国证券业协会，国泰君安证券整理。

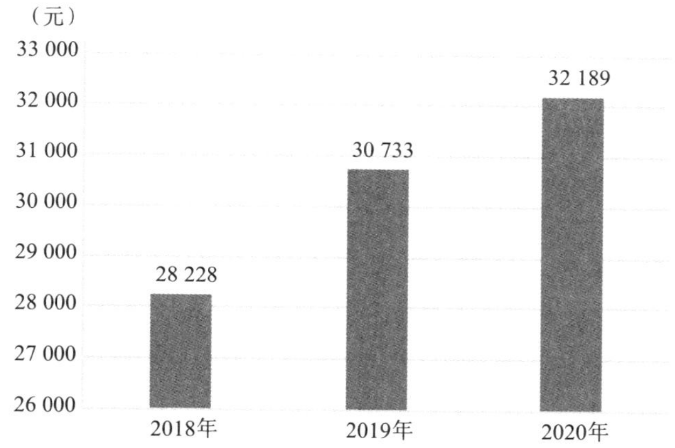

图分 1－4　2018—2020 年全国居民可支配收入情况

资料来源：中国政府网，国泰君安证券整理。

目前，中国财富管理市场主要由银行存款、理财、保险、信托、券商资管、基金等构成，但从当前证券行业竞争格局来看，证券公司在市场中的占有率相对较小。

证券行业正在加快财富管理转型，服务市场投资理财需求。2020 年，证券行业实现代理买卖证券业务收入（含席位租赁）1 161.10 亿元，同比增长 47.42%；实现代销金融产品业务收入 134.38 亿元，同比增长 148.76%；实现投资咨询业务收入 48.03 亿元，同比增长 26.93%。证券行业服务居民财富管理能力进一步提升，财富管理转型初见成效。

三、财富管理转型需覆盖产品链上下游，加快整合业务资源

在财富管理市场中，资产管理机构位于金融产品设计的上游，财富管理机构位于设计业务方案、销售金融产品的下游。证券公司兼具资产管理和财富管理身份，在财富管理转型过程中可以充分利用这一特点，通过丰富投资工具、充分整合业务、发挥投资能力优势形成差异化核心竞争力。

一是投资工具，需进一步丰富期货期权等产品品种。逐步增强对高净值客户的服务能力，形成证券行业财富管理转型过程中的核心竞争优势。

二是业务整合，需进一步发挥自身业务范围优势。全牌照证券公司在资产管理业务方面具有优势，应充分整合业务资源，形成业务协同，满足不同客户多元化财富管理需求。

三是投资能力，需进一步提升投研能力。证券公司相较其他金融机构有专业的研究团队和投资顾问，应发挥其专业投研能力的优势，进而形成服务客户的核心价值。

四、买方投顾服务的转变，一线业务人员专业素质亟待提升

2020 年，中国证券业迈入财富管理转型关键期。3 月，银河证券、中金公司、中信建投证券、国泰君安证券、申万宏源证券、华泰证券、国联证券 7 家证券公司首批获基金投顾业务试点资格，标志着证券行业正在从以产品销售为导向的卖方投顾模式向以客户需求为导向的买方投顾模式转变。

相较于证券业传统经营模式，买方投顾模式需要证券公司充分整合投顾能力和业务链资源，为客户提供高质量服务。因此，在财富管理转型过程中，证券行业需加速优化人力资源结构，提升专业水平，摆脱同质化竞争和价格竞争的负面影响。

从近年证券从业人员数量变化来看，有关经纪业务的人力资源结构已经出现调整、优化，其中，证券经纪业务营销人员数量下降显著；证券经纪人数量在 2017 年达到高峰后，连续三年下降；投资顾问人数持续增长；证券分析师人数在 2017 年大幅增长后，增速连续三年放缓。整体而言，相较经纪业务的差异化发展需要，人力资源结构仍有较大的优化空间。下一步，证券公司需围绕零售经纪客户的财富管理需求以及机构经纪客户的综合服务需求，继续加速完善经纪业务的人力资源配置。

第二节 2021 年中国证券经纪业务发展前景展望

一、代理买卖证券业务净收入保持增长

2021 年，股票市场面临诸多积极因素。一是在“十四五”规划开局之年及国内国际“双循环”新发展格局的第一个执行年，我国转向高质量发展阶段，具备经济长期向好、发展韧性强劲等多方面优势和条件。同时，国内疫情防控成效显著，新冠肺炎疫情对中国经济的影响逐步减小，投资者对 A 股市场的信心得到进一步的稳固和增强。二是全面深化资本市场基础制度改革，全市场注册制及配套融资融券及转融通制度改革、货银对付结算制度及多级托管模式改革、场内外期货期权品种扩容、科创板单次 T+0① 及做市商制度等有望取得突破，将为经纪业务带来新的交易品种和机会。三是推动资本市场双向开放，大力发展权益类公募基金，提升保险资金、年金基金投资权益类资产比例，推动提高境内资本市场纳入国际指数权重，QFII 新政落地及互联互通机制的不断完善，将进一步激活市场交易活跃度。

综上，2021 年行业代理买卖证券业务净收入有望继续增长。但是当前外部环境依然复杂严峻，可能引发资本市场的阶段性波动，进而制约 2021 年代理买卖证券业务净收入的增长空间。

二、金融产品销售保持高增长态势

当前，财富管理转型已成为证券公司的重要战略目标。金融产品销售是前提和基础，也是财富管理转型最重要的一部分，衡量证券公司转型财富管理成效的一个重要指标就是代销金融产品净收入。2020 年全年，证券行业实现代理销售金融产品净收入 134.38 亿元，同比增长 148.76%，标志着行业财富管理转型已初见成效。2021 年，资本市场将着力加强投资端建设，促进居民储蓄向投资转化，增强财富管理功能；叠加资管新规过渡期到期，传统保本型理财产品加快向净值型转化等因素，权益类、“固收+”等金融产品将迎来较大的发展机遇，金融产品销售有望继续保持高增长态势。

预计 2021 年，证券公司金融产品销售业务将呈现五大发展趋势：一是代理销售金融产品结构将从泛固收产品占主导，逐步向泛权益、多策略等方向均衡发展；二是长期业绩优异、具有明星效应的管理机构将成为市场优质金融产品的主要供给方；三是金融产品营销转

① 单次 T+0，即日内买入后可卖出，或日内卖出后可再行买入，两个方向均限操作 1 次。

向买方视角，产品研究能力愈发成为建立客户连接、沉淀客户信赖的关键因素；四是“新中产”阶级将成为财富管理业务的新蓝海，金融产品工具化、提升长尾服务能力将成为重要发力点；五是《公开募集证券投资基金销售机构监督管理办法》等规定的出台，标志着长期主义将成为财富管理业务的主基调。

三、财富管理转型向买方投顾模式升级，投顾队伍建设日益受到重视

在财富管理转型过程中，证券行业平均净佣金率仍将呈现逐年下降态势，但降幅将有所收窄。在财富管理业务模式下，传统经纪业务的功能定位发生变化，更多的是作为证券公司的一种获客渠道，与资产管理、融资融券等其他类业务有机协同，做大证券公司总体业务收入。证券公司，特别是互联网券商为争夺客户资产量，具备进一步压低佣金率的动力，但进一步向下调整的空间有限。

2020 年 3 月，首批 7 家证券公司基金投顾业务试点资格获批。基金投顾业务试点的推行，将推动证券公司财富管理业务由代销金融产品向帮助客户提供资产配置服务进而收取管理费和顾问费的买方投顾模式升级。

借鉴境外领先机构财富管理业务的发展经验，建设高水平投顾队伍是买方模式的重要制胜因素。境外领先机构通常对投顾人员提出严格的选拔要求，建立完善的培训体系，注重打造高水平投顾队伍。一是对投顾人员的教育背景和专业经验有较高要求；二是加大培训力度，注重持续培养。国内证券公司对投资顾问队伍建设日益重视。2020 年，证券公司投资顾问人数同比增长 15% 至 60 961 人。预计 2021 年，证券公司将持续加大资源投入，扩充投顾队伍规模，完善投顾人才培养体系，积极探索适应自身发展需求的投顾组织管理支持模式，打造能为客户提供金融产品销售、资产配置、投资顾问服务的专业化队伍。

四、证券经纪业务领域的金融科技投入力度持续加大

2020 年 A 股市场指数走高，交投活跃度大幅提升，带动证券经纪业务高增长。证券公司乘势加大证券经纪业务领域的金融科技投入，在智能投顾、智能资讯、智能客服、智能网点等方面深化人工智能、大数据等前沿技术的创新与应用，进一步深化线上线下一体化高度融合的零售经纪客户服务体系，以更高的数字化经营服务效能取得“获客”“活客”的比较优势，在经纪业务同质化竞争格局中寻求数字化财富管理转型突破点。

预计 2021 年，在多重因素共同促进下，证券行业将持续加大经纪业务领域的金融科技投入力度，数字化财富管理转型提档加速。一方面，以基金投顾业务为代表的财富管理需求蓬勃增长，要求证券公司必须依托金融科技创新，围绕客户需求打造覆盖投前、投中、投后全流程的客户生命周期管理能力，主动把握财富管理业务发展机遇；另一方面，随着数字技术在证券行业的应用标准和技术规范不断成熟完善，支持金融科技创新发展的系列配套政策

也相继出台。继2019年中国人民银行发布《金融科技（FinTech）发展规划（2019—2021年）》后，2020年7月中国证监会修改《证券公司分类监管规定》，优化信息技术投入评价指标，对于重视信息技术投入的证券公司给予加分。未来更多支持保障政策的出台与落实，将持续推动证券公司以金融科技赋能经纪业务创新发展，通过数字化财富管理转型提升零售经纪客户经营服务效能。

具体而言，2021年证券公司有望在客户画像、规划配置、交易执行、组合管理等财富管理价值链关键环节上，加大区块链、人工智能、大数据、云计算等现代信息技术的创新与应用，以金融科技创新驱动数字化财富管理转型升级，加快完善以零售经纪客户需求为中心的综合服务体系，既提供更自然的营销触达、更精准的产品服务、更极致智能的客户体验，又实现提质增效、客群延展、管控风险等效果。

分报告之二：
2020 年中国投资银行业务发展回顾与展望

第一章
2020 年中国投资银行业务的总体情况

2020 年，面对全球新冠肺炎疫情流行和复杂形势带来的严峻考验，中国资本市场总体保持了稳健发展势头。在投资银行业务方面，创业板改革并试点注册制、新三板改革、健全退市机制等一批标志性改革落地实施。

2020 年境内交易所市场证券承销总额为 9.54 万亿元。其中，股权融资业务（包括 IPO、公开增发、融资性非公开发行股票、配股、优先股）全年承销总额为 10 615.13 亿元，同比增长 59.70%；交易所市场债券发行总额为 84 777.35 亿元，其中公司债券（包括公开发行公司债券、非公开发行公司债券、可转换公司债券和可交换公司债券）为 45 313.05 亿元，同比增长 39.30%。

在上市公司重大资产重组方面，2020 年 A 股上市公司完成重大资产重组交易数量为 114 单，交易规模 5 666.91 亿元，同比分别下降 19.72%、17.93%。

2020 年全国中小企业股份转让系统（简称“新三板”或“全国股转系统”）全面深化改革推出精选层，年内 41 家企业登陆精选层公开融资合计 105.62 亿元。截至 2020 年底，新增挂牌公司 144 家，较 2019 年同比减少 42%；新三板挂牌公司总数为 8 187 家，总市值 26 542.31 亿元，全年定向发行募集资金总额 232.87 亿元。

第一节　股权融资业务情况①

一、股权融资发行情况

2020 年，我国 A 股证券市场股权融资金额和主承销项目家数同比大幅增长。全年股权融资（包括 IPO、公开增发、融资性非公开发行股票、配股、优先股）募集资金共 10 615.13 亿元，较 2019 年的 6 646.93 亿元增加 59.70%；主承销家数共 704 家，较 2019 年的 359 家增加 96.10%（见图分 2－1）。

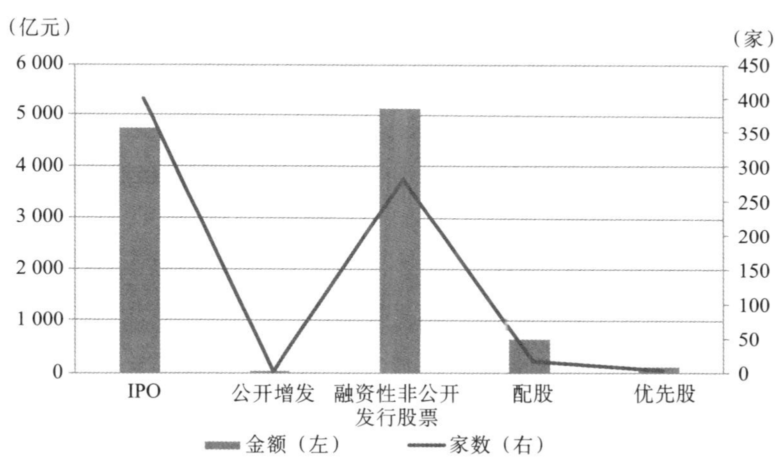

图分 2－1　2020 年 A 股股权融资情况

资料来源：中国证监会，Wind。

（一）首次公开发行（IPO）

2020 年共有 399 家企业完成首次公开发行，合计募集资金 4 726.49 亿元，同比增长 86.55%，平均融资规模 11.85 亿元。②

在科创板方面，2020 年有 145 家科创板公司完成发行，首募金额达到 2 226.22 亿元，占 IPO 募集资金总额的 47.10%。

从保荐机构与主承销商业务来看，2020 年共有 42 家保荐机构参与科创板 IPO 项目。排

① 资料来源：本节数据若无特殊说明，均取自 Wind。

② 资料来源：中国证监会，数据为完成发行口径，IPO 以完成申购为完成发行。

名前10位的保荐机构占据市场64.40%的份额（见表分2-1）。

表分2-1　　2020年科创板IPO首发数量前10位机构统计

机构名称	科创板首发数量（家）	市场份额（%）
中信证券股份有限公司	22	12.43
中国国际金融股份有限公司	18	10.17
华泰联合证券有限责任公司	13	7.34
国泰君安证券股份有限公司	12	6.78
中信建投证券股份有限公司	12	6.78
海通证券股份有限公司	12	6.78
光大证券股份有限公司	8	4.52
民生证券股份有限公司	7	3.95
招商证券股份有限公司	6	3.39
兴业证券股份有限公司	4	2.26

在创业板方面，2020年109家创业板公司完成发行，首募金额达到902.91亿元，占IPO募集资金总额的19.10%。其中注册制发行63家公司，首募金额660.33亿元，占创业板IPO募集资金总额的73.95%。

从保荐机构与主承销商业务来看，2020年共有36家保荐机构参与创业板IPO项目。排名前10位的保荐机构占据市场57.79%的份额（见表分2-2）。

表分2-2　　2020年创业板IPO首发数量前10位机构统计

机构名称	创业板首发数量（家）	市场份额（%）
中信建投证券股份有限公司	8	7.34
国金证券股份有限公司	8	7.34
中国国际金融股份有限公司	7	6.42
光大证券股份有限公司	7	6.42
东兴证券股份有限公司	6	5.50
海通证券股份有限公司	6	5.50
民生证券股份有限公司	6	5.50
东方证券承销保荐有限公司	5	4.59
国信证券股份有限公司	5	4.59
华泰联合证券有限责任公司	5	4.59

（二）公开增发

2020年共有2家上市公司实施公开增发，合计募集资金25.71亿元，平均融资规模12.86亿元。[①] 与2019年相比减少1家次，募集资金减少63.79亿元。

① 资料来源：中国证监会，数据为完成发行口径。

（三）定向增发

2020年，上市公司以再融资为目的的非公开发行股票224家次，共募集资金4 682.45亿元，同比增加480.62%，平均融资规模20.90亿元。①

除因再融资非公开发行股票外，上市公司进行重大资产重组也会涉及非公开发行股票，包括由资产收购、实际控制人资产注入等原因触发的发行股份购买资产和募集配套资金。2020年，与并购重组相关的发行股份购买资产项目74个，涉及资产认购规模2 504.56亿元；配套融资项目58个，募集资金443.74亿元。合计融资性非公开发行股票282家，募集资金5 126.19亿元，平均融资规模18.18亿元。

（四）配股

2020年共有17家上市公司实施配股，合计募集资金626.74亿元，平均融资规模36.87亿元。② 与2019年相比增加6家次，募集资金增加272.75%。

（五）优先股

2020年共有4家公司完成优先股发行，合计募集资金110.00亿元，与2019年相比减少5家次，募集资金减少95.81。③

二、股权融资发行特点

（一）资本市场改革不断推进，多层次资本市场体系进一步完善

2020年3月1日，修订后的新《证券法》正式施行。新《证券法》从证券发行制度、股票发行注册制改革、大幅度提高证券违法成本、强化投资者保护、强化信息披露、扩大《证券法》的适用范围等方面进行了全面修改完善。

2020年4月27日，中央全面深化改革委员会审议通过《创业板改革并试点注册制总体实施方案》，首次将增量与存量市场改革同步推进，是全市场实施注册制改革承前启后的关键步骤。改革后创业板将定位于主要服务成长型创新创业企业，支持传统产业与新技术、新产业、新业态、新模式深度融合。2020年8月24日，首批18家创业板注册制企业成功登陆资本市场，创业板正式迈入注册制时代。

2020年7月27日，新三板精选层开市交易，首批32家企业集体挂牌亮相。精选层的设立并开市交易，标志着本次新三板全面深化改革的主要措施全部落地实施。在新三板精选层

---

① 资料来源：中国证监会，数据为完成发行口径。

② 资料来源：中国证监会，数据为完成发行口径。

③ 资料来源：中国证监会，数据为完成发行口径。

启动仪式上，中国证监会副主席阎庆民表示，设立精选层是新三板的里程碑事件，中国证监会将着眼于构建中国特色的多层次资本市场，坚持市场化、法治化、国际化方向，试点注册制，创新融资产品和工具，做精做细精选层，强化监管和防范，提升新三板的辐射力和吸引力，和有关方共同推动新三板发展。

2020 年是我国多层次资本市场全面优化顶层设计、全面启动质效改革具有里程碑意义的一年。从年初新三板综合改革渐次实施，到首批新三板精选层企业挂牌，再到创业板注册制改革落地、转板规则出炉，多层次资本市场补齐短板，通过协同改革，走向错位发展、功能互补、有机互联的新格局。

（二）创业板注册制试点助推 IPO 融资额创十年新高

2020 年全年，发审委共审核了 634 家企业的首发申请，其中 605 家企业的 IPO 申请顺利获通过，过会率为 95.43[①]，与 2019 年过会率 91.48% 相比有所增长。

随着 2020 年 8 月创业板注册制的正式推出，2020 年全年 A 股 IPO 数量和融资金额较 2019 年大幅增长。2020 年，A 股共有 399 家企业完成首次公开发行，募资金额超过 4 700 亿元，为近 10 年来新高，其中注册制改革试点由科创板向创业板扩大范围提供了重要动力。年内募资规模排名前 10 位的 IPO 中，科创板占 7 席。包括 2020 年 8 月 24 日集体登场的首批新股在内，注册制下创业板新股上市超过 60 家。大量新股给市场注入了活水，中国证监会统计数据显示，2020 年 4 140 家 A 股上市公司总市值突破 79.72 万亿元，较 2019 年上涨 20.43 万亿元，市值涨幅高达 34.46%。

（三）再融资“松绑”激活定增市场，市场分化趋势明显

2016—2019 年，A 股定向增发的实施数量和融资规模持续缩水。2019 年，A 股定增募资规模创下 2016 年以来新低。2020 年 2 月 14 日，中国证监会发布了《关于修改〈上市公司证券发行管理办法〉的决定》《关于修改〈创业板上市公司证券发行管理暂行办法〉的决定》《关于修改〈上市公司非公开发行股票实施细则〉的决定》，内容包括调整股票定价和锁定期、定价基准日多元化等，更是从供需两端改善了再融资尤其是定增市场环境，定增市场迎来了较为明显的复苏。2020 年全年非公开发行股票共 282 家次，募集资金总额 5 126.19 亿元，分别较 2019 年上升 110.45% 和 317.35%。

2020 年 9 月，中国证监会还发布了《上市公司再融资分类审核实施方案（试行）》，规定在审核主板（中小板）上市公司非公开发行股票核准申请时，对新受理的最近连续两个信息披露工作考评期评价结果为 A 的上市公司予以快速审核。政策的放松直接带来了定增市场的再度火爆。

定增市场热情高涨的同时，投资氛围整体依然偏向理性，且不同项目之间发行难度分化

① 未包括取消审核企业。资料来源：Wind。

较大，部分项目募资难度较大。其中，新兴、热点行业受到市场追捧，非热点传统行业募集不足和追加认购的情形时有出现。

第二节　公司债券业务情况①

一、公司债券发行情况②

受新冠肺炎疫情影响，2020年上半年全球各主要央行均执行了宽松的货币政策，在基本面与政策的支撑下债券市场收益率大幅下行，债市融资环境较为宽松；随着基本面的恢复，下半年中国人民银行货币政策逐步正常化，市场利率自低位大幅反弹。从2020年全年来看，交易所市场公司债券（包括公开发行公司债券、非公开发行公司债券、可转换公司债券和可交换公司债券）的发行规模继续呈现明显增长：2020年共发行4 196单，合计募集资金45 313.05亿元，较2019年增长39.30%；其中公开发行公司债券与非公开发行公司债券共发行3 952只，合计募集资金42 229.48亿元，募集规模较2019年增长44.18%；可转换公司债券全年发行212只，发行规模合计2 734.21亿元；可交换公司债券全年发行32只，发行规模约349.36亿元（见图分2-2）。除公司债券外，交易所市场2020年还发行企业资产支持证券1 355单，规模14 634.35亿元，较2019年增长45.83%；地方政府债716单，规模24 154.95亿元；政策性银行债25单，规模675亿元。公司债券及其他各品种合计规模为84 777.35亿元，较2019年增长17.77%。

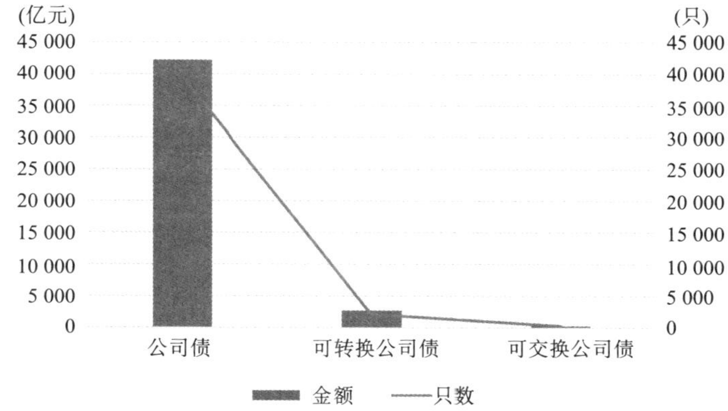

图分2-2　2020年公司债券发行情况

资料来源：中国证监会。

---

① 资料来源：本节数据如无特殊说明，均取自Wind。

② 资料来源：中国证监会。

公司债券发行规模持续增长，在市场创新以及履行社会责任方面同样保持热度。2020年新增公募短期公司债券，其他还有绿色公司债券、扶贫专项公司债券、疫情防控公司债券、创新创业公司债券、项目收益专项公司债券等。

二、公司债券发行特点

（一）建筑业融资持续走强，国企融资占比进一步提升

从行业角度来看，2020 年公司债券（仅包括公开发行公司债券和非公开发行公司债券）发行规模最大的 3 个行业分别是：建筑业、综合和房地产业，分别占公司债券融资总额的39.16%、24.28%和6.10%。相比 2019 年的前 3 大行业：建筑业（占比 27.49%）、综合（占比 19.64%）和房地产（占比 11.68%），建筑业公司债券融资较 2019 年持续走强，而房地产业受制于融资政策收紧明显回落。

从发债企业属性角度来看，2020 年国企（包括中央国有企业和地方国有企业）发行规模占比高达89.67%，发债只数占比高达90.90%，相比2019 年的88.23%和87.66%，国企融资占比进一步提升。

（二）公司债券发行主体的信用等级进一步下沉

从发行规模来看，2020 年主体评级为 AA 级以上（含 AA 级）的企业是市场发行主体，占比约97.63%，较 2019 年基本持平。其中，AAA 级企业发行规模占比最大，达44.91%，较 2019 年的 49.05% 进一步回落；其次分别为 AA+级企业（26.82%）和 AA 级企业（25.90%）。

从发行只数来看，2020 年主体评级为 AA 级以上（含 AA 级）的企业也是市场发行主体，占比约95.88%，同样较 2019 年基本持平。其中，AA 级企业发行只数最多，占比达37.56%，较 2019 年的25.90%明显提升；AAA 级企业占比也较高，达到 30.52%，较 2019年的 34.66%小幅回落。

出现上述情况的主要原因是：2020 年初在新冠肺炎疫情冲击之下，市场风险偏好走低，货币政策大幅度宽松，中低评级信用债受益迎来牛市行情；而在年中货币政策边际趋紧之后，机构负债端压力显现，中低评级信用债票息优势显现，带动机构的资质偏好进一步下沉。

（三）公司债券仍以信用发行为主

由于公司债券的发行主体信用等级普遍较高，因此发行人一般选择信用发行。2020 年信用发行的公司债券只数和规模占比分别为 77.24% 和 84.19%，相比 2019 年（81.45% 和86.81%）进一步减少。

非信用发行的公司债券采用的担保方式以不可撤销连带责任担保为主，只数和规模在非信用发行公司债券中的占比分别为 96.23% 和 97.01%。

（四）公司债券中低评级发行主体信用利差的收窄幅度更大，中短期限债券的只数及规模占比小幅走高

2020 年主体评级为 AAA 级、AA+ 级和 AA 级的公司债券平均票面利率分别为 3.93%、4.88% 和 5.90%，平均票面利率较 2019 年分别下降 0.51%、0.68% 和 0.68%。受新冠肺炎疫情影响，2020 年货币政策整体大幅放松，机构资质偏好下沉，中低评级发行主体信用利差的收窄幅度更大。

中短期限（3 年及以下）债券的发行只数及规模占比小幅走高。2020 年发行的中短期限债券的只数占比为 91.82%，规模占比为 91.64%，较 2019 年的 90.50% 和 89.55% 小幅走高。

（五）可转债多采取网上发行的形式，机构投资者关注非公开发行创新品种

2020 年可转债发行家数大幅提升，但相对 2019 年，单个项目的平均募集金额下降约 50%。受股票市场上行的带动，可转债上市后走势普遍较好，投资者认购踊跃。由于网上发行风险较低，仅 2 家次公开发行的可转债采取了网下发行的形式，重点面向机构投资者发售。上市公司在发行股份或可转债购买资产的同时，非公开发行可转债配套募集资金的创新工具受到较多机构投资者的关注，2020 年共计 11 单完成发行，募集资金 76.31 亿元。

第三节　并购重组业务情况[①]

一、并购重组市场概况

2020 年受新冠肺炎疫情等影响，我国并购重组市场整体低迷。2020 年，A 股上市公司完成重大资产重组交易数量为 114 单，较 2019 年下降 19.72%，交易规模 5 666.91 亿元，较 2019 年下降 17.93%。2020 年中国证监会并购重组委审核通过并购重组 64 单，其中上海证券交易所 38 单、深圳证券交易所 26 单，相比 2019 年分别下降 7.32% 和 58.06%（见表分 2－3）。此外，注册制下科创板重组审核通过 1 单，创业板重组审核通过 7 单。

① 资料来源：本节数据如无特殊说明，均取自 Wind。

表分 2-3　　2017—2020 年中国证监会审核上市公司并购重组情况

上市板块		2017 年并购重组审核通过数（家）	2018 年并购重组审核通过数（家）	2019 年并购重组审核通过数（家）	2020 年并购重组审核通过数（家）
上海证券交易所	主板	37	40	41	38
深圳证券交易所	主板	26	18	12	10
	中小板	50	31	25	13
	创业板	48	34	25	3
合　计		161	123	103	64

资料来源：根据中国证监会公告整理。

从行业分类来看，2020 年已完成的重大资产重组交易中，化学原料和化学制品制造业交易 15 家次，交易金额 265.83 亿元，家数占比 13.16%，位居榜首；其次是计算机、通信和其他电子设备制造业交易 9 家次，交易金额为 287.95 亿元，家数占比为 7.89%；再次是电气机械和器材制造业交易 7 家次，交易金额 67.36 亿元，家数占比 6.14%。

从支付对价来看，发行股份购买资产的交易金额达到 3 110.75 亿元，占交易总金额的 54.89%。股份支付方式是 2020 年上市公司重大资产重组的主要支付方式。

二、并购重组市场特点

（一）国有资本资产证券化成为市场主流

2020 年，国有企业在提升国有资产证券化率的大方向下主动推进战略重组和行业整合，成为并购重组市场的主流。如一汽轿车通过重组置出亏损的原有乘用车业务资产，置入一汽解放优质商用车业务资产，实现资产证券化，交易规模达约 270.09 亿元（置入资产）。

（二）重组审核通过率有所下降，标的资产持续盈利能力及定价公允性为重组审核关注要点

2020 年度，中国证监会并购重组委共召开了 54 次工作会议，审核了 79 家企业，审核通过 64 家。其中，无条件通过 27 家，有条件通过 37 家，否决 15 家。整体过会率为 81.01%，同比有所下降。

从并购重组被否项目的维度来看，标的资产持续盈利能力及对应的定价公允性依然是并购项目被否的“老大难”问题。并购重组委否决的 15 家重组中有 13 家企业涉及上述问题。

（三）国家大力支持提高上市公司质量，监管部门不断优化并购重组政策环境

2020 年 10 月 15 日，国务院印发《关于进一步提高上市公司质量的意见》（国发〔2020〕

14 号）指出："充分发挥资本市场的并购重组主渠道作用，鼓励上市公司盘活存量、提质增效、转型发展。完善上市公司资产重组、收购和分拆上市等制度，丰富支付及融资工具，激发市场活力。发挥证券市场价格、估值、资产评估结果在国有资产交易定价中的作用，支持国有企业依托资本市场开展混合所有制改革。支持境内上市公司发行股份购买境外优质资产，允许更多符合条件的外国投资者对境内上市公司进行战略投资，提升上市公司国际竞争力。研究拓宽社会资本等多方参与上市公司并购重组的渠道。"这一重要政策文件奠定了并购市场在未来实现长足发展的基础。

2020 年，中国证监会发布《监管规则适用指引——上市类第 1 号》，对原有的多项监管问答进行了整理修订，使得并购重组的相关监管细则更加清晰化；上海证券交易所发布《上海证券交易所上市公司自律监管规则适用指引第 1 号——重大资产重组》，也对历史上的业务指引等进行了清理、整合。

（四）开放力度不断加大，有利于吸引外资投资并购

我国自 2018 年底全面实施市场准入负面清单制度以来，市场准入限制持续放宽，营商环境不断改善，吸引外资规模稳居世界前列。2019 年出台的《中华人民共和国外商投资法》及其实施条例，在法律法规层面正式确立了准入前国民待遇加负面清单管理制度。在新冠肺炎疫情和全球经济增速放缓等多重压力下，我国仍保持对外资的持续吸引力。随着我国对外开放力度的不断加大及全球疫情的逐渐稳定，预计跨境并购特别是外资对华投资并购市场将会回暖。

（五）注册制改革深入推进，市场化并购重组值得关注

随着注册制改革的深入推进及并购重组制度的不断优化，未来上市公司将面临优胜劣汰的激烈竞争。通过市场化并购有助于集中行业优质产能、淘汰落后产能，进一步增强头部企业核心竞争力，不断提升上市公司质量。此外，市场化并购也将成为市场退出的常见方式，有利于发挥市场调节作用，进一步实现资源的合理配置。

第四节　证券公司参与全国股转系统情况①

2020 年是全面深化全国中小企业股份转让系统（简称"新三板"或"全国股转系统"）改革落地实施关键之年。年度内稳步实施向不特定合格投资者公开发行制度，优化定向发行制度；完善市场分层，成功设立精选层，配套形成交易、投资者适当性、信息披露、监督管

① 资料来源：本节数据如无特殊说明，均取自全国中小企业股份转让系统。

理等差异化制度体系；推进公募基金、QFII、RQFII 等长期资金入市。随着改革措施落地，改革成效初步显现，市场资本形成、资源配置与财富管理的功能基础不断夯实。

一、挂牌情况

2020 年新三板新增挂牌公司 144 家，较 2019 年同比减少 42%。截至 2020 年底，新三板存量挂牌公司 8 187 家，其中精选层 41 家，占比 0.5%；创新层公司 1 138 家，占比 13.9%；基础层公司 7 008 家，占比 85.6%。

二、发行情况

2020 年，新三板 674 家挂牌公司完成发行 716 次，融资 338.50 亿元，融资额同比上升 27.91%。其中，新三板 41 家公司公开发行融资 105.62 亿元，占比 31.20%；定向发行 675 次，融资 232.87 亿元，其中自办发行 183 次，融资 15.10 亿元，自办发行次数及融资额分别占比 27.11%、6.48%。

三、交易情况

2020 年新三板的成交数量为 260.42 亿股；成交金额为 1 294.64 亿元，分别较 2018 年、2019 年的 888.01 亿元、825.69 亿元增长 45.79%、56.79%。全年换手率 9.90%，市场活跃度明显提升。

自 2020 年 7 月 27 日精选层开市交易，精选层成交数量为 20.19 亿股，占新三板市场交易量的 7.75%；成交金额为 273.89 亿元，占新三板市场交易额的 21.16%。精选层换手率 103.66%，明显高于新三板创新层和基础层的平均换手率水平。

四、全国股转系统主要政策变化

（一）独立董事制度和差异表决权

2020 年 4 月 9 日，全国股转公司发布《全国中小企业股份转让系统挂牌公司治理指引第 2 号——独立董事》《全国中小企业股份转让系统挂牌公司治理指引第 3 号——表决权差异安排》。作为新三板改革重要内容的独立董事制度和表决权差异化安排正式落地。

（二）先保荐、后直投机制

2020 年 7 月 31 日，中国证监会发布《监管规则适用指引——机构类第 1 号》，适当放宽保荐机构对发行人投资的相关要求。为支持新三板改革，放开保荐机构直接投资新三板精选层公司的时点限制，即可以“先保荐、后直投”。

（三）规范挂牌公司实施股权激励和员工持股计划

2020 年 8 月 21 日，中国证监会发布《非上市公众公司监管指引第 6 号——股权激励和员工持股计划的监管要求（试行）》，规范挂牌公司实施股权激励和员工持股计划。

（四）规范合格境外机构投资者和人民币合格境外机构投资者

2020 年 10 月 30 日，全国中小企业股份转让系统发布《全国中小企业股份转让系统合格境外机构投资者和人民币合格境外机构投资者证券交易实施细则》，明确了 QFII 和 RQFII 参与新三板交易结算安排及基本监管要求，标志着 QFII 和 RQFII 投资新三板挂牌股票步入实际操作阶段，对于进一步壮大新三板市场机构投资者队伍、扩大长期稳定资金来源、提升市场流动性、促进新三板市场平稳健康运行具有重要意义。

（五）规范解除持续督导协议行为

2020 年 12 月 11 日，全国中小企业股份转让系统发布《全国中小企业股份转让系统主办券商和挂牌公司解除持续督导协议业务指南》，规范了主办券商和挂牌公司解除持续督导协议行为，保护主办券商和挂牌公司的合法权益。

第五节　资产证券化及其他创新业务情况

一、资产证券化发行情况[①]

2020 年全年企业资产支持证券产品共发行 1 355 单，累计发行规模 14 634. 35 亿元，发行规模同比增长 45. 83。[②] 截至 2020 年末，企业资产证券化存量 22 690. 06 亿元，净融资额为 4 971. 74 亿元[③]，同比增加 1 253. 44 亿元。

（一）资产证券化业务的创新情况

1. 创新“疫情防控”冠名的资产证券化产品

为应对新冠肺炎疫情影响，自 2020 年初起，中国证监会、中国人民银行及沪、深证券

① 资料来源：如无特殊说明，数据取自 Wind。

② 资料来源：中国证监会。

③ 计算口径为 2020 年资产证券化总发行量 – 总偿还量。

交易所等监管部门发布了一系列支持鼓励政策，为疫情防控期间的债券发行及存续期管理工作提供了诸多便利，并积极引导市场机构使用与疫情防控相关的基础资产及投资人发行证券化产品或将债券募集资金用于疫情防控以及受疫情影响较重地区。在此背景下，2020 年共计发行 38 单以“疫情防控”冠名的资产证券化产品，累计募集资金规模 652.83 亿元，为国内疫情防控、企业复工复产等工作积极提供助力，为提升金融服务实体经济效率发挥了重要作用。

2. 公募 REITs 推动证券化产品形态创新

2020 年 4 月，中国证监会、国家发改委联合发布《关于推进基础设施领域不动产投资信托基金（REITs）试点相关工作的通知》及相关配套文件。2020 年 8 月，国家发改委发布《关于做好基础设施领域不动产投资信托基金（REITs）试点项目申报工作的通知》，明确了试点项目的相关要求及申报流程；中国证监会发布《公开募集基础设施证券投资基金指引（试行）》。之后，国家发改委、中国证券业协会、中国证券投资基金业协会及上海证券交易所、深圳证券交易所等各监管部门陆续密集推出相关配套政策及细则，为公募 REITs 的发行工作打通了“最后一公里”。与此前发行的类 REITs 产品相比，公募 REITs 的产品架构采用了专项计划直接持有项目公司股权的产品形态，提高了项目实施效率，降低了发行成本，对推动我国资本市场多元化建设具有里程碑式意义。

3. 资产形态进一步“扩容”

在传统建筑施工业务中，以“投标保证金”“履约保证金”“质量保证金”等为名的各类“工程尾款”一直占用了企业的大量资金，但该类资产却由于其存在回收的不确定性而无法纳入资产证券化业务的基础资产范畴。2020 年 5 月，国内首单工程尾款 ABS 产品“中信证券 - 中国电建工程尾款 1 期资产支持专项计划”在上海证券交易所成功发行，为建筑施工企业盘活存量资产提供了新的“扩容”思路。

4. 交易结构“再创新”激活市场活力

2020 年 12 月，交易所市场首单短期限、可滚动企业资产证券化产品——“国金 - 徐工租赁八期资产支持专项计划”在深圳证券交易所成功发行。该产品底层基础资产为徐工租赁开展融资租赁业务所享有的租赁债权，通过对交易结构的“再创新”，在首发产品预期到期日之前通过向续发的新一期产品转让基础资产实现退出。该产品通过滚动发行的交易安排，可以直接缩短长期限资产发行资产证券化产品的单期期限，为企业筛选基础资产提供了更多的选择和便利。

（二）资产证券化产品基础资产结构情况

2020 年受新冠肺炎疫情的影响，资产证券化产品的发行主体头部效应更加明显，对基础资产结构进而造成了一定影响。根据 CNABS（ABS 云服务平台）汇总统计，2020 年全年发行规模占比最大的基础资产类型为个人消费金融，发行单数 316 单，累计发行规模 3 997.75亿元，占全年发行总规模的 25.48%，较 2019 年上涨 136.91%，增长明显。其中，消费金融类资产中头部效应明显，且信托助贷模式发行金额增长显著。同时，供应链金融类资产发行规模在经历近两年的爆发式增长后亦保持了较高的市场活力，2020 年全年发行规模 3 317.17 亿元，较 2019 年进一步上涨 16.24%。此外，特定非金融债权（四大资产管理公司）发行呈较强增长态势，2020 年全年发行 1 666.56 亿元，发行规模较 2019 年增长 120.77%，为 2020 年交易所资产证券化市场第三大资产类型。其他资产类型中，融资租赁、CMBS（商业住房抵押贷款）及应收账款产品分别发行 1 626.63 亿元、1 236.35 亿元和 1 023.25 亿元，占全年企业资产证券化发行规模的 10.37%、7.88% 和 6.52%，整体发行规模保持稳定。值得注意的是，涉房类基础资产（含房地产供应链、购房尾款、物业租金、CMBS、类 REITs 及住房租赁租金等）发行规模在相关宏观政策调控下较 2019 年有所减少，但仍占据较大的市场份额。

二、其他创新业务情况[①]

（一）绿色公司债券

2020 年市场共发行 62 单绿色公司债券，合计募集资金 732.1 亿元，涉及发行主体共 70 家。2020 年绿色公司债券发行规模、发行主体个数较上年分别增加 22.88% 和 100.00%，市场影响力不断扩大，社会环境效益显现。但是，各级政府部门配套优惠政策的支持力度仍然偏弱，对绿色债券的发展形成了一定制约。

（二）短期公司债券

随着新《证券法》的落地实施，2020 年交易所市场推出公募短期公司债券，满足了市场主体的短期流动性资金需求，降低了企业财务成本，交易所市场公募短债和私募短债发行旺盛。2020 年市场共发行 225 单短期公司债券，合计募集资金 1 953.11 亿元，其中公开发行 34 单，募集资金 405.00 亿元；非公开发行 191 单，募集资金 1 548.11 亿元。

（三）扶贫专项公司债券

2020 年是我国脱贫攻坚的决胜之年，扶贫专项公司债券助力我国脱贫攻坚工作。扶贫专项公司债券是指贫困地区或脱贫“摘帽”不满三年地区的企业发行的公司债券，以及注册地不在贫困地区，但募集资金主要用于精准扶贫的公司债券。2020 年市场共发行 42 单扶贫专项公司债券，合计募集资金 249.30 亿元，发行单数、规模较上年显著增加，增幅分别为 50.00% 和 31.49%。2020 年扶贫债券发行人所在贫困地区主要为贵州、重庆、四川、江西、广西、宁夏、西藏、湖南、河南、甘肃等省、市、自治区，募集资金用途涵盖棚户区改造等保障性安居工程、基础设施建设、异地扶贫搬迁、产业扶贫等领域。

① 资料来源：本部分数据如无特殊说明，均取自 Wind。

（四）疫情防控公司债券

2020年新冠肺炎疫情给我国的经济发展和人民生活带来了一定冲击。交易所市场推出疫情防控公司债券，对于受疫情影响较重地区和行业企业、债券募集资金用于疫情防控相关领域或用于偿还疫情防控期间到期公司债券的，建立发行服务绿色通道，提高服务效率。疫情防控相关领域企业或行业主要包括注册地或实际经营地在湖北等疫情严重地区的企业；批发和零售业，交通运输、仓储和邮政业，文化、体育和娱乐业，住宿和餐饮业等受疫情影响较大行业的企业；募集资金全部或部分用于疫情防控领域的企业，包括疫情防控涉及的重点医疗物资和医药产品制造及采购、科研攻关、生活必需品支持、防疫相关基础设施建设、交通运输物流、公用事业服务等。2020年市场共发行170单疫情防控公司债券，合计募集资金1 651.06亿元。[①]

（五）创新创业公司债券

2020年，市场共发行20单创新创业公司债券，合计募集资金135.20亿元[②]，发行单数、规模较上年分别增加33.33%和334.73%。2020年，创新创业公司债券的发行主体主要为创投公司和创新创业公司，区域主要位于江苏、广东、北京及上海等经济发达地区，其中民营主体发行单数占比约20%，较上年有所下滑。由于创新创业公司的规模普遍偏小、信用评级等级不高，在投资者风险偏好普遍较低的市场环境下，发行难度普遍较大。

（六）项目收益专项公司债券

项目收益专项公司债券是指公司依照法定程序发行，募集资金用于项目建设与运营，且以项目收益现金流为主要偿债来源的公司债券。2020年市场共发行218单项目收益专项公司债券，合计募集资金1 415.07亿元，发行单数、规模较上年大幅增加，增幅分别为336.00%和317.88%。2020年项目收益专项公司债券全部为非公开发行，发行主体全部为地方国有企业，募集资金主要用于安置房、租赁房、棚户区改造等保障性安居工程，产业园区开发，以及停车场、地下综合管廊等付费类城市基础设施等项目类型。

第六节　投资银行业务组织架构基本情况

一、证券公司承销业务格局仍相对集中

2020年证券公司承销业务市场格局仍相对集中，与2019年相比，股权融资主承销金额

---

① 资料来源：中国证券业协会发布的证券公司2020年度经营数据。

② 资料来源：中国证券业协会发布的2020年证券公司债券承销业务专项统计。

的集中度有所下降。根据Wind数据，2020年度股权融资方面，前十家证券公司主承销金额合计占比为69.76%，与2019年相比下降4.63个百分点；主承销家数合计占比为55.62%，与2019年相比上升不到1个百分点。债券融资方面，前十家证券公司主承销金额合计占比60.96%，主承销家数合计占比为43.40%，与2019年相比均降低不到1个百分点（见图分2-3）。

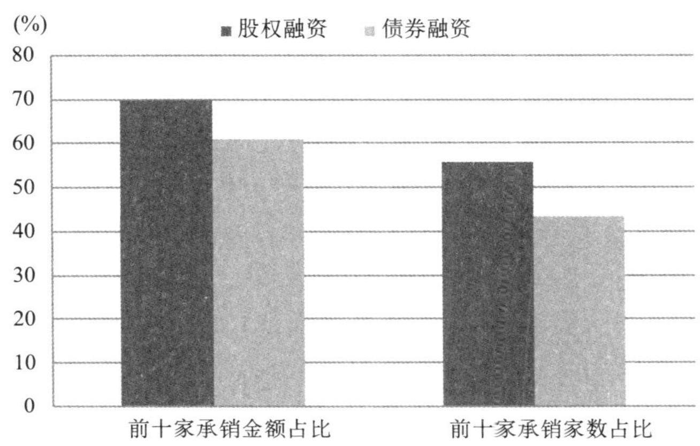

图分2-3　2020年前十家证券公司承销金额和家数的占比情况

资料来源：Wind。

在业务收入方面，2020年证券公司承销业务收入继续保持大幅增长。根据中国证券业协会发布的证券公司经营数据，2020年度证券承销与保荐业务净收入672.11亿元，与2019年度相比增长39.26%。据不完全统计①，2020年度证券公司投资银行业务收入平均值为6.11亿元，排名前十位的证券公司合计收入占比约为50%。根据Wind按项目发行统计的股权融资主承销商收入数据，2020年首发、增发、配股和可转债主承销商收入合计为284.99亿元，较2019年同期增长116.34%；前十大主承销商的收入合计占比为65.37%，与2019年相比增长3.33个百分点。

二、证券公司开展投资银行业务的组织架构情况②

根据中国证券业协会2020年专项调查收集到的数据，一年来约55%的证券公司开展投资银行业务的组织架构有变化，主要是业务组增减、内部层级调整等。组织设置方面，超过70%的证券公司按业务品种设置组织架构，通常分为股权融资和债券融资，存在交叉承做的情况；超过60%的证券公司设置了新三板业务部门，约40%的证券公司设置了并购业务部门，还有少数证券公司设置了资产证券化业务部门、战略客户部门、国际业务部门等。约

① 资料来源：中国证券业协会2020年专项调查，数据由回收的有效问卷统计得出。

② 资料来源：中国证券业协会2020年专项调查。

80%的证券公司在总部之外设有异地业务团队从事投资银行业务，异地团队多布局于北京、上海、深圳，以及杭州、南京、广州、成都、武汉等城市。受疫情等影响，2020年约30%的证券公司开展境外业务，比例有所下降。

三、从业人员数量变化情况①

根据中国证券业协会2020年专项调查数据，2020年证券公司从事投资银行业务的总人数约2.78万人，较2019年增长27.52%。从业人员分布上，从事股权融资业务的人员约1.56万人，较2019年增长27.87%；从事债券融资业务的人员约8 400人，较2019年增长50.00%；从事资本市场业务的人员约1 600人，较2019年增长28%；其他从业人员（如综合管理、质控督导、新三板及其他等）约3 100人②，较2019年增长29.17%。

在回收的问卷中，证券公司从事投资银行业务总人数超过1 000人的有4家，600—1 000（含）人的有5家，400—600（含）人的有10家，200—400（含）人的有24家，100—200（含）人的有28家，100人及以下的有36家。这也反映了投资银行业务相对集中的竞争格局。

从业人员中，2020年保荐代表人有6 393人，较2019年增长68。③ 2020年12月，《证券公司保荐业务规则》发布并试行，建立保荐机构和保荐代表人的自律约束机制，进一步加强执业质量的正向激励。调整保荐代表人管理模式，将保荐代表人考试改为非准入型的水平评价测试，加强保荐代表人执业行为自律管理。

① 资料来源：中国证券业协会2020年专项调查，2020年及2019年对比数据均由回收的有效问卷统计得出。
② 部分问卷反馈的人数有重复计算。
③ 资料来源：中国证券业协会。

第二章

2020 年中国投资银行业务面临的问题与 2021 年前景展望

第一节　2020 年中国投资银行业务面临的问题

一、上市公司质量有待进一步提高

从 2019 年在科创板推出注册制到 2020 年推进创业板改革并试点注册制，以信息披露为中心的注册制改革是我国证券市场发展的重大转变。

有序推进的注册制改革正不断地吸引着优质企业迁入资本市场，但是进一步提高我国上市企业的质量，仍需要监管层、企业、中介机构和市场投资者等多方的共同努力。首先，信息披露需要以投资者需求为导向，发行人和中介机构应该充分披露市场上投资者做出企业价值判断所必需的信息，保证信息披露真实、完整和准确；其次，注册制下，原来核准制下的部分实质审核责任从监管机构逐渐向保荐机构等前移，保荐机构需要充分发挥资本市场“看门人”的职能，筛选出优质企业向监管机构推荐；再次，要加强投资者教育，提升投资者精准识别风险和判断企业长期价值的意识和能力，不断培育机构投资者，充分发挥市场投资者在资源配置中的作用；最后，要健全上市公司退出机制，完善退市标准，进一步拓宽多元化退出渠道，对存量上市公司进行优化，实现市场的优胜劣汰。

二、债务风险防控形势严峻，系统性风险防范亟待加强

2020 年末，我国债券市场存量规模已突破 100 万亿元，较“十三五”之初增长 1 倍多，已经发展成为全球第二大债券市场。而与此同时，我国债务风险防控形势也日益严峻，信用

债违约量持续增加。根据 Wind 统计，2020 年国内债券市场共有 217 只信用债违约，包括实质违约（不含已兑付）、交叉违约、实质违约（已兑付）及展期等情况，共涉及发行人 72 户，违约日债券余额 2 315.70 亿元，其中约 80% 为实质违约债券（不含已兑付）。整体来看，违约主体已从民营企业向国有企业蔓延，国有企业累计违约率上升；高信用评级主体违约增加，新增违约主体评级中枢上移；违约主体行业分布较分散，2020 年违约发行人涉及行业覆盖了 11 个证监会一级行业。防止发生系统性金融风险是金融工作的永恒主题，债务风险是金融领域的重要课题。未来几年，在债券到期规模增加、经济增速放缓的大背景下，防控债务风险、防范系统性金融风险将是一项重要而艰巨的工作任务。

三、并购重组服务实体经济的综合能力需持续增强

并购重组是提升上市公司质量、混合所有制改革以及提升资产证券化水平的重要手段，但 2020 年随着注册制试点的进一步扩围，新股发行明显加速，并购重组市场整体疲软。并购重组服务实体经济的综合能力仍需加强。

四、新三板市场信心回升，但市场吸引力仍需增强

新三板深化改革政策落地之后，市场信心有一定的回升，但市场吸引力仍然不足。新增挂牌家数大幅度减少，尤其是缺乏优质的新增挂牌企业。摘牌家数仍然远高于新增挂牌家数，较多优质挂牌公司选择其他板块上市，新三板市场面临优质资源短缺的风险。

五、资产证券化底层资产质量存在下沉风险

资产证券化业务的良性发展离不开成熟的基础资产，但基础资产的形成是时间、市场环境及资产服务机构自身运营管理能力等多方因素共同作用的结果。若企业为短期扩大资产证券化融资规模而放宽资产准入标准或降低资产服务质量，则可能会对入池资产的质量造成负面影响，进而影响资产证券化产品的整体信用风险。

第二节　2021 年中国投资银行业务前景展望

一、注册制的稳步推进有望进一步激发资本市场活力

注册制的运行逻辑是让发行人在符合基本发行条件的基础上，以投资者需求为导向，真

实、准确、完整地披露信息；投资者则根据发行人披露的信息审慎作出投资决策，形成合理价格，从而更有效地发挥市场在资源配置中的决定性作用。全面推行注册制是我国“简政放权”的改革思路在资本市场运用的成果，政府将选择权更多地交给市场，而更加强调信息披露的质量和提高市场透明度，有效平衡了政府职能和市场效率，在合理运用监管的同时充分尊重市场规律，将进一步激发资本市场活力。

注册制设定了更为灵活的上市条件，也提高了企业发行上市的效率，为成长性企业提供了更加完善的融资环境，为市场引入了更多优质企业。全面推行注册制后，新股发行更加市场化，直接利好国内证券公司的投行业务，投行业务有望迎来进一步增长。同时，注册制将促进证券公司大投行业务的转型和升级。注册制下对发行价格的监管持续完善，更加考验证券公司的定价与承销能力，跟投制度的存在也加强了证券公司和发行人的长期联系，证券公司、发行人和投资者的关系更加紧密。因此，在初期的承销保荐业务之后，并购重组、再融资、投资咨询和直投等一系列大投行业务将成为证券公司新的业务机会。

二、强化风险防控将促进债券市场发生积极变化

坚决防范化解重大风险是党的十九大报告中提出的三大战役之一。总结来讲，防范和化解债券市场风险，一是推动证券公司、会计师、律师、评级公司等中介机构执业质量进一步提高，新实施的《证券法》进一步压实了中介机构责任，中介机构将更加勤勉尽责；二是推动整个市场信用评级体系的重塑，中国银行间市场交易商协会已发布在申报环节不强制提交信用评级报告作为要件的通知，债券投资机构更加注重自身内部信用评级体系的建设和使用；三是投资机构真正回归价值投资，更加主动地提升自身风控管理水平；四是推动债券违约处置相关制度和机制的健全和完善，促进市场上形成一批从事债务重组业务的专业机构；五是推动我国高收益债券市场的建立与发展，违约债券交易机制是高收益债券市场的重要组成部分，随着违约交易机制的完善、市场基础设施和监管制度的建设、专业投资者的不断培育，中国的高收益债券市场或将迎来较大发展。

三、并购重组市场有望加速回暖，积极探索并购重组服务多层次资本市场

并购重组作为资本市场优化资源配置的重要方式，在助力上市公司加速转型升级、抵御风险挑战、实现高质量发展等方面发挥着重要作用。随着注册制的推进，各层次资本市场也相应出台并购重组相关政策。2020年，注册制下科创板、创业板上市公司首单并购重组案例已相应落地。

传统行业迫切需要通过并购重组、产业整合乃至海外并购实现或巩固已有产业结构上市场优势的战略地位，从而促成增长方式的转变；新兴行业需要通过并购重组实现外延式或跨越式发展。呼吁监管政策更加清晰透明，增强市场预期，给市场预留足够的博弈空间。未

来，证券公司可以探索为客户提供更全面的服务，更好地支持国内并购市场发展并不断拓展海外业务，积极探索为多层次的企业提供并购服务。

四、转板制度有助于提升新三板对于企业及投资者的吸引力

转板制度作为此次新三板深改政策的核心之一，充分发挥了新三板市场承上启下的作用。《转板上市办法》① 进一步明确了新三板挂牌公司转板上市的具体实施细则与路径，对于完善多层次资本市场互联互通机制具有重要意义，有助于提升新三板对于企业及投资者的吸引力，从而提升流动性；同时为优质的中小企业提供了更多的选择，拓宽了融资渠道及发展空间，使新三板更好地发挥中小企业融资平台的优势。展望 2021 年，改革的步伐将持续迈进，深化改革将进一步向纵深发展。

五、推动资产证券化标准化、规范化信息披露

伴随资产证券化产品的市场逐步成熟，其投资人群体的多元化程度亦有明显提高，除商业银行外，已有券商资管、公募基金、信托计划、保险公司、社保基金等机构投资人参与到相关产品的投资中。2020 年 12 月人社部印发的《关于调整年金基金投资范围的通知》中更是明确在其投资范围中新增了资产支持证券，进一步丰富了证券化产品的投资人结构。但市场规模的逐步扩大及投资人结构的不断丰富也对证券化产品的信息披露提出了更高的要求。

2020 年，资产证券化业务在支持新冠肺炎疫情地区、保障小微企业复工复产、促进居民消费等领域提供了重要的助力。推动资产证券化标准化、规范化的信息披露，有助于市场对基础资产运行情况的实时监控，为投资者决策提供了重要的参考依据，进而提升投资人参与相关品种投资的积极性。

① 2020 年 11 月 27 日起，上海证券交易所、深圳证券交易所分别发布《全国中小企业股份转让系统挂牌公司向上海证券交易所科创板转板上市办法（试行）》《深圳证券交易所关于全国中小企业股份转让系统挂牌公司向创业板转板上市办法（试行）》，合称《转板上市办法》。

分报告之三：2020 年中国证券公司资产管理业务发展回顾与展望

第一章 2020 年中国证券公司资产管理业务的总体情况

第一节 2020 年中国证券公司资产管理业务的发展环境

一、经济环境：经济总量再上新台阶

受到新冠肺炎疫情冲击，2020 年全球经济形势萎靡；在复杂的国内外局势下，我国 GDP 增速虽然有所回落，但是仍然保持正增长。2020 年，我国 GDP 增速为 2.3%，年内呈逐季回升态势，第一、第二、第三、第四季度 GDP 单季增速分别为 -6.8%、3.2%、4.9%、6.5%，经济增长指标逐步恢复至疫情前正常水平。同时，2020 年是“十三五”规划收官之年，我国全面建成小康社会取得历史性成就：全年 GDP 总量突破 100 万亿元大关，人均 GDP 超过 1 万美元；防范化解重大风险取得显著成效；脱贫攻坚取得重大成果，现行标准

下农村贫困人口全部脱贫。

二、政策环境：资产管理业务改革稳步推进

《关于规范金融机构资产管理业务的指导意见》（简称“资管新规”）过渡期延长一年。2020 年 7 月 31 日，为平稳推动资管新规实施和资管业务规范转型，经国务院同意，中国人民银行会同国家发展改革委、财政部、中国银保监会、中国证监会、国家外汇管理局等部门审慎研究决定将资管新规过渡期延长一年至 2021 年底。2020 年突如其来的新冠肺炎疫情对全球经济带来严峻挑战。一方面，受疫情影响，上半年许多企业停工停业，还款压力骤增，延长过渡期可以给予实体企业一个相对更长的缓冲期，是金融支持实体的重要体现；另一方面，企业经营压力传导至金融机构资管新规转型，因此适当延长过渡期是顺应时势的变化，同时随着过渡期的延长，资金端的投资者培育也有更大的空间，进一步减轻金融机构转型压力。

三、行业环境：资管新规带来新的竞争格局

资管新规自 2018 年 4 月 27 日发布以来，迄今已有三年的时间。从中国证券投资基金业协会公布的数据来看，按照资管新规要求，各类资产管理机构主体转型成效显著，行业格局变化符合资管新规的精神导向：主动管理类资产管理业务几乎不受影响，甚至是受益的领域，比如公募基金、私募基金的管理规模和市场份额 2020 年明显增加；脱离资产管理业务本质的通道类业务大幅压降，其中包括证券公司资产管理业务中的部分通道业务，由此 2020 年证券公司资产管理计划的规模和市场份额有所减少。

第二节　2020 年中国证券公司资产管理业务的发展情况

一、总体规模：总量下降，结构优化

2020 年证券公司资产管理规模有所下降。从私募产品来看，根据中国证券投资基金业协会数据，2020 年证券公司资产管理规模①达 8.01 万亿元，较 2019 年下降 22.5%。从公募产品来看，根据 Wind 数据统计，2020 年证券公司资产管理存续的公募基金产品净值达到

① 此处含大集合产品存续规模，但是自 2020 年 8 月起，证券资管总规模统计中不含已规范整改的大集合产品，因此 2020 年数据口径比 2019 年更小。

1.66万亿元，较2019年增长13.5%。虽然公募产品增长良好，但是难以抵消私募产品中通道类规模的下降，证券公司整体资产管理规模仍然有所下降（见图分3-1）。

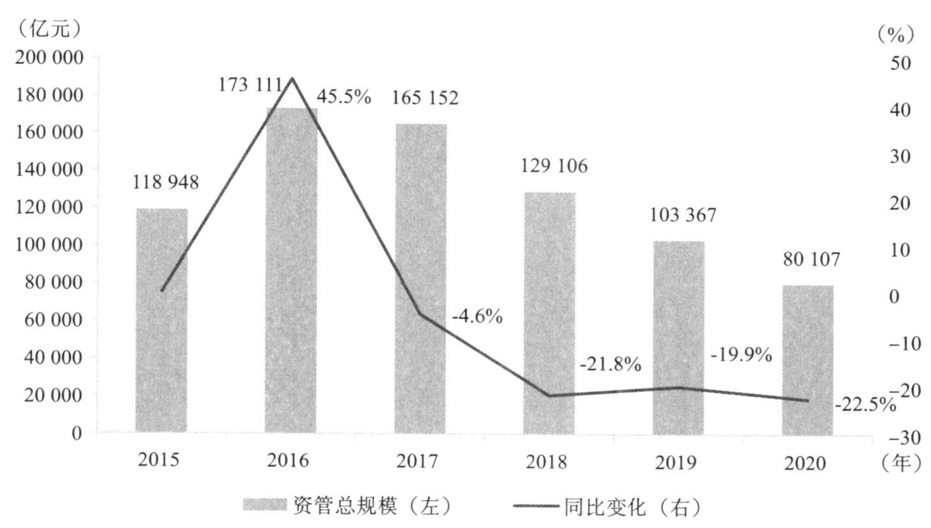

图分3-1　证券公司资产管理规模及同比变化

资料来源：中国证券投资基金业协会，申万宏源研究。

2020年主动管理产品规模占比超过一半。从规模来看，2020年证券公司主动管理规模达到4.6万亿元，较2019年的4.2万亿元增加了10.7%；被动管理规模降至3.4万亿元，较2019年的6.1万亿元大幅下降了45.1%（见图分3-2）。从结构来看，2020年证券公司主动管理规模占比已经超过一半，达到57.9%，较2019年的40.5%大幅提升了17.4个百分点，转型成效显著。

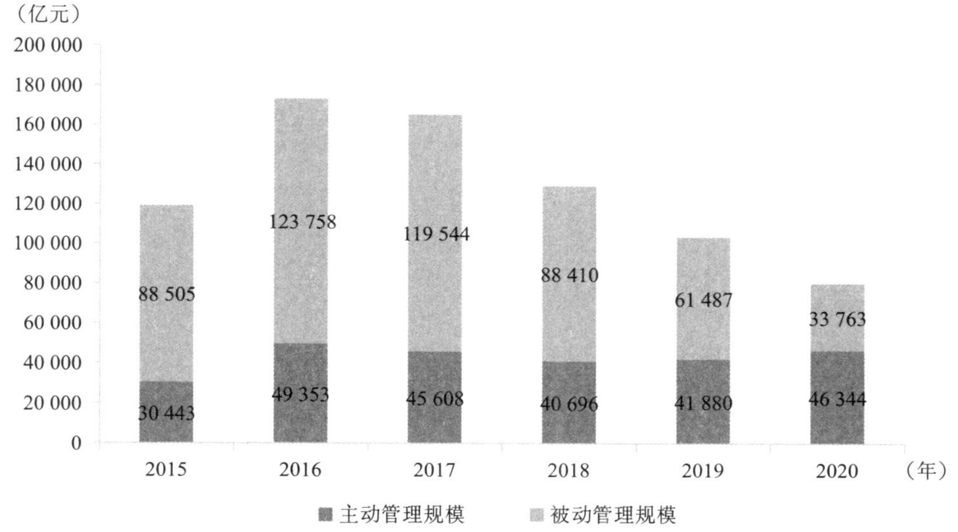

图分3-2　证券公司资产管理主动管理规模

资料来源：中国证券投资基金业协会，申万宏源研究。

（一）集合资产管理计划

2020 年，证券公司集合资产管理计划规模同比增长 6.7%，突破 20 000 亿元，这是自 2019 年以来的连续第二年回升，占证券公司资产管理总规模比重达到 26.1%（见图分 3-3）。

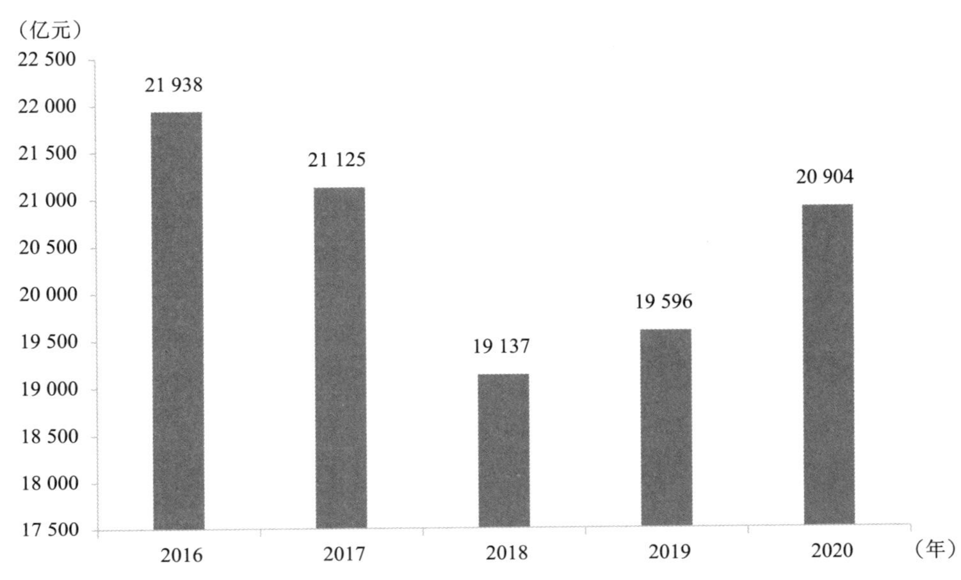

图分 3-3 证券公司集合资产管理计划规模

资料来源：中国证券投资基金业协会，申万宏源研究。

（二）单一资产管理计划

2020 年，证券公司单一资产管理计划产品规模为 5.92 万亿元，同比下降 29%。从结构来看，证券公司单一资产管理计划产品规模占比为 73.9%，虽然较 2019 年的 80.1% 下降 6.2 个百分点，但仍是证券资产管理产品的主要存在形式。自 2016 年以来，证券公司单一资产管理计划产品规模逐年压降，是证券公司资产管理产品压降的主体。

（三）公募基金

2020 年，证券公司资管公募基金产品①发展迅速。根据 Wind 统计，2020 年证券公司资管的基金份额达到 1.55 万亿元，较 2019 年同比增长 12.8%。除了货币市场型基金份额有所下降，股票型基金、混合型基金、债券型基金、另类投资基金、QDII 基金的基金份额均有所增加。从结构来看，证券公司公募产品仍然以债券型基金、货币市场型基金、混合型基

① 包括大集合产品规范整改和获得公募牌照的证券公司或者子公司发行的公募产品。

金、另类投资基金为主体，但是各类产品占比有所变化：2020 年，债券型基金份额占比提升至 49.0%，较 2019 年增长 3.2 个百分点；混合型基金份额占比提升至 10.5%，较 2019 年增加 2.4 个百分点；股票型基金份额占比提升至 2.2%，较 2019 年提升 0.6 个百分点；另类投资基金份额占比下降至 9.6%，较 2019 年下降 0.4 个百分点；QDII 基金份额占比保持稳定（见表分 3－1）。

表分 3－1　2020 年证券公司公募产品股票、债券、混合型基金占比

（单位：%）

	2019 年	2020 年
股票型基金	1.6	2.2
混合型基金	8.1	10.5
债券型基金	45.8	49.0
货币市场型基金	34.4	28.4
另类投资基金	10.0	9.6
QDII 基金	0.2	0.2
合　计	100.0	100.0

资料来源：Wind，申万宏源研究。

二、总体收入：2020 年资产管理业务净收入企稳回升

2020 年，证券公司广义口径的资产管理业务净收入见底回升。虽然证券公司资产管理总规模有所下降，但是结构优化效果显著：压降较多的通道类产品费率较低，而费率较高的主动管理类产品规模反而有所增加，两相抵补，2020 年资产管理业务净收入在经历了两年的下降之后触底回升（见图分 3－4）。

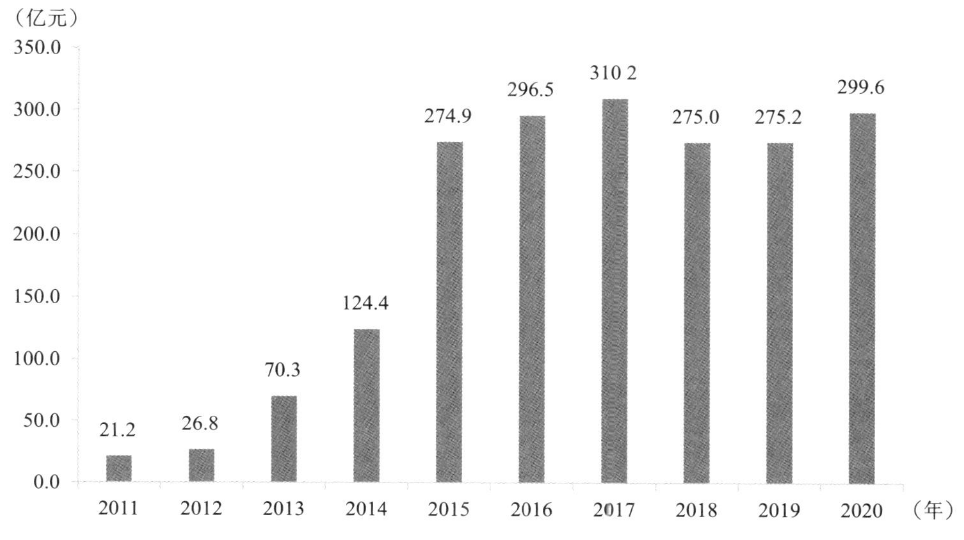

图分 3－4　证券公司广义口径资产管理业务净收入

资料来源：中国证券业协会，申万宏源研究。

三、资金来源：银行渠道资金占比有所下降

在证券公司资产管理产品的资金来源中，银行渠道仍为主体，但占比有所下降。2020年，从集合资产管理计划和单一资产管理计划加总来看，银行渠道资金占比从2019年的71.9%下降至67.5%，个人渠道占比从2019年的12.3%上升至14.3%，非银行机构占比从2019年的11.7%上升至12.6%，一般法人从2019年的4.2%上升至5.6%。

从证券公司集合资产管理计划的资金来源来看，2020年个人投资者渠道占比从63.4%降至51.0%，银行渠道占比从20.7%大幅提高至32.5%，非银行机构和一般法人占比则基本保持稳定（见图分3－5）。

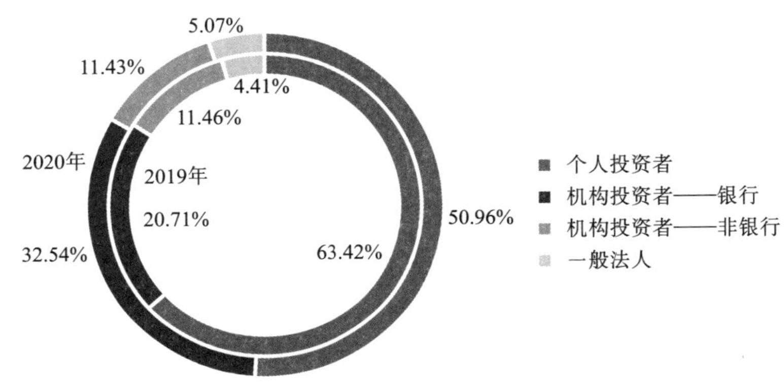

图分3－5　2020年证券公司集合资产管理计划资金来源

资料来源：中国证券投资基金业协会，申万宏源研究。

从证券公司单一资产管理计划资金来源来看，2020年银行渠道资金占比达到79.7%，较2019年的83.5%下降3.8个百分点；第二大资金渠道是非银行机构，2020年占比为12.9%，较2019年的11.7%提升1.2个百分点；第三大资金来源为一般法人，2020年占比为5.8%，较2019年上升1.7个百分点（见图分3－6）。

四、资产配置：标准化资产比重增加

2020年，证券公司集合资产管理计划投向标准化资产的比例显著提高①，投向非标准化资产的比例显著下降：投向债券的比例为58.3%，较2019年的55.2%提升3.1个百分点；投向股票的比例为7.5%，较2019年的5.9%提升1.6个百分点；投向基金的比例为4.9%，较2019年的3.5%提升1.4个百分点；投向信托计划的比例为1.6%，较2019年的2.3%下降0.7个百分点；投向专项资产管理计划的比例为1.5%，较2019年的1.8%

① 这里没有考虑协议存款或者定期存款的变化，下面单一资产管理计划的投向处理方式与这里相同。

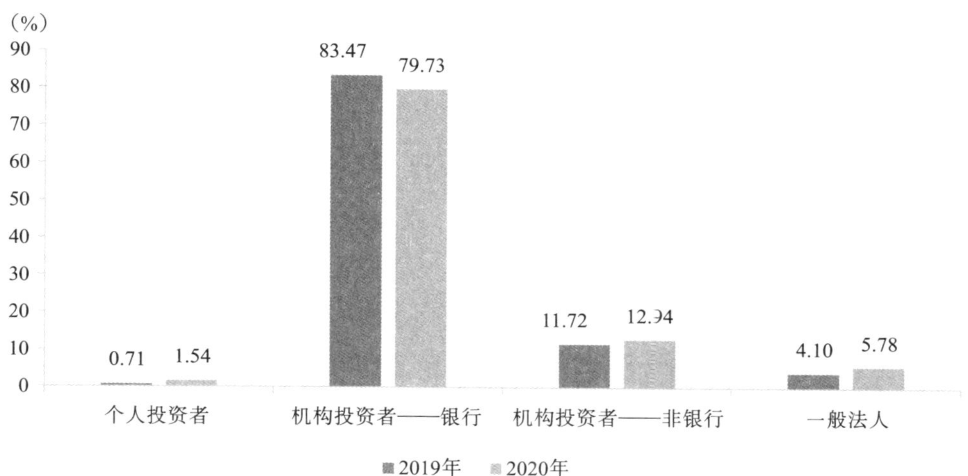

图分3－6　2020年证券公司单一资产管理计划资金来源

资料来源：中国证券投资基金业协会，申万宏源研究。

下降0.3个百分点。

2020年，证券公司单一资产管理计划投向保持稳定，标准化资产和非标准化资产的变化趋势亦不明显。2020年，投向的标准化资产中，债券占比下降0.5个百分点至29.0%，基金占比上升至2.3%，股票占比上升至7.5%；非标准化资产中，信托计划占比上升至6.2%，专项资产管理计划占比上升至10.9%（见图分3－7）。

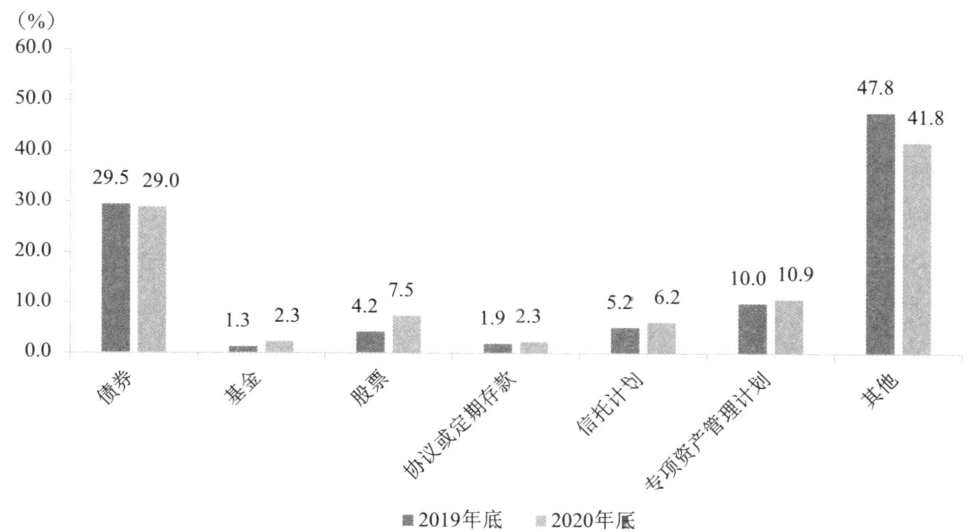

图分3－7　2020年证券公司单一资产管理计划资金投向

资料来源：中国证券投资基金业协会，申万宏源研究。

第二章 2020年中国证券公司资产管理业务发展中面临的问题与2021年发展展望

第一节　2020年中国证券公司资产管理业务发展中面临的问题

一、新旧产品转换期业务规模受到影响

在证券公司资产管理业务转型初期，主动管理类产品的增长难以抵补通道类产品的收缩，总规模下降。资管新规对目前资产管理业务的优化确实起到了非常大的促进作用，然而实际运行中也遇到了原有主动管理产品快速压降后后续产品难以为继的困难。在私募产品领域，2020年基金公司（含基金子公司）总规模已经超越证券公司总规模。自2016年以来，证券公司资产管理规模不断下降，2020年降幅达到22.5%，这导致证券公司资产管理业务在私募资产管理业务领域的相对优势逐步丧失。根据中国证券投资基金业协会的资产管理产品备案月报，2019年12月证券公司及子公司资产管理业务规模为9.56万亿元，基金管理公司及子公司资产管理业务规模为8.53万亿元，前者规模高于后者约1万亿元；2020年12月，证券公司及子公司资产管理业务规模为8.00①万亿元，基金管理公司及子公司资产管理业务规模为8.05万亿元，基金管理公司及子公司规模已经超过证券公司及子公司的资产管理总规模。

---

① 根据中国证券投资基金业协会资产管理产品备案月报数据加总而来。

二、资产管理产品投资者结构尚未形成稳态

2020 年，证券公司资产管理产品的四大投资者份额从大到小分别为银行（67.5%）、个人（14.3%）、非银行机构（12.6%）和一般法人（5.6%），且银行份额下降。资管新规打破了证券公司与银行以往形成的主要共生合作模式，证券公司资产管理业务需要与银行重构合作关系，在未来一段时间内，不排除银行的资金份额仍会有一个下降的过程。在银行份额萎缩的同时，个人、非银行机构、一般法人的份额如何变化将会面临一定变数。因此，当前，证券公司资金来源的稳定性有待增强，在竞争越趋激烈的资产管理市场，证券公司资产管理业务资金端面临一定的挑战。

三、在资产管理市场中的核心竞争力有待强化

在后资管新规时代，证券公司资产管理、银行理财、基金管理公司、信托公司、保险公司资产管理等资产管理机构基本处于同一赛道上（目前细则上还是有差异存在），面临相对更加一致的监管规则，如何构建自身的核心竞争力以实现差异化发展是共同的课题，目前证券公司资产管理业务的核心竞争力和在资产管理产业链上的定位尚不够清晰。

在产品方面，证券公司资产管理业务和基金管理公司存在一定差距。证券公司资产管理业务的固有优势在私募领域，但在去通道的要求下，证券公司资产管理业务在私募领域的规模目前尚不及基金管理公司①；在公募领域，证券公司资产管理刚刚起步，而基金公司 2020 年公募基金份额已经突破 17 万亿元（净值达到 19.9 万亿元），两者差距较大。

在资金端方面，证券公司资产管理业务和商业银行理财尚存在较大差距。证券公司过于依赖银行渠道，接近七成资金来自银行。资管新规发布实施之后，一方面，“去除通道、限制嵌套”降低了银行对证券公司资产管理部门的需求；另一方面，银行理财子公司逐步设立，投研体系逐步完备，投向更加趋向标准化资产，证券公司资金端并不具备突出优势，不能与银行理财的投资者结构相媲美。

在金融科技方面，证券公司资产管理业务的信息化布局亦没有特别突出。公募基金、保险资管在信息系统方面先发优势显著，科技投入较大，应用系统建设较为完备，信息系统在客户服务、投资研究、投资管理、交易、风控、估值等方面较为成熟。虽然银行理财子公司的信息系统从零开始，起步最晚，但是母行强大的资金、IT 实力将会是有力的支撑，未来的发展潜力不可小觑。

但是，证券公司是证券市场的最主要中介机构，能够提供最全面的证券业务相关的综合金融服务，在分业经营的背景下，这个优势是其他资产管理机构所无法比拟的。因此，证券

① 含基金子公司规模。

公司资产管理业务未来核心竞争力仍有较大的提升空间。

第二节　2021 年中国证券公司资产管理业务前景展望

一、资管新规引导证券公司资产管理业务结构继续优化

2021 年是资管新规过渡期的最后一年，不合规老产品的压降进入关键阶段，主动管理规模则继续增长，转型效果继续显现。根据中国证券投资基金业协会的资管产品备案月报，2019 年底证券期货经营机构私募资管业务中通道类业务规模为 10.15 万亿元，2020 年底该数值降至 5.60 万亿元，降幅达 4.55 万亿元；主动管理类产品增加 2.05 万亿元，抵补之后，私募资产管理业务总体下降 2.50 万亿元，其中证券公司资产管理规模下降 1.56 万亿元，占比 62.4%。2020 年，证券公司资产管理业务存续规模占证券期货经营机构私募资管业务的比重为 49.1%。在 2020 年底的 5.60 万亿元资产管理通道业务中，由于资管新规过渡期的临近，2021 年证券公司资产管理通道类产品仍将大幅压降，而主动管理规模在居民财富增长的大背景下则继续保持上升态势，证券公司资产管理业务结构继续得以优化。

二、证券公司资产管理公募产品发展迎来新突破

证券公司资产管理公募持牌申请有望得以正名和放开。为增强公募基金行业服务实体经济能力，支持行业机构做优做强，创造良好的行业发展生态，中国证监会对《证券投资基金管理公司管理办法》进行修订，且更名为《公开募集证券投资基金管理人监督管理办法（征求意见稿）》（以下简称《管理人办法》）。2020 年 7 月 31 日，中国证监会就《管理人办法》及相关配套规则公开征求意见。

本次修订从两方面对证券公司资产管理业务形成了影响。一是明确证券公司资管子公司可以获取公募基金管理资格。《管理人办法》第二条清晰地界定了公募基金管理人的构成，经核准取得公募基金管理人资格的证券公司资管子公司是公募基金管理人中的第一大类。二是优化公募牌照制度，适当放宽“一参一控”限制。《管理人办法》允许同一主体同时控制一家基金公司和一家公募持牌机构。同一主体或者受同一主体控制的不同主体控制的其他公募基金管理人数量不得超过 1 家，参股基金管理公司的数量不得超过 2 家，其中控制基金管理公司的数量不得超过 1 家，同时在公司治理等方面拉平公募持牌机构与基金公司的监管安排。

2020 年取得公募基金管理人资格的证券公司或其资管子公司情况见表分 3－2。

表分 3-2　2020年取得公募基金管理人资格的证券公司或其资管子公司*

基金管理人	机构类型	获批日期	注册资本（亿元）	城市
长江证券（上海）资产管理有限公司	证券资产管理公司	2015年1月5日	23.0	上海市
渤海汇金证券资产管理有限公司	证券资产管理公司	2016年5月18日	11.0	深圳市
中泰证券（上海）资产管理有限公司	证券资产管理公司	2017年12月18日	1.7	上海市
上海国泰君安证券资产管理有限公司	证券资产管理公司	2020年12月30日	20.0	上海市
上海东方证券资产管理有限公司	证券资产管理公司	2013年8月26日	3.0	上海市
财通证券资产管理有限公司	证券资产管理公司	2015年12月21日	2.0	杭州市
浙江浙商证券资产管理有限公司	证券资产管理公司	2014年8月19日	12.0	杭州市
华泰证券（上海）资产管理有限公司	证券资产管理公司	2016年7月26日	26.0	上海市
中银国际证券股份有限公司	证券公司	2015年8月20日	27.8	上海市
北京高华证券有限责任公司	证券公司	2015年8月6日	10.7	北京市
国都证券股份有限公司	证券公司	2014年8月19日	58.3	北京市
华融证券股份有限公司	证券公司	2013年12月12日	58.4	北京市
山西证券股份有限公司	证券公司	2014年3月19日	35.9	太原市
东兴证券股份有限公司	证券公司	2015年1月8日	27.6	北京市

*数据截至2020年12月31日。

资料来源：中国证券投资基金业协会，Wind，申万宏源研究。

资管新规和资本市场改革为公募产品的发展提供了舒适的土壤，在政策松动的趋势下，预计未来更多的证券公司将成立资产管理子公司并开展公募业务。2020年，公募基金份额同比增长24.4%，公募基金净值同比增长34.7%，公募产品在资产管理市场中一枝独秀。在良好的行业环境之下，证券公司资产管理的公募基金产品份额亦同比增长12.8%，净值同比增加13.5%，公募产品在证券公司资产管理业务中的份额显著提升。在监管部门优化公募基金持牌的机遇下，随着越来越多证券公司资产管理子公司的成立及公募业务的开展，证券公司的公募基金产品份额有望继续提升，2020年公募基金产品份额大约占比16%，2021年预计将进一步提高。另一方面，2020年4月《中国证监会 国家发展改革委关于推进基础设施领域不动产投资信托基金（REITs）试点相关工作的通知》正式对外发布，取得公募基金管理资格的证券公司可以参与公募REITs的试点工作。证券公司资管既可以担当ABS管理人，在有公募牌照的前提下也可以充当基金管理人的角色，因此，毋庸置疑，这是证券公司资产管理业务迎来的重要发展机遇。

三、资产管理与财富管理协同发展

资产管理产业链分工逐步清晰，财富管理和资产管理有望协同发展。2019年10月25日，中国证监会发布《关于做好公开募集证券投资基金投资顾问业务试点工作的通知》，自此之后，已有基金公司、商业银行、证券公司先后参与试点。2020年4月17日，中国证监会下发《证券基金投资咨询业务管理办法（征求意见稿）》，拟将投资咨询业务分为三大类：证券投资顾问业务、基金投资顾问业务和发布研报业务。证券投顾和基金投顾业务为财富管理市场的健康有序成长提供了必要的制度保障。财富管理业务的发展细化了资产管理产业链的分工。全局上，财富管理市场和资产管理市场共生共荣，两者相得益彰，互相促进。微观上，证券公司资产管理业务和财富管理业务亦可协同发展：一方面，资产管理业务和财富管理业务存在投资策略共享的可能；另一方面，两项业务在客户转化上亦可协同发力，力争在资产管理产业链上占据最多的关键点位。目前，一些中小证券公司面临投研实力比较弱的局面，更加需要结合经纪业务线条的证券投资顾问业务和基金投资顾问业务，将资产管理产品的投资理念通过证券投资顾问和基金投资顾问向客户去渗透，从而让客户对资产管理产品更加了解。通过双方理念的有效沟通，既可以培养更加贴合产品的客户，又可以帮助客户去选择相关产品。

分报告之四：
2020 年中国证券公司融资类业务发展回顾与展望

第一章
2020 年中国证券公司融资融券业务发展回顾与 2021 年前景展望

第一节　2020 年中国证券市场融资融券业务发展现状

一、融资融券市场余额情况

2020 年，A 股市场整体表现较好，融资融券业务整体情况与市场走势类似[①]（融资融券余额与上证综指走势见图分 4－1）。据 Wind 数据统计，截至 2020 年 12 月 31 日，融资融券

① 2020 年末上证综指、深证成指点位分别比上年末上涨 13.87%、38.73%，Wind 全 A 指数上涨 25.62%。

全市场余额为 16 190.08 亿元①，相比于 2019 年末的市场余额 10 192.85 亿元增长 58.84%。

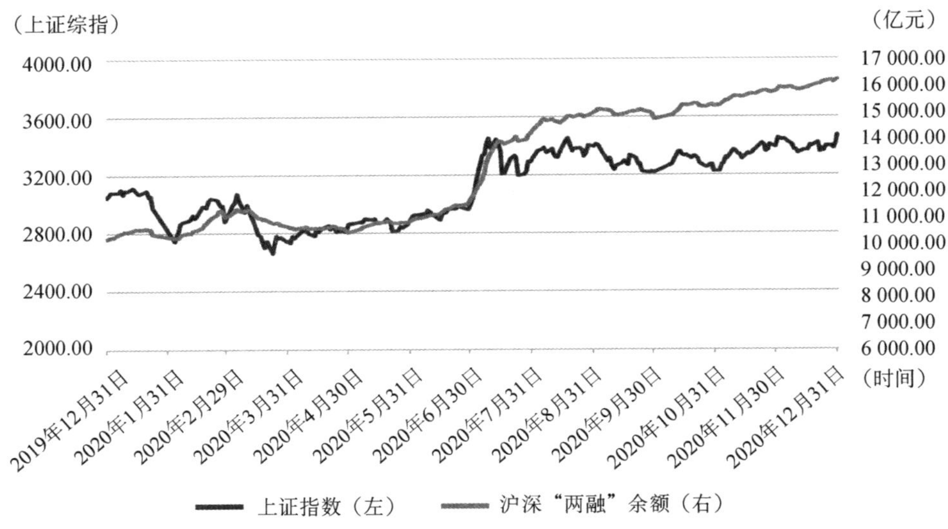

图分 4-1　2020 年融资融券余额与上证综指走势

资料来源：Wind。

2020 年全年，融资余额和融券余额整体均呈现上行趋势。其中，融资余额增长相对缓慢，2020 年年末余额相比于 2019 年年末余额增长了 47.39%；融券余额取得了爆发式增长，2020 年年末余额相比于 2019 年年末余额增长了 894.05%。从 2020 年融资余额和融券余额的走势看，融资余额在上半年缓慢增长，年中（6—8 月）快速跳涨，之后又进入缓慢增长阶段，年初 1 月 2 日为全年最小值 10 106.66 亿元，年末 12 月 28 日达到了全年最大值 14 858.08 亿元；融券余额在 2020 年全年保持了快速上行的态势，2 月 4 日达到最小值 82.16 亿元，12 月 31 日上涨到全年最大值 1 369.84 亿元（见图分 4-2）。

二、融资融券市场交易情况

2020 年全年，全市场累计融资买入金额 19.56 万亿元，占 A 股总成交金额 203.97 万亿元的 9.59②；全市场累计融券卖出金额 0.81 万亿元，占 A 股总成交金额的 0.40%。

① 有关融资融券余额的数据有两个主要来源：一是中国证券金融股份有限公司网站公布的数据；二是 Wind 等数据服务商根据沪、深证券交易所公布的数据加总而来。两者在统计口径上略有差异，比如 2020 年底沪、深两市的融资融券余额按照 Wind 显示为 16 190.08 亿元，中国证券金融股份有限公司网站公布数据为 16 189.68 亿元。

② A 股总成交金额使用了 Wind 全 A 指数（代码 881001.WI）的成交金额，Wind 全 A 指数的样本范围是所有在上海、深圳证券交易所上市交易的 A 股股票。

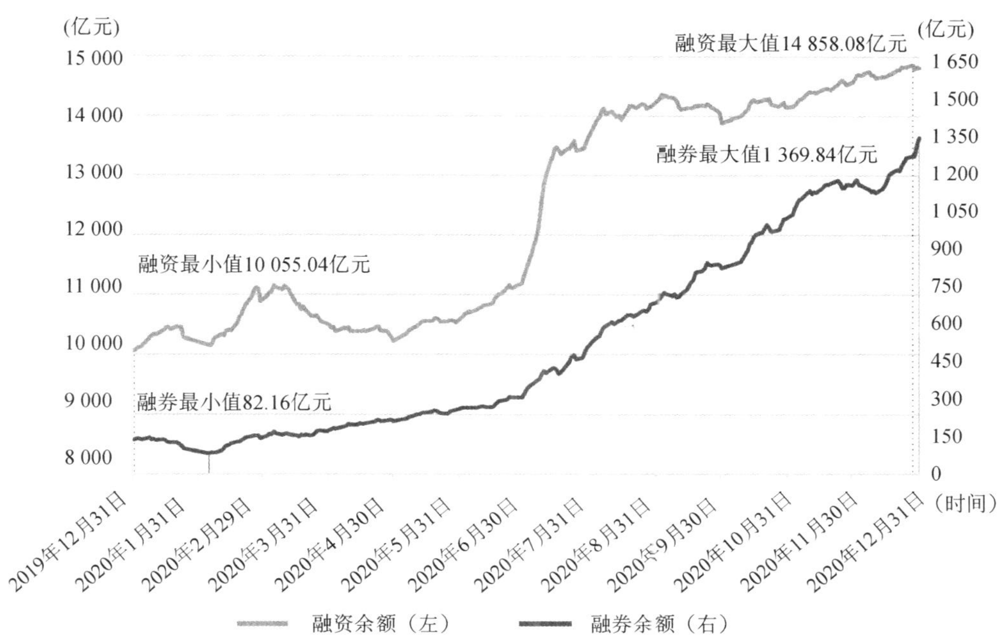

图分 4－2　2020 年融资融券市场余额变化情况

资料来源：Wind。

据 Wind 数据统计，2020 年全年，融资买入金额占 A 股成交金额比例相对稳定，全年在 9.39% 上下，最大值在 7 月 9 日，为 12.25%，最小值在 9 月 30 日，为 7.10%；融券卖出金额占 A 股成交金额比例呈现震荡上行的趋势，全年在 0.40% 上下，最大值在 10 月 15 日，为 0.76%，最小值在 2 月 4 日，仅为 0.02%（见图分 4－3）。

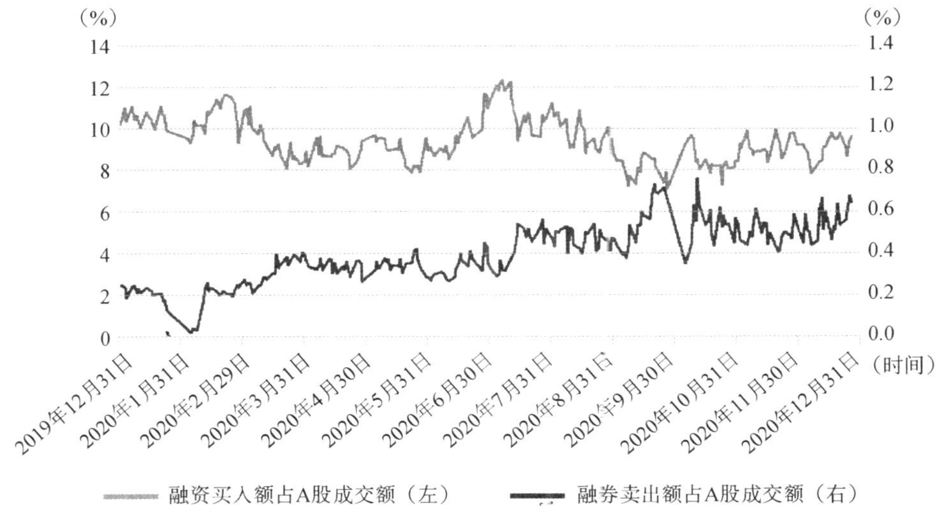

图分 4－3　沪、深两市融资买入额和融券卖出额占 A 股成交额比例

资料来源：Wind。

三、融资融券业务开户情况

从融资融券业务的参与者来看，参与融资融券业务的投资者数量稳步增长，但从2015年以来，参与融资融券业务的投资者数量占沪、深证券交易所市场投资者总数的比例逐年缓慢下降。根据中国证券登记结算有限责任公司数据统计，2020年末开设信用证券账户的投资者数约为558.07万户，较2019年末开设信用证券账户的投资者数509.90万户增长了9.45%（见表分4-1）。

表分4-1　　2015—2020年信用账户数

年　份	期末投资者数（万户）	期末信用账户数（万户）	信用账户占比（%）
2015	9 910.53	397.69	4.01
2016	11 811.04	424.89	3.60
2017	13 398.30	455.53	3.40
2018	14 650.44	472.42	3.22
2019	15 975.24	509.90	3.19
2020	17 777.49	558.07	3.14

注：根据中国证券登记结算有限责任公司网站说明，期末投资者数量指持有未注销、未休眠的A股、B股、信用账户、衍生品合约账户的一码通账户数量。

资料来源：中国证券登记结算有限责任公司。

从增长率的角度来看，2020年信用账户开户数月增长率呈现先升后降的趋势，在7月份达到顶峰，之后逐步趋稳，平均月增长率为0.83%，与2019年平均月增长率0.78%相比略有提升（见图分4-4）。

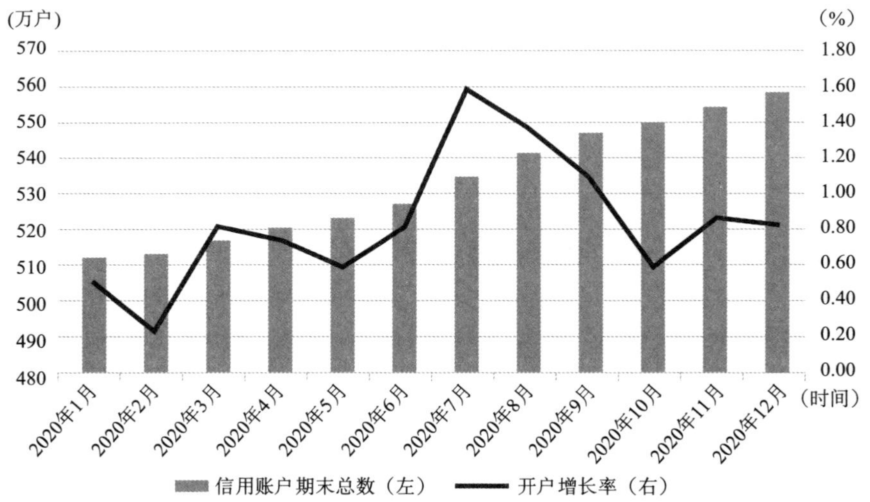

图分4-4　2020年信用账户开户月增长率

资料来源：中国证券登记结算有限责任公司，Wind。

四、融资融券市场担保物与平均维持担保比例

2020 年融资融券客户的担保物总市值随着 A 股市场总市值稳步上升。根据 Wind 数据，A 股市场总市值从 2019 年末的 59.29 万亿元上升至 2020 年末的 79.72 万亿元，增长 34.46%；根据中国证券金融股份有限公司数据，融资融券客户的担保物总市值从 2019 年末的 3.29 万亿元上升至 2020 年末的 5.09 万亿元，增长 54.71%。

根据中国证券金融股份有限公司数据，2020 年融资融券客户的平均维持担保比例走势平稳，全年在 277.45% 上下震荡，最大值出现在 7 月 13 日，为 308.30%，最小值出现在 2 月 3 日，为 254.84%（见图分 4－5）。

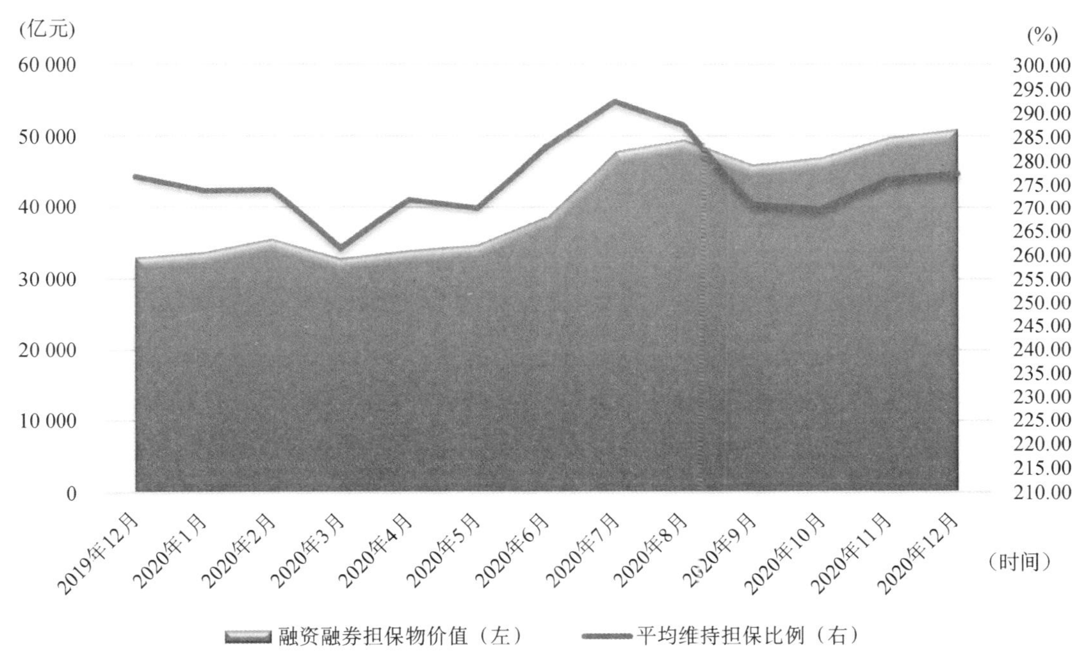

图分 4－5　融资融券市场担保物与平均维持担保比例（月度）

资料来源：中国证券金融股份有限公司。

五、融资融券对证券公司收入贡献情况

融资融券业务自 2005 年列入《证券法》，2008 年 10 月 25 日中国证监会宣布启动试点，2010 年 3 月 19 日中国证监会公布融资融券首批 6 家试点证券公司，经历了 2011—2014 年的快速发展，伴随着 2015—2016 年初股市的异常波动，融资融券业务日益成熟和稳定。截至 2020 年末，已有 93 家证券公司参与融资融券业务，该业务已成为我国证券公司的主营业务之一，在很大程度上增加了市场的活跃度，为行业贡献了稳定而可观的交易量和收入。融资

融券业务的利息收入占证券公司整体营业收入的比重自 2015 年之后逐步趋稳，整体在 20%上下波动（见图分 4－6）。

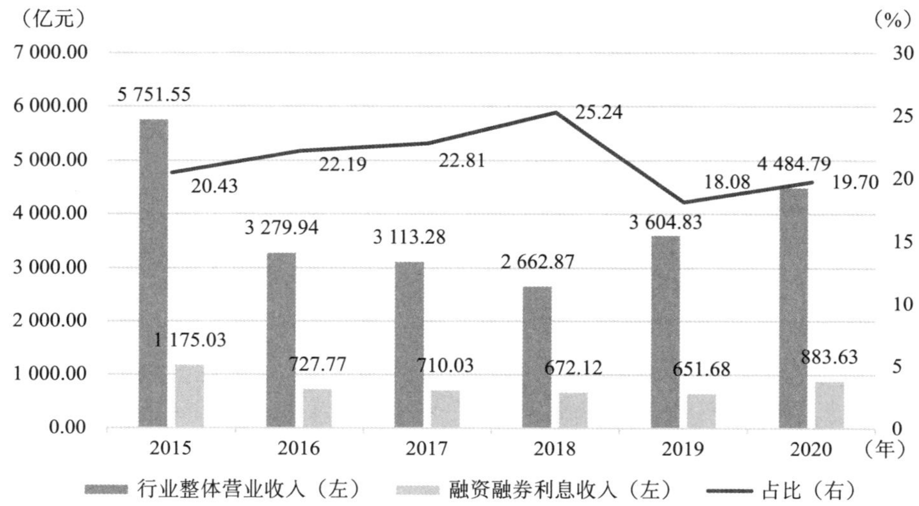

图分 4－6　2015—2020 年融资融券市场利息收入

资料来源：中国证券业协会。

第二节　2020 年中国融资融券业务发展特点

一、转融通业务稳步发展

截至 2020 年末，全行业有 93 家证券公司开通了转融通业务。2020 年，转融通业务随着 A 股市场以及融资融券业务整体稳步发展，转融资业务平稳运行，转融券业务随着科创板、创业板注册制改革的落地及公募基金、社保和养老基金参与证券出借实现快速增长。其中，2020 年转融资日均余额为 742.52 亿元，较 2019 年增长 1.18 倍，转融券日均余额为 541.60 亿元，较 2019 年增长 10.58 倍（见图分 4－7）。

二、QFII、RQFII 办法落地，允许 QFII、RQFII 参与融资融券、转融通出借交易

2020 年 9 月 25 日，经国务院批准，中国证监会、中国人民银行、国家外汇管理局发布

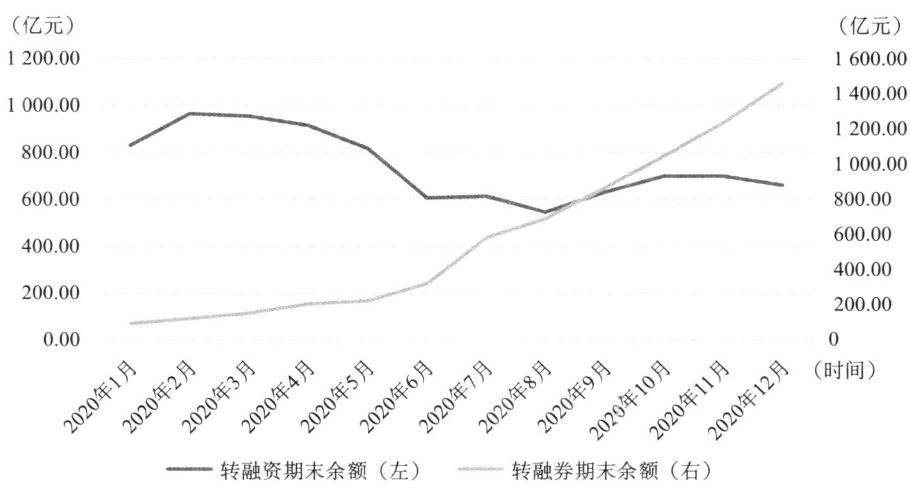

图分4-7　2020年转融资、转融券余额变化

资料来源：中国证券金融股份有限公司，Wind。

《合格境外机构投资者和人民币合格境外机构投资者境内证券期货投资管理办法》（以下简称“QFII、RQFII办法”），中国证监会同步发布配套规则《关于实施〈合格境外机构投资者和人民币合格境外机构投资者境内证券期货投资管理办法〉有关问题的规定》。QFII、RQFII办法及配套规则自2020年11月1日起施行，修订内容主要包括：一是降低准入门槛，便利投资运作。将QFII、RQFII资格和制度规则合二为一，放宽准入条件，简化申请文件，缩短审批时限，实施行政许可简易程序；取消委托中介机构数量限制，优化备案事项管理，减少数据报送要求。二是稳步有序扩大投资范围。新增允许QFII、RQFII投资全国中小企业股份转让系统挂牌证券、私募投资基金、金融期货、商品期货、期权等，允许参与债券回购、证券交易所融资融券、转融通证券出借交易。QFII、RQFII可参与金融衍生品等的具体交易品种和交易方式，将本着稳妥有序的原则逐步开放，由中国证监会商中国人民银行、国家外汇管理局同意后公布。三是加强持续监管。加强跨市场监管、跨境监管和穿透式监管，强化违规惩处，细化具体违规情形适用的监管措施等。

2020年10月30日，中国证券登记结算有限责任公司发布《合格境外机构投资者和人民币合格境外机构投资者境内证券投资登记结算业务实施细则》；中国证券金融股份有限公司发布《关于合格境外机构投资者和人民币合格境外机构投资者申请参与转融通证券出借有关事项的通知》。

2020年11月2日，在QFII、RQFII新规正式生效的首个交易日，多家证券公司代理委托报出QFII转融通出借第一单。2020年12月29日，多家证券公司也相继完成了首单QFII融资融券业务。

三、创业板注册制改革，融资融券及转融通业务制度优化

创业板改革并试点注册制是继设立科创板并试点注册制之后证券市场的又一重大改革举措，总结和复制推广了科创板行之有效的制度安排，保持深、沪证券交易所注册制整体规则体系和内容基本一致。同时，为推进创业板改革并试点注册制，完善创业板市场多空平衡机制，深圳证券交易所联合中国证券金融股份有限公司、中国证券登记结算有限责任公司，制定了《创业板转融通证券出借和转融券业务特别规定》。创业板注册制首发股票自首个交易日起可作为融资融券标的；转融通出借券源扩大，战略投资者可出借配售获得的在承诺的持有期限内股票；新推出转融券市场化约定申报方式，增加交易灵活性，提升交易效率，证券公司借入证券当日可供投资者融券卖出。

四、融券与转融券业务发展迅速

得益于2019年科创板、2020年创业板注册制发行的相继落地，相关平衡市场多空配套机制的实施，以及公募基金参与转融通证券出借业务逐渐步入正轨，2020年融券与转融券业务得到快速发展，融券余额与转融券余额呈现快速上升趋势。

2020年融券余额历史上首次突破1 000亿元大关，并在2020年12月31日达到新的纪录1 369.84亿元；转融券余额也在2020年内首次突破1 000亿元大关，并在2020年12月31日达到新的纪录1 458.11亿元（见图分4－8）。

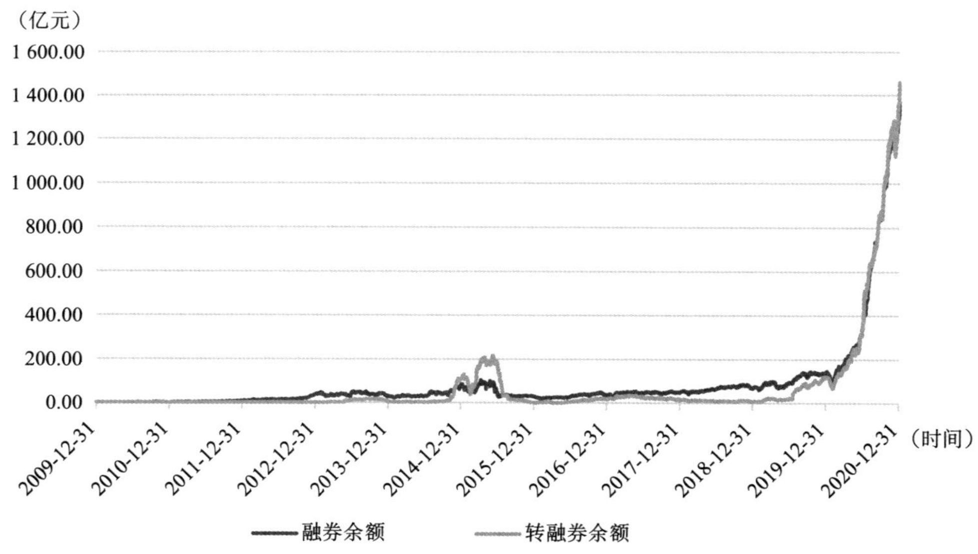

图分4－8　2010—2020年融券、转融券余额变化

资料来源：中国证券金融股份有限公司，Wind。

第三节 2020年中国融资融券业务面临的问题

一、证券出借及转融券机制有待进一步优化

2020年伴随公募基金积极参与转融券、创业板注册制改革等一系列政策相继落地，融券市场注入新的活力，转融通机制得到进一步完善，业务迎来高速发展期，但相关交易量仍远远小于融资业务。融券卖出额占融资买入额的比重2019年日均值为2.87%，2020年该数为4.39%，增长较明显，体现了融券业务的快速发展；融券余额占融资余额比重2019年日均值为1.15%，2020年该数为4.00%，同样有明显的提升。虽然2020年融券规模实现了迅猛发展，但整体而言，融资融券业务发展仍然不够均衡。从成熟市场融资融券的实践来看，尽管融资交易量会高于融券交易量，但融券业务的占比仍有一席之地，例如，在日本和我国台湾地区的证券市场，融券交易总额一般会占融资交易和融券交易总额的20%左右。相比之下，我国融资融券业务发展仍然不够均衡（见图分4－9）。

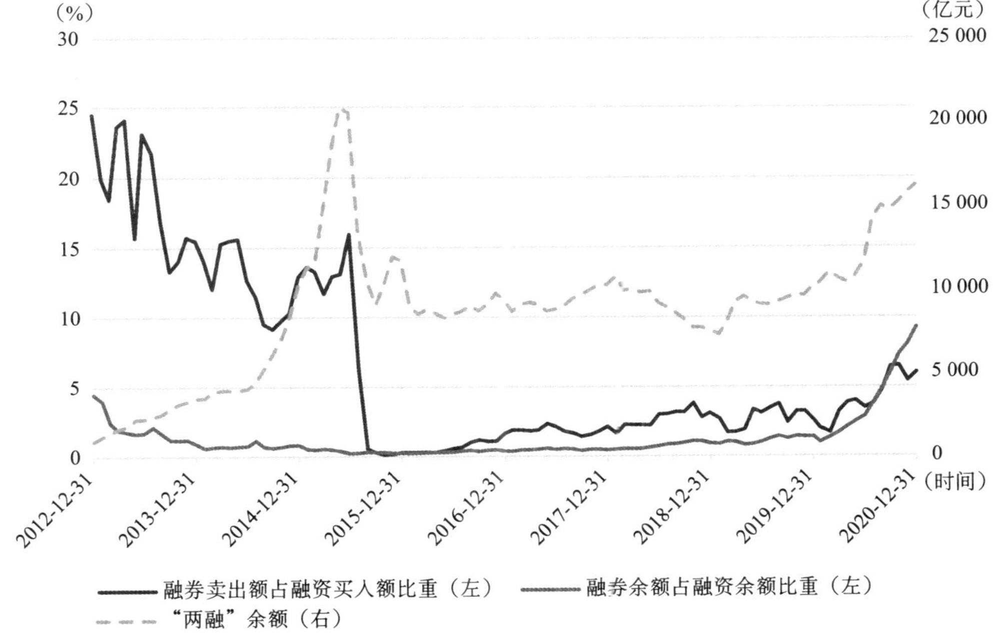

图分4－9 2013—2020年融资业务和融券业务比较

资料来源：中国证券金融股份有限公司，Wind。

制约融券业务发展的因素较多，而市场融券券源供给受限是主要因素之一，如下几个方面亟待研究和进一步优化：一是提升转融券效率，将转融券市场化约定申报推广至全市场，建立更加灵活和市场化的证券交易机制；二是扩大出借证券范围，探索进一步扩大融资融券和转融通标的证券范围；三是扩大出借主体范围，推动保险、银行理财等机构投资者参与证券出借；四是放宽出借比例和期限限制，放宽大股东和特定股东以及公募基金出借比例限制，并延长转融通出借期限。

二、全面注册制对融资融券业务的新挑战

2019 年 7 月 22 日，科创板首批 25 家公司在上海证券交易所上市交易；2020 年 8 月 24 日，创业板注册制首批 18 家企业在深圳证券交易所上市交易。全面实行股票发行注册制已纳入“十四五”规划。随着注册制改革的全面推进，证券市场在发行上市、保荐承销、市场化定价、交易、退市等方面的制度创新，特别是一系列创新交易机制安排（比如放宽涨跌幅限制，自上市首日起可作为融资融券标的，以及严格的客户准入制度等），均为证券公司融资融券业务的管理带了新的挑战。

更为重要的是，随着全面注册制的推进，证券市场将面临长期的趋势性变化，比如优胜劣汰的加剧、“垃圾股”逐步退出市场，去散户化的提速、机构逐步成为市场主导，个股波动性的加剧等，这些变化也将对融资融券业务的风险管理、合规经营、业务开展和竞争产生深远影响。

三、融券业务风险管理有待完善

自 2010 年 3 月 31 日融资融券业务推出以来，融资业务与融券业务长期发展不平衡，一直以来融资业务占据主导，融资融券业务的风险也主要来源于融资业务。但是，随着 2019 年、2020 年注册制改革等制度优化的不断推进，场内多空平衡机制得到了一定的完善，融券业务迎来高速发展期。长期以来，证券公司融资融券业务风险管理的措施和关注点都集中在融资业务上，主要关注“多头”下跌的风险，对于融券业务的风险、“空头”上涨的风险关注较少，也缺乏相应的经验和教训。随着融券业务的快速发展，融券业务风险需要重视并深入研究，融券业务风险管理相关的措施和制度也需要不断完善和优化。

第四节　2021年中国融资融券业务的发展前景

一、融资融券和转融通制度不断优化，证券公司场内融资业务竞争力不断提升

从境内外市场发展经验来看，融资融券业务作为场内杠杆资金来源和风险对冲工具，有利于活跃市场，提升市场流动性水平，特别是融券业务还有助于完善多空平衡机制，提高市场定价效率，充分发挥市场在资源配置中的决定性作用。股票发行注册制的全面推进、资本市场对外开放水平的不断提升、资管新规的全面落地，将对我国A股市场带来深远的影响。同时，融资融券经历了10年的稳步发展，融资融券法律法规逐步完善和落实，证券公司的风险管理水平也不断提高。预计2021年市场将继续稳健发展，在监管机构和行业共同努力下，在广泛征求市场意见的基础上，融资融券和转融通相关制度将不断优化，证券公司场内融资业务竞争力将不断提升，杠杆资金和交易将稳步向场内引导，这些将提升市场活力和市场透明度，支持市场长期发展。

二、市场化转融通机制逐步完善，融券业务稳步发展

随着公募基金、社保基金参与转融通证券出借业务逐步落地和发展，以及科创板、创业板转融券市场化约定申报、实时成交等制度创新的逐步全面推广，融券券源将进一步拓展，提高出借人积极性，提升成交效率，降低交易成本。市场化转融通机制的完善，将促进融券业务稳步发展，发挥融券作为资本市场重要基础性交易制度的功能和作用，逐步改变当前融资融券业务发展不均衡的局面。

三、信用账户可交易范围不断拓宽，提供多样化交易服务

随着融资融券业务的稳步发展，融资融券和转融通制度不断优化，信用账户可交易证券的范围将不断拓展，信用账户可提供的交易服务也将不断丰富。预计在未来几年内，融资融券业务的担保标的范围将进一步扩大和优化，逐步向“负面清单”的管理方式过渡；港股通标的证券、证券公司现金管理产品等将陆续加入可充抵保证金证券范围，可充抵保证金证券的折算率规定将更加灵活；部分优质的港股通标的证券将加入标的证券范围。此外，将进一步探讨将场内期权等衍生品纳入信用账户可交易范围，专业投资者多样化的需要将不断得到满足。

第二章
2020 年中国证券公司其他融资类业务发展回顾与 2021 年前景展望

第一节　2020 年证券公司其他融资类业务发展状况

一、股票质押式回购交易

2013 年 6 月 24 日，股票质押式回购交易（以下简称“股票质押回购”）业务同时在沪、深证券交易所上线。根据沪、深证券交易所统计数据，截至 2020 年末，两市股票质押回购存续规模①降至 7 377.68 亿元，降幅为 24.62%，自 2018 年以来已连续三年下降（见图分 4－10）。2020 年全年初始交易金额合计 2 354.18 亿元，同比减少 10.53%。2020 年全年购回交易金额合计 4 508.11 亿元，同比减少 16.25%。逐月来看，2020 年每月均呈现余额净减少趋势（参见图分 4－11），全年平均每月减少余额 179.49 亿元。

自 2013 年 6 月 24 日股票质押回购业务上线至 2020 年 12 月 31 日，共有 96 家证券公司开通了股票质押回购业务权限并发生交易。同期，沪、深两市初始交易金额累计 51 607.09 亿元，其中沪市占 32.04%，深市占 67.96%；同期发生购回的初始交易金额累计 43 290.79 亿元，沪市占 30.54%，深市占 69.46%；待购回初始交易金额 7 377.68 亿元，沪市占 32.15%，深市占 67.85%；履约保障比例沪市为 197.21%，深市按市值加权平均为 422.82%（见表分 4－2）。

① 本章中，股票质押回购存续规模指股票质押回购待购回初始交易金额。股票质押回购待购回初始交易金额 = 初始交易金额累计值 – 发生购回的初始交易金额累计值。

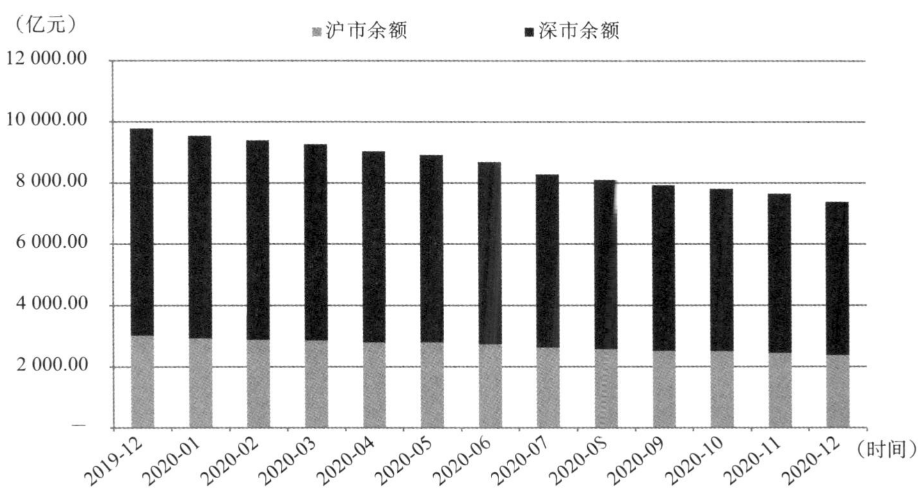

图分 4 －10　股票质押回购业务逐月月末待购回金额

资料来源：上海证券交易所，深圳证券交易所。

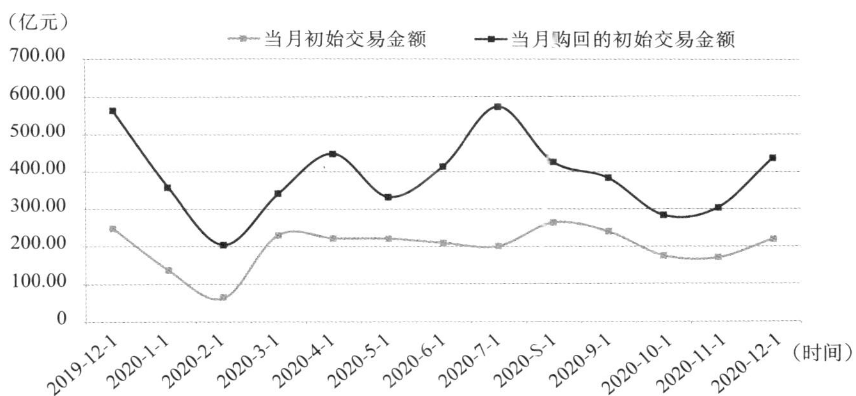

图分 4 －11　股票质押回购业务逐月初始交易金额与购回交易金额

资料来源：上海证券交易所，深圳证券交易所。

表分 4 －2　沪、深两市股票质押回购交易规模（自 2013 年 6 月业务上线起算）

项　目	沪市		深市		沪、深两市（亿元）
	金额（亿元）	占比（%）	金额（亿元）	占比（%）	
初始交易金额累计值	16 533. 40	32. 04	35 073. 69	67. 96	51 607. 09
发生购回的初始交易金额累计值	13 222. 91	30. 54	30 067. 88	69. 46	43 290. 79
待购回初始交易金额	2 371. 87	32. 15	5 005. 81	67. 85	7 377. 68
标的证券市值	4 285. 74	30. 59	9 725. 82	69. 41	14 011. 56
履约保障比例	197. 21%		市值加权平均 422. 82%		

资料来源：上海证券交易所，深圳证券交易所（截至 2020 年 12 月 31 日）。

标的证券股份性质方面，质押标的证券为流通股的待购回初始交易金额为 6 216.04 亿元，占比 84.25%；质押标的证券为限售股的待购回初始交易金额为 1 161.64 亿元，占比 15.75%。沪、深两市流通股待购回初始交易金额 6 216.04 亿元，其中沪市占比 29.73%，深市占比 70.27%。沪、深两市限售股待购回初始交易金额 1 161.64 亿元，其中沪市占比 45.07%，深市占比 54.93%。沪市待购回初始交易金额 2 371.87 亿元，其中流通股占比 77.93%，限售股占比 22.07%；深市待购回初始交易金额 5 005.81 亿元，其中流通股占比 87.25%，限售股占比 12.75%（见表分 4－3）。

表分 4－3　　沪、深两市不同类型股份待购回初始交易金额

项　目	沪市		深市		沪、深两市（亿元）
	金额（亿元）	占比（%）	金额（亿元）	占比（%）	
流通股	1 848.31	29.73	4 367.73	70.27	6 216.04
限售股	523.56	45.07	638.08	54.93	1 161.64
合　计	2 371.87	32.15	5 005.81	67.85	7 377.68

资料来源：上海证券交易所，深圳证券交易所（截至 2020 年 12 月 31 日）。

资金融出方类别方面，证券公司自有资金出资的待购回初始交易金额为 3 998.02 亿元，占比 54.19%；证券公司资产管理计划出资的待购回初始交易金额为 3 340.12 亿元，占比 45.27%；其他融出方出资的待购回初始交易金额为 39.53 亿元，占比 0.54%。均为沪市交易。沪、深两市证券公司自有资金待购回初始交易金额 3 998.02 亿元，其中沪市占比 29.95%，深市占比 70.05%；沪、深两市证券公司资产管理计划待购回初始交易金额 3 340.12 亿元，其中沪市占比 33.98%，深市占比 66.02%。沪市待购回初始交易金额中，证券公司自有资金占比 50.48%，资产管理计划占比 47.85%，其他融出方占比 1.67%；深市待购回初始交易金额中，证券公司自有资金占比 55.95%，资产管理计划占比 44.05%（见表分 4－4）。

表分 4－4　　沪、深两市不同融出方的待购回初始交易金额

项　目	沪市		深市		沪、深两市（亿元）
	金额（亿元）	占比（%）	金额（亿元）	占比（%）	
证券公司	1 197.34	29.95	2 800.68	70.05	3 998.02
资产管理产品	1 134.99	33.98	2 205.13	66.02	3 340.12
其他	39.53	100.00	0.00	0.00	39.53
合　计	2 371.87	32.15	5 005.81	67.85	7 377.68

资料来源：上海证券交易所，深圳证券交易所（截至 2020 年 12 月 31 日）。

二、市场参与股票质押纾困情况

近两年股票质押市场出现一定风险，股价持续下跌使得高比例质押股东无力及时补仓，出现流动性危机。从党中央、国务院到各监管机构、自律组织、市场参与主体，各方协调互动，积极支持民营企业融资纾困，着力化解流动性风险。

中国银保监会允许保险资金设立专项产品，参与化解上市公司股票质押流动性风险，为优质上市公司和民营企业提供长期融资支持。中国证监会鼓励地方政府管理的各类基金、合格私募股权投资基金、券商资管产品分别或联合组织新的基金，帮助有发展前景但暂时出现流动性风险的上市公司纾解股票质押困境，促进其健康发展。中国证券业协会推动设立证券行业支持民营企业发展集合资产管理计划，组织部分证券公司共商市场化方式化解股票质押风险，提升股票质押融资业务风险管理水平，支持民营经济高质量发展。

证券行业支持民营企业发展系列资产管理计划（以下简称“支民资管计划”）全面启动以来，得到了行业各机构的积极响应。根据中国证券业协会数据，截至 2020 年 12 月底，共计 63 家证券公司完成协议签署，承诺出资规模累计达 573.54 亿元。已有 59 家证券公司及其子公司共成立了 138 只支民资管计划和 90 只子计划，出资规模总计 774 亿元左右，撬动外部资金 390.59 亿元左右。从投资方面来看，目前有 52 家证券公司管理的支民资管计划及其子计划已进行具体项目投资，累计投出金额总计 966.44 亿元左右（其中 340 亿元左右已按照合同约定退出收回），所投资标的共涉及沪、深证券交易所上市的 293 家上市公司及其主要股东，切实纾解了民营企业及其股东的流动性困难。

三、约定购回式证券交易

约定购回式证券交易（以下简称“约定购回”）业务于 2011 年 10 月 31 日由上海证券交易所率先推出，之后深圳证券交易所于 2013 年 1 月 14 日上线该业务。截至 2020 年 12 月 31 日，共 81 家证券公司开通了约定购回业务权限。

根据沪、深证券交易所统计数据，截至 2020 年 12 月 31 日，两市待购回初始交易金额 23.12 亿元，较 2019 年末增加了 6.28 亿元，同比增长 37.32%。2020 年全年初始交易合计 462 笔，同比下降 20.07%；初始交易金额合计 25.85 亿元，同比下降 6.54%。

自 2011 年 10 月约定购回业务上线至 2020 年 12 月 31 日，沪、深两市初始交易金额累计1 082.08 亿元，其中沪市占 55.18%，深市占 44.82%；发生购回的初始交易金额累计 1 054.56 亿元，沪市占 54.73%，深市占 45.27%；待购回初始交易金额 23.12 亿元，沪市占 67.04%，深市占 32.96%；履约保障比例沪市为 272.21%，深市按市值加权平均为 266.14%（见表分 4－5）。

表分 4－5　沪、深两市约定购回业务交易规模（自 2011 年 10 月业务上线起算）

项　目	沪市		深市		沪、深两市（亿元）
	金额（亿元）	占比（%）	金额（亿元）	占比（%）	
初始交易金额累计值	597.08	55.18	485.00	44.82	1 082.08
发生购回的初始交易金额累计值	577.18	54.73	477.38	45.27	1 054.56

续表

项　目	沪市		深市		沪、深两市（亿元）
	金额（亿元）	占比（%）	金额（亿元）	占比（%）	
待购回初始交易金额	15.50	67.04	7.62	32.96	23.12
履约保障比例	272.21%		市值加权平均266.14%		

资料来源：上海证券交易所，深圳证券交易所（截至2020年12月31日）。

交易所约定购回业务规则的优化创新目前暂未继续推进，预计在规则优化创新之前，业务规模较难有较大增长。

第二节　2020年证券公司其他融资类业务发展中面临的问题

一、股票质押式回购交易

2020年，股票质押回购业务规模维持2019年稳中有降的趋势，月均复合降幅为2.33%。2020年底，市场存续规模降至7 377.68亿元，较2019年末下降24.62%，自2018年以来已连续三年下降。在业务发展过程中，面临的问题主要体现在以下方面。

（一）交易规则方面

1. 急需与违约处置区别对待的“卖券还款”指令

2015年，深圳证券交易所推出“部分购回”交易指令，支持融入方在待购回期间进行场内部分还款；而上海证券交易所一直未推出该指令。此外，目前沪、深证券交易所都未推出“卖券还款”交易指令，对于有意通过减持股份来还款的融入方，无法灵活操作，同时增加了融入方资金占用，即需要融入方自行备资完成质押交易购回解质押后再自行卖出股份。无力备资先行还款的融入方将陷入两难：一方面，在未回收资金的情况下，证券公司先行解质押股份存在较大风险；另一方面，证券公司违约处置卖出的相应公告对市场情绪将带来负面影响。

2. 股票质押业务质押股票被第三方司法冻结后，证券公司作为质权人的处置权受限

股票质押业务违约后，证券公司可通过申报交易所违约处置指令进行二级市场平仓，但若质押标的被司法冻结，则无法通过该方式处置股票，使得处置权利受限。2021年3月1日最高人民法院、最高人民检察院、公安部、中国证券监督管理委员会联合印发了《关于进一步规范人民法院冻结上市公司质押股票工作的意见》（以下简称《意见》），该《意见》是对最高人民法院在2019年12月底印发的《关于在执行工作中进一步强化善意文明执行理

念的意见》第7条的进一步明确和细化，于2021年7月1日正式生效。中国结算公司将根据《意见》对现有冻结系统进行改造，确立质押股票新型冻结方式。新系统上线后，司法冻结将不影响质权人变价股票实现债权。

3. 加强上市公司股东场外质押股份行为风险管理

场外股票质押由于其非标准化属性，在交易结构、交易执行、风险指标等维度具有很多的灵活性，但也随之带来了诸多潜在风险。目前银行、信托等金融机构仍然可以为上市公司股东参与场外质押提供支持，且不受场内质押新规的限制，可考虑对于上市公司的核心股东参与场外质押业务时，能够参考场内质押的监管要求进行一定程度的管理，重点关注信息披露、信息查询、风险指标等，切实做好风险防范工作。

（二）业务风险方面

1. 部分融入方持股质押比例过高

融入方持股质押比例是指融入方已质押股份数量占其持股总数的比例，持股质押比例过高的融入方面临着较大的违约风险。基于Wind数据统计，若以持股质押比例在80%及以上作为高比例质押的标准，持股比例5%及以上作为大股东的标准，则2018—2020年高比例质押的大股东数分别为1 490户、1 236户、1 084户。2020年大股东持股质押比例高的现象有所缓解，但仍有部分大股东持股质押比例依然过高。

2. 部分标的股票全市场质押比例过高

根据《证券公司参与股票质押式回购交易风险管理指引》（以下简称“质押新规”），全市场质押比例超过50%的标的证券无法在场内质押融资，这些标的证券质押交易的融入方场内质押再融资能力因此丧失，面临较大的违约风险。基于中国结算数据统计，2018—2020年全市场质押比例在50%及以上的股票数量分别为140只、89只、55只。2020年股票高市场质押比例的现象较2019年进一步缓解，但仍有部分股票全市场质押比例在50%及以上。

3. 业务存在错向风险

股票质押回购业务的风险主要在于融入方的信用资质恶化而无法及时购回，虽然有标的证券作为质押物，但由于融入方多为控股股东、实际控制人，其资质与标的证券价值相关性较大，若其资质恶化，则标的证券价值也将下降，造成业务的错向风险较大。

二、约定购回式证券交易

随着2013年6月股票质押回购业务的推出，约定购回业务存续规模逐步下降，2020年存续规模23.12亿元，仅占同期股票质押回购业务7 377.68亿元规模的0.31%。在业务发展中，面临的问题主要有监管政策、交易规则、客户体验三大类。

（一）监管政策

因标的证券过户的交易规则，上市公司持股比例5%以上股东及董、监、高受限于其股东身份在买卖股票时的交易限制，较难参与约定购回业务。同时，约定购回业务过户的标的证券，需纳入证券公司权益类证券进行规模和集中度指标控制，相关规定要求证券公司通过约定购回业务持有的证券与通过其他自营持有的该证券合计不得超过该证券总股本的5%，此要求使得证券公司在约定购回与其他自营业务之间面临取舍，一定程度上限制了约定购回业务的发展。

（二）交易规则

相对于股票质押回购业务的T+0交收、最长融资期限为3年、允许部分购回、违约处置支持电子化申报的便利特点，约定购回业务存在T+1日交收的相对效率较低、融资期限最长为1年相对较短、不支持对一笔交易的分次部分购回、违约处置不支持电子化申报等特征，业务规则有待进一步优化。此外，约定购回交易的标的证券占用了证券公司权益类持仓的规模和集中度，却不能被证券公司使用。如何修订业务规则、有效利用交易存续期间证券公司约定购回专用账户中持有的标的证券，将对该项业务未来的发展有很大影响。

（三）客户体验

由于约定购回式证券交易开户要求临柜办理，导致客户体验较差。证券公司在客户完成开户及投资者适当性确认等相关工作后，可考虑通过适当的流程设定，允许客户通过非现场方式完成约定购回交易开户操作，在业务合规开展的前提下，达到方便客户的目的，提升客户体验。

第三节　2021年证券公司其他融资类业务发展前景展望

一、股票质押式回购交易

（一）股票质押回购业务应立足服务于实体经济本源

2021年是“十四五”规划的开局之年，也是建党100周年。证券公司在开展股票质押回购业务时，应提高政治站位，立足服务实体经济的本源，进一步做好融入方的资信审查工作，强化存续期资金用途管理。一方面，通过把握资金去向，控制业务风险；另一方面，融出资金应进入实体经济领域，切实履行证券公司服务实体经济的职责，助力实体经济高质量发展。

（二）强化信息披露要求，规范大股东和上市公司行为

2020 年 3 月 1 日起施行的修订后的《证券法》，完善了信息披露制度，进一步强化了信息披露要求，显著提高了证券违法违规成本，对欺诈发行、上市公司信息披露违法等证券违法行为加大了处罚力度。2020 年 10 月 5 日《国务院关于进一步提高上市公司质量的意见》提出，以提升透明度为目标，优化规则体系，督促上市公司、股东及相关信息披露义务人真实、准确、完整、及时、公平披露信息。以投资者需求为导向，完善分行业信息披露标准，优化披露内容，增强信息披露的针对性和有效性。强化信息披露要求，规范大股东和上市公司行为，将为存量股票质押业务风险化解与增量业务的稳定运行创造良好的市场环境。

（三）做好股票质押风险处置工作，维护市场稳定运行

为防范化解上市公司股东股票质押风险，保障市场稳健运行，2020 年 4 月，沪、深证券交易所分别发布了《关于通过协议转让方式进行股票质押式回购交易违约处置相关事项的通知》，进一步丰富了证券公司股票质押违约处置的手段。在个股事件性风险中，发生股票质押违约事件后，证券公司如何在保障自身利益、保护融资人应有权益的基础上妥善完成处置，与股票质押相关的司法冻结与司法执行案件，尤其是限售股质押案件如何快速有效处置，是市场各参与主体共同关心的关键问题。

二、约定购回式证券交易

目前约定购回业务逐渐被股票质押回购业务替代，业务的市场关注度逐渐降低。未来约定购回业务规模的增长，很大程度上取决于交易规则的进一步优化及创新。借着融券业务进一步发展的机遇，约定购回业务有望重启规则创新，如证券公司可将标的证券出借等，以实现约定购回业务与股票质押业务的差异化发展。

分报告之五：
2020 年中国证券公司投资业务发展回顾与展望

第一章
2020 年中国证券公司投资业务的总体情况

我国证券公司传统投资业务可划分为权益投资和固定收益投资两大类。2020 年，权益类资产的表现好于固定收益类资产。2020 年股票投资期末账面价值为 3 315.58 亿元，较 2019 年末的 2 711.99 亿元增长 22.26%。基金投资期末账面价值为 3 681.45 亿元，较 2019 年末的 2 983.44亿元增长 23.40%。债权投资期末账面价值 24 825.89 亿元，较 2019 年末的 21 786.50 亿元增长 13.95%。其他证券产品期末账面价值为 6 166.82 亿元，较 2019 年末的 4 756.40 亿元增长 29.65%。总体来看，证券投资产品合计期末账面价值为 37 989.75 亿元，较 2019 年末的 32 238.33亿元增长 17.84%。证券投资在 2020 年取得了较快的发展（见表分 5－1）。

表分 5－1　　2020 年末全行业自营业务运作情况　　（单位：亿元）

序号	指标	期末账面成本	期末账面价值
1	股票投资	3 086.71	3 315.58
2	基金投资	3 614.68	3 681.45
3	债权投资	24 601.86	24 825.89
4	权证投资	0.00	0.00
5	其他证券产品投资	6 018.39	6 166.82
6	证券投资产品合计	37 321.64	37 989.75

资料来源：中国证券业协会。

第一节　2020年中国证券公司传统投资业务发展情况

一、与投资业务相关的市场运行状况

股票市场2020年总体延续了2019年上涨的走势，全年上证综指上涨13.87%，深证成指上涨38.73%，创业板指上涨64.96%，中小板指上涨45.91%，科创50上涨39.30%。市场表现分化明显，全市场4 136只股票中，1 971只股票出现下跌，占比为48%；2 638只股票涨幅落后于上证综指，占比为64%。2020年为少数权重股行情较好的一年，整体上取得超额收益率的难度较大。行业表现上，受益于新冠肺炎疫情防控和政策驱动因素，电气设备、休闲服务、食品饮料、国防军工、医药生物、汽车行业等涨幅居前。

债券市场2020年震荡加剧。上半年疫情之下债市走强。5—7月我国国内生产生活秩序稳步恢复，政策逐渐转向，债市牛熊转换，8月以后经济持续复苏，债市下跌。在2020年宽信用的环境下，财政赤字率上升，抗疫特别国债发行，利率债供给规模大幅度超过往年。11月永煤控股债券违约事件超出市场预期，信用风险事件频发，边缘国企违约明显上升。

二、投资业务收入情况

从证券公司收入结构来看，投资业务收入近年来一直是证券公司收入的重要来源。2020年证券投资收益为1 262.72亿元，占比28.16%，仍为证券公司收入占比最大的业务。证券公司作为金融市场的核心参与者，开展投资业务具有天然的优势。在其他传统业务高度竞争的背景下，投资业务面对的市场容量巨大，仍有较好的盈利空间。

三、证券公司自营业务发展情况

2020年底，中国证券业协会对证券公司自营业务情况进行了专项问卷调查，收到问卷反馈共计96份。调查结果显示，2020年多数证券公司自营业务获得了较好的收益，33%反馈大幅完成目标，53%反馈基本完成目标，14%表示与当年目标仍有差距。

在2020年业绩较好的情况下，证券公司对2021年投资业务布局或将加强。在投资规模方面，48%表示未来投资额度或有增加，39%预计投资规模将持平，6%打算降低投资额度，6%表示将视情况而定，1%未设立此业务。人员方面，45%打算增加研究员，15%打算增加投资经理，35%预计持平，5%仍需看情况而定。证券公司虽然对2021年行情的判断稍有不同，但是人员的扩充意愿较为明显。

在账户管理模式上，40.6%的证券公司选择总账户统一管理的模式，17.7%选择母子大小账户管理模式，39.6%选择独立分散账户管理模式，2.1%选择其他。约2/3的证券公司选择集中式的管理方式，可以提高投资效率；约1/3的证券公司选择分散管理，可以发挥各投资经理的优势。

在投资策略上，64%的证券公司以基本面选股为主，29%为多策略组合管理，4%的证券公司参考量化模型，3%选择其他模式。可见在投资策略上，证券公司的自营投资模式仍以传统选股为主。37.5%的证券公司不选择对冲操作，45.8%选择用期货小幅度对冲，11.5%选择用期货大幅度对冲，4.2%选择用期权对冲，1.0%选择其他对冲方式。由于2020年行情较好，参与对冲的比例较2019年有所减少。

在投资范围上，46%的证券公司仅参与A股市场的投资，不参与境外市场；53%表示参与港股市场的投资，1%参与其他发达市场。相较2019年，2020年投资港股市场的证券公司比例增加，而进一步参与其他发达市场的比例保持不变。港股市场有着稀缺的投资标的和较为合理的股票估值，吸引了机构投资者的持续关注。

在基金投资方面，19.8%的证券公司选择专户委外投资，18.8%申购主动型公募基金，39.6%表示会间歇性申购指数基金，6.3%选择大幅配置行业基金，15.6%不参与基金投资。可见证券公司参与基金投资的模式种类较多。

在外部机构服务上，65.6%由签约证券公司提供服务，仅有2.1%表示能得到众多卖方服务，3.1%表示有其他渠道获取资讯，29.2%表示较少有卖方服务。可见卖方服务仍是市场主流的信息渠道来源。

在合规前提下的内部业务协同方面，47%的自营团队与公司研究部门有交流，7%与衍生品部门有交流，5%与投行部门有交流，3%与经纪部门有交流，有38%选择其他或没有往来。证券公司投资业务的内部业务协同仍有着较大的发展空间。

2020年初行情波动较大，42%表示受到了市场波动的影响，16%表示基本没影响，4%的机构在春节前做出了针对性的部署，39%的机构在春节后做出了针对性的布局。从当年投资完成情况看，年初的疫情对投资影响是短暂的。

证券公司纷纷献言献策自营业务发展。在投资标的和企业方面，建议加强对上市公司信息披露真实性的有效监管力度，从而维护良好的证券市场秩序；建议继续推进注册制改革，鼓励创新型企业进入市场。在业务层面，建议扩大自营业务投资范围；建议完善量化投资相关制度指引。在行业交流方面，建议多组织证券公司自营业务相关的培训交流活动，共同学习提高。在风险提示方面，建议防范抱团投资带来的道德风险和系统性风险。

综上所述，随着2020年市场的进一步上涨，股票投资业务取得了较好的业绩。面对下一步的市场行情，包括对2021年整体走势的看法、对市场波动率变化的判断等，各证券公司各有看法，2021年将仍是观点分化的一年。

第二节 2020 年中国证券公司传统投资业务发展中面临的问题和 2021 年前景展望

一、中国证券公司传统投资业务发展中面临的问题

（一）投资业绩波动大

传统投资业务发展具有不稳定性，受市场行情波动冲击较大。如 2020 年 2 月股市受新冠肺炎疫情冲击严重，2 月 3 日股票大面积跌停，导致当月亏损明显，但这也是最佳的投入布局期。如何在波动的市场中保持既定投资策略并充分连贯地执行是一个挑战。

（二）交易过程中受限较多

相比于公募基金和私募基金等投资机构，证券公司业务复杂，涉及跨部门的风险和合规限制较多。如何与公司内部的投行、资管、研究、衍生品等业务协同发展，需要在合规的前提下探索出一条促进各部门共同发展的路径。

（三）证券公司传统投资在股市中的定价权和话语权仍然偏小

过去两年公募基金以突出的业绩受到了市场的广泛关注，公募基金投资的一举一动对市场行情有明显的影响。截至 2020 年末，公募基金总规模达到 20.16 万亿元。陆股通北上资金也逐步成为市场关注的风向标，比较透明的投资披露要求和庞大的投资规模使得陆股通市场定价能力较强。截至 2020 年末，沪股通和深股通累计使用额度 2.02 万亿元。相比之下，证券公司传统投资业务规模受证券公司资产负债表规模限制，操作风格跟随市场主流，未能独树一帜引领市场的方向。

二、中国证券公司传统投资业务发展前景展望

（一）权益市场吸引力逐步得到认可

从全球大类资产比较来看，我国权益市场优势显现。2020 年初新冠肺炎疫情暴发后，我国疫情快速得到有效控制，全面推进复工复产，并出台一系列刺激经济政策，在实施各种防控措施保证安全的同时，加快经济社会发展。我国是疫情发生之后第一个恢复增长的经济

体，经济体现出较强的韧性。我国经济持续健康增长，将不断催生出大量优质企业，推动A股基本面不断改善。资本市场改革加速推进，资本市场基础制度体系持续完善，将显著提升投融资效率。全面注册制打通了一、二级市场，退市制度的推出加速优胜劣汰，金融开放不断迈向更高水平。我国经济的全球占比不断提升，核心资产表现优异，全球资金增配A股的趋势将持续增强。

（二）投资业务抓住机遇、迎接挑战

证券公司自营投资业务机会和挑战并存。2021年股票市场短期的不确定性将增加，在前两年市场大幅上涨之后，存在高位震荡的风险。全球经济基本面从疫情中恢复或有反复，国际合作与冲突交替。短期事件对股市可能带来不小的冲击，在投资战术上需要更加谨慎。

在投资战略上，证券公司自营团队需要拥抱变化，多元化发展业务，降低投资波动，完善盈利模式。传统投资业务可以与公司其他部门紧密合作开发新的创收模式，借助于证券公司的综合业务平台，促进收入的多元化。

2021年是“十四五”规划的开局之年，全面深化资本市场改革将持续推进，行业将持续享受全面注册制、长期资金入市等政策的利好，经济基本面的复苏和改善为股票市场提供了源源不断的机遇。

第二章
2020 年中国证券公司私募投资基金业务发展情况与 2021 年前景展望

一、2020 年中国股权投资市场基本情况

2020 年，中国股权投资市场出现了分化。在募资方面，2020 年延续了 2017 年以来的下滑趋势，股权投资基金募集金额进一步萎缩。在投资方面，受益于国内新冠肺炎疫情快速缓解，资本市场深化改革持续推进，退出预期有所改善，2020 年股权投资市场较 2019 年有所回暖。在退出方面，随着退出方式的增加，2020 年股权投资退出金额和案例数均明显增长。

（一）募资情况

根据清科旗下私募通统计（见图分 5－1），2020 年中国股权投资基金新完成募集 3 478 只基金，同比增长 28.3%；从募集总金额来看，2020 年股权投资基金共完成募集金额11 972.14 亿元，同比减少 3.8%；就平均募资情况来看，2020 年股权投资基金平均募集金额为 3.44 亿元，较 2019 年的 4.59 亿元减少 25.1%，主要是大量新兴机构募集金额不足 1 亿元所致。

细分市场方面，私募股权投资机构仍是股权投资市场的最主要组成部分，2020 年募集总金额为 9 404.29 亿元，同比减少 7.4%，募资规模占市场总额的 78.6%。随着科创板和创业板注册制的实施，股权投资阶段出现了前移，市场向早期投资和 VC 市场倾斜。2020 年早期投资和 VC 投资的募集金额分别达到 130.48 亿元和 2 437.37 亿元，同比分别增长 12.4% 和 9.4%。

从基金类型来看，占比最高的成长基金 2020 年募集金额为 6 697.58 亿元，同比减少 16.7%，募集数量为 1 733 只，同比增长 14.2%；占比第二位的创业投资基金募集金额为 2 909.31亿元，募集数量为 1 538 只，同比分别增长 52.2% 和 58.6%。除上述基金外，2020 年股权投资共募集并购基金 52 只、基础设施基金 36 只、房地产基金 44 只、早期基金 73 只及夹层基金 2 只，其中并购基金和房地产基金的募集规模分别为 1 106.96 亿元和 301.90 亿元，同比分别增长 58.5% 和 30.5%。

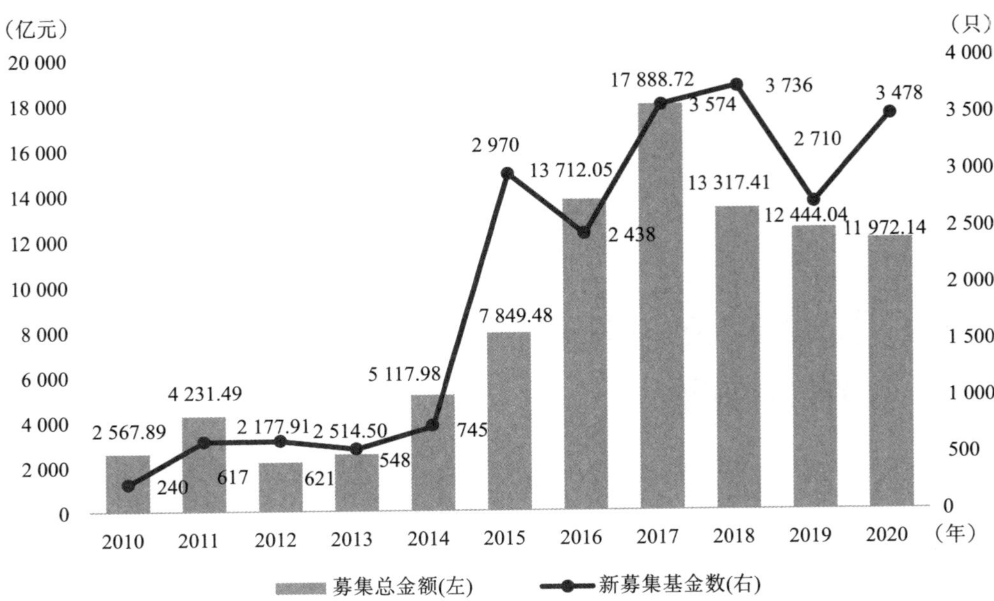

图分 5 – 1　2010—2020 年中国股权投资市场募资情况分布（含早期投资、VC、PE）

资料来源：清科集团私募通。

（二）投资情况

清科集团私募通统计数据显示，2020 年中国股权投资市场共发生投资案例数为 7 559 例，同比减少 8.2%；共完成投资额 8 871.49 亿元，同比增长 16.3%（见图分 5 – 2）。从平均投资规模来看，2020 年股权投资的单笔平均投资金额为 1.17 亿元，同比增长 26.6%。

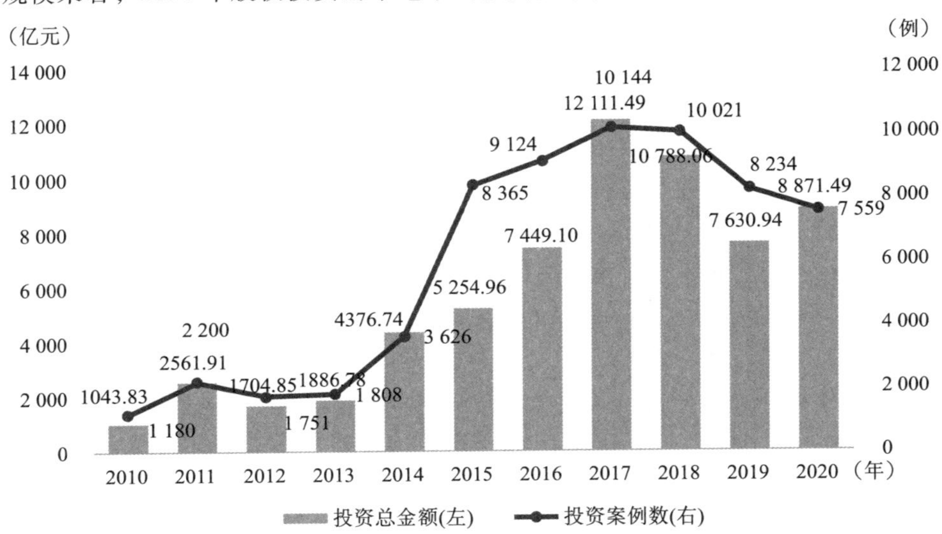

图分 5 – 2　2010—2020 年中国股权投资市场投资情况分布（含早期投资、VC、PE）

资料来源：清科集团私募通。

在细分市场方面，2020 年私募股权投资机构完成投资额 6 795.74 亿元，同比增长 14.4%；完成投资案例数 3 328 例，同比减少 2.6%，投资额和投资案例数分别占市场总量的 76.6% 和 44.0%。此外，2020 年早期投资和 VC 投资额分别增长 23.8% 和 8.6%，投资案例数分别减少 8.7% 和 21.0%。

从投资行业来看，2020 年在投资案例数方面，IT 行业仍以 1 845 例高居首位；受新冠肺炎疫情的影响，生物技术/医疗健康行业再次成为行业热点，以 1 422 例位列第二名，投资金额则以 1 770.87 亿元高居第一位；此外，互联网、半导体及电子设备、机械制造等领域仍受到市场青睐和追捧，投资案例数分别位列第三至第五名。在投资地域上，无论是投资案例还是投资金额，北京均处于全国第一位，上海、江苏、深圳、浙江紧随其后。

总体而言，股权投资市场 2020 年初受新冠肺炎疫情影响较大，投资进度放缓；但随着国内疫情得到有效控制，全国的生产生活、各类商业活动迅速恢复，加之资本市场深化改革持续推进，提振了投资者信心，自 2020 年第二季度开始投资活跃度明显回升。

（三）退出情况

清科集团私募通数据显示，2020 年中国股权投资市场共计实现退出 3 842 例（见图分 5－3），同比增长 30.3%。从退出方式来看，随着科创板和创业板注册制的实施，股权投资机构的退出方式发生了结构性变化，2020 年 IPO 退出案例数为 2 434 例，占比从 2019 年的 53.34% 进一步增长至 63.4%。其中，2020 年下半年 IPO 退出案例数为 1 646 例，占全年比重达 67.6%。IPO 退出案例中，2020 年科创板 IPO 占比为 42.8%，较 2019 年的 41.4% 小幅增长。紧随 IPO 之后的退出方式包括：2020 年股权转让退出 661 例，占比 17.2%；回购退出 396 例，占比 10.3%；并购退出 306 例，占比 8.0%；还有少数其他退出方式。

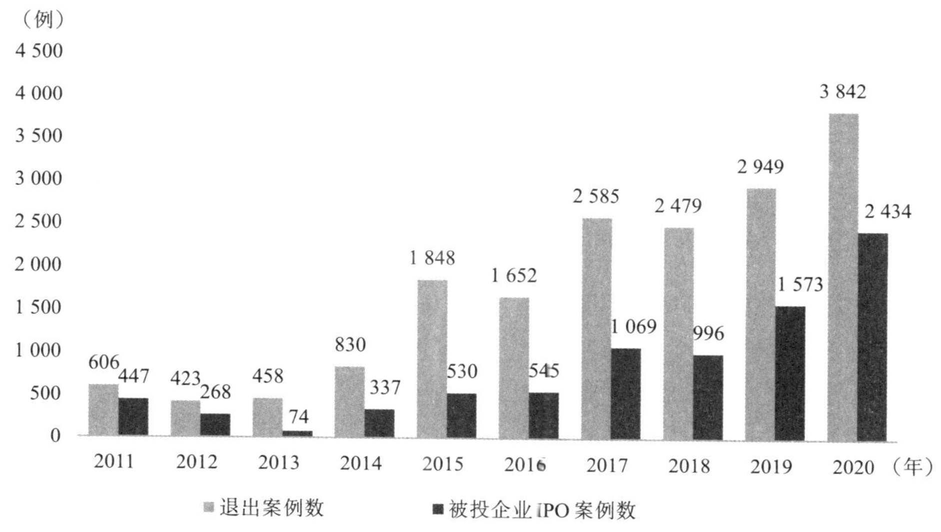

图分 5－3　2011—2020 年中国股权投资市场退出案例情况（含早期投资、VC、PE）

资料来源：清科集团私募通。

二、2020 年中国证券公司私募投资基金子公司的投资业务开展情况

根据中国证券投资基金业协会统计，截至 2020 年底，证券公司私募投资基金子公司注册数量达到 138 家，注册资本合计 933 亿元；证券公司私募投资基金子公司全年共发起设立各类直接投资基金 924 只，较 2019 年的 928 只减少 4 只，同比减少 0.4%；募集资金（认缴）总额 9 049.21 亿元，实缴资本总额 5 302.73 亿元，认缴和实缴资金总额同比分别增长 0.65% 和 6.56%（见表分 5－2）。

表分 5－2　2020 年证券公司私募投资基金子公司设立基金情况

基金类型	数量（只）	认缴金额（亿元）	实缴金额（亿元）
股权投资基金	722	7 037.95	3 898.83
创业投资基金	129	691.99	402.12
并购基金	48	927.95	709.47
夹层基金	2	7.23	7.23
其他类基金	23	384.09	285.08
合　计	924	9 049.21	5 302.73

资料来源：中国证券投资基金业协会。

根据中国证券投资基金业协会统计，2020 年，证券公司私募投资基金子公司下设私募基金新增对外投资 855 例，较 2019 年增长 20.6%；投资金额 669.72 亿元，同比减少 10.9%；受科创板稳定运行以及创业板注册制推出的影响，退出速度明显加快，2020 年共计实现退出 184 笔，退出金额 253.17 亿元，退出笔数和退出金额同比分别增长 33.3% 和 452.2%。

三、证券公司私募投资基金业务监管政策变化

（一）证券公司私募投资基金子公司政策解读

自 2006 年 2 月国务院颁布《实施〈国家中长期科学和技术发展规划纲要（2006—2020 年）〉的若干配套》，允许证券公司在符合法律法规和有关监管规定的前提下开展创业风险投资业务以来，证券公司作为中国股权投资行业的一个重要组成部分，已历经十余年的发展。

2016 年 12 月，中国证券业协会发布《证券公司私募投资基金子公司管理规范》（以下简称《私募子公司规范》）、《证券公司另类投资子公司管理规范》（以下简称《另类子公司规范》），对证券公司投资业务进行了更明确的类别划分和管理区别，即证券公司需分别设立私募基金子公司、另类投资子公司，将投资业务进行拆分，解决证券公司设立子公司中存

在的母子公司、子子公司间业务界限不清、交叉重复等问题。截至 2020 年底，根据中国证券业协会网站披露信息，累计已公示 14 批整改规范的名单（2020 年公布了第 14 批整改名单），共涉及 78 家证券公司及其下属的私募基金子公司。

2017 年，中国证券业协会下发《关于证券公司子公司整改规范工作有关问题的答复》，提出，为服务实体经济和“一带一路”建设，私募基金子公司可与地方政府投融资平台、国家重点扶持产业龙头企业、知名外资机构合作等特殊情形下，在取得机构无异议函后下设二级管理子公司，对《私募子公司规范》中证券公司私募子公司设立子公司的情形有了进一步规定。

2020 年 3 月，为贯彻落实《中华人民共和国证券法》和《优化营商环境条例》相关规定，中国证券业协会下发《关于调整证券公司另类投资子公司和私募投资基金子公司入会有关要求的通知》，明确证券公司的两类子公司可以申请加入协会，成为协会普通会员，但应当遵守证券行业自律规则和业务规范，接受中国证券业协会的自律管理。

（二）其他私募投资基金相关政策解读

2020 年 2 月，为加强对设立基金或注资的预算约束，提高财政出资效益，促进基金有序运行，财政部发布了《关于加强政府投资基金管理　提高财政出资效益的通知》（财预〔2020〕7 号），从强化政府预算对财政出资的约束、着力提升政府投资基金使用效能、实施政府投资基金全过程绩效管理、健全政府投资基金退出机制、禁止通过政府投资基金变相举债、完善政府投资基金报告制度六个维度提出了对政府投资基金（适用母子基金）的监管要求，政府投资基金作为私募股权投资重要的出资方，此通知的推出势必会加速基金管理机构优胜劣汰，促使相关私募基金管理机构精耕细作。

2020 年 3 月，中国证监会发布《上市公司创业投资基金股东减持股份的特别规定》（2020 年修订），对在中国证券投资基金业协会备案的创业投资基金，其所投资符合条件的企业上市后，通过证券交易所集中竞价交易减持其持有的发行人首次公开发行前发行股份的比例限制进行了适当约定。

2020 年 4 月，中国证监会、国家发展改革委联合发布了《关于推进基础设施领域不动产投资信托基金（REITs）试点相关工作的通知》，明确了基础设施 REITs 试点的基本原则、试点项目要求以及试点工作安排，推动基础设施 REITs 在证券交易所公开发行交易，盘活存量资产，形成投资良性循环，吸引更专业的市场机构参与运营管理，提高投资建设和运营管理效率，提升投资收益水平。

2020 年 6 月，中国人民银行会同中国银保监会、国家发展改革委、工业和信息化部、财政部、市场监管总局、中国证监会、国家外汇管理局出台《关于进一步强化中小微企业金融服务的指导意见》（银发〔2020〕120 号），明确提出引导私募股权投资和创业投资投早投小以及推进区域性股权市场创新试点等政策。

2020 年 9 月，中国证监会就《关于加强私募投资基金监管的若干规定（征求意见稿）》

公开征求意见，总结私募基金领域风险事件的发生特点和处置经验，通过重申和细化私募基金监管的底线要求，让私募行业真正回归“私募”和“投资”的本源，实现行业优胜劣汰的良性循环，促进行业规范可持续发展。

2020年10月，中国证监会就《关于修改〈证券期货经营机构私募资产管理业务管理办法〉的决定（征求意见稿）》及《关于修改〈证券期货经营机构私募资产管理计划运作管理规定〉的决定（征求意见稿）》公开征求意见，结合私募股权投资基金投资运作特征，优化相关制度安排。

四、证券公司私募投资基金业务的困难和挑战

一是市场化竞争加剧。依靠证券公司资源优势，证券公司私募子公司可有效利用母公司强大的研究团队、分支机构“触角”深入开发地方市场机遇等。但与同等规模的市场化VC、PE机构相比，证券公司私募子公司在项目资源获取能力和投资判断上偏弱，这一现象尤其在早期项目上更为明显。随着全面实施注册制带来投资阶段的前移，证券公司私募投资基金业务将面临更加严峻的竞争环境。

二是募资难度加剧。一方面，由于私募股权基金从投资到退出的周期较长（一般在5年以上），而目前普通投资者进行长期投资的意愿仍较弱，长期投资资金的缺乏成为募资难的主要制约。因此，建议相关部门可考虑出台相应的所得税等税收减免政策，以进一步持续鼓励长期投资者。

三是人才流失严重。与其他私募股权投资机构相比，证券公司私募面临着更为严格的监管要求，造成证券公司私募投资基金子公司虽拥有更为专业规范的投资团队，但在非公平的市场竞争方面却处于捉襟见肘的局面。与市场化的其他私募投资基金相比，证券公司私募投资基金子公司的激励机制仍相对落后，最终导致优秀人才的流失仍较为严重，不利于长期发展。建议证券公司私募设立市场化的激励手段，在培养证券公司私募自身投资团队人员的同时吸引更多市场上优秀投资人才加入证券公司私募行业，减少对证券公司在投资研究和项目来源上的依赖，提高对早期和成长期阶段项目筛选、投资判断及投后管理的能力。

四是常态化的新冠肺炎疫情防控工作给证券公司私募投资基金业务带来的综合挑战。新冠肺炎疫情发生以来，证券公司私募投资基金募资、投资及投后管理的工作开展难度加大，或多或少打断了部分被投资企业正常的经营节奏或上市进程，进而触发投资协议中约定业绩、上市时间等对赌条款，引发投资纠纷。总体而言，常态化的新冠肺炎疫情防控工作给证券公司私募基金的短期发展带来了巨大挑战。

严峻的市场化竞争环境将进一步促使证券公司私募投资基金做足内功，改善内部机制，提升“募、投、管、退”等综合能力以吸引有限合伙人（LP），实现可持续发展。

五、2021年证券公司私募投资基金业务的发展环境与契机

一是证券公司私募的退出灵活和多元化。近两年，我国资本市场步入市场化改革快车道，多层次资本市场体系建设不断推进，相关政策接踵而至。2019年和2020年，随着科创板的推出、《证券法》的重新修订以及创业板注册制改革等的落地，我国资本市场打开了新的局面，并逐步拉开存量改革的序幕。注册制改革的全面推进将为私募股权投资市场打开退出通道，同时也大幅降低了中小企业的上市门槛，从而使得处在不同阶段的具备发展潜力的各类企业，甚至是尚未盈利、特殊股权结构企业和红筹企业均可以在科创板或未来实施注册制的板块实现上市，证券公司私募投资渠道和退出渠道变得更加灵活多变。

二是证券公司私募投资专业化发展的契机。由于资本市场退出渠道的进一步畅通，科创板的示范效应得到很好的发挥，长期资本配置中对于硬科技的配置明显提升。从投资主体角度来看，政府引导基金和国资投资人占比逐年增加。随着投资人群体的日趋成熟，对于基金的考察日趋全面和长期，基金管理人更要具备专业化的投资能力，资金背景也进一步加强了对于基金管理人的产业链布局要求、区域属性的要求和实体化、产业化的要求。这些给证券公司私募带来了专业化发展的契机，即需专注布局某一赛道、深入挖掘行业价值，形成专业化的投资风格，通过差异化竞争以形成核心竞争力。

分报告之六：
2020 年中国证券市场资信评级业务发展回顾与展望

第一章
2020 年中国证券资信评级行业发展环境

第一节　债市环境

一、疫情防控债快速发行，助力疫情防控与复工复产

2020 年初，随着新冠肺炎疫情暴发并迅速蔓延，我国实体经济受到严重冲击，许多中小微企业面临经营困难。在此背景下，监管机构迅速推出一系列措施，支持疫情地区和疫情防控企业发行债券融资。1 月 31 日，中国人民银行、财政部、中国证监会等五部委联合发布《关于进一步强化金融支持防控新型冠状病毒感染肺炎疫情的通知》，要求通过优化公司信用类债券发行工作流程，对募集资金主要用于疫情防控以及疫情较重地区金融机构和企业发行的债券建立注册发行“绿色通道”，强化对疫情防控工作的支持。在上述通知要求下，

国家发展改革委、中国银行间市场交易商协会、中国证券业协会和沪、深证券交易所先后发布《国家发展改革委办公厅关于疫情防控期间做好企业债券工作的通知》《关于加强银行间市场自律服务，做好疫情防控工作的通知》《关于疫情防控期间证券市场信用评级机构业务开展有关事宜的通知》《关于全力支持上市公司等市场主体坚决打赢防控新型冠状病毒感染肺炎疫情阻击战的通知》和《关于全力支持防控新型冠状病毒感染肺炎疫情相关监管业务安排的通知》等，支持疫情较重地区和疫情防控企业发行“疫情防控债”，明确为“疫情防控债”设立“绿色通道”，并提出了具体的实施方案。2020年，我国债券市场共有356家发行人发行“疫情防控债”454期，为北京、湖北、广东等30个省份的企业提供融资3 686.86亿元，其中为国有企业提供融资2 895.31亿元，为民营企业提供融资406.85亿元，为其他企业提供融资384.70亿元；此外，2020年我国债券市场共发行疫情防控资产支持证券60单，发行规模884.45亿元，为疫情地区和疫情防控企业融资提供了有力支持。

二、交易所信用债发行量大幅增长

2020年，我国交易所债券市场共发行各类信用债[①] 5 708期，同比增长48.30%；发行规模6.14万亿元，同比增长39.33%。交易所债券发行量大幅增长主要与公司债公开发行实行注册制、市场利率水平下行、公司债进入兑付高峰背景下借新还旧需求增加、短期公司债和证券公司次级债公开发行以及政策支持中小、民营企业债券融资有关。2020年3月1日，修订后新《证券法》正式实施，根据国务院办公厅关于贯彻实施新《证券法》的工作安排，中国证监会发布《关于公开发行公司债券实施注册制有关事项的通知》，明确公司债券公开发行实行注册制，并规定了发行受理、审核等相关业务要求。同日，沪、深证券交易所分别发布《关于公开发行公司债券实施注册制相关业务安排的通知》，就注册制下公开发行公司债券并在交易所发行上市审核及相关业务做出制度安排。新《证券法》的实施标志着我国债市发行注册制的全面推行，有利于降低企业融资难度[②]，提高企业融资效率[③]，支持实体经济增长。5月21日，沪、深证券交易所分别发布《关于开展公开发行短期公司债券试点有关事项的通知》，允许符合条件的发行人在试点期内面向专业投资者公开发行期限在1年以内的短期公司债券。此前交易所的短期公司债以证券公司债和私募城投债为主，该通知的出台填补了交易所债券市场公募“短融”产品的空白，有助于拓宽企业融资渠道，降低融资成本，推动交易所公司债发行量增加。5月26日，中国证监会发布《关于修改〈证券公司次级债管理规定〉的决定》，允许证券公司公开发行次级债券，支持证券公司发

---

① 此处交易所债券市场的各类信用债统计范围为一般公司债、私募债、证券公司债、可转债、可交换债和资产支持证券。对资产支持证券，一个项目发行的分层证券按一期计算。

② 新《证券法》放宽了债券发行条件，删除了对筹集资金投向、债券利率、发行人的净资产规模和累计债券余额占净资产比例四个方面的要求。

③ 新《证券法》简化了债券发行程序，对申请公开发行公司债券的报送文件进行了适当简化，删除了资产评估报告和验资报告的要求；发改委取消了企业债券申报中的省级转报环节，企业债发行更加便捷。

行减记债、应急可转债及其他创新类债券品种，统一规范机构投资者的范围，有助于推动证券公司相关债券的发行。5 月 26 日，中国人民银行、中国银保监会、中国证监会等八部委联合发布《关于进一步强化中小微企业金融服务的指导意见》，提出进一步发挥民营企业债券融资工具支持作用，推动信用风险缓释工具和信用保护工具发展，推广非公开发行可转换公司债融资工具。在此政策指引下，10 月 27 日，深圳证券交易所正式发布《关于开展信用保护凭证业务试点的通知》，推出信用保护凭证业务试点，支持民营企业直接融资。上述政策有助于降低民企融资成本，促进民营、中小微企业债券融资规模进一步增长。

三、信用债发行结构分化加剧

2020 年，一般公司债发行 1 213 期[①]，同比增长 36.14%，占比为 21.25%，占比同比下降 1.90 个百分点；私募债发行 2 410 期，同比增长 53.31%，占比为 42.22%，占比同比提高 1.38 个百分点；中国证监会主管资产证券化产品（以下简称“ABS”）发行 1 471 期，同比增长 44.07%，占比为 25.77%，占比同比下降 0.76 个百分点；证券公司债发行 359 期，同比增长 106.32%，占比 6.29%，占比同比提高 1.77 个百分点；可转债发行 213 期，同比增长 62.60%，占比 3.73%，占比同比提高 0.33 个百分点；可交换债发行 42 期，同比下降 30%，占比 0.74%，占比同比下降 0.82 个百分点。从发行人[②]所有制属性来看，国有企业、民营企业和其他类型企业[③]所发信用债规模分别为 37 142.75 亿元、3 693.71 亿元和 4 860.99 亿元，同比分别增长 46.12%、22.86% 和 4.86%，国有企业所占比例同比提高 4.39 个百分点，而民营企业和其他类型企业所占比例同比分别下降 1.01 个百分点和 3.38 个百分点。从所发各类信用债的信用评级分布看，AAA 级信用债发行规模为 21 395.94 亿元，占比 46.82%，占比同比提高 14.67 个百分点；AA + 级信用债发行规模为 6 355.85 亿元，占比 13.91%，占比同比下降 2.52 个百分点；AA 级信用债发行规模为 2 965.19 亿元，占比 6.49%，占比同比下降 3.53 个百分点；无评级的信用债发行规模为 13 499.28 亿元，占比 29.54%，占比同比下降 10.01 个百分点；其他信用等级的信用债规模和所占比例均较低，同比变化不大。总体看，在各类型债券中，私募债、证券公司债和可转债的发行期数占比有所提升，一般公司债、中国证监会主管 ABS 和可交换债的发行期数占比有所下降；国有企业和民营企业的信用债发行进一步分化；信用债的信用等级向 AAA 级集中。

四、创新债券产品不断推出，助力精准调控有效落地

2020 年，为实施对实体经济的定向支持和精准调控，我国债券市场不断推出创新债券

① 资料来源：Wind，经整理所得。
② 对发行人所有制属性和债券评级的分析不包含资产支持证券。
③ 国有企业包括中央国有企业和地方国有企业，其他类型企业包括公众企业、集体企业、外资企业和其他企业。

品种。2020 年 3 月，交易所市场公开发行的首单短期公司债券“光明食品（集团）有限公司 2020 年公开发行短期公司债券（第一期）”在上海证券交易所成功发行，填补了交易所公募短期产品的空白。2020 年 5 月，国内首单知识产权质押创新创业疫情防控债券“苏州金枪新材料股份有限公司创新创业疫情防控债券”在上海证券交易所成功发行，全国首单知识产权质押创新创业债券信用保护合约同步创设，有效提升了债券发行的成功率，同时也降低了企业的融资成本。2020 年 11 月，国内首单蓝色债券——青岛水务集团海水淡化项目蓝色中期票据成功发行，规模 3 亿元，期限 3 年；蓝色债券作为绿色债券的一种，募集资金专项用于可持续型海洋经济，在推动海洋保护和海洋资源的可持续利用中发挥着重要作用。在资产证券化业务方面，也推出了多项创新：一是基础资产类型不断丰富。2020 年 2 月，首单建设期 PPP 项目 ABS“申万宏源证券 - 北控水务楚雄州亚行配套 PPP 项目资产支持专项计划”成功募集资金 10.50 亿元，将 PPP 项目 ABS 的底层资产范围首次拓展到建设期 PPP 项目；2020 年 4 月，首单地方资产管理公司特殊机遇资产 ABS“华泰 - 浙商资产一期资产支持专项计划”成功募集资金 5.00 亿元，首次将非银行类不良债权纳入基础资产范畴；2020 年 5 月，首单工程尾款 ABS“中信证券 - 中国电建工程尾款 1 期资产支持专项计划”成功募集资金 4.45 亿元，将底层资产范围首次扩展到建筑工程尾款；2020 年 7 月，首单 IDC 新型基础设施收益权 ABS“远洋 - 中金 - 云泰数通一号第 1 期 IDC 新型基础设施收益权资产支持专项计划”成功募集资金 11.06 亿元，首次将互联网数据中心（IDC）收费收益权纳入底层资产范畴；2020 年 12 月，“兴业圆融 - 温州技术产权资产支持专项计划”成功募集资金 1.90 亿元，首次将非专利技术知识产权纳入底层资产范畴。二是交易结构不断推陈出新。2020 年 4 月，国内首单单层 SPV 结构 CMBS 产品“中信信托 - 南京世茂希尔顿酒店资产支持专项计划”成功发行，募集资金 7.10 亿元；5 月 22 日，国内首单无信托单层 SPV 结构的 CMBS 产品“华泰佳越 - 仁恒皇冠假日酒店资产支持专项计划”成功发行，募集资金 17.50 亿元；5 月 29 日，市场首单“N + N + N”模式①的供应链金融 ABS“天风证券 - 华福 - 前交所集合保理区块链资产 1 号资产支持专项计划”成功发行，募集资金 3.22 亿元，此专项计划的发行为 11 家中小企业提供了较低成本的资金，助力中小企业复工复产。

创新债券品种的不断出现，既为评级机构提供了新的业务机会，同时也对评级机构的评级技术提出了更高的要求，评级机构需加大对评级技术的研发投入，开发适用新型债券的评级技术，以满足债券市场的发展需要，更好地服务于实体经济融资。

五、债市对外开放进程进一步加快

2020 年，我国债券市场对外开放步伐进一步加快，对外开放水平显著提升。9 月 25 日，富时罗素（FTSE Russell）宣布将于 2021 年 10 月将中国国债纳入其固定收益旗舰指数产

① “N + N + N”模式即“多家原始权益人、多家核心债务人和多种确权方式”。

品——富时世界国债指数（WGBI），至此，全球三大债券指数全部涵盖中国债券，我国债券市场开放迎来里程碑式成果。政策方面，一是进一步便利境外机构参与我国债券市场。5月7日，中国人民银行、国家外汇管理局联合发布《境外机构投资者境内证券期货投资资金管理规定》，简化境外机构投资者境内证券期货投资资金管理要求。9月25日，中国证监会、中国人民银行及国家外汇管理局联合发布《合格境外机构投资者和人民币合格境外机构投资者境内证券期货投资管理办法》，中国证监会同步发布配套规则《关于实施〈合格境外机构投资者和人民币合格境外机构投资者境内证券期货投资管理办法〉有关问题的规定》，从降低准入门槛、扩大投资范围和加强持续监管三方面完善相关措施，便利境外机构投资者投资我国债券市场。10月30日，沪、深证券交易所发布《合格境外机构投资者和人民币合格境外机构投资者证券交易实施细则（2020年修订）》，扩大境外机构投资者投资范围，允许参与债券回购、融资融券、转融通证券出借交易，丰富合格境外投资者资产配置和风险管理手段，推动我国债券市场高水平开放。二是推动内地与港澳债券市场互联互通。5月14日，中国人民银行、中国银保监会等四部委联合发布《关于金融支持粤港澳大湾区建设的意见》，明确提出有序推进粤港澳金融市场和金融基础设施互联互通，包括优化完善“沪港通”“深港通”和“债券通”等金融市场互联互通安排，支持符合条件的港澳金融机构和非金融企业在内地发行金融债券、公司债券和债务融资工具，逐步拓宽发行主体范围、境内发行工具类型和币种等，进一步推动中国香港、澳门和内地债券市场互联互通。

六、信用风险持续暴露，高等级地方国企债违约冲击债券市场

2020年，经济下行周期叠加新冠肺炎疫情冲击，外部不利环境下部分企业流动性持续恶化，我国债券市场违约常态化发生。2020年，交易所债券市场新增27家违约发行人，共涉及74期违约债券，到期违约金额约759.70亿元，违约家数及期数较上年分别减少34.15%、26.00%，违约金额较上年上升25.60%；另有15家此前已经发生违约的发行人继续未能按时偿付其存续债券利息或本金，涉及违约债券38期，违约金额约215.95亿元。新增违约发行人仍以民营企业为主，但部分高等级国有企业信用风险开始暴露，华晨汽车集团控股有限公司（以下简称“华晨集团”）、永城煤电控股集团有限公司（以下简称“永煤集团”）等AAA级地方国有企业先后违约，对债券市场信用环境造成较大冲击。

与此同时，监管层也采取了一系列措施加强风险管控、完善违约处置机制。2020年7月1日，中国人民银行、国家发改委及中国证监会联合发布《关于公司信用类债券违约处置有关事宜的通知》，明确债券违约处置原则，指出要充分发挥受托管理人及债券持有人在债券违约处置中的核心作用，强化发行人契约精神，加大投资者保护力度，丰富多元化的债券违约处置机制，严格中介机构履职，加大债券市场统一执法力度，有助于推动债券市场违约处置向市场化、法治化迈进。7月3日，上海证券交易所发布《关于开展特定债券竞买转让

有关事项的通知》，明确在上海证券交易所转让的特定债券[①]可以按照通知规定采取竞买方式进行转让，并对竞买转让条件做出规定，有助于进一步优化债券转让方式，完善债券风险管理机制。7月15日，最高人民法院印发《全国法院审理债券纠纷案件座谈会纪要》，针对近年来我国债市在改革发展、风险防控中遇到的实践问题，依托新《证券法》，对诉讼主体资格的认定、案件的受理、管辖与诉讼方式、债券持有人权利保护、中介机构等其他主体的共同责任等方面进行规定，有助于优化债券纠纷案件的审理程序、统一法律适用，保护投资者合法权益。7月30日，沪、深证券交易所分别发布《关于开展公司债券置换业务有关事项的通知》，明确债券置换的内涵，强调要坚持市场化、法治化的置换原则，并从业务内容、操作原则、信息披露等方面对债券置换进行规范，有利于丰富债券市场风险管理工具，完善市场化、法治化债务管理体系，防范和化解信用风险，促进债券市场持续健康发展。相关措施的推出有助于缓释和释放债券市场信用风险，但违约常态化的到来对信用评级机构的专业性提出了更高层次的要求，能否准确、及时揭示违约风险成为市场判断评级机构专业水平的核心标准，评级质量的竞争成为评级机构间竞争的主要内容。

第二节　监管环境

一、评级行业统一监管框架基本建立，监管套利空间进一步压缩

2019年底，《信用评级业管理暂行办法》正式实施，中国人民银行是信用评级行业主管部门，主管全国的信用评级监督管理工作；国家发改委、财政部、中国证监会为信用评级业务管理部门，在职责范围内依法对信用评级业务实施监督管理，标志着评级行业统一监管框架基本确立。2020年1月20日，中国银行间市场交易商协会和中国证券业协会联合完成2019年信用评级机构业务市场化评价工作，共同加强对交易所债市和银行间债市信用评级机构的自律管理。2月25日，中国证监会核准中诚信国际信用评级有限责任公司从事证券市场资信评级业务，并与旗下中诚信证券评估有限公司完成整合，此次整合是中国人民银行和中国证监会跨市场评级牌照互认政策出台后首例机构整合。10月21日，联合资信评估股份有限公司完成中国证监会备案并承继全资子公司联合信用评级有限公司的证券评级业务，此次整合是中国人民银行和中国证监会跨市场评级牌照互认政策出台后第二例机构整合。在统一监管的背景下，各监管部门的监管信息将实现共享，监管套利空间进一步压缩。

---

① 特定债券主要指在上海证券交易所上市或挂牌，但未按约定履行偿付义务或存在较大兑付风险的有关债券，主要包括已发生兑付违约的债券以及存在债券违约情形的发行人发行的其他有关债券等。

二、监管进一步趋严，促进评级行业合规发展

2020 年，监管机构继续强化评级行业监管和自律管理力度，对多家评级机构开展了约谈、现场检查和专项检查，中国银行间市场交易商协会和中国证券业协会定期联合发布信用评级机构业务运行及合规情况通报，发现评级机构存在评级业务制度执行不到位、评级项目质量控制不足、评级所需材料不完整和归档资料不齐全等问题。2020 年，中国证监会对各家评级机构共采取了 3 次行政监管措施，其中包括 2 次责令改正和 1 次出具警示函。总体来看，监管机构对评级行业的监管更加严格和细致化，监管力度不断加强。9 月 18 日，中国证监会就《证券市场资信评级业务管理办法（征求意见稿）》公开征求意见，拟根据新《证券法》规定对证券市场资信评级业务管理办法进行修订，包括取消证券评级业务行政许可，改为备案管理；鼓励优质机构开展证券评级业务；完善证券评级业务规则；增加独立性要求并专章规定；明确信息披露要求并专章规定；强化自律管理职能；增加破坏市场秩序行为的禁止性规定；提高证券评级业务违法违规成本等内容，促进证券市场资信评级业务规范发展，提高证券市场的效率和透明度。监管部门对信用评级机构加强监管，有利于提升评级机构的评级质量，提高评级行业的公信力，推动债券市场健康稳定发展。

三、监管逐步“放开前端”，推动信用评级行业对内对外双向开放

在我国债券市场和信用评级行业国际化发展的背景下，监管机构逐步“放开前端”，允许更多评级机构进入我国债券市场开展信用评级业务。2020 年 1 月 16 日，财政部、国家发改委等部门联合发布《关于发布中美第一阶段经贸协议的公告》，承诺继续允许美国服务提供者（包括美国独资信用评级服务提供者）对向国内外投资者出售的所有种类的国内债券进行评级，协议生效后 3 个月内，中国应审核和批准美国服务提供者已提交的尚未批准的任何信用评级服务牌照申请，美国确认给予中国信用评级服务提供者非歧视待遇。3 月 1 日，新《证券法》正式实施，信用评级机构的准入由审核制改为备案制。5 月 14 日，中国人民银行营业管理部对惠誉评级有限公司在我国境内设立的独资公司——惠誉博华信用评级有限公司（以下简称“惠誉博华”）予以备案。惠誉博华成为继 2019 年标普信用评级（中国）有限公司（以下简称“标普中国”）之后第二家获准进入中国市场的外资独资信用评级机构。5 月 27 日，国务院金融稳定发展委员会在即将推动的 11 条金融改革措施中提出，推动信用评级行业进一步对内对外开放，允许符合条件的国际评级机构和民营评级机构在我国开展债券信用评级业务，鼓励境内评级机构积极拓宽国际业务。6 月 22 日，中国人民银行 2020 年征信工作电视电话会议指出，继续推动信用评级市场对内对外开放，在完善备案制的基础上建立健全信用评级机构质量考评体系。信用评级行业对内对外双向开放有助于推动评级机构“引进来”和“走出去”，提升我国信用评级行业的国际化水平，也有助于激活行业竞争，加速优胜劣汰，推动信用评级行业高质量发展。

第二章 2020年中国证券资信评级业务发展情况

第一节 评级行业基本情况

一、证券评级机构完成监管备案

2020年3月1日，新《证券法》正式施行。新《证券法》创新监管方式，调整了原来相关证券服务机构事前准入审批的监管体制，要求会计师事务所、律师事务所以及从事资产评估、资信评级、财务顾问、信息技术系统服务的证券服务机构从事证券服务业务，应当报国务院证券监督管理机构和国务院有关主管部门备案。8月24日，中国证监会、工业和信息化部、司法部和财政部联合发布的《证券服务机构从事证券服务业务备案管理规定》正式施行。9月，中国证监会发布《资信评级机构从事证券服务业务备案指南》，明确了资信评级机构的备案程序。

截至2020年末，共有12家资信评级机构完成了中国证监会备案，分别是：东方金诚国际信用评估有限公司、浙江大普信用评级股份有限公司、上海新世纪资信评估投资服务有限公司、联合资信评估股份有限公司（以下简称“联合资信”）、中证鹏元资信评估股份有限公司、大公国际资信评估有限公司、中诚信国际信用评级有限责任公司（以下简称“中诚信国际”）、标普中国、安融信用评级有限公司、远东资信评估有限公司、北京中北联信用评估有限公司和上海资信有限公司。其中，标普中国和安融信用评级有限公司是首次进入我国交易所债券市场开展资信评级业务。2020年2月、10月，中诚信国际、联合资信分别承继了原中诚信证券评估有限公司（以下简称“中诚信证评”）、联合信用评级有限公司（以下简称“联合评级”）的资信评级业务，这是中国人民银行和中国证监会跨市场评级牌照互认政策出台后的两起评级机构整合事件。整合完成后，中诚信国际和联合资信均可在银行间债券市场和交易所债券市场全市场开展评级业务。在境外，有3家证券评级机构或其关联分支机构①拥有香港证券及期货事务监察委员会提供信贷评级服务执业资质，1家证券评级机构②正在申请新加坡资信评级牌照。

二、基础设施建设

（一）评级信息系统建设力度加大

2020年，国内共有7家证券资信评级机构对评级数据库系统进行了功能优化或完善，如新增区域债项发行统计功能、完善企业重新编码功能、应用ES构建企业数据仓库等。部分评级机构将评级系统与外部金融数据库相结合，引入相关主体历史评级等信息，通过将评级数据与债券市场发行数据高效整合，提升数据维度和质量。部分评级机构建立了评级过程监控体系，打通债券评级、发行、兑付、终止评级全过程管理，持续完善主体及债券监控名单数据，促进评级业务全生命周期管理。部分评级机构建立了中小微企业在线评级数据中台，可实现与供应链金融、产融平台在线集成，提供在线评分服务。部分评级机构增强了数据浏览器的可视化功能，并增加了英文版界面。

2020年，证券资信评级机构新增采购了财汇负面新闻数据库、财新数据资讯（CEIC & EMIS）数据库、中债估值产品，为其评级业务提供数据支持。不断优化的评级信息系统为评级机构开展评级业务提供了坚实的基础。

（二）人才队伍明显优化

截至2020年末，证券资信评级机构通过证券从业资格考试的评级人员有2 017人，较上年显著增加41.64%。③ 其中，具有3年以上评级从业经验的人员数量为848人，较上年增加37.44%；拥有注册会计师、律师、CFA、CIIA等专业执业资格人员人数为160人，较上年大幅增加131.88%。在评级机构所有员工学历构成中，具有硕士以上学历的人员占比为67.41%，占比较上年增加了5.95个百分点。35周岁以下的人员数量为2 026人，占比72.49%，占比较上年增加了1.19个百分点。整体来看，评级机构员工队伍继续优化，具有较长从业经验的员工数量明显增加，拥有专业执业资格的员工数量大幅增加，员工队伍的专业素质明显提高。

---

① 中诚信国际的全资子公司中国诚信（亚太）信用评级有限公司、联合资信的关联公司联合评级国际有限公司、中证鹏元资信评估股份有限公司的全资子公司鹏元资信评估（香港）有限公司拥有香港证监会发出的第十类受规管活动牌照（提供评级服务）。

② 中证鹏元资信评估股份有限公司的全资子公司鹏元资信评估（香港）有限公司在新加坡设置了子公司鹏元资信评估（新加坡）有限公司，正在申请新加坡资信评级牌照。

③ 资料来源：2020年中国证券业协会专项调查统计数据。

三、投资者服务

（一）研究水平稳步提高

截至2020年末，资信评级机构的研发人员总数为216人，较上年大幅增加46.94%，研发人员在整体评级从业人员中的占比为7.65%，较上年增加0.60%。其中，具有3年以上研发经验的研发人员数量为172人，较上年大幅增加68.63%。2020年，各家评级机构加大了对新产品评级方法和数字化转型研究力度，共完成各类研究课题231个，公开出版书籍7部，公开发表研究报告3 263篇，取得了丰硕的研究成果。

多家评级机构深入分析新冠肺炎疫情对信用风险的影响、数字化转型助力评级行业高质量创新发展、国际评级机构竞争趋势等热点问题，积极研究债市新产品的风险特点和评级方法，并定期推出重点行业信用风险展望，研究内容更为丰富，信用分析更有深度，研究水平稳步提高。

（二）投资者交流显著加强

2020年，各家评级机构积极拓展投资者交流渠道，除了公司网站、微信公众号、第三方媒体合作之外，部分评级机构通过Wind资讯、慧博智能策略终端发布信息，加强与投资者的沟通。

投资人会议方面，各家评级机构克服疫情干扰，采用线上研讨会方式加强与投资者的互动交流，主动展现自身研究实力，围绕地方政府债务最优举债规模、中资美元债信用风险、重点行业风险展望等热点话题举办各类专题论坛，加强与投资者的深入交流。2020年，各家资信评级机构共主办或承办投资人会议1 033次，参加论坛并发表演讲245次，接受媒体采访或举办新闻发布会共1 696次，进一步提高投资者服务水平。

四、合规管理

2020年，各家评级机构积极配合监管部门和自律组织，对自身合规风险管理建设高度重视，按照要求对自身公司治理机制和合规管理规范进行了整改，进一步提升合规管理水平。在现有合规管理制度基础上，部分评级机构结合监管要求以及当前行业规范和业务要求，对不相符之处进行了整改，同时进一步修订了相关业务制度并在中国证券业协会或各自公司官网上及时公示。其中，有5家评级机构新增了多项合规制度，如评级业务承揽规范、评级业务调查访谈工作指引、终止评级制度、评级业务不定期合规检查细则、地方政府债券评级业务管理制度等，强化了业务承揽、调查访谈、评级程序等合规制度，同时按照监管要求高频率定期自查并按时报送合规报告。

多数评级机构依据评级业务承揽规范、信用评级程序、内部审计等相关内控合规制度进行全方位合规风险检查、排查和整改，同时多次对全体员工进行合规培训，确保各项业务和工作完全合规合法、稳步有序推进，行业合规管理水平有所提升。

五、支持战胜新冠肺炎疫情

2020 年，面对突如其来的新冠肺炎疫情，资信评级机构积极响应国家号召，先后承做了 88 个疫情防控债评级项目，为战胜新冠肺炎疫情提供了重要的资金支持；同时，9 家资信评级机构奉献爱心、捐款捐物，折合人民币 2 167.29 万元。资信评级机构积极履行社会责任。

第二节　评级业务发展概况

一、业务规模与竞争格局

2020 年，我国 12 家证券资信评级机构的业务规模显著扩大，全年协议承做评级项目 7 037个，较上年显著增加 40.94%。其中，2020 年承做一般公司债项目 1 645 个，较上年显著增加 56.52%，主要由于监管部门鼓励债市扩容、支持疫情防控和复工复产、加大对民营企业债券融资支持力度，进而推动债券发行规模显著上升；承做私募公司债项目 1 209 个，较上年增加 38.49%；承做可转债项目 153 个，较上年减少 16.39%；承做可交换债项目 13 个，较上年减少 38.10%；承做证券公司债项目 91 个，较上年上升 8.33%，主要源自证券公司为补充资本进行融资的需求上升；承做资产证券化产品 1 958 个，较上年显著增加 76.24%，主要是由于供应链金融、消费贷款、不良贷款类资产证券化产品和疫情防控资产证券化产品大幅增加；承做信托、理财、资管等非标产品 599 个，较上年增加 61.89%；承做其他主体评级项目[①] 1 206 个，较上年减少 6.00%；承做其他业务项目 163 个，较上年增加 858.82%，主要由于框架协议、优先股等承揽项目大幅增加（见图分 6－1）。

从评级项目数量份额情况看，2020 年公司债（含一般公司债和私募公司债）依旧是占比最大的产品，份额占比为 40.56%，较上年上升 2.02 个百分点；资产证券化产品份额排名第二位，占比为 27.82%，较上年上升 5.57 个百分点；其他主体评级业务份额排名第三位，份额占比为 17.14%，较上年下降 8.56 个百分点；信托、理财、资管等非标产品份额

① 其他主体评级项目主要包括信贷市场上借款企业主体评级项目、担保公司主体评级项目、网络小贷公司主体评级项目等。

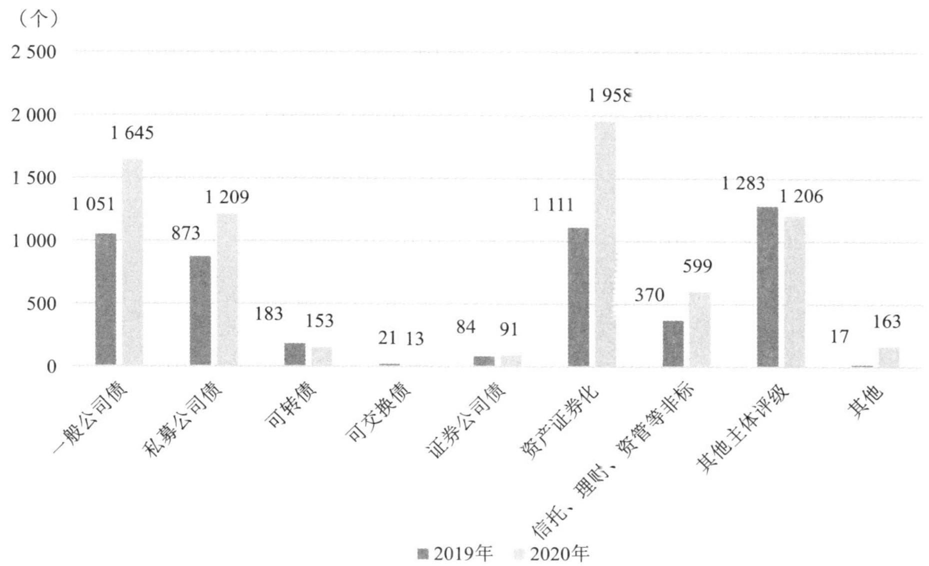

图分6－1　2020年12家证券资信评级机构协议承做的评级项目情况

资料来源：2020年中国证券业协会专项调查统计数据。

仍处于第四位，占比为8.51%，较上年上升1.10个百分点；证券公司债、可交换债、可转换债产品份额依旧占比较小。

2020年，12家证券资信评级机构合计正式出具首次评级报告7 926份，较上年增加29.85%。其中，出具公司债首次评级报告3 009份，报告数量占比37.96%，占比较上年上升6.05个百分点，报告数量占比排名第一位；出具资产证券化产品首次评级报告2 275份，报告数量占比28.70%，较上年上升3.62个百分点，报告数量占比排名第二位；出具其他主体首次评级报告1 397份，报告数量占比17.63%，较上年下降5.72个百分点，报告数量占比排名第三位。

随着前期市场规模的快速扩容，2020年各家评级机构跟踪评级工作量快速增加，全年12家评级机构合计完成定期跟踪评级项目为5 976个，较上年增加32.95%；不定期跟踪评级项目为1 352个，较上年增加15.85%；终止、撤销评级项目达到679个，较上年增加162.16%。

从竞争格局看，2020年，承做项目数量最多的评级机构承做1 851个评级项目，占全部评级项目的26.30%，占比较上年下降0.67个百分点；承做项目数量排前三位的评级机构共承做4 378个评级项目，占全部评级项目的62.21%，占比较上年下降6.50个百分点。这表明，我国资信评级行业集中度有所下降，各家资信评级机构之间的竞争加剧。

二、创新券种评级业务

2020年，随着交易所债券市场推出创新债券品种，各家评级机构加强创新债券品种评级方法的研发和修订，充分揭示创新债券品种的信用风险，为各类创新债券品种的发行提供评级服务。2020 年，针对交易所债券市场新推出的疫情防控债，各家评级机构协议承做 88 个疫情防控债评级项目；针对绿色公司债、永续债、扶贫专项债等原有创新品种，各家评级机构协议承做个数分别为 39 个、26 个、23 个，评级机构协议承做绿色公司债、永续债和扶贫专项债项目个数分别较上年增加 34.48%、23.81%、228.57%。2020 年，各家证券资信评级机构承做了 6 个熊猫债评级项目，为中国建筑国际集团有限公司、首创环境控股有限公司等境外主体发行熊猫债提供了有力支持。

2020 年，资产证券化产品的基础资产类型继续扩大，交易结构更加丰富，部分评级机构加大资产证券化创新品种评级方法的研发力度，积极支持资产证券化产品的创新发展。针对首单非专利技术资产证券化产品、首单资产支持商业票据（ABCP）、首单单层 SPV 结构 CMBS 等创新品种，部分评级机构研发了评级方法与评级模型，揭示了基础资产与交易结构中的信用风险，助力资产证券化创新产品成功落地，满足实体经济的融资需求。

三、财务状况

2020 年，受债券发行规模扩大的影响，信用评级行业整体业务收入上升，盈利能力增强。2020 年，12 家证券资信评级机构的资产规模合计和净资产合计分别为 42.68 亿元和 27.39 亿元，分别较上年增加 28.55% 和 27.99%；营业收入合计为 26.18 亿元，较上年增加 17.87%；利润总额合计为 9.99 亿元，较上年显著增加 43.33%。从交易所债券市场评级业务贡献度看，2020 年 12 家证券资信评级机构来自交易所债券市场的证券评级业务收入规模合计 10.00 亿元，较上年增长 17.50%，占 12 家证券资信评级机构收入的比例为 38.19%，占比与上年保持稳定。交易所债券市场证券评级业务是评级机构的重要收入来源（见图分 6－2）。

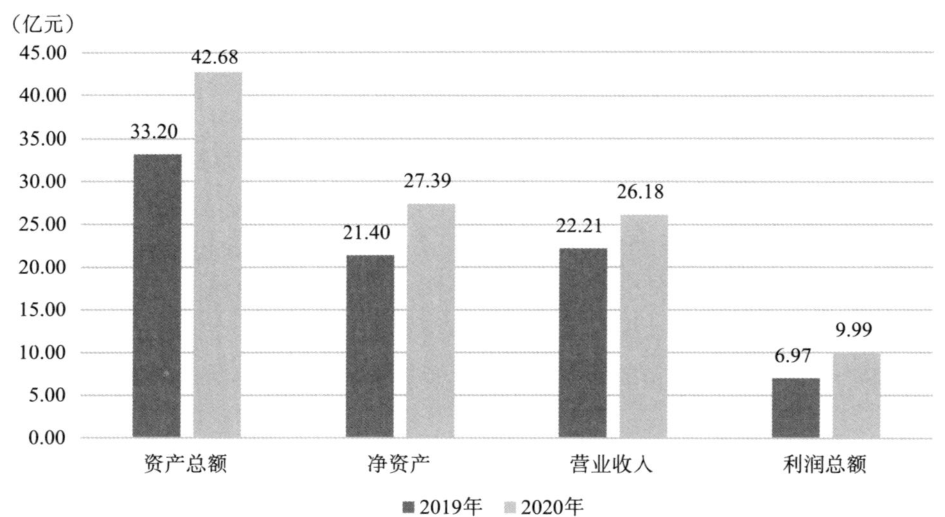

图分 6－2　2020 年 12 家证券资信评级机构财务情况

资料来源：2020 年中国证券业协会专项调查统计数据。

第三节　评级表现分析

一、信用等级分布

（一）一般公司债

2020年，从主体级别分布情况看，一般公司债发行人AAA、AA+、AA、AA-和A+级别家数分别为351家、179家、71家、3家和1家，占比分别为58.02%、29.59%、11.74%、0.50%和0.17%；从债项级别分布情况看，2020年一般公司债发行人所发行的债券AAA、AA+和AA级别期数分别为916期、228期和34期，占比分别为77.76%、19.35%和2.89%（见图分6-3）。

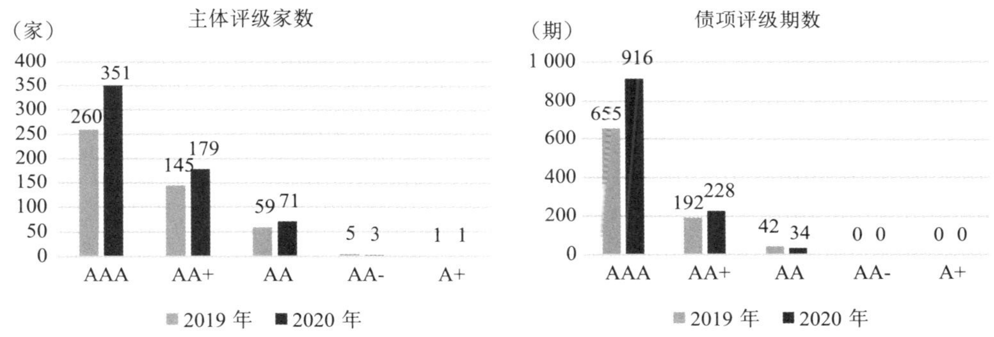

图分6-3　2019—2020年一般公司债级别分布

资料来源：巨潮资讯网，Wind。

2020年一般公司债发行人家数和发行期数分别较2019年增长28.72%和32.51%，信用等级分布呈现如下特征：

一是高级别发行人家数进一步增长。以AAA和AA+级为代表的高级别发行人家数，2020年首次突破500家，占比合计高达87.60%，较2019年提升1.43个百分点。

二是债项级别向AAA级集中。2020年一般公司债发行人所发行的债券AA+及AA级期数占比均呈现下降趋势，其中AA+级期数占比较2019年下降2.24个百分点，AA级期数占比较2019年下降1.83个百分点。与此同时，AAA级期数占比则保持稳步增长态势，其中AAA级期数占比较2019年提升4.08个百分点，债项级别呈现出向AAA级集中趋势。

三是债券发行增信措施更为丰富、增信效果更为突出。2020年一般公司债发行人所发行的债券中提供增信保障措施的占比为11.04%，较2019年小幅下降0.21个百分点。在

130 期提供了程度不一的增信措施的一般公司债中，主要由第三方担保公司或控股（参股）股东提供担保，少数由股东个人财产和发行人财产（包括房产、采矿权等），或由第三方提供全额收购承诺等增信措施。其中，有 101 期增信效果十分突出，尤其是主体级别仅为 A+ 的发行人通过独立第三方担保公司提供的不可撤销连带责任担保促使其所发行的“20 泰达 01”获得了 4 个小级别的债项信用增级（见表分 6－1）。

表分 6－1　　2020 年一般公司债发行增信情况统计

主体级别	债券级别	期　数	增信措施
A+	AAA	1	“20 泰达 01”由天津泰达投资控股有限公司提供不可撤销连带责任担保
AA-	AAA	1	“20 和佳 S1”由深圳市高新投集团有限公司提供连带责任担保
	AA+	2	“20 明诚 04”由武汉当代科技产业集团股份有限公司提供不可撤销连带责任担保；“20 宏河 01”由邹城市城市资产经营有限公司提供不可撤销连带责任担保
AA	AAA	41	由第三方担保公司或控股（参股）股东提供担保
	AA+	21	均由控股（参股）股东提供担保
AA+	AAA	35	“20 兰创 01”以评估价值不低于本次债券累计待偿本金及其一年利息 1.5 倍的采矿权资产设定第一优先顺位的抵押；“20 汇金 01”由发行人提供房产抵押及股权质押担保；其他由第三方担保公司或控股（参股）股东提供担保
	AA+	8	“20 中瑞 01”“20 花园 01”“20 永钢 01”“20 泛控 01”分别由实际控制人以个人全部财产为本次债券的到期兑付承担连带责任保证；其他由控股（参股）股东提供担保
AAA	AAA	21	均由控股股东提供担保
合　计		130	—

资料来源：巨潮资讯网，Wind。

（二）私募公司债

2020 年私募公司债中，发行时有主体评级信息的发行人有 1 305 家，在私募公司债发行人中的占比为 94.43%；发行时有债项评级信息的私募公司债有 874 期，占私募公司债发行期数的比重为 36.31%。

从级别分布来看，2020 年有评级信息披露的私募公司债发行情况呈现如下特征：

一是主体级别集中分布于 AA—AAA 级，集中度为 97.62%。其中，AA 级发行人占比为 61.99%，同比上升了 8.73 个百分点；AA+ 级发行人占比为 29.66%，同比下降了 3.95 个百分点；AAA 级发行人占比为 8.51%，同比下降了 3.84 个百分点。值得一提的是，2020 年新增 A+ 及以下级别私募公司债发行人 9 家，较 2019 年有所增加，其中发行时主体级别为A-、BBB+ 和 BB 级的各有 1 家，发行时主体级别为 A+ 和 BB+ 级的各 3 家（见图分 6－4）。

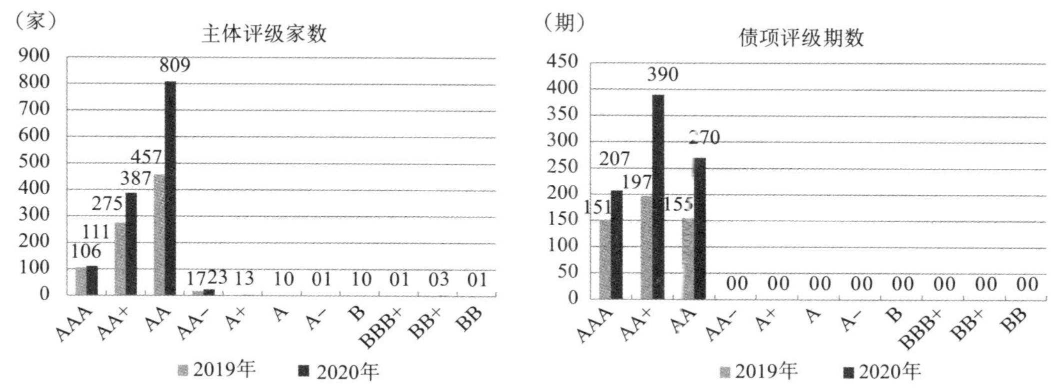

图分 6 －4　2019—2020 年私募公司债级别分布

注：（1）未披露评级信息未在图中列示，以下同；（2）2019 年和 2020 年分别有 1 期和 7 期债项评级为 A－1 级的私募债未在图中列示。

资料来源：巨潮资讯网，Wind。

二是债项级别主要分布于 AA—AAA 级，集中度为 99.20%。其中，AA 级和 AA+ 级债券占比分别为 30.75% 和 44.62%，同比分别上升 0.14 个百分点和 5.53 个百分点；AAA 级债券占比分别为 23.68%，同比下降 6.28 个百分点。

三是 2020 年私募公司债发行人仍主要是中央及地方国有企业，两者共计 1 325 家。其中，中央国有企业 22 家，占比 1.60%；地方国有企业 1 303 家，占比 94.97%，较 2019 年提升 2.52 个百分点。此外，2020 年带有担保措施的私募公司债共计 693 期，较 2019 年增长 93.04%。

（三）证券公司债

2020 年发行的证券公司债中，普通公司债 233 期（占比 64.72%），次级债 78 期（占比 21.67%），短期公司债 49 期（占比 13.61%）。上述发行的 360 期债券产品中，有债项评级信息的有 302 期，占证券公司债发行期数的比重为 83.89%。

从主体级别分布情况看，2020 年证券公司债发行人 AAA、AA+、AA 和 AA- 级别家数分别为 44 家、17 家、6 家和 1 家，占比分别为 64.71%、25.00%、8.82% 和 1.47%。其中，2020 年 AAA 级证券公司家数较 2019 年增加 8 家，占比则提升 4.71 个百分点，是份额占比最大的级别。值得注意的是，2020 年证券公司债发行人总家数较 2019 年增加 7 家，且发行主体的内部结构变化依然较大。以主体级别 AAA 级为例，2020 年证券公司债发行人净增主体为 4 个，上调主体为 5 个，净减主体 1 个（见表分 6 －2）。

从有债项评级信息的债项级别分布情况看，2020 年证券公司债发行人所发行的债券 AAA、AA+ 和 AA 级别期数分别为 212 期、54 期和 9 期，占比分别为 58.89%、15.00% 和 2.50%，其中 AAA 级债券期数占比较 2019 年大幅提升 14.38 个百分点。此外，尚有 27 期债项级别为 A－1 级的短期证券公司债发行，占比为 7.5%。整体来看，2020 年证券公司债

表分 6－2　　2019—2020 年证券公司债主体级别分布及变化情况

级 别	2019 年		2020 年		变 化	
	主体家数（家）	占比（%）	主体家数（家）	占比（%）	家数变化（家）	占比变化（%）
AAA	36	60	44	64.71	8	4.71
AA+	19	31.67	17	25.00	－2	－6.67
AA	4	6.67	6	8.82	2	2.15
AA－	1	1.67	1	1.47	0	－0.20
合 计	60	100.00	68	100.00	8	0

资料来源：巨潮资讯，Wind。

发行期数较 2019 年明显上升，主要原因是 2020 年 5 月中国证监会发布《关于修改〈证券公司次级债管理规定〉的决定》，允许证券公司公开发行次级债券，在利好政策的驱动下，证券公司积极发行次级债券补充资本（见表分 6－3）。

表分 6－3　　2019—2020 年证券公司债债项级别分布及变化情况

级 别	2019 年		2020 年		变 化	
	债券期数（期）	占比（%）	债券期数（期）	占比（%）	期数变化（期）	占比变化（%）
AAA	81	44.51	212	58.89	131	14.38
AA+	37	20.33	54	15.00	17	－5.33
AA	15	8.24	9	2.50	－6	－5.74
A－1	4	2.2	27	7.5	23	5.3
有级别	137	75.27	302	83.89	165	8.62
无级别	45	24.73	58	16.11	13	－8.62
合 计	182	100.00	360	100.00	178	—

资料来源：巨潮资讯，Wind。

（四）可转债

从级别分布来看，2020 年有评级信息披露的可转债发行情况呈现如下特征：

2020 年可转债发行人披露主体级别的共计 201 家，主体级别主要分布于 AAA—A+ 级。其中，2020 年 AA 级占比最高，达到 35.32%，较 2019 年下降 5.62 个百分点；AA- 级占比次之，为 30.85%，较 2019 年上升 6.44 个百分点；A+ 级占比居于第三，为 13.43%，较 2019 年下降 2.32 个百分点。此外，2020 年 AAA 和 AA+ 级占比分别为 5.97% 和 12.44%，分别较 2019 年下降 5.05 个百分点和上升 5.35 个百分点［见图分 6－5（a）］。

2020 年可转债发行人所发行的债券披露债项级别的共计 197 期，债项级别分布规律基本与其所对应的发行人主体级别一致。其中，2020 年 AA 级占比最高，达到 36.04%，较 2019 年下降 8.40 个百分点；AA- 级占比次之，为 31.47%，较 2019 年上升 9.25 个百分点；A+ 级占比居于第三，为 13.20%，较 2019 年下降 1.88 个百分点。此外，2020 年 AAA 和

AA+级占比分别为6.09%和12.18%，分别较2019年下降5.02个百分点和上升5.04个百分点［见图分6－5（b）］。

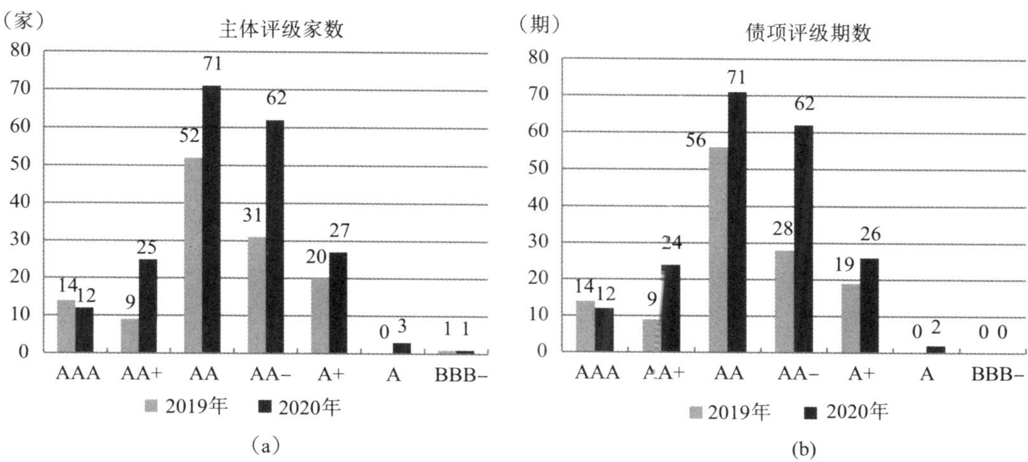

图分6－5　2019—2020年可转换公司债级别分布

注：未披露评级信息未在图中列示，以下同。

资料来源：巨潮资讯网，Wind。

（五）可交换债

2020年共发行32期可交换公司债，且均以所持目标上市公司股权作为质押物进行增信，并设置了不同的赎回及回售条款。在有债项评级信息披露的17期可交换债产品中，债项级别集中分布于AAA—AA级，除“20光线E2”“20广版EB”和“20光线E1”由于保证担保或质押担保等担保方式获得增信，债项信用级别高于主体信用等级外，其他债券的债项级别与主体级别保持一致。

（六）资产支持证券

2020年资产证券化产品的基础资产类型更为多样、信用级别分布更加广泛。以披露债项评级信息的2 474期中国证监会主管ABS为例，资产证券化产品仍以AAA级、AA+级产品为主。2020年AAA级和AA+级期数占披露债项评级信息资产支持证券发行期数的比例为95.23%，较2019年提升1.05个百分点。高级别产品占比的进一步提升表明在违约风险持续扩大的背景下，合格机构投资者的风险偏好下降迹象依然明显（见表分6－4）。

表分6－4　　2019—2020年中国证监会主管ABS级别分布

债项评级	2019年		2020年	
	发行期数（期）	占比（%）	发行期数（期）	占比（%）
AAA	1 418	74.36	1 840	74.37
AA+	378	19.82	516	20.86

续表

债项评级	2019 年		2020 年	
	发行期数（期）	占比（%）	发行期数（期）	占比（%）
AA	64	3.36	27	1.09
AA-及以下	47	2.46	91	3.68
合　计	1 907	100.00	2 474	100.00

注：未披露评级信息未在表中列示，以下同。

资料来源：巨潮资讯网，Wind。

二、利率与利差

（一）一般公司债

1. 发行利率

2020 年，在新冠肺炎疫情肆虐全球等因素影响下，上半年中国人民银行稳健的货币政策更加灵活适度，市场流动性得到较大改善，助力我国经济修复进程持续推进，下半年货币政策更加稳健，流动性投放也更加注重精准滴灌。具体来看，中国人民银行分别于 2020 年 3 月、4 月、5 月实施三次降准①；并于 1 月、4 月两次下调金融机构存款准备金率②；中国人民银行通过下调公开市场操作和 MLF 操作利率引导贷款市场报价利率（LPR）进一步下行③，推动实体经济融资成本降低。此外，中国人民银行灵活开展公开市场操作，综合运用逆回购、中期借贷便利（MLF）、定向中期借贷便利（TMLF）、抵押补充贷款（PSL）、常备借贷便利（SLF）、国库定存等工具提供不同期限流动性，合理安排工具搭配和操作节奏，维持市场流动性的合理充裕。整体来看，2020 年 1—5 月上旬，市场资金利率中枢下行；进入 5 月下旬后，随着国内疫情逐渐稳定，各主要经济指标均有所好转，中国人民银行货币政策开始向常态化回归，资金利率中枢有所上行，中证国债 3 年期到期收益率、5 年期到期收益率和 10 年期到期收益率整体均呈现先降后升的态势（见图分 6－6）。

① 中国人民银行决定于 2020 年 3 月 16 日实施普惠金融定向降准，对达到考核标准的银行定向降准 0.5 至 1 个百分点，在此之外，对符合条件的股份制商业银行再额外定向降准 1 个百分点，支持发放普惠金融领域贷款；2020 年 4 月 15 日和 5 月 15 日分两次对中小银行实施定向降准，每次下调 0.5 个百分点。

② 中国人民银行决定于 2020 年 1 月 6 日下调金融机构存款准备金率 0.5 个百分点（不含财务公司、金融租赁公司和汽车金融公司）；并于 4 月 7 日起将金融机构在中国人民银行超额存款准备金利率从 0.72% 下调至 0.35%。

③ 2020 年 2 月 3 日，中国人民银行下调 7 天逆回购利率 10BP 至 2.40%，3 月 30 日再次下调 7 天逆回购利率 20BP 至 2.20%；2 月 17 日，中国人民银行下调 MLF 利率 10BP 至 3.15%；2 月 20 日，1 年期 LPR 由 4.15% 降至 4.05%，5 年期 LPR 由 4.80% 降至 4.75%。4 月 20 日，1 年期 LPR 由 4.05% 降至 3.85%，5 年期 LPR 由 4.75% 降至 4.65%。

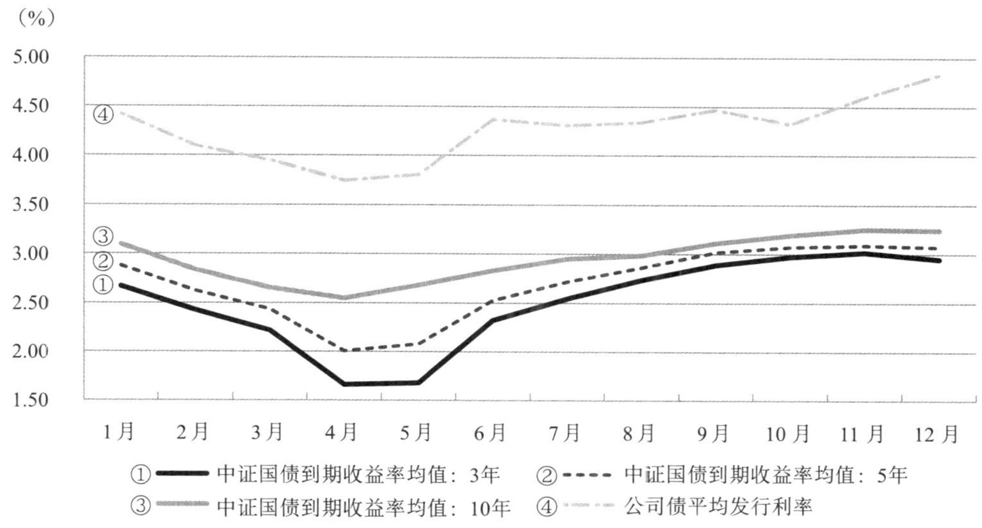

图分6-6　2020年公司债平均发行利率与国债到期收益率走势

资料来源：Wind。

公司债发行利率走势与中证国债到期收益率走势基本趋同，呈现先降后升的态势。同时由于受到高信用等级国企违约风险事件、监管政策以及投资者资金成本与风险溢价诉求等因素影响，公司债发行利率波动幅度较中证国债到期收益率振幅明显偏大。具体到一般公司债方面，与2019年相比，2020年各期限各级别平均发行利率均呈现下降态势，即3年期AAA、AA+和AA级一般公司债平均发行利率同比分别下降32.44BP、54.82BP和86.61BP，5年期AAA和AA+级一般公司债平均发行利率同比分别下降35.43BP和72.17BP。各期限各级别平均发行利率的下行，表明前期促进实体经济融资政策成效逐渐显效（见表分6-5）。

表分6-5　2019—2020年一般公司债发行利率情况

期　限	债项级别	2019年（%）	2020年（%）	同比变化（BP）
3年期	AAA	3.9450	3.6206	-32.44
	AA+	5.2065	4.6583	-54.82
	AA	6.3841	5.5180	-86.61
5年期	AAA	4.1543	3.8000	-35.43
	AA+	5.2065	4.4848	-72.17

注：（1）如果债券存在选择权，期限为选择权之前的期限，例如债券的原始期限设计为“3+2”，则期限为3年，样本中剔除可续期债券；（2）发行利率为该时间段内发行的一般公司债票面利率的加权平均利率，权重为实际发行总额，以下同；（3）2019年及2020年无债项级别为AA级的5年期一般公司债发行，故不作分析。

资料来源：Wind。

2. 发行利差

从3年期和5年期一般公司债发行利差情况看，整体呈现如下特征：一是3年期和5年期一般公司债发行利差均值均呈现随债项级别的降低而逐步扩大的趋势；二是3年期AA+—AAA级级差比AA—AA+级高，可能是投资者对于AAA级以下债券风险溢价要求较高所致；三是各期限各级别一般公司债的变异系数较高，反映出投资者对部分债项评级的认可度相对较低，主要是一些较低主体评级的发行人通过采取增信措施后所发行的AAA和AA+级债券占比增多所致（见表分6－6）。

表分6－6　　2020年一般公司债券发行利差统计情况

期　限	债项信用等级	样本数（个）	发行利率		发行利差		
			区间（%）	均值（%）	均值（BP）	级差（BP）	变异系数（%）
3年期	AAA	394	2.29—7.30	3.62	123.27	—	60.09
	AA+	137	2.74—7.50	4.66	222.85	99.58	53.60
	AA	24	3.75—8.35	5.52	313.40	90.55	43.04
5年期	AAA	125	2.95—6.70	3.80	126.94	—	39.05
	AA+	13	3.54—6.50	4.48	179.62	52.68	37.26

注：（1）如果债券存在选择权，期限为选择权之前的期限，例如债券的原始期限设计为“3＋2”，则期限为3年，样本中剔除可续期债券；（2）发行利差为债券发行利率与其起息日同期限中证国债到期收益率的差额；（3）级差指某信用等级的利差均值减去比该信用等级高一个子级的利差均值，AAA级无级差；（4）变异系数为利差的标准差与利差均值的比；（5）如果债券或发行人具有双评级或多评级，当级别相同，则按一次统计，当级别不同，则按不同级别分别统计；（6）2020年无债项级别为AA级的5年期一般公司债，故不作分析。

资料来源：Wind。

与2019年同期相比，2020年3年期AA+级、AA级以及5年期AA+级一般公司债发行利差同比均有所下降，其中2020年3年期AA级一般公司债发行利差同比降幅最大，5年期AA+级一般公司债发行利差同比降幅次之；3年期AAA级和5年期AAA级一般公司债发行利差同比均有所上升（见表分6－7）。

表分6－7　　2019—2020年一般公司债发行利差及变化情况　　（单位：BP）

期　限	债项信用等级	2019年	2020年	同比变化
3年期	AAA	114.92	123.27	8.35
	AA+	237.68	222.85	－14.83
	AA	345.86	313.40	－32.46
5年期	AAA	122.25	126.94	4.69
	AA+	207.73	179.62	－28.11

资料来源：Wind。

（二）私募公司债

2020年私募公司债发行利率与一般公司债趋势一样，各期限均有所下降。2020年全期限平均发行利率为5.28%，较2019年下降53.66BP。其中，2020年1年期平均发行利率为

4.80%，较上年下降123.67BP；3年期平均发行利率5.10%，较上年下降49.48BP。

从有评级信息披露且发行量最大的2020年3年期私募债发行情况来看，AAA级私募债发行利率同比下降75.94BP，发行利差同比上升27.70BP，AA+级、AA级私募债发行利率和发行利差同比均有所下降，且呈现随债项级别的降低而逐步缩小之势，主要原因可能是受中国人民银行降低企业综合融资成本、民营企业融资条件明显改善等因素的影响。

2020年，从3年期私募公司债发行利率和发行利差情况看，整体呈现如下特征：3年期私募公司债发行利率均值均较上年有所下降，3年期私募公司债发行利差均值呈现随债项级别的降低而逐步扩大的趋势（见表分6-8）。

表分6-8　　2020年3年期私募公司债发行利率与利差情况

期限	债项级别	平均发行利率			平均发行利差		
		2019年（%）	2020年（%）	同比变化（BP）	2019年（BP）	2020年（BP）	同比变化（BP）
3年期	AAA	4.8684	4.1090	-75.94	230.96	258.66	27.70
	AA+	5.7002	4.2755	-142.47	298.18	267.02	-31.16
	AA	6.7281	6.0350	-69.31	396.47	365.73	-30.74

资料来源：Wind。

（三）证券公司债

2020年证券公司债发行利率与其他公司债趋势一样，各期限均有所下降。2020年全期限平均发行利率为3.53%，较2019年下降46.75个BP。其中，3年期平均发行利率3.58%，较上年下降40.60个BP。

从有评级信息披露且发行量最大的2020年3年期证券公司债发行情况来看，AAA级证券公司债发行利率和发行利差同比均有所下降，分别下降34.04BP和7.32BP；AA+级证券公司债发行利率同比有所下降，发行利差同比有所上升；AA级证券公司债平均发行利率同比有所上升，平均发行利差同比有所下降，可能与该债项级别的样本数太小有关。

2020年，从3年期证券公司债发行利率和发行利差情况看，整体呈现如下特征：3年期证券公司债发行利率均值呈现随债项级别的降低而逐步升高的趋势，3年期证券公司债发行利差均值呈现随债项级别的降低而逐步扩大的趋势（见表分6-9）。

表分6-9　　2019—2020年3年期证券公司债发行利率及利差情况

期限	债项级别	平均发行利率			平均发行利差		
		2019年（%）	2020年（%）	同比变化（BP）	2019年（BP）	2020年（BP）	同比变化（BP）
3年期	AAA	3.772	3.4316	-34.04	102.64	95.32	-7.32
	AA+	4.2104	4.1122	-9.82	148.04	171.29	23.25
	AA	4.9795	5.0463	6.68	223.67	172.67	-51.00

资料来源：Wind。

（四）可转债和可交换债

2020年，新发行可转债的票面利率很低，主要是由于可转债含有转股选择权。2020年，沪、深证券交易所共发行213期可转债，其中5期发行利率类型为固定利率，其余均为累进利率，每年付息1次，第一年票面利率主要分布在0.1%—2%。

由于可交换债赋予了持有人标的股票的看涨期权，因此发行利率通常低于信用评级相当的其他固定收益债券。2020年沪、深证券交易所发行的43期可交换债中，除2期以公募方式发行的利率类型仅为固定利率外，其他41期以私募方式发行的利率类型既包括固定利率，也有累进利率。由于发行方式、条款设置、标的股票以及发行人自身信用水平的变化等不同，可交换债发行票面利率区别较大，利率区间为0.01%—8%。其中，以公募方式发行的可交换债第一年票面利率主要分布在0.1%—1.0%；以私募方式发行的可交换债第一年票面利率由于前述原因导致发行票面利率差异巨大。

三、信用等级迁移分析

（一）主体评级调整情况

截至2020年底，交易所债券市场存续的一般公司债发行人共计1 872家。2020年一般公司债发行人级别变动（含展望变动）合计113家，调整率为6.04%。其中，信用等级调升62家，评级展望调升3家，调升率分别为3.31%和0.16%，合计调升率3.47%；信用等级调降41家，评级展望调降7家，调降率分别为2.19%和0.37%，合计调降率2.56%。此外，从调升率/调降率指标看，一般公司债发行人信用等级调整和评级展望调整的调升率/调降率分别为1.51和0.43，合计调升率/调降率为1.35（见表分6－10）。

表分6－10　　2020年一般公司债发行人主体评级调整情况

发行人主体	信用等级	评级展望	合　计
样本数量（家）	1 872	1 872	1 872
维持数量（家）	1 769	1 862	1 759
维持率（%）	94.50	99.47	93.96
调整数量（家）	103	10	113
其中：调升数量	62	3	65
调降数量	41	7	48
调整率（%）	5.50	0.53	6.04
其中：调升率	3.31	0.16	3.47
调降率	2.19	0.37	2.56

续表

发行人主体	信用等级	评级展望	合 计
调升率/调降率	1.51	0.43	1.35

注：(1) 发行人样本数量为截至2019年底各家评级机构所评定的具有主体评级的一般公司债发行人数量；(2) 发行人主体信用等级的有效期限等同于其所发债券的有效期限，以下同；(3) 评级展望调升和调降统计不包括信用等级发生调整的评级展望统计；(4) 展望调整指统计期内存续、到期或新发债券发行人的主体信用等级在统计期内未调整，但评级展望发生了调整；如果期初或期末无评级展望或为观望的发行人在展望调整样本中显示，但不视为展望发生调整，不列入展望调整统计；(5) 由超过一家评级机构对同一发行人进行主体信用评级时，则按不同评级机构分别纳入统计，即同一主体可被计数多次，以下同；(6) 评级展望由负面调整为稳定或正面、由稳定调整为正面均视为调升，反之视为调降；(7) 调升率或调降率 =年内发生信用等级（或评级展望）调升或调降的数量与样本数量的比。

资料来源：Wind。

从企业性质来看，上调级别（含展望）的一般公司债发行人以地方国有企业及中央国有企业为主，共计45家，在上调级别（含展望）的一般公司债发行人家数中的占比为72.58%。从行业分布来看，上调级别（含展望）的一般公司债发行人共涉及18个行业①，主要集中于房地产管理和开发行业（14家），在上调级别（含展望）的一般公司债发行人家数中的占比（22.58%）最大。上调原因主要是房地产企业签约销售规模快速增长，盈利能力大幅提升。

从企业性质来看，下调级别（含展望）的一般公司债发行人以民营企业为主，共计28家，在下调级别（含展望）的一般公司债发行人家数中的占比为68.29%。如果再加上2家第一大股东为个人或民营相对控股的公众企业，则上述占比更是高达73.17%。从行业分布来看，下调级别（含展望）的一般公司债发行人共涉及21个行业，行业分布总体尚较为分散。其中汽车（5家）、建筑与工程（3家）、房地产管理和开发（3家）行业下调级别（含展望）的较多，在一般公司债发行人家数中的占比合计仅为26.83%。下调原因主要是公司经营状况恶化，财务杠杆较高，短债偿还压力大，再融资能力受挫，或者已经发生债务违约等。

（二）主体等级迁移矩阵

为反映一般公司债发行人的信用等级调整变化，本部分采用Cohort法对交易所债券市场一般公司债发行人主体信用等级变化进行分析。在信用等级迁移情况方面，2020年一般公司债发行人主体信用等级一年期迁移矩阵显示：从年初至年末，在样本数量较多的AA-级及以上级别中，AA-级别的稳定性最低，其级别迁徙率为26.67%，均向下调整至BB+级及以下级别；AA级别的迁徙率居于第二位，有14.86%的发行人发生调整，其中向上调整、向下调整均为7.43%；AA+级别的迁徙率为12.73%，为迁徙率第三高的级别，主要来自向上调整，有10.91%的发行人向上调整至AAA级别；AAA级别的稳定性最好，其迁徙率仅有0.64%，但个别样本向下调整的迁移幅度很大。此外，A—AAA级均有部分发行人的级别迁移范围超过5个子级，级别迁移幅度较大（见表分6-11）。

① 此处行业分类标准为Wind行业三级分类，下文同。

表分 6－11　　2020 年一般公司债发行人主体信用等级一年期迁移矩阵

等　级	样本数量（个）	AAA（%）	AA+（%）	AA（%）	AA－（%）	A+（%）	A（%）	A－（%）	BBB+（%）	BBB（%）	BBB－（%）	BB+及以下（%）
AAA	471	99.36	0.21	—	—	—	—	—	—	—	—	0.42
AA+	275	10.91	87.27	—	0.36	—	—	—	—	—	—	1.45
AA	175	—	7.43	85.14	4.57	0.57	0.57	—	—	—	—	1.71
AA－	15	—	—	—	73.33	—	—	—	—	—	—	26.67
A+	2	—	—	—	—	100.00	—	—	—	—	—	—
A	1	—	—	—	—	—	—	—	—	—	—	100.00
A－	0	—	—	—	—	—	—	—	—	—	—	—
BBB+	0	—	—	—	—	—	—	—	—	—	—	—
BBB	5	—	—	—	—	—	—	—	—	—	—	100.00
BBB－	0	—	—	—	—	—	—	—	—	—	—	—
BB+及以下	10	—	—	—	—	—	—	—	—	—	—	100.00

注：（1）发行人样本数量为 2019 年底前已发行且 2020 年底存续的各家评级机构所评定的具有主体评级的一般公司债发行人数量；（2）如果发行人在 2020 年度仅发生评级展望的调整，则不列入本表的调整统计。

资料来源：Wind。

整体来看，2020 年交易所债券市场一般公司债发行人主体评级调整依然频繁，在决定上调时更倾向于直接调升发行人主体信用等级，而在决定下调时则往往选择先行调降评级展望。同时，级别上调企业多为国有企业，行业主要集中于房地产开发；级别下调以民营企业为主，涉及行业较多；中高级别主体以级别（含展望）调升为主，低级别主体则倾向于调降，且大多数已发生债券违约。

四、违约分析[①]

2020 年，交易所债券市场新增 27 家违约发行人，共涉及 74 期违约债券，违约金额[②]约

① 当出现下述一个或多个事件时，即可判定债券（主体）发生违约：一是债务人未能按照合同约定（包括在既定的宽限期内）及时支付债券本金和（或）利息。二是债务人不能清偿到期债务，并且资产不足以清偿全部债务或者明显缺乏清偿能力，债务人被人民法院裁定受理破产申请的，或被接管、被停业、关闭。三是债务人进行债务重组且其中债权人做出让步或债务重组具有明显的帮助债务人避免债券违约的意图。债权人做出让步的情形包括债权人减免部分债务本金或利息、降低债务利率、延长债务期限、债转股（根据协议将可转换债券转为资本的情况除外）等情况；但在以下两种情况发生时，不视作债券（主体）违约：一是如果债券具有担保，担保人履行担保协议对债务进行如期偿还，则债券视为未违约；二是合同中未设置宽限期的，单纯由技术原因或管理失误而导致债务未能及时兑付的情况，只要不影响债务人偿还债务的能力和意愿，并能在 1—2 个工作日得以解决，不包含在违约定义中。交易所债券市场新增违约发行人的统计口径是在交易所债券市场有存续债券的全部债券市场新增违约发行人。

② 违约金额为债券未偿付本金和利息之和，下文同。

759.70亿元，违约家数及期数较上年分别减少34.15%、26.00%，违约金额较上年上升25.60%；另有15家此前已经发生违约的发行人继续未能按时偿付其存续债券利息或本金，涉及违约债券38期，违约金额约215.95亿元。

2020年，交易所债券市场新增违约发行人主要为民营企业。新增违约发行人涉及汽车、房地产管理和开发、制药、建筑与工程、金属、非金属与采矿、通信设备等16个行业，新增违约发行人分布在广东、北京、山东、浙江、辽宁、福建、天津、上海等13个省市，违约行业覆盖面及违约主体涉及地区均有所收敛。从新增违约企业地区分布来看，发行人更多集中在东南沿海、经济较发达等地区以及过剩产能行业集中区域。

2020年交易所债市新增违约主体涉及的违约债券品种包含一般公司债、私募债及可交换债。其中，一般公司债发行人主体违约家数最多，共计20家，占比54.05%；其次为私募债发行人，违约家数14家，占比37.84%；再次为可交换债发行人，违约家数为3家，占比8.11%（见表分6-12）。此外，2020年交易所债市一般公司债发行人主体违约率为1.80%，较2019年（2.30%）有所下降（见表分6-13）。

表分6-12　2020年交易所债券市场新增违约主体涉及债券品种情况

债券品种	违约主体数量（家）	家数占比（%）	违约债券数量（期）	期数占比（%）
一般公司债	20	54.05	34	45.95
私募债	14	37.84	38	51.35
可交换债	3	8.11	2	2.70
合计	37	100.00	74	100.00

注：因部分违约主体存在多种品种债券的情况，同一主体可被计数多债券品种。

资料来源：Wind。

表分6-13　2018—2020年交易所债券市场一般公司债发行人主体违约率情况

发行人主体级别	2020年			2019年			2018年		
	年初样本数（家）	违约数量（家）	违约率（%）	年初样本数（家）	违约数量（家）	违约率（%）	年初样本数（家）	违约数量（家）	违约率（%）
AAA	449	2	0.45	384	2	0.52	286	1	0.35
AA+	315	5	1.59	293	6	2.05	266	1	0.38
AA	305	6	1.97	396	6	1.52	452	18	3.98
AA-	28	4	14.29	35	4	11.43	50	1	2.00
A+	4	0	0.00	6	2	33.33	10	1	10.00
A	1	1	100.00	5	3	60.00	3	2	66.67
A-	0	0	0.00	2	0	0.00	0	0	0.00
BBB+	1	0	0.00	2	2	100.00	0	0	0.00
BBB	2	1	50.00	2	1	50.00	0	0	0.00
BBB-	0	0	0.00	0	0	0.00	1	1	100.00

续表

发行人主体级别	2020 年			2019 年			2018 年		
	年初样本数（家）	违约数量（家）	违约率（%）	年初样本数（家）	违约数量（家）	违约率（%）	年初样本数（家）	违约数量（家）	违约率（%）
BB+	0	0	0.00	0	0	0.00	0	0	0.00
BB	1	1	100.00	1	1	100.00	0	0	0.00
BB-	0	0	0.00	0	0	0.00	0	0	0.00
B+	0	0	0.00	0	0	0.00	0	0	0.00
B	0	0	0.00	0	0	0.00	1	1	100.00
B-	0	0	0.00	0	0	0.00	0	0	0.00
CCC	0	0	0.00	0	0	0.00	0	0	0.00
CC	0	0	0.00	0	0	0.00	0	0	0.00
C	0	0	0.00	0	0	0.00	0	0	0.00
NR	6	0	0.00	4	0	0.00	3	0	0.00
总计	1 112	20	1.80	1 130	27	2.39	1 072	26	2.43

注：(1) 发行人样本为当年年初存续且具有主体信用级别的一般公司债发行人主体，不包括所发债券年初存续但主体被终止信用评级的发行人；发行人主体信用等级的有效期限视为等同于其所发债券的有效期限，对于所有债券均到期的发行人认为其主体信用等级失效；表中发行人主体级别为当年年初级别；发行人具有不同信用等级的双评级或多评级，则按不同主体信用等级分别纳入统计，即同一主体可被计数多次。(2) 发行人主体违约率＝当年发生违约的发行人家数/发行人样本家数。(3) 当年违约数量不包括之前已发生违约并在当年再度发生违约的发行人。

资料来源：Wind。

第三章
2020 年证券资信评级行业面临的问题和 2021 年前景展望

第一节 2020 年中国证券资信评级行业面临的问题

一、信用评级机构对突发事件的应急处理能力不足

2020 年，突发的新冠肺炎疫情席卷全球，对我国经济社会发展造成了较大的影响。相较国际金融机构具有完备的突发事件应急预案，我国信用评级机构在突发事件应急处理措施方面仍显不足，类似新冠肺炎疫情等突发事件对业务的持续性负面冲击较大。此外，在处理涉及评级机构的突发事件时，需要评级机构与监管机构、公众媒体等保持良好的沟通，向外界传递正面的声音和形象。近年来评级机构由于评级质量问题饱受社会争议，建立与公众的良好沟通渠道，加强自身公关能力建设，应对突发事件的冲击对评级机构尤为重要。

二、评级方法有待创新，全球评级技术体系有待完善

随着新债券品种和新风险因素的不断涌现，原有的评级方法已不能精准地揭示信用风险。我国部分评级机构的评级技术同质化严重，评级方法更新滞后，评级理论体系不健全，难以发挥信用评级应有的风险预警作用。

继彭博和摩根大通将中国国债纳入其主要指数后，2020 年，富时罗素宣布中国国债被纳入富时世界国债指数（WGBI），预计将于 2021 年 10 月生效。我国评级机构将加快迈向国际市场，评级机构原有的区域评级技术体系不能适应国际化的需要，应加快建立健全全球评级技术体系。目前，我国评级机构的国际化发展程度还处于初期，虽然三家评级机构已在香

港开展评级业务，但市场份额很小，影响力有限。中资信用评级机构在境外声誉不足，评级技术不完善，数据库不完整，发行人和投资者对其认可度不高。面对业务经验丰富、技术人才实力雄厚的国际评级机构，国内评级机构面临严峻的竞争态势，拓展境外业务的压力较大。

为了提高国际竞争力，评级机构需要站在全球视角，加快建立全球评级技术体系，并与国内区域评级技术体系形成对应关系，提高评级技术体系的国际化水平，逐步赢得国际发行人和投资人的认可。

三、评级质量有待提升，风险预警能力需要进一步提高

近年来，公募债券市场高信用等级发行人违约数量有所上升。尤其是2020年第三季度以来，我国信用债市场接连发生AAA级发行人违约事件。华晨集团、永煤集团和紫光集团有限公司（以下简称“紫光集团”）三家AAA级国有企业先后违约，对债券市场信用环境造成一定程度冲击。华晨集团、永煤集团、紫光集团三家发行人的密集违约直接考验评级机构的评级结果质量，发行人年初级别均为AAA级，意味着违约风险极低，评级准确性受到质疑。从违约率来看，一是我国AAA级违约率逐年升高，且部分级别违约率“倒挂”，客观说明我国债券市场信用评级结果质量不佳；二是评级机构预警及时性严重不足。从历史数据来看，高级别尤其是AAA级（含历史级别，以下同）发行人违约事件仍属个案，2018年上海华信国际集团有限公司违约以来（首次AAA级发行人违约），截至2020年底，我国债券市场共有AAA级（含历史级别）违约发行人9家，违约当年年初级别为AAA级的发行人有6家，而违约前级别仍为AAA级的发行人有2家。2020年以前违约的AAA级发行人首次负面评级行动距离违约时间基本均超过两个月，最长高达1年以上，而2020年3家AAA级违约发行人中永煤集团违约前未有负面评级行动，紫光集团首次负面评级行动距离违约时间不足1周，华晨集团首次负面评级行动距离违约时间不足1个月，信用级别预警及时性严重不足。

整体来看，我国信用评级机构的评级区分度不足，风险预警功能仍然薄弱，评级质量有待进一步提升。

四、评级行业竞争秩序有待规范

2020年，虽然监管部门和自律组织不断加大对评级行业竞争秩序的规范，但评级行业恶性竞争现象仍然存在。随着市场竞争日趋激烈，部分评级机构为迎合发行人，采取级别竞争的方式去抢夺客户、拓展市场，恶化了评级质量；部分评级机构通过打包收费等方式变相降低评级收费，诱发恶性价格竞争，不利于评级行业的可持续发展。

第二节 2021 年证券资信评级行业发展前景展望

一、评级行业统一监管体系进一步完善，评级机构法律责任逐步加重

《信用评级业管理暂行办法》规定，中国人民银行是信用评级行业主管部门，主管全国的信用评级监督管理工作；国家发改委、财政部、中国证监会为信用评级业务管理部门，在职责范围内依法对信用评级业务实施监督管理，标志着评级行业统一监管框架基本确立。从 2019 年起，中国证券业协会和中国银行间市场交易商协会每季度不定期发布债券市场信用评级机构业务运行及合规情况通报，开展了 2019 年信用评级机构业务市场化评价工作，协同加强对债券市场信用评级机构的自律管理。

同时，《信用评级业管理暂行办法》强化了评级机构的法律责任，对信用评级机构应当承担的法律责任进行了详细、明确的规定，同时加大了处罚力度，强化评级机构的自律意识，防范恶性竞争，促进评级行业规范发展。

2021 年 3 月中国人民银行、国家发改委、财政部、中国银保监会和中国证监会联合发布《关于促进债券市场信用评级行业高质量健康发展的通知（征求意见稿）》，提出加强评级方法体系建设，提升评级质量和区分度；对于评级大幅调整行为，要求评级机构对评级方法模型进行检查和评估；鼓励评级机构运用大数据、人工智能等科技手段，提高风险识别能力；鼓励发行人采用多评级，引导扩大投资者付费评级适用范围，发挥多评级以及不同模式评级的交叉验证作用；严格监督管理，加大对违规行为惩戒力度；联合制定统一的评级机构业务标准，加强监管协同和信息共享，防止监管套利；对违规机构和人员依据有关规定予以处罚。

未来，在统一监管的背景下，预计银行间债券市场和交易所债券市场评级业务资质将实现完全互认，各监管部门的监管信息实现共享，监管套利空间进一步压缩。同时，未来评级行业将积极融合互联网大数据、云计算、人工智能等技术实行信息共享，降低监管成本。此外，对信用评级机构及从业人员的法律责任追究和处罚力度将逐步加强，评级机构和从业人员的违法违规成本将加大。整体来看，预计评级行业将进一步重塑发展格局，强化行业发展规范性，提升评级机构评级服务水平，推动评级行业在新的历史时期迈上新台阶。

二、多因素作用下债券发行规模将可能增长，评级行业发展空间仍然较大

未来随着我国债券市场的进一步发展，信用评级机构的业务量有望继续增加。2020 年，

在市场资金面整体较为宽松，政策支持实体经济发展、鼓励和推动直接融资的背景下，我国债券市场发行增长态势显著。2020 年，我国债券市场发行各类债券 55.33 万亿元，同比显著增长 21.89%。2021 年，在新冠肺炎疫情和世界经贸形势变化可能对我国经济发展带来冲击的背景下，我国在宏观调控上有望继续实施逆周期调节，预计 2021 年我国债券市场的发行规模将继续呈增长态势。其中，受益于监管层继续支持中小微、民营企业债券融资和信用类债券发行条件的放宽，公司债和企业债项目有望继续扩容；同时财政政策将更加积极有为，地方政府债、城投债项目也有望继续增多。随着债券市场发行规模的稳步增长，我国信用评级机构的评级业务发展空间也有望随之扩大。

未来我国债券市场仍将长期存在信息不对称问题。境内外投资者对我国数万期各类债券的信用风险尚不能精准识别，境内外投资者迫切需要信用评级机构提供独立公正的信用评级，借此更加精准地识别和防范债券市场的信用风险；同时，我国债券发行人也期待信用评级机构提供独立公正的信用评级，借此向债券市场各参与方准确揭示其信用资质。

三、评级行业将进一步扩容，行业竞争进一步加剧

2020 年 5 月国务院金融稳定发展委员会提出允许符合条件的国际评级机构和民营评级机构在我国开展债券信用评级业务。截至 2020 年底，已有 57 家信用评级机构根据《信用评级业管理暂行办法》的要求完成备案，包括惠誉博华、蚂蚁信用评估有限公司、惠众信用评级（浙江）有限公司、安融信用评级有限公司等国际评级机构和民营评级机构。

未来，预计会有更多的评级机构参与到评级行业的发展中，信用评级服务领域进一步扩容，促进评级行业高质量健康发展的同时，评级行业格局将进一步重构，评级行业的竞争也日趋激烈。一方面，国内评级机构可能受到国际评级机构先进的评级技术和完善的评级体系的冲击；另一方面，金融科技与信用评级的结合已经成为国际信用评级领域新的发展趋势，国际评级机构以及部分民营信用评级机构在大数据、云计算、人工智能、区块链技术方面具有显著优势，可能会对评级行业的发展带来新的挑战。

四、违约常态化背景下，评级质量的重要性将更加突出

2020 年，经济下行周期叠加新冠肺炎疫情冲击，外部不利环境下部分企业流动性持续恶化，我国债券市场违约常态化发生。2020 年，我国交易所债券市场新增 27 家违约发行人，共涉及 74 期违约债券，较上年同期（41 家、100 期）有所减少，违约金额约 759.70 亿元，较上年同期（604.85 亿元）有所增加。新增违约发行人仍以民营企业为主，但部分国有企业信用风险开始暴露，华晨集团、永煤集团、紫光集团等 AAA 级国有企业先后违约，对债券市场信用环境造成重大冲击。2020 年的违约事件共涉及 6 家评级机构。整体来看，评级机构对违约主体的风险识别与揭示能力仍然不足，违约主体风险揭示及时性有待进一步

提高。

未来，预计债券市场的违约事件仍将常态化发生，将继续考验评级机构的评级技术和评级质量。作为评级机构公信力的基础，评级质量的重要性将日益突出。投资者高度关注评级机构的评级表现，评级准确性不高、评级预警不及时的评级机构会受到投资人和监管部门的质疑和处罚，其公信力将逐渐丧失，并最终被市场边缘化、淘汰；评级准确性高、风险识别能力强、预警及时的评级机构将获得市场认可，其公信力将逐步提高，并有望成为评级行业的引领者。

五、评级行业对外开放步伐加快，推动评级机构业务模式更快转型

近年来，监管部门稳步推进信用评级行业双向开放，允许更多境外评级机构开展境内评级业务。2020年5月14日，惠誉评级有限公司在我国境内设立的独资公司惠誉博华成为继标普中国之后第二家获准进入中国市场的外资独资信用评级机构。同时，监管部门鼓励境内评级机构积极拓宽国际业务，“走出去”与国际接轨，提高境外投资者对国内债券市场的认知程度和关注度，提升我国信用评级行业的国际影响力。

未来，评级行业对外开放步伐加快，更多的境外评级机构将进入我国开展评级业务；同时，我国境内评级机构也将越来越多地走出国门，积极开拓国际业务，评级机构业务模式也将更趋国际化。

六、取消强制评级，促进评级机构提升评级质量和服务水平

2021年2月，中国证监会新修订的《公司债券发行与交易管理办法》和《证券市场资信评级业务管理办法》正式发布，公募公司债将不再强制外部评级。在发行端、投资端的强制外部评级取消后，交易端、质押端的强制外部评级也可能会逐步取消，未来我国债券的发行、交易、投资、抵质押等各环节可能将全部取消强制外部评级。

监管部门取消强制外部评级后，部分债券的评级业务将明显萎缩，特别是大型央企、大型金融机构、龙头工商企业等优质客户有可能将不再进行债项评级，短期内评级行业的整体收入将有所下滑，评级机构之间的竞争将进一步加剧。部分评级机构将面临很大的生存困难，可能会引发评级行业的并购重组，评级行业的竞争格局将会重塑。同时，未来评级公司的主动评级业务、投资人付费评级业务将有所发展，保持对取消评级的优质客户的跟踪评级，将有助于评级机构与债券市场的风险管理。

取消强制评级，将推动我国评级行业发展由“监管驱动”向“市场驱动”转变，将加快我国评级行业的市场化进程。从中长期来看，随着对评级结果不合理使用的取消，评级需求将逐步从监管需求迁移至投资人需求，信用评级机构的竞争重心将从发行人转向投资人，评级行业竞争将更趋市场化。

专题报告

专题报告之一：2020 年中国证券公司合规管理发展综述

第一章 2020 年中国证券公司合规管理概况

第一节 2020 年证券公司合规管理基本情况

从 2017 年中国证监会发布《证券公司和证券投资基金管理公司合规管理办法》（以下简称《办法》）和中国证券业协会发布《证券公司合规管理实施指引》（以下简称《指引》）以来，证券行业经历了近 4 年的实践，合规管理体系更加成熟，合规管理的重要性显著提高，合规管理工作成效显著。2020 年，证券公司积极贯彻新《证券法》的要求，进一步落实《办法》和《指引》，秉承“合规创造价值、合规人人有责”的理念，持续推进合规文化建设，培育全员合规意识，不断完善合规管理体系。

一、证券公司分类监管情况

中国证监会结合证券公司市场竞争力和综合水平，以证券公司风险管理能力、持续合规状况为基础，对证券公司实施分类监管。2020 年中国证监会对 132 家证券公司开展了分类评价，其中有 34 家公司按规定与其母公司合并评价，共计 98 家单位参与评价。2020 年分类评价结果为：A 类公司数量占比为 47.96%，比 2019 年占比增加 9.18%，其中 AA 级公司 15 家，A 级公司 32 家；B 类公司数量占比为 39.80%，比 2019 年占比减少 11.22%，其中 BBB 级、BB 级和 B 级公司分别为 23 家、10 家和 6 家；C 类公司数量占比为 11.22%，比 2019 年占比增加 3.06%，其中 CCC 级公司 6 家，CC 级公司 4 家，C 级公司 1 家；D 类公司 1 家，数量占比为 1.02%，比 2019 年占比减少 1.02%。2020 年证券公司分类评价结果无 E 类公司。

二、证券公司合规管理组织体系

2020 年底中国证券业协会组织的证券公司合规管理问卷调查显示（有效问卷共 110 份），在证券公司合规部门设置情况方面，随着《办法》明确要求“证券基金经营机构应当设立合规部门”，2020 年 93.64% 的证券公司设立了专职的合规部门，较上一年度上升了 2.34%，远大于将合规部门与风险管理部门合并设立的公司（6.36%）。同时，大多数证券公司（66.36%）的法律部门与合规部门合二为一。

在证券公司合规管理人员情况方面，《办法》和《指引》对证券公司合规部门、各业务部门、分支机构、各子公司合规管理人员的数量提出了基本标准。截至 2020 年底，证券公司专职合规管理人员（含总部合规部门、业务部门、分支机构、子公司）总人数为 12 962 人，平均人数约为 118 人；兼职合规管理人员（含业务部门、分支机构、子公司）平均约 38 人；全体合规管理人员（含专职合规管理人员和兼职合规管理人员）占公司全体员工数的平均比例为 2.03%。其中，从专职合规管理人员数量分布来看，专职合规管理人员总部合规部门平均为 18 人，业务部门平均为 11 人，分支机构平均为 77 人，子公司平均为 12 人；从兼职合规管理人员数量分布来看，兼职合规管理人员业务部门平均为 7 人，分支机构平均为 24 人，子公司平均为 8 人。具有 IT 背景从事合规工作的专职人员平均为 8 人，具有 IT 背景从事合规工作的兼职人员平均为 3 人。

从证券公司合规部门人员数量变动情况来看，2020 年人数增加的占比约为 56.36%，人数减少的占比约为 22.73%，人数保持不变的占比约为 20.91%。

第二节　2020 年证券行业监管与自律规则体系的发展情况

一、证券行业监管规则体系发展情况

2020 年，中国证监会系统以“建制度、不干预、零容忍”为方针，坚持服务实体经济

和保护投资者合法权益的根本宗旨，加快构建更加成熟的资本市场基础制度体系，不断提升我国资本市场的吸引力和国际竞争力。

一是以注册制改革为龙头，推动资本市场的制度创新。2020年3月，中国证监会发布《科创属性评价指引（试行）》[1]，进一步明确了科创属性企业的内涵和外延，提出了科创属性具体的评价指标体系。2020年7月，中国证监会发布《科创板上市公司证券发行注册管理办法（试行）》[2]，对科创板再融资的发行条件、发行程序、信息披露、发行承销等作出相关规定；修改《科创板首次公开发行股票注册管理办法（试行）》[3]，保障发行审核工作的连续性，确保新股发行常态化；发布《公开发行证券的公司信息披露内容与格式准则第43号——科创板上市公司向不特定对象发行证券募集说明书》[4]，规范证券交易所科创板上市公司向不特定对象发行证券的信息披露行为；发布《公开发行证券的公司信息披露内容与格式准则第44号——科创板上市公司向特定对象发行证券募集说明书和发行情况报告书》[5]，规范证券交易所科创板上市公司向特定对象发行证券的信息披露行为；发布《公开发行证券的公司信息披露内容与格式准则第45号——科创板上市公司发行证券申请文件》[6]，规范科创板上市公司发行证券申请文件的报送行为。

二是强化中介机构的执业能力，完善行业机构做优做强的配套措施。中国证监会鼓励支持业务、产品、服务、组织和技术创新，推动发展国际一流投资银行和财富管理机构；促进完善审计、评估、法律服务、资信评级规则体系，压实中介机构责任，构建权责匹配的资本市场中介体系。2020年1月，中国证监会发布修订后的《证券期货违法违规行为举报工作暂行规定》[7]，规范证券期货违法线索举报工作，加大对证券期货违法违规行为的打击力度；发布《证券公司风险控制指标计算标准规定》[8]，完善证券公司风险控制指标计算标准，充分反映和有效防范证券公司风险。2020年3月，中国证监会发布修订后的《证券期货规章制定程序规定》[9]，进一步完善证券期货规章制定工作机制。2020年6月，中国证监会对《证券发行上市保荐业务管理办法》进行了修订[10]，相关条款对应新《证券法》实施做好配套衔接，对注册制下中介机构的专业能力和执业质量也提出了更高要求。2020年7月，中

---

① 《科创属性评价指引（试行）》（中国证监会公告〔2020〕21号）。

② 《科创板上市公司证券发行注册管理办法（试行）》（中国证监会令〔2020〕171号）。

③ 《科创板首次公开发行股票注册管理办法（试行）》（中国证监会令〔2020〕174号）。

④ 《公开发行证券的公司信息披露内容与格式准则第43号——科创板上市公司向不特定对象发行证券募集说明书》（中国证监会公告〔2020〕37号）。

⑤ 《公开发行证券的公司信息披露内容与格式准则第44号——科创板上市公司向特定对象发行证券募集说明书和发行情况报告书》（中国证监会公告〔2020〕38号）。

⑥ 《公开发行证券的公司信息披露内容与格式准则第45号——科创板上市公司发行证券申请文件》（中国证监会公告〔2020〕39号）。

⑦ 《证券期货违法违规行为举报工作暂行规定》（中国证监会公告〔2020〕7号）。

⑧ 《证券公司风险控制指标计算标准规定》（中国证监会公告〔2020〕10号）。

⑨ 《证券期货规章制定程序规定》（中国证监会令〔2020〕165号）。

⑩ 《证券发行上市保荐业务管理办法》（中国证监会令〔2020〕170号）。

国证监会发布《证券期货业软件测试指南　软件安全测试》[①]，进一步明确行业软件安全测试工作指引，提高行业整体安全防御能力，促进行业信息系统建设水平整体提升；发布《关于修改〈证券公司分类监管规定〉的决定》[②]，以证券公司风险管理能力、持续合规状况为基础，修改证券公司分类评价标准，强化风险管理能力加分指标的导向性，完善持续合规扣分标准即调降级别依据；发布《证券服务机构从事证券服务业务备案管理规定》[③]，加强对证券服务机构从事证券服务业务活动的监督管理，规范证券服务机构从事证券服务业务的行为。2020 年 9 月，中国证监会发布《关于证券市场信息披露媒体条件的规定》[④]，保障证券市场信息披露义务人信息披露的权威性、时效性、易获得性。2020 年 10 月，中国证监会发布《关于修改、废止部分证券期货规章的决定》[⑤]，对有关证券期货制度文件进行清理，进一步落实新《证券法》和“放管服”的改革要求。

三是根据新《证券法》的要求，配套落实一系列相关政策。2020 年 3 月，中国证监会发布《关于修改部分证券期货规章的决定》[⑥]，对于《证券法》修改后的规定比较明确具体，相应的一些规章中需要配套修改的内容主要属于按《证券法》新规定直接进行文字和内容对应调整的，采取“打包”方式对相关规章集中进行了修改。中国证监会对《上市公司收购管理办法》作了配套调整，进一步完善对持股 5% 以上股东持股变动的监管要求，明确对免除要约收购义务的监管安排，强化事中事后监管机制。同时，中国证监会修改了《上市公司重大资产重组管理办法》，落实新《证券法》对上市公司重大资产重组的相关要求[⑦]，进一步明确上市公司控股股东、实际控制人违法违规行为的法律责任，明确发行股份购买资产存在欺诈的法律责任，依法扩大证券支付工具范围。中国证监会还修改了《证券交易所管理办法》，明确新《证券法》对证券交易所职能的要求；将《上市公司收购管理办法》《上市公司重大资产重组管理办法》《非上市公众公司重大资产重组管理办法》《外商投资证券公司管理办法》《证券投资基金管理公司管理办法》《证券投资基金托管业务管理办法》《公开募集证券投资基金信息披露管理办法》等一系列规章中涉及会计师事务所等服务机构准入资格要求的表述进行了相应的调整。同时，中国证监会修改《证券公司风险控制指标管理办法》《证券公司和证券投资基金管理公司合规管理办法》，根据新《证券法》的要求调整了合规管理、风险控制指标不符合规定情形时可以采取的监管措施类型。中国证监会还修改了《证券期货市场诚信监督管理办法》，将违反新《证券法》的相关失信行为纳入诚信信息范围，进一步明确证券交易场所审查诚信状况的要求。

四是稳步促进资本市场制度型双向开放。2020 年 4 月，中国证监会发布《关于创新试

---

① 《证券期货业软件测试指南　软件安全测试》（中国证监会公告〔2020〕40 号）。
② 《关于修改〈证券公司分类监管规定〉的决定》（中国证监会公告〔2020〕42 号）。
③ 《证券服务机构从事证券服务业务备案管理规定》（中国证监会公告〔2020〕52 号）。
④ 《关于证券市场信息披露媒体条件的规定》（中国证监会公告〔2020〕60 号）。
⑤ 《关于修改、废止部分证券期货规章的决定》（中国证监会令〔2020〕177 号）。
⑥⑦《关于修改部分证券期货规章的决定》（中国证监会令〔2020〕166 号）。

点红筹企业在境内上市相关安排的公告》[①]，为有意愿在境内主板、中小板、创业板和科创板上市的创新试点红筹企业提供路径，促进创新创业。2020 年 7 月，中国证监会和中国银保监会联合修订发布《证券投资基金托管业务管理办法》[②]，支持外国银行在华分行申请证券投资基金托管业务资格，大力促进国家金融业对外开放。2020 年 9 月，中国证监会、中国人民银行、国家外汇管理局发布《合格境外机构投资者和人民币合格境外机构投资者境内证券期货投资管理办法》[③]，规范合格境外机构投资者和人民币合格境外机构投资者在境内证券期货市场的投资行为；发布《关于实施〈合格境外机构投资者和人民币合格境外机构投资者境内证券期货投资管理办法〉有关问题的规定》[④]，规范境外机构投资者投资境内证券期货交易。

五是完善具有包容性、适应性的多层次资本市场体系，促进新三板、债券、基金、期货和衍生品的发展。2020 年 2 月，中国证监会对《创业板上市公司证券发行管理暂行办法》部分条款进行了修改[⑤]，进一步提高直接融资比重。2020 年 3 月，中国证监会发布《上市公司创业投资基金股东减持股份的特别规定》[⑥]，进一步完善创业投资基金退出渠道。2020 年 4 月，中国证监会发布《公开募集证券投资基金投资全国中小企业股份转让系统挂牌股票指引》[⑦]，规范公募基金投资新三板挂牌股票行为。2020 年 6 月，中国证监会发布《创业板首次公开发行股票注册管理办法（试行）》[⑧]，对发行条件、注册程序、信息披露、发行承销等方面做出制度约定，明确发行人和保荐人、证券服务机构等市场参与主体的责任和义务；发布《创业板上市公司证券发行注册管理办法（试行）》[⑨]，规定再融资品种范围和基本原则，提出更加严格的信息披露要求；发布《创业板上市公司持续监管办法（试行）》[⑩]，推进创业板改革并试点注册制，建立健全创业板上市公司持续监管制度；发布《公开发行证券的公司信息披露内容与格式准则第 28 号——创业板公司招股说明书（2020 年修订）》[⑪] 等一系列公告，规范在证券交易所创业板试点注册制首次公开发行股票的信息披露行为；发布《创业板首次公开发行证券发行与承销特别规定》[⑫]，规范创业板首次公开发行证券的发行与承销行为。2020 年 7 月，中国证监会发布《非上市公众公司监管指引第 5 号——精选层挂

---

① 《关于创新试点红筹企业在境内上市相关安排的公告》（中国证监会公告〔2020〕26 号）。

② 《证券投资基金托管业务管理办法》（中国证监会令〔2020〕172 号）。

③ 《合格境外机构投资者和人民币合格境外机构投资者境内证券期货投资管理办法》（中国证监会令〔2020〕176 号）。

④ 《关于实施〈合格境外机构投资者和人民币合格境外机构投资者境内证券期货投资管理办法〉有关问题的规定》（中国证监会公告〔2020〕63 号）。

⑤ 《创业板上市公司证券发行管理暂行办法》（中国证监会令〔2020〕163 号）。

⑥ 《上市公司创业投资基金股东减持股份的特别规定》（中国证监会公告〔2020〕17 号）。

⑦ 《公开募集证券投资基金投资全国中小企业股份转让系统挂牌股票指引》（中国证监会公告〔2020〕23 号）。

⑧ 《创业板首次公开发行股票注册管理办法（试行）》（中国证监会令〔2020〕167 号）。

⑨ 《创业板上市公司证券发行注册管理办法（试行）》（中国证监会令〔2020〕168 号）。

⑩ 《创业板上市公司持续监管办法（试行）》（中国证监会令〔2020〕169 号）。

⑪ 《公开发行证券的公司信息披露内容与格式准则第 28 号——创业板公司招股说明书（2020 年修订）》（中国证监会公告〔2020〕31 号）。

⑫ 《创业板首次公开发行证券发行与承销特别规定》（中国证监会公告〔2020〕36 号）。

牌公司持续监管指引（试行）》① 等一系列制度，建立适合新三板公司特点的持续监管制度。2020年8月，中国证监会修订《证券投资基金销售管理办法》②，规范公开募集证券投资基金销售行为；发布《公开募集证券投资基金宣传推介材料管理暂行规定》③，规范基金宣传推介活动。

六是依法全面从严监管的态势进一步巩固，市场生态积极发展。2020年12月，全国人大常委会通过了《刑法修正案（十一）》，此次修订大幅提高了欺诈发行、信息披露造假、中介机构提供虚假证明文件和操纵市场四类证券期货犯罪的刑事惩戒力度。《刑法修正案（十一）》大幅提高欺诈发行、信息披露造假等犯罪的刑罚力度；强化对控股股东、实际控制人等“关键少数”的刑事责任追究；压实保荐人等中介机构的“看门人”职责，明确将保荐人作为提供虚假证明文件罪和出具证明文件重大失实罪的犯罪主体，适用该罪追究刑事责任；与《证券法》修订保持有效衔接，进一步明确对“幌骗交易操纵”“蛊惑交易操纵”“抢帽子操纵”等新型操纵市场行为追究刑事责任，为打造一个规范、透明、开放、有活力、有韧性的资本市场提供了坚实的法治保障。

二、证券行业自律规则体系发展情况

2020年证券交易所积极配合中国证监会的政策，加强监管，发布了多项自律规则。交易所发布了多项科创板配套规则，为科创板试点注册制提供业务规则和配套指引。2020年3月，上海证券交易所发布《上海证券交易所科创板企业发行上市申报及推荐暂行规定》④，引导和规范发行人申报和保荐机构推荐工作。2020年7月，上海证券交易所发布《上海证券交易所科创板上市公司证券发行上市审核规则》⑤，规范科创板上市公司证券发行上市的审核工作；发布《上海证券交易所科创板上市公司证券发行承销实施细则》⑥，规范科创板上市公司证券发行与承销行为。交易所发布了多项创业板配套规则，为创业板改革试点注册制提供业务规则和配套指引。2020年6月，深圳证券交易所发布《深圳证券交易所创业板首次公开发行证券发行与承销业务实施细则》⑦，明确创业板首次公开发行证券发行与承销要求；发布《深圳证券交易所创业板上市公司证券发行与承销业务实施细则》⑧，规范创业板上市公司证券发行承销活动；发布《深圳证券交易所创业板交易特别规定》⑨，规范创业

① 《非上市公众公司监管指引第5号——精选层挂牌公司持续监管指引（试行）》（中国证监会公告〔2020〕46号）。

② 《证券投资基金销售管理办法》（中国证监会令〔2020〕175号）。

③ 《公开募集证券投资基金宣传推介材料管理暂行规定》（中国证监会公告〔2020〕59号）。

④ 《上海证券交易所科创板企业发行上市申报及推荐暂行规定》（上证发〔2020〕21号）。

⑤ 《上海证券交易所科创板上市公司证券发行上市审核规则》（上证发〔2020〕50号）。

⑥ 《上海证券交易所科创板上市公司证券发行承销实施细则》（上证发〔2020〕51号）。

⑦ 《深圳证券交易所创业板首次公开发行证券发行与承销业务实施细则》（深证上〔2020〕484号）。

⑧ 《深圳证券交易所创业板上市公司证券发行与承销业务实施细则》（深证上〔2020〕485号）。

⑨ 《深圳证券交易所创业板交易特别规定》（深证上〔2020〕515号）。

板市场交易行为。

2020 年 7 月，沪、深证券交易所发布《向不特定对象发行的可转换公司债券投资风险揭示书》①，规范上市公司向不特定对象发行的可转换公司债券相关业务，帮助投资者充分了解和评估可转债交易的相关风险。2020 年 10 月，沪、深证券交易所发布《合格境外机构投资者和人民币合格境外机构投资者证券交易实施细则（2020 年修订）》②，衔接落实中国证监会相关修订规则，进一步规范合格境外投资者的证券及其衍生品种交易行为。

2020 年，自律组织持续加强对证券公司业务的指导和规范。2020 年 3 月，中国证券业协会发布《证券经营机构及其工作人员廉洁从业实施细则》③，加强对证券经营机构及其工作人员廉洁从业的自律管理。2020 年 5 月，中国证券业协会发布《发布证券研究报告执业规范（修订稿）》和《证券分析师执业行为准则（修订稿）》④，加强对发布证券研究报告业务的自律管理。2020 年 7 月，中国证券业协会发布《中国证券业协会自律措施实施办法（2020 年修订）》⑤，落实新《证券法》及相关授权规定的新要求，进一步规范自律措施的实施。2020 年 8 月，中国证券业协会发布《证券从业人员职业道德准则》⑥，加强证券从业人员职业道德建设。2020 年 9 月，中国证券业协会发布《证券公司场外期权业务管理办法》⑦，进一步完善证券公司场外期权业务的制度供给，加强场外期权业务的自律管理。2020 年 3 月，中国证券投资基金业协会发布《基金经营机构及其工作人员廉洁从业实施细则》，规范基金经营机构及其工作人员廉洁从业。2020 年 4 月，中国证券投资基金业协会发布《中国证券投资基金业协会律师事务所入会指引》⑧，推动律师事务所恪尽职守从事基金行业法律服务。

---

① 《向不特定对象发行的可转换公司债券投资风险揭示书》（上证发〔2020〕57 号）。

② 《合格境外机构投资者和人民币合格境外机构投资者证券交易实施细则（2020 年修订）》（深证会〔2020〕583 号）。

③ 《证券经营机构及其工作人员廉洁从业实施细则》（中证协发〔2020〕32 号）。

④ 《发布证券研究报告执业规范（修订稿）》和《证券分析师执业行为准则（修订稿）》（中证协发〔2020〕76 号）。

⑤ 《中国证券业协会自律措施实施办法（2020 年修订）》（中证协发〔2020〕116 号）。

⑥ 《证券从业人员职业道德准则》（中证协发〔2020〕132 号）。

⑦ 《证券公司场外期权业务管理办法》（中证协发〔2020〕104 号）。

⑧ 《中国证券投资基金业协会律师事务所入会指引》（中基协发〔2020〕3 号）。

第二章

2020 年中国证券公司合规管理职能的履行情况

2020 年，证券公司履行多项合规管理职能，积极落实新《证券法》《证券公司和证券投资基金管理公司合规管理办法》和《证券公司合规管理实施指引》。

一、新《证券法》的贯彻落实

新《证券法》颁布后，证券公司普遍高度重视新《证券法》的贯彻落实，对全体从业人员以及投资者开展了多种渠道、多种方式的宣传和教育活动。证券公司普遍开展了新《证券法》的学习宣贯工作，通过邮件宣传、公司微信公众号、官方网站、现场培训、直播讲座、答题测试等途径向从业人员和投资者宣传新《证券法》。证券公司普遍通过组织制度体系系统性梳理，将新规要求融入现有制度体系、岗位职责和操作流程中，确保新《证券法》各项要求落到实处。证券公司还对投资顾问、营销人员、证券经纪人等岗位人员进行投资者保护教育培训，剖析警示案例；加强对投资者的证券基础知识讲解，形成传导机制，倡导投资者理性投资，提高投资者自我保护意识；通过在公司投教基地网站和微信公众号设置专区集中宣传新《证券法》知识，组织开展新《证券法》知识答题等方式，重点向购买金融产品的客户宣导新《证券法》投资者保护专章，强调投资者适当性管理。

二、子公司合规管理

近年来，中国证监会加强了证券公司对子公司管控的监管，《证券公司和证券投资基金管理公司合规管理办法》和《证券公司合规管理实施指引》强调了证券公司对其子公司合规管理全覆盖的要求。2020 年，证券公司普遍通过制定相关政策制度来明确对子公司进行考核，由合规总监出具书面合规性专项考核意见，合规性专项考核占该子公司绩效考核结果的比例不低于 15%，并可制定一票否决机制，子公司将合规考核与薪酬激励方案相挂钩。同时，合规问责导致的绩效扣分将直接影响考核结果，不受合规性专项考核比例的限制；子公司合规专项考核将作为重要因素影响到子公司绩效考核结果，从而对年度薪酬总额产生直接影响。

其中，有境外子公司的证券公司母公司普遍通过对境外子公司相关公司进行治理、重大事项进行管理等方式加强对子公司的管理和控制，如母公司通过子公司股东会、董事会对子公司行使管理、监督、考核等职能；母公司向子公司委派、提名或推荐董事、监事和高级管理人员；子公司发生重大事项，应事先报母公司批准，再由子公司按规定程序审批实施。合规管理总部对境外子公司经营管理行为的合规性定期进行监督和检查，并就其中发现的问题向其提出整改要求；境外子公司建立合规报告机制，主要包括定期报告和不定期报告；每年对境外子公司合规管理情况进行考核。

三、反洗钱

2020 年，证券公司大多按照反洗钱的法律法规要求，积极开展反洗钱制度建设、客户身份识别、洗钱风险评估、反洗钱培训宣传、大额和可疑交易报告等反洗钱工作。根据 2020 年底中国证券业协会组织的行业专项调查，证券公司反洗钱职能部门从事反洗钱合规工作的人员平均为 11 人，其中，专职从事反洗钱工作的人员平均为 5 人，兼职从事反洗钱工作的人员平均为 6 人。分支机构或业务部门反洗钱岗位人数平均为 155 人。证券公司主要从制度建设、系统建设、风险评估、业务审核、监测分析等方面对反洗钱岗位人员进行职责分工。2020 年，约 10% 的证券公司总部法人机构受到了中国人民银行的反洗钱检查，约 18.18% 的证券公司分支机构受到了中国人民银行反洗钱检查。在设置反洗钱可疑交易审核流程时，约 8.18% 的证券公司无须经过分支机构审核，直接由合规部门集中审核；约 50% 的证券公司在分支机构审核后，认为可疑需要上报才提交总部审核；约 41.82% 的证券公司在分支机构审核后，全部提交总部再次审核。

证券公司普遍对各项业务的洗钱固有风险和控制措施有效性开展了全面的评估检查，每年开展反洗钱自评估工作，建立了反洗钱风险评估指标体系和模型，充分评估固有风险与控制有效性。随着《法人金融机构洗钱和恐怖融资风险自评估指引》① 的出台，证券公司将进一步完善识别、评估洗钱和恐怖融资风险，加快制定和实施与风险相称的管理策略和政策。

四、合规检查

2020 年，证券公司根据监管部门的要求，积极开展合规检查工作。根据 2020 年底中国证券业协会组织的行业专项调查，约 41.82% 的证券公司建立了合规检查系统，全流程实现合规检查过程信息化管理，对检查立项、检查底稿撰写、检查实施及跟踪整改实现线上操作与审批，便于与考核问责工作对接。89.10% 的证券公司将廉洁从业检查纳入日常合规检查

① 《法人金融机构洗钱和恐怖融资风险自评估指引》（银反洗发〔2021〕1 号）。

工作中，通过问卷调查、开展与员工谈话、核查被检查单位是否存在异常费用列支情况、了解被检查单位是否存在相关投诉事项、抽查客户进行专项回访等事项，将廉洁从业纳入日常合规检查工作。部分证券公司还根据各业务条线的检查建立了“风险模型”，对投资银行和债券融资等业务条线建立了业务监测模型，对项目的合规风险等级进行划分；通过对客户委托来源、风险测评时间集中度等数据进行分析，建立监控模型，对账户异常行为、异常交易接入等特征进行监控。2020 年，证券公司合规部门普遍加强了与稽核部、监察部的联动，在制订合规检查计划时，参考稽核部年度稽核计划的情况，对稽核部未检查的业务重点关注；在实际检查中，以联合检查等方式，联合稽核部、业务部门等共同对分支机构开展联合大检查；对检查结果进行共享，以合规信息季度沟通会、稽核问题通报、合规提示等形式沟通稽核发现及合规检查发现的问题，共同加强内控管理。

五、合规咨询与合规审查

2020 年，证券公司业务部门和子公司员工在执业过程中遇到法律法规问题时，普遍向合规部门和合规总监进行了咨询。证券公司的合规部门对于业务部门的相关问题，一般采用口头答复和书面意见等方式进行解答。证券公司合规咨询的内容包括对监管法规的理解，对业务开展中具有合法合规不确定性的事项进行判断及分析，以及对法律法规未明确规定的业务性质的认定和其他需要合规咨询的事项。

在合规审查方面，证券公司的合规管理部门普遍对公司各部门及分支机构的内部管理制度、重大决策等经营管理事项、报送监管机关的相关材料和报告、新产品和新业务方案、公司签署的协议、合同等事项的合法合规性进行了审查。合规审查的依据普遍包含法律、法规、规章、规范性文件、自律规则、行业规范和公司内部规章制度等。通过合规审查，证券公司一般能够及时评估和监测公司所面临的合规风险，对执行系统的合规措施或程序，在事前识别合规风险，对可能违规的行为进行评估，有效减少发生违规行为的可能性。

六、合规监测

2020 年，中国证监会对证券从业人员的违规行为零容忍，严查证券从业人员违规买卖股票、私下接受客户委托买卖证券、利用未公开信息交易等违规行为。在从业人员股票交易行为合规监测方面，证券公司普遍要求员工报备证券账户，指定交易或托管到公司营业部，并对从业人员账户进行监控。同时，证券公司还通过监测办公电脑 MAC 地址、办公电话在本公司交易系统中的交易记录等方式，防范员工借用他人账户交易和代客理财。证券公司普遍对私募基金子公司及其下设基金管理机构、从业人员及其配偶和利害关系人，另类子公司董事、监事、高级管理人员和其他工作人员进行证券投资的管理，要求前述人员申报证券账户，定期提供交易记录，监控其证券账户的交易情况，或对交易记录进行审查，一旦发现涉嫌违规交易行为，严格进行调查处理。

七、信息隔离

2020 年，证券公司按照《证券公司信息隔离墙制度指引》（2019 年修订），普遍采取了物理、人员、资金、账户、系统等基础隔离措施，以及观察名单管理、限制名单管理、跨墙管理等信息隔离措施，管控可能存在利益冲突的业务之间敏感信息的不当流动和使用，防范内幕交易，管理利益冲突。证券公司还普遍根据科创板股票发行和承销制度及其业务规范，进一步完善公司内部隔离墙制度，针对投行部门发行承销、发布研究报告、另类子公司参与科创板跟投等事项，防范利益输送和利益冲突，防止利用内幕信息谋取不正当利益。同时，证券公司按照《证券公司参与股票质押式回购交易风险管理指引》的要求，普遍建立、健全了参与股票质押式回购交易的信息隔离墙制度和利益冲突防范机制。随着证券公司国际化程度的加深，为适应境外严格的信息隔离要求，证券公司也逐步开始重视提高信息隔离墙工作的国际化水平，证券公司信息隔离墙制度和投行利益冲突管理制度也逐渐覆盖境外子公司。

八、合规考核与合规问责

2020 年，证券公司普遍根据合规管理新规的要求，落实了合规总监对高级管理人员及下属单位合规性考核占绩效考核结果的比例不低于 15% 的指标要求。根据 2020 年底中国证券业协会组织的行业专项调查，8.18% 的证券公司合规性专项考核占绩效考核比例达 30% 以上；4.55% 的证券公司合规性专项考核占绩效考核比例达 20%—30%；86.36% 的证券公司合规性专项考核占比 15%—20%。2020 年，各证券公司扩大了合规考核的覆盖范围，明确了对合规管理的有效性、经营管理的合规性和职业行为合法性的考核要求。除了明确合规考核权重及合规考核覆盖面以外，93.64% 的证券公司将重大合规风险作为一票否决事项。

在合规问责方面，随着行业依法全面从严监管态势，2020 年证券公司普遍加大了合规问责的力度，不仅在公司内部制度中明确了合规问责的情形、流程和具体措施，增加了问责的有效性，并且还结合日常监管情形和内部管理需要，启动问责工作的事项和问责人次均有所增加；更加注重考核与问责结果的执行程度，将合规考核、合规问责结果与相关部门和人员的薪酬情况挂钩，充分落实合规考核制度的有效性。

第三章
2020 年中国证券公司合规管理面临的问题与 2021 年展望

第一节 2020 年证券公司合规管理面临的问题

随着监管转型和行业探索创新发展，证券行业合规管理理念逐步加深，合规意识逐渐强化，证券公司不断完善合规管理机制，防范、发现和处理证券经营机构违法违规行为，不断提升合规经营水平。但随着市场发展、行业情况和监管要求等方面的变化，证券公司合规管理工作也面临着一些问题。

一、全员合规意识有待提升，自我约束机制有待加强

近年来，证券行业的竞争越来越激烈，在规模、利润等考核指标的驱动下，部分证券公司核心合规管理职能履行不充分，主动发现、报告违规行为的偏少，自我约束机制有待加强。在实际业务经营中，“全员合规、主动合规、我要合规”的意识仍有待进一步增强。随着监管处罚的升级，证券公司普遍更加注重合规管理机制的提升，但在实际业务操作时，还是存在着合规约束机制不够强的问题。例如，少数证券公司的投行业务未完全做到勤勉尽责，尽职调查环节基本程序缺失，缺乏应有的执业审慎，内部质量控制流于形式，未按规定履行持续督导与受托管理义务；部分证券公司的营业部日常管理不规范、不到位，全员合规的意识和理念有待进一步增强。

二、合规管理结构体系有待优化，合规管理全覆盖要求有待深入落实

证券公司合规管理有待进一步深入覆盖所有业务、各部门、各分支机构、各层级子公司

和全体工作人员，贯穿决策、执行、监督、反馈等各个环节。集团层面的合规管理结构体系有待优化，合规管理全覆盖要求有待深入落实。部分证券公司信息系统建设不完善、监控不到位，部分业务审批环节未全部纳入系统管理，部分交易采用纸质审批，公司信息系统未覆盖全部业务。部分证券公司还存在交易过程管控不到位的问题，对交易对手方等要素的管理流于形式，债券交易询价留痕监控不到位，中后台部门未设置交易明细核对专岗。部分证券公司的合规管理流于形式，存在故意规避监管展开交易的行为。合规部门未有效监控债券交易询价记录内敏感信息，业务部门自行处理自律组织要求的调查事项，未及时通知合规负责人及合规部门等。

三、合规管理人员的薪资水平和履职保障有待进一步提升

《证券公司和证券投资基金管理公司合规管理办法》和《证券公司合规管理实施指引》出台后，证券公司合规管理人员数量有所增加，但与证券公司规模、业务复杂程度、风险管控难度等方面仍不相匹配，有待进一步加强合规管理人员的队伍建设。部分证券公司存在合规人员的薪酬待遇水平与业务部门相比普遍偏低的情况，合规部门存在人才流失大、合规管理人员少、职责重等问题，合规人员培养机制有待完善，合规管理工作的有效性有待进一步提高。另外，合规管理人才储备不足，新设分支机构配备符合三年以上相关领域工作经验要求的合规管理人员有一定难度；合规管理人员的专业化水平有待进一步提高，以适应公司业务创新发展的需要。

以上问题反映了2020年证券公司合规管理有待提升，全行业还需进一步培育良性合规文化，真正实现从“要我合规”向“我要合规”转变，将合规意识充分融入日常执业经营中。

第二节　2021年证券公司合规管理展望

近年来，在监管部门强化依法从严全面监管的背景下，证券公司应当顺应监管要求，坚持合规经营的基本原则，努力践行“主动合规、全员合规”的意识和理念。

一、强调合规文化建设，加大合规风险提示力度

2021年，证券公司应进一步加强识别合规风险的能力，加强合规学习与培训，完善相关内部控制机制，依法合规稳健经营。加强日常合规管理工作中的合规风险识别能力，及时对可能存在的合规风险隐患进行预判和预警，防范合规风险隐患。证券公司还应加强员工合

规培训，使守法合规的经营理念深入人心；充分调动业务部门合规管理的自觉性和主动性，发挥业务部门对合规风险的一线管理作用；培育合规文化，要求经营机构和员工严守职业道德和行为准则，倡导和推进合规文化建设。通过合规体系的逐步完善、优化，促使行业形成卓有成效的自我约束机制，为行业的持续健康发展保驾护航。

二、注重提升合规管理的有效性

在监管层持续强化依法从严全面监管的背景下，证券公司应当着力提升合规管理的执行力。加强合规人员队伍建设和合规信息系统建设，充分发挥合规管理部门在公司内部管理中的制约作用，为合规管理人员履行职责创造必要的保障条件；重视和监管部门的沟通，积极寻求疑难合规问题的指导意见，主动反映行业存在的共性问题，推动法制环境进一步适应行业发展的需要。证券公司还应进一步建立、建全公司内部合规问责和惩处机制，加大对违法违规行为的自查自纠力度，提升内部惩戒效果。

三、强化合规管理全覆盖要求

证券公司应当进一步升级合规管理体系，深入落实合规管理全覆盖。形成合规部门、其他内控各部门、公司下属各部门、分支机构、各子公司的合规管理合力。加强对子公司的管理，根据当地的监管要求落实对不同类别的子公司的全面合规管理工作；综合运用合规监测、检查、问责等手段，强化合规制度的执行力；将合规管理贯穿于决策、执行、监督及反馈等各个环节，形成紧密联动的全方位合规管理体系。

专题报告之二：2020 年中国证券公司风险管理发展综述

2020 年新年伊始，新冠肺炎疫情突如其来，给经济发展和资本市场带来巨大冲击。面对疫情挑战，市场机构、行业协会、监管部门积极响应支持疫情防控工作，快速调整以适应风险管理新形势，不断深化风险管理体系建设，加快提升风险管理系统化水平，为未来风险管理转型升级和证券行业整体高质量发展奠定基础。根据中国证券业协会专项调研结果，本报告对 2020 年证券公司风险管理整体情况概括如下。

第一章
2020 年中国证券公司风险管理概况

第一节　2020 年中国证券公司风险管理基本情况①

一、风险管理组织架构与职责

证券公司均已建立了多层级的风险管理组织架构，并明确了董事会、监事会、经理层、各部门、分支机构及子公司的风险管理职责分工。

（一）风险管理部门的设置情况

证券公司设立专门部门履行风险管理职责，牵头负责全面风险管理工作，并对面临的各类风险，包括信用风险、市场风险、流动性风险、操作风险、声誉风险、信息技术风险等，均明确了牵头管理的职能部门。截至 2020 年末，证券公司风险管理相关部门具备 3 年以上证券、金融、会计、信息技术等有关领域工作经历的风险管理人员占公司总部员工平均比例为 2.55%。证券公司风险管理部门员工合计约为 2 374 人，同比增加 2.28%。

证券公司主要按照专业风险类型划分职能，同时证券公司的风险管理部门内还设置风控指标管理、模型管理、数据系统、子公司管理、政策与报告等岗位。其中，14.81% 设立了独立的模型风险管理团队，57.41% 设立了独立的投行业务风险管理团队，12.04% 设立了独立的压力测试团队。风险管理的分工进一步细化，专业化水平不断提升。

（二）业务部门或分支机构风险管理

为不断强化业务部门、分支机构的风险管理工作，证券公司在业务部门、分支机构配置

① 本节数据源自 2020 年中国证券业协会专项调研问卷，有效问卷结果合计 108 份。

了相应的风控人员，具体负责其权限范围内的风险管理工作，履行一线风险管理职责。

（三）子公司风险管理

截至2020年末，证券公司中82.41%设有子公司，73.15%设有不止一家子公司，31.48%设有境外（含香港）子公司。对于设有子公司的证券公司，74.16%在母公司风险管理部门中设置了专职的子公司风险管理岗位或团队，负责相应子公司风险管理工作。证券公司对子公司的风险管理主要包括子公司风险管理负责人任免、风险限额管理、日常风险监测、风险报告、子公司重大事项审核或审批、风险考核等。

对于设有子公司的证券公司，93.26%对子公司实施了风险限额管理，98.88%可以在子公司发生重大风险事件后的T+1日内向母公司报告，50.56%实现风控系统T+1日获取子公司风险数据，69.66%每日风险报告中会涵盖各家子公司的风险信息，74.16%设置了集团层面的统一风险监测指标（如规模、VaR、损益、风险敞口、集中度、净资本核心风险控制指标等）。

对于设有境外子公司的证券公司，91.43%已对境外子公司实施了上述风控垂直管理，71.43%可以获取境外子公司相关风险数据。

二、风险管理政策和机制

制度建设方面，各家证券公司均已不同程度地建立了多层级的风险管理制度体系，同时通过稽核、检查和考核等手段，保证相应制度的贯彻执行。2020年，证券公司在现有制度体系的基础上持续完善制度建设工作。

风险限额方面，证券公司均已建立了适合自身业务管理需要的风险偏好，在风险偏好框架下设立了风险容忍度及风险限额体系，并建立了逐级分解机制；同时建立了超限预警机制，并明确了异常情况的报告路径和处理办法。

风险计量方面，证券公司选择风险价值VaR、预期信用损失EL、现金流缺口Gap等方法或模型来计量和评估市场风险、信用风险、流动性风险等主要风险类型，并采用敏感性分析和压力测试等手段评估极端风险。

风险应对方面，证券公司根据风险评估和预警结果，选择与公司风险偏好相适应的风险回避、降低、转移和承受等应对策略，建立合理有效的资产减值、风险对冲、资本补充、规模调整、资产负债管理等应对机制。

风险报告方面，主要包括日报、月报、季报、半年报、年报等定期报告，以及各类不定期专项报告。

风险调整绩效考核方面，截至2020年末，证券公司中30.56%已开展EVA、RAROC指标的计量，25.0%已应用于绩效考核、资本配置、风险定价等场景。

三、风险管理信息技术系统和数据

证券公司均不同程度地建立了与自身业务复杂程度和风险指标体系相适应的风险管理信息技术系统，实现对各类风险的计量、汇总、预警和监控。2020 年，证券公司持续加强智能化风控系统建设，积极应对突发疫情，通过 VPN 等工具远程访问风险管理系统，实现了风险管理系统的远程操控和运维，保证了疫情防控期间远程对各类业务风险的动态监控及预警，支持风险管理工作高效开展，保障证券公司各项业务的平稳运行。部分证券公司已基于大数据及知识图谱、自然语言处理等人工智能技术，结合商业智能等理论方法，构建了包括风险管理驾驶舱、集团风控指标并表管理系统、智能风险预警系统、内部评级系统等在内的智能风控应用系统，通过内外部大数据分析，结合人工智能风险分析引擎及创新工具、算法的应用，深度挖掘潜在风险传导机制，智能识别、预警隐匿风险源头，直观、动态展示整体风险状况及数据分析结果，保障证券公司风险管理工作正常、高效开展。

此外，数据治理也是证券公司数字化转型的重点领域，目前证券公司已不同程度地建立了数据治理组织架构，持续推进集团层面的数据治理工作，并持续加强数据质量管控。其中，在设有子公司的证券公司中，60.67% 已建立集团统一的风险数据集市，41.57% 将子公司的风险数据纳入集团统一风险数据集市，52.81% 已实现 T+1 日对子公司风险数据的获取。

四、风险文化建设

2019 年 11 月，证券基金行业文化建设动员大会召开，为证券行业文化建设指明了方向。2020 年，证券公司围绕“合规、诚信、专业、稳健”的行业文化理念，进一步提炼形成自身核心价值观，将行业文化建设内嵌于公司治理、人员管理、风险管理等各个方面。其中，在风险管理方面，证券公司一是通过培训、讲座等宣导教育方式，推进风控先行、全员风控的意识；二是规范员工行为，建立廉洁文化，切实加强对公司员工廉洁从业的监督管理等；三是持续完善全面风险管理机制建设，积极完善公司风险管理政策及机制，确保将“稳健”理念落到业务开展中；四是严格落实各级单位的风控责任，强化风险考核和处罚问责机制。各证券公司在形成文化理念、完善工作机制、提升员工素质、优化考核激励、加大培训宣导、履行社会责任等方面均取得积极进展。

第二节 2020 年中国证券公司风险管理特点

一、戮力同心应对疫情，夯实基础防范风险

2020 年初，新冠肺炎疫情突如其来，监管部门保持高度警惕，坚持底线思维，及时出台和研究对冲工具，缓解市场恐慌情绪，释放出积极的政策信号，有效改善市场预期，防止非理性行为以及系统性风险的发生。面对疫情带来的风险挑战，证券公司积极调整适应，遵循业务经营与风险管理协同共进的发展思路，也为未来健康发展夯实基础：一是加强风险预判，从行业、区域、客户及业务等维度分析风险，前瞻性引导资产配置；二是强化信用风险管控，优化资产配置，抓好全流程管控，控制潜在信用风险；三是提升操作风险管理和内部控制能力，督导各项管控机制落实；四是关注流动性风险，强化压力测试、应急管理、动态资产负债管理等管理工具。

二、风险管理相关政策法规支持证券公司差异化发展

一是《证券公司风险控制指标计算标准规定》正式实施，该次计算标准调整宽严相济，鼓励价值投资，引入长期增量资金，同时将连续三年 A 类 AA 级及以上证券公司风险资本准备调整系数从 0.7 降为 0.5，提升优质证券公司资本使用效率。二是公布首批风控并表监管试点范围，坚持集团化风险管理导向，更全面、有效、及时地对证券公司集团风险进行整体衡量。三是进一步强化了证券公司专业服务能力与合规审慎经营导向，根据新修订的《证券公司分类监管规定》，全面强化风险管理能力评价指标和标准，并体现监管支持证券公司突出主业、做优做强及差异化、特色化发展的导向。

三、深入推进风险文化建设，改善声誉风险管理能力

2020 年，证券公司重视稳健风险文化建设和对从业人员道德风险的管理，深入理解文化内涵，提炼自身文化建设的关键要素，推动文化建设与公司治理、发展战略、发展方式和行为规范深度融合，深入推进行业文化建设，并通过完善内控管理制度，防范金融道德风险发生。证券公司日益重视声誉风险的管理，将声誉风险管理纳入日常管理体系，健全公司声誉风险管理考核及问责制度，明确细化主体责任，着重加强声誉风险预防机制建设。

四、疫情加速证券公司风险管理数字化转型

新冠肺炎疫情既是对证券经营机构风险管理能力的考验，也是证券行业提升风险管理数字化水平的重要机遇。2020年，为应对疫情的影响，证券行业利用金融科技，通过电子化、智能化的管理模式，在维护系统安全和保障员工健康的同时，继续加大信息技术的投入，加速推动证券业务线上化转型。金融科技的运用，助力证券行业风险管理数字化抵御疫情给资本市场和证券业务带来的冲击，为证券公司的正常运营提供保障和支持。

第二章
2020 年证券公司面临的主要风险与管理

第一节 2020 年证券公司关键类型风险的管理

一、市场风险管理

2020 年，受新冠肺炎疫情影响，全球经济增长低迷，国内经济基本面下行压力较大，金融市场不确定性因素增多。股市方面，受多重因素影响，整体表现为震荡市。截至 2020 年 12 月 31 日，上证指数为 3473.07 点、深证成指为 14470.68 点、创业板指数为 2966.26 点、沪深 300 指数为 5211.29 点，较上年末分别上涨 13.87%、38.73%、64.96% 和 27.21%。债市方面，中债综合全价指数先上涨后逐步回落，2020 年末报收 120.28 点，较上年末下降 0.06%。在新冠肺炎疫情肆虐全球、全球贸易摩擦反复、上市公司盈利分化的背景下，2020 年证券市场风险事件较往年显著增加，部分上市公司深陷业绩造假、商誉大幅减值等漩涡，全年有 20 家公司通过各种渠道退市。证券市场风险因素出现的阶段性变化，给证券公司的市场风险管理带来了较大的挑战。

2020 年，面对新冠肺炎疫情影响，证券公司进一步加强了对股票、利率、外汇、商品、衍生品等投资交易类业务的市场风险管控，主要措施包括以下几方面。

（一）加强市场风险限额管理

2020 年中国证券业协会专项调研结果显示，证券公司普遍采用风险限额管理的方式对业务运作过程中的市场风险进行管控，主要的风险限额指标包括规模、止损、敏感性、风险价值（VaR）等。

面对新冠肺炎疫情，证券公司进一步加强了盯市管理和风险预警。对于达到限额预警值或已超限的业务，证券公司按照所制定的流程向对应单位及时发送预警和超限提示，并根据监管政策、内部规章、管理层意见等要求，监督风险处置措施的落实情况。同时，证券公司将市场风险的监测与限额管理情况纳入风险报告体系，通过日报、月报、年报等不同频率的风险报告向管理层及时报送市场风险的整体情况。

（二）加强市场风险的主动管理

2020 年，针对市场波动加剧的股票、债券、商品、衍生品等投资交易类业务，证券公司根据市场变化及时调整业务策略，充分运用期货、期权、互换等金融衍生品，对各类业务执行对冲策略，主动采取降低风险敞口或增加风险对冲等操作，控制公司投资组合的市场风险。

对于股票类业务，证券公司严格控制权益类方向性投资规模，部分证券公司调整了对资本中介类业务的布局，降低市场风险敞口；对于债券类业务，证券公司灵活调整风险敞口、久期、杠杆及持仓结构，提升利率债等优质流动性资产的持仓比例，并通过利率衍生品对冲方式来应对利率反转；对于衍生品业务，证券公司加强对冲交易监控和敞口控制，在扩大规模的同时坚持风险中性，确保收益稳定性。

（三）加强市场风险压力测试

2020 年，证券公司持续开展市场风险压力测试，以评估公司在极端市场因子压力水平下的风险承受能力。

市场风险压力测试情景设置主要分为情景分析和敏感性分析两种：一是情景分析，分为假定情景和历史极端情景两类，分别从不同视角综合展示证券公司投资组合在多种压力情景下的极端损益情况；二是敏感性分析，为单一因素的压力场景，考察单因子变化对于资产组合的影响，分别计算资产组合对权益、利率、商品、汇率等因子变动的敏感性结果。

基于对各类资产的历史及前瞻性分析，证券公司设定中度、重度和极端压力情景，尤其是模拟新冠肺炎疫情下的极端情景，评估各类压力情景下的市场风险损失，预判疫情对重点持仓的影响，确保在极端市场行情下市场风险整体可控。

（四）加强市场风险的监控和计量能力

2020 年，证券公司加强了对承担市场风险的证券投资业务的监控力度，方法包括：一是定性方法，主要对资产的内在属性、投资价值、行业前景及风险来源进行评估；二是定量方法，采用投资规模、风险价值（VaR）、集中度、风险敞口、敏感性等量化指标，结合压力测试等方法，对资产价格波动可能带来的损益情况进行分析。

证券公司主要使用 VaR 进行风险计量，部分证券公司也使用期望损失、压力测试等其他分析方法来计量市场风险。证券公司开发建设市场风险管理系统，基于系统实施各投资组合的 VaR 值计量，实现不同置信水平下的 VaR 指标分析、分解和限额管理，并通过返回检验监测评估 VaR 模型的有效性。

二、信用风险管理

2020 年，新冠肺炎疫情导致部分企业停摆、商业活动减少，融资主体的生产经营受到严重冲击、损失加大。在受疫情冲击严重的行业，如批发零售、旅游航空等线下行业，以及在中国经济结构转型调整过程中景气度下降的行业，可能滋生出一定的信用风险。同时，国企高评级信用债违约事件频发，引发市场担忧，信用风险管理工作面临较大挑战。2020 年，证券公司针对信用风险的重点管控措施包括以下几点。

（一）强化内部评级，完善舆情监控和预警机制

在疫情背景下，证券公司股票质押业务、债券投资业务等面临的信用风险大幅增加。2020 年，证券公司多措并举以应对新冠肺炎疫情的负面冲击：一是开展内部评级，并将评级结果应用到债券入库、投资交易限额管控和评级授信等方面，从源头严格把控债券投资业务风险；二是加强资产监控管理，包括盯市管理、到期兑付监测、舆情监控等，并定期开展风险检视，叠加不定期风险排查，力争隐患早识别、早应对，提升风险应对的前瞻性、主动性和有效性；三是完善预警机制，对风险信息进行分层式预警管理，进行风险排查及风险提示，并做好预警跟踪及预警解除工作。

（二）建立常态化压力测试机制，拓展压力测试应用场景

2020 年，证券公司根据自身业务现状，建立了常态化的信用风险压力测试机制，针对信用相关的市场、业务及风险等因素，设计日常压力情景，覆盖各类信用相关业务，以定量为主的方法测算压力情景下的信用敞口和压力损失，识别高风险账户持仓与交易，并根据压力测试所反映的风险情况，结合自身风险承受能力，采取必要应对措施实施应急预案。部分证券公司还将压力测试的结果应用于信用风险限额设定、预期信用损失预测、风险预警和风险报告中。

（三）持续完善多层次的信用风险限额体系

2020 年，证券公司持续完善多层次的信用风险限额体系，信用风险限额在业务条线层面、部门层面和子公司层面实现拆解的证券公司较上年显著增加。2020 年中国证券业协会专项调研结果显示，针对信用风险限额指标，88.79% 的证券公司实现了在业务条线层面的拆解，82.24% 的证券公司实现了在部门层面的拆解，58.88% 的证券公司实现了在子公司层面的拆解。信用风险限额指标已成为证券公司管理自身信用风险水平的主要举措之一。

（四）建立健全同一客户风险管理机制

2020 年，证券公司根据《证券公司信用风险管理指引》的要求，积极建立健全同一客

户风险管理机制。遵循“了解你的客户”原则，绝大多数证券公司制定了同一客户认定标准，并实现了公司乃至集团层面同一客户的唯一识别及关联关系认定。同一客户风险管理覆盖融资类三项业务、债券投资业务、债券质押式回购等业务。在明确同一客户认定标准的基础上，部分证券公司实现了同一客户信用风险敞口的业务信息汇总和明细查询并建立了集中度限额体系。另外，部分证券公司还针对同一客户设置了统一的准入标准，实行授信管理，并针对同一客户不良行为建立了风险信息监测汇总及舆情预警机制。

三、流动性风险管理

2020 年，从整体外部环境来看，虽然受年初新冠肺炎疫情的大环境影响，货币政策除个别时点收紧外，整体依然保持资金面较为宽松。但债券市场违约等“黑天鹅”事件依然对证券公司流动性风险管理带来了不小的挑战。2020 年，证券公司针对流动性风险的重点管控措施包括以下几点。

（一）持续完善流动性风险管理体系

2020 年，在面对多变的外部市场环境的情况下，证券公司灵活地根据实际情况调整管理策略。管理方法上进行业务部门间的横向和时间维度前瞻分析的纵向区分管理：横向上，在前期已经建立多层次指标监测体系的基础上，对指标进行业务部门拆解管理，这样不仅可以全面、及时地了解业务动态，构建指标、资金联动体系，同时可以督促各业务部门强化流动性风险管理意识；纵向上，通过提高指标、头寸前瞻分析和多情景下压力测试的频率，及时把握市场变化和公司业务开展情况，结合自身负债期限结构，进行合理融资安排。

（二）防范“黑天鹅”事件对流动性风险的传导

流动性风险作为尾端风险，极其容易受到市场风险、信用风险、操作风险以及声誉风险的传导。尤其是面对 2020 年市场突发的“黑天鹅”事件（如永煤债违约事件）时，若自身没有充足的流动性储备，对于以高杠杆经营的证券公司来说，将产生极大影响，相应“黑天鹅”事件几乎无法进行事前防范。因此，流动性风险管理要持续加强流动性储备和应急管理，同时也要与其他各类风险管理保持联动，有效防范其他种类风险向流动性风险传导，争取从前端控制住风险发生所带来的不利影响。

（三）提高流动性风险管理精细化程度

流动性风险管理除了要保证安全性和流动性，同时也要兼顾一定的收益性，防止“过度安全”所导致的资金冗余。流动性风险管理需要从逆周期管理角度出发，更加积极主动地做好资产配置工作，目前主要通过更加准确的压力测试，在保证备付的同时进行优质资产总量和结构调整，同时拓宽应急资金渠道，中长期则考虑业务沉淀资金情况，合理进行负债融资安排。

四、操作风险管理

2020 年新冠肺炎疫情带来的人员强制隔离、流动受阻等情况影响了证券公司的业务连续性，尤其当出现办公大楼封锁、关键岗位人员无法到岗等极端情况时，可能对各项业务的投资、研究、交易、划付、运维、风控等各环节和相应部门的正常运转造成严重影响，甚至引发操作风险。对此，证券公司及时启动应急预案，从备用交易场地安排、人员安排、系统及网络设置、交易监控、内外部报告等多方面提前做好准备，同时通过员工轮岗、一岗多备、VPN 远程办公等措施保障了疫情期间各项工作的平稳有序开展。

2020 年，证券公司主要利用操作风险三大管理工具对操作风险进行管控。

（一）风险与控制自我评估

证券公司对各项业务的主要风险点进行识别，制定相应的风控措施，定期、不定期开展自我评估，不断提升风险识别的完整性和控制措施的有效性，针对自我评估过程中发现的问题进行优化。2020 年中国证券业协会专项调研结果显示，超过 70% 的证券公司的风险与控制自我评估工作覆盖子公司及分支机构。

（二）损失数据收集

证券公司积极借助信息系统建立操作风险损失数据库，对操作风险损失事件进行收集和跟踪维护，不断积累操作风险损失数据，并加以整理分析。部分证券公司对损失事件设置了门槛，考虑发生监管处罚、经济损失金额等。部分公司将所收集的操作风险损失数据作为对相关部门或单位年度考核的一项参考依据。2020 年中国证券业协会专项调研结果显示，超过 80% 的证券公司的损失数据收集工作覆盖子公司及分支机构。

（三）关键风险指标

证券公司建立关键风险指标体系对所关注业务、单位的操作风险情况进行监测跟踪，并对指标异常情况进行及时处置。指标类型主要涉及人员、系统故障、业务差错以及监管处罚问责等。多数证券公司通过信息系统实现指标的监测预警，其中部分公司在系统中设置了分层阈值。2020 年中国证券业协会专项调研结果显示，约 70% 的证券公司的关键风险指标工作已覆盖子公司及分支机构。

五、其他风险管理

（一）信息技术风险管理

2020 年中国证券业协会专项调研结果显示，证券公司信息技术风险管理工作主要由信息技术部门牵头负责，合规、风控、稽核等相关部门共同参与。部分证券公司对信息技术风险管理三道防线体系进行了明确，并在三道防线之间建立了针对信息技术风险事件、信息技术检查问题发现等沟通协作机制。

证券公司对信息技术风险开展评估，形式分为专项评估与日常评估、定期评估与不定期评估、公司内部评估与外部第三方评估等，评估内容主要围绕信息系统建设、软件需求开发、信息系统运行维护、信息安全、信息技术风险事件等多个方面。对于各类评估发现的问题，部分证券公司能够由各相关部门进行梳理，制定相应的管控完善措施并加以跟踪落实。

多数证券公司已建立相应的信息技术风险报告机制，将信息技术相关的评估、检查、风险事件等情况纳入报告范围；部分证券公司在相关管理制度中对信息技术风险报告机制进行了规定，规范了报告范围、报告频率、报告路径等具体要求。

（二）声誉风险管理

随着互联网科技的快速发展，当前媒体与舆论生态发生了巨大变化，在新时期资本市场形势下证券公司声誉风险管理日趋重要，声誉受损可能导致严重的次生风险。目前监管已将声誉风险管理能力纳入证券公司分类监管评价指标，中国证券业协会已就声誉风险管理指引在行业内征求意见，使得全面风险管理监管体系更加完善。2020 年，证券公司积极贯彻落实声誉风险管理相关要求，将声誉风险管理纳入日常风险管理体系，进一步细化主体责任分工，明确事前评估、分级分类、舆情监测等重要管理要求，健全声誉风险管理考核及问责机制，着重加强声誉风险预防机制建设，建立健全声誉风险监测与管理体系。

第二节　2020 年证券公司关键业务风险的管理

一、证券经纪业务风险管理

2020 年，新冠肺炎疫情对证券市场产生了多方面的影响。其中，在证券经纪业务领域，出于疫情防控需要，各地政府出台了相应的防控隔离政策。在此情况下，证券公司线下营业网点出现营业受限的情况，尤其是期权、融资融券等需要客户临柜或现场办理权限开通的业务，均存在一定难度，无法正常线下开展。同时，证券公司经纪业务条线相关工作人员的正常出勤也受到了疫情影响，部分工作环节开展难度增加。例如，在私募产品引入环节，因疫情影响现场尽职调查受到限制。

证券公司一方面积极迎接挑战，及时研判分析，形成应对疫情的相关整体决策、工作计划，并发布相应的通知指导疫情期间的业务开展与防疫管理；另一方面，多数证券公司通过加大信息系统支持力度，积极引导客户使用在线渠道（电脑、手机 App 等）进行业务办理，并采取各种可行的方式灵活做好客户服务与沟通。疫情高峰期间，多数证券公司采用了调班轮岗、双岗互备、远程办公等方式以支持员工的正常工作和履职，在相关业务环节做好录音录像、邮件记录等留痕记录，确保非现场工作内容的完整性、可靠性。各地复工复产后，证券公司在开展经纪业务的同时仍紧抓疫情防控工作，认真部署落实疫情防控工作的各项要求，通过日常跟踪排查、关注重点地区、强化业务推进等方式做好相应的风险管控工作。总体来说，虽然疫情给证券公司经纪业务正常开展带来了一定的影响与挑战，但由于近年来证券行业信息化程度不断提高，且伴随着国内疫情逐步得到有效控制，因此，从中长期来看疫情对证券公司经纪业务的冲击相对有限。

2020 年证券公司经纪业务领域关注的风险点主要集中在合规、操作、信息技术等方面。合规风险方面，由于现场业务办理多转到线上方式进行，投资者教育、尽职调查等部分工作可能受到一定影响。证券公司主要以建立健全规章制度为抓手，同时通过合规培训、合规检查来加强经纪业务的合规风险防范水平。操作风险方面，由于疫情期间部分时间内证券公司安排员工远程办公，同时部分备岗人员可能存在业务操作不熟练的情况，易导致操作风险事件的发生。为此，证券公司要求员工严格遵循经纪业务操作规范与内部控制相关要求，并加强业务操作的系统自动校验控制，以避免手工操作可能引发的操作风险。此外，信息技术风险方面，由于疫情期间经纪业务客户对线上渠道依赖显著增加，因此，对证券公司信息系统的安全性、稳定性提出了更高的要求。证券公司通过加强系统运维保障，并为客户提供系统软件使用介绍等相关服务工作保障了经纪业务正常开展。

二、投资银行类业务风险管理

2020 年资本市场在上市制度与流程、再融资制度、创新业务发展以及提高直接融资效率等方面进行改革升级，证券公司的投资银行业务增长显著。然而，疫情冲击叠加二级市场发行人债券违约，影响投资者风险偏好预期，对投行业务的开展带来一定不利影响，例如投行项目组现场尽调，内部控制部门进行项目现场检查、现场会议、簿记现场监督等工作受限。2020 年中国证券业协会专项调研结果显示，86.11% 的证券公司投行业务展业受到新冠肺炎疫情不同程度的影响，仅 13.89% 的证券公司明确表示受新冠肺炎疫情影响很小或未受影响。对此，证券公司开展居家办公、云办公，充分利用电子化投行系统履行尽调、审核程序等，通过线上办公推进项目进展；积极开展疫情防控债等新型债券品种业务，开展债券回售转售工作，缓解发行人资金压力；增强提前研判和预防风险的能力，督促项目组加强与发行人和监管部门的有效沟通，加大疫情风险监测和排查力度，开展疫情专项排查；做好投资者预期引导工作，开拓增量投资者，尽力保障发行人融资渠道畅通。

2020 年，证券公司投资银行类业务关注的风险主要集中在合规风险、操作风险、市场风险、流动性风险、信用风险和声誉风险等方面。

（一）合规风险管理

针对项目承揽、立项等阶段未排除与客户存在潜在利益冲突、未发现客户潜在违规风险、未进行内幕信息知情人报备等风险，证券公司建立未公开信息知情人管理制度，细化反洗钱和隔离墙制度，建立健全利益冲突审查机制。证券公司投行业务部门执行公司制度，防范合规风险，合规部门对投行业务部门的执行情况进行审核、监督。

针对后续管理阶段中未勤勉尽责，导致可能被监管部门或自律组织处罚、采取监管措施，或被司法机关追究刑事责任等风险，证券公司根据后续管理阶段的特性，建立健全相关制度和工作规程，确保相关人员诚实守信、勤勉尽责地开展持续督导、受托管理、存续期管理等工作，避免由此引发的违规风险，并及时对外披露持续督导、受托管理、年度资产管理等报告，履行内核程序。

（二）操作风险管理

针对项目前期承揽、立项等过程中尽调不充分及立项材料可能构成重大立项障碍的问题未予充分揭示等风险，证券公司通过建立投行业务立项制度，明确立项机构设置及其职责、立项标准和程序等内容，从源头保证投行类项目质量。证券公司项目组勤勉尽责完成立项尽职调查工作，质量控制部门对投资银行类项目是否符合立项标准和条件进行核查和判断，内核、合规、风险管理部门参与立项会议。

针对项目组尽职调查工作未做到勤勉尽责、内核等环节未能有效控制等风险，证券公司根据各类投行业务风险特性，相应地建立尽职调查制度，规范项目组在实施尽职调查过程中的行为；建立健全投行类业务工作底稿制度，明确工作底稿的整理、验收、移交、保管等要求；质量控制部门对投行类项目是否符合内核等标准和条件、业务人员是否勤勉尽责履行尽职调查义务等进行核查和判断；内核委员会履行内核审议决策职责。

（三）市场风险和流动性风险管理

市场风险和流动性风险主要指在证券发行上市阶段，证券公司因包销持仓带来的市场风险和流动性风险。对此，证券公司建立定价配售集体决策机制，对定价配售过程中的重要事项进行集体决策。证券公司建立并完善包销风险评估与处理机制，事先评估、制订风险处置预案。证券公司风险管理部门委派代表参加包销决策会议，独立发表意见，同时持续计量和监测已包销证券组合的市场风险情况。

（四）信用债违约风险和声誉风险管理

针对后续管理阶段可能出现的存续期债券或 ABS 等项目违约、股权项目财务造假等原因导致的投资者诉讼、包销损失等风险，证券公司对于存续期债券、ABS 等项目信用风险等级进行分类（即正常、关注、风险和违约）；把关注等级以上的债券纳入证券公司重大风险关注池进行监督管理。证券公司风险管理部门牵头业务部门制订存续期项目风险排查方案，定期对存续期项目开展全面风险排查，并完成排查工作报告。对于出现重大兑付风险的项目，证券公司成立应急小组并进行应急处理。另外，证券公司对投行类项目建立了舆情监控系统，及时处理影响公司声誉的风险事件。

三、证券投资业务风险管理

2020 年，新冠肺炎疫情给资本市场带来巨大冲击，年初恐慌情绪引发流动性危机，导致全球各类风险资产出现大幅下跌，世界各主要经济体纷纷出台政策释放流动性以平抑危机。得益于全球货币宽松推动，各类风险资产均在年内呈现“V”形反弹，部分风险资产创下新高，国内权益市场先抑后扬且持续走强，引来增量资金加速入场，资金向龙头个股积聚，市场结构化特征明显。2020 年，证券公司证券投资业务关注的风险点主要集中在市场风险和流动性风险、操作风险、信用风险等方面。

（一）市场风险和流动性风险管理

市场风险主要指由于证券价格、利率水平、信用价差、汇率价格等波动导致的风险。流动性风险主要指由于标的资产无法合理变现、资产负债期限错配等情况引起的风险。

针对市场风险，证券公司通过建立量化风险指标评估体系对投资组合的市场风险水平进行计量与监测，密切关注相关资产价格波动，采取多元化投资策略，对各类证券品种的投资规模进行适当控制和适时调整，结合各类套期保值工具有效控制相关风险；在具体投资项目中匹配负债与资产的期限结构，测算风险价值、贝塔值、波动率、基点价值、久期、凸性等风险指标，并结合压力测试与敏感性分析等工具进行风险评估。

针对流动性风险，证券公司严格设置资产集中度上限，加强组合久期管理，确保总体资产负债期限匹配；动态分析并跟踪流动性覆盖率、净稳定资金比率、资金缺口等流动性风险指标，建立流动性专项压力测试机制，并制订流动性风险预警机制和应急预案，确保流动性风险在可承受的范围内。

（二）操作风险管理

操作风险主要包括投资于清单外的投资品种、开展授权范围外的投资业务、投资研究不充分、具体投资交易环节未经适当的审批或系统风险控制阈值校验、未能履行风险监测报告程序、未能对风险指标超限或重大风险事件进行应对和处置等。对此，证券公司对各类证券投资业务建立授权管理体系和投资交易管理制度及流程，具体业务开展中严格按照制度和流程要求落实。对各项证券投资品种建立投资标的和交易对手备选池，规范出池、入池流程，并根据内、外部研究报告等材料调整，选择投资标的和交易对手时，需从备选池中挑选，禁止内幕交易、异常交易等违规操作；所有投资交易指令严格落实系统化的前端风控指标校验，交易系统风控指标由风控人员设置并需双人复核；投资交易业务的出入金由证券公司业务部门领导、风险管理部门分别审批，资金管理部门统一调拨管控。建立风险限额指标管理制度和相应的处置流程，明确各项指标在突破预警、限额值时的应对流程，通过系统实施债券价格偏离度等指标监测；对于重大风险事件，加强风险处置管控，明确风险事件处置责任人，密切跟踪违约债券发行人、交易对手等相关主体的风险动态，如有必要积极推进司法处置进程，并按要求及时向监管机构、管理层报告风险处置进展。

（三）信用风险管理

信用风险主要指证券发行人或交易对手未能正常履约或信用水平下降等因素造成的信用风险。2020 年，受新冠肺炎疫情及经济下行压力影响，信用债发行人经营和盈利受到明显影响，信用市场民企以及国企债券违约率上升，违约处置难度加大。证券公司从以下方面开展信用债投资的风险管理工作。

一是在事前入池审核环节引入内部评级，充分利用内评模型进一步完善信用债投资管理机制，并加强交易对手准入标准、额度等方面的管控。部分证券公司建立了智能信用评级系统，债券入池前需在信用风险评级系统中内评认定，高风险主体入池前需要单独审批。部分证券公司也通过提高投资债券信用资质的方式来降低违约风险。

二是在事中每日开展舆情监控，跟踪市场负面舆情、违约情况、持仓变动和风险债券进展，进行债券投资的黑名单管理；定期认定持仓债券的风险分类，并进行风险提示。同时，证券公司在总体和各业务层面分别设置了信用风险限额指标，并通过风险量化模型对信用风险敞口、信用风险预期损失等指标进行测算，评估和监测信用风险情况。

三是在事后持续做好重大风险项目的处置工作，进行违约债券处置决策、跟踪违约债券处置进展。部分证券公司在 2020 年加大了信用风险排查力度，建立定期排查机制，全面排查信用债“暴雷”行业和区域的风险敞口情况，主动询价减持个别信用风险冲击较大的个券。

四、融资类业务风险管理

2020 年，证券公司更加审慎地开展融资类业务，优化业务结构，更加重视融资类业务的事前信用风险管控：一是疫情对部分客户的流动性及资产负债管理产生负面影响，证券公司工作人员在适当性管理过程中着重强调融资融券杠杆效应，提醒客户量力而为并充分揭示风险，强化投资者风险教育；二是疫情期间人员流动性受限，对于现场尽职调查无法进行的项目，通过非现场手段进行补充调查，充分揭示项目风险；三是部分融资类业务客户及标的证券资质下沉，证券公司通过业务审批分级授权、更新客户及标的证券准入标准、调整存量业务规模、严控筛选新增业务等多种方式予以应对。

疫情初期部分标的证券价格大幅波动，证券公司采取以下措施进行应对：一是在充分考虑公司风险承受能力和业务实际的基础上，及时更新融资类业务风险限额和风险控制指标，并逐日开展业务指标监测、风险分析及后续跟踪管理，对触及警戒线或平仓线的项目及时予以风险警示并采取弹性的风险处置方案。二是开展针对疫情影响的专项压力测试，根据不同行业受疫情影响的程度，拟定不同压力测试情景。针对潜在风险较大的项目，证券公司进行重点关注，根据具体情况及时与客户沟通，使其采取补充担保物、降低集中度、提前还款等措施，提前规避或化解风险。

疫情期间部分客户和抵押证券的生产、经营基本面发生重大不利变化。证券公司为了及时掌握最新信息，采取的措施主要包括：一是落实项目风险的持续跟踪及评估，根据疫情影响程度选择公开资料、现场或非现场调查、委托调研等方式跟踪了解客户资信状况、标的证券经营变化状况，并进行持续评估；二是对存续期项目进行持续舆情监控，针对存在负面舆情并可能导致风险向证券公司传递的融资类项目，及时采取措施进行风险化解。

此外，证券公司进一步强化风险处置，针对未按照合同规定追加保证金（或担保品）或未按时履约的客户，建立了风险处置机制：一是业务部门根据信用风险评估和监测结果，动态选择与公司风险偏好相适应的应对策略，对信用风险事件及时进行处置。对于确因疫情影响导致的违约，在风险可控前提下给予客户一定的宽限期限将项目恢复正常，暂不采取违约处置措施，由疫情导致的违约金也给予减免。同时，根据融资人实际情况，合理安排追保和还款计划，支持企业复工复产，缓解企业还款压力，大部分符合条件的客户进行合约展期。二是对于考虑疫情影响后仍符合平仓标准的标的证券及时进行平仓；对于平仓后资不抵债的客户，持续商谈追索，并根据相应的风险严重程度，采取还款降低信用敞口、追加担保资产、股份协议转让、司法诉讼等风险缓释手段。

五、资产管理业务风险管理

由于 2020 年疫情对金融业带来的冲击，金融机构资产管理业务规范转型面临较大压力，为此资管新规过渡期延长一年至 2021 年底。受疫情冲击，客户拜访、产品路演、线下拓展客户和融资渠道均受影响，推广及合作洽谈受到一定阻滞，部分产品推迟发行。证券公司适当调整产品发行节奏，并积极利用网络、电话等非现场方式同客户沟通，挖掘客户需求。此外，对于已经发生违约或者受疫情影响发生违约的资管产品，疫情管控措施影响了对金融机构违约处置的速度和效果，如部分风险债券发行人转入破产程序，追偿不及预期。证券公司通过二级市场处置质押物、财产保全及诉讼追偿，对于部分回收困难的项目，根据会计准则审慎计提减值准备。

2020 年证券公司资产管理业务关注的风险点主要集中在市场风险、信用风险、流动性风险、声誉风险等方面。

（一）市场波动带来的公允价值变动风险

2020 年，国内、国际存在不确定性，叠加突发疫情影响，国内权益类、固定收益类投资标的价格波动加大。对此，证券公司积极适应市场变化，加强对宏观经济形势和市场环境的分析研判，审慎确定投资策略、筛选投资标的；加强逐日盯市，动态监控关键风险指标变化情况，判断和预测各类风险指标在疫情期间市场环境下的变化，对出现的预警或超限情形，向相关部门发送预警或超限提示；采取降低仓位、加强盈亏监控、止损等措施应对市场风险。

（二）发行人（融资人）信用恶化带来信用风险

一是底层资产持仓债券发生违约的信用风险。对此，证券公司加强对信用债资质的审核及监控，降低债务压力较大地区相关债务的配置；通过内部信用评级模型对持仓债券进行分类和再评级；加强对产品杠杆、持仓集中度、组合久期、发行人融资能力等指标的监控；强化持仓债的舆情监测和信用跟踪力度；开展持仓债券的风险分类。

二是资管股票质押、非标投资、资产证券化带来的信用风险。对此，对重点地区和行业进行信用风险排查分析；实施严格的准入管理和交易额度管理；严格控制非标投资规模，审慎选择非标投资业务融资主体，监控还款来源；重点针对资产证券化项目的基础资产运行、现金流回款、资产支持计划信用评级触发情况、特定原始权益人与增信机构经营和财务情况等进行核查。

（三）客户加速赎回带来的流动性风险

疫情期间，资管产品的销售出现阶段性乏力，加之投资者对现金需求增加、信心不足导致客户短期集中大额赎回的压力。对此，证券公司持续做好产品流动性安排和日间流动性管理，加强流动性监测，提前了解大客户的赎回意愿；对重点产品开展压力测试，制订流动性预案；调整产品发行档期、减少申赎压力；合理运用巨额赎回条款。

（四）作为受托管理人未能充分履职带来的声誉风险

疫情管控措施在一定程度上影响了金融机构作为受托管理人开展投资运作、管理底层资产、履行信息披露义务等方面的工作。对此，证券公司加强与委托人、托管银行和投资者的沟通协商，作为管理人及时向融资方、委托人或投资者、托管银行提交风险提示或充分进行信息披露，积极就可能化解潜在风险的措施或调整方案（包括产品延期、资产置换等方式）进行充分研讨和磋商。

六、衍生品业务风险管理

2020 年中国证券业协会专项调研结果显示，80.6% 的证券公司开展衍生品交易业务。从交易场所来看，主要分为场内衍生品和场外衍生品；从产品类型来看，主要分为权益类、利率类、商品类、外汇类衍生品。部分证券公司以风险对冲为目的持有股指期货、国债期货等场内衍生品，以策略中性为要求开展收益互换、场外期权及浮动利率收益凭证等场外衍生品业务。

在制度建设方面，证券公司从公司层面和具体业务两方面建立覆盖衍生品业务的制度体系，完善衍生品业务管理办法和风险管理办法，建立健全贯穿事前、事中、事后的衍生品业务内部控制机制和流程，主要分为三个方面：一是风险管理制度。证券公司建立风险识别、评估、计量、监测、应对和报告机制，各项要求适用于场内、场外衍生品业务类型。二是风险限额指标管理制度。证券公司设定 VaR、规模、盈亏、敏感性等限额指标，管理衍生品业务整体层面的风险指标，并建立指标突破预警、限额后的应对与报告流程。三是模型管理相关制度。

在模型量化管理方面，部分证券公司建立了专门的模型管理办法，明确了模型验证流程、模型管理要求、参数管理等内容，明确所有模型均需经过独立验证和审批通过后方可投入使用，规范了模型开发、验证、上线、评估等全流程管理要求。

对于场外衍生品业务，证券公司结合具体业务特点设置风险量化指标，丰富并完善市场风险指标体系，包含规模类指标（如名义本金规模等），衍生品敏感性指标（如希腊字母、基点价值、利差基点价值等），隐含波动率，对冲有效性等；严格履行投资组合的止盈止损监控机制，并在适当授权情况下进行强制平仓、中止交易等风险处置操作。

在系统建设方面，证券公司通过系统进行场外衍生品业务管理，包括两个方面：一是业务系统。用来进行投资交易及持仓簿记，包含场内衍生品交易和场外衍生品管理，具备交易行为前端检查、实时监控和各项核心风险指标前端控制功能。二是风险管理系统。与业务系统独立，对包含衍生品业务在内的各项业务风险情况和指标进行计量、汇总、分析和报告，包含市场风险管理系统、信用风险管理系统、监管指标计量等。

第三章
2021年中国证券公司风险管理展望

一、提升全业务链投行服务能力，强化风险管理水平

打造一个规范、透明、开放、有活力、有韧性的资本市场，必须建设高质量的投资银行，证券行业应适应新发展阶段、贯彻新发展理念、服务新发展格局。2021年，证券公司必须进一步提升全业务链投资银行服务能力，提升全面风险管理水平，这不仅需要证券公司健全与其自身发展战略相适应的全面风险管理架构，实施事前、事中与事后的风险防范、监控、应对与评价工作，而且要不断完善与注册制相适应的责任体系，重塑和强化证券公司在培育发行主体、询价定价、保障交易、风险管理、投资者适当性管理等环节的责任，形成发行人质量、发行价格等方面的市场化约束机制，全面加强自身的声誉风险管理和声誉资本建设。

二、科技赋能风险管理，提升风险管理价值

新冠肺炎疫情对经济发展和资本市场产生阶段性冲击，是对证券公司风险管理水平的一次考验。风险防控和疫情防控一样，都不能存有侥幸心理和松劲心态。危机总是“危”与“机”并存，相信在疫情影响消退之后，一定会面临新经济动能的启动，同时也面临经济运行规律的变化，会有一些新兴行业和新兴业态重新高速发展。2021年，证券公司要以本次疫情为契机，加快补齐疫情防控中存在的自身短板，借助疫情倒逼数字化转型的契机，依托大数据、云计算、人工智能、区块链、知识图谱、生物识别等技术应用，促进证券公司风险管理新跨越，推进行业高质量新发展。

三、长期抓好风险文化建设，实现行业长远稳健发展

风险文化建设是一项长期的工作，风险文化的落地更是一个艰难的过程。2021年，证

券公司应充分理解“合规、诚信、专业、稳健”的文化内涵，努力做到知行合一，将文化建设作为一项战略性、长期性的工作来抓好。证券公司应从观念、组织、行为三个层次，提炼推广证券公司文化建设的关键要素，积极推动文化建设与公司治理、发展战略、发展方式和行为规范深度融合，引导文化建设与专业能力建设、人的全面发展、历史文化传承和党建活动要求有机结合，促进提升证券公司风险管理“软实力”。

四、加大业务连续性管理构建，提升危机应急管理能力

业务连续性管理是指包括应急响应、业务恢复和连续管理等在内的一项综合管理流程，可以帮助企业明确恢复业务所需的关键人员、资源、行动和任务，确保核心功能在任何环境下都能持续发挥作用。然而，将重大疫情作为金融业务连续性管理（同时涵盖灾备管理和应急管理）中的重要场景进行管理一直是短板。对于绝大多数证券公司而言，本次新冠肺炎疫情有别于常见的信息系统不可用导致的业务运营中断情形，是多年未经历过的大规模的系统性考验，也是一场全新的压力测试。未来证券公司应进一步完善适应疫情的业务连续性管理体系，健全应急管理机制，对受影响业务的恢复目标要求与恢复策略进行查漏补缺，区分不同疫情场景，整合可用资源构建有针对性的业务连续性计划，灵活采用模拟性、实战性等多种形式推进业务连续性计划及作业预案的演练测试，进一步提升更具时效性、联动性、系统性的应急预案和业务连续性管理能力。

专题报告之三：
2020 年证券行业履行脱贫攻坚社会责任综述

2021 年 2 月 25 日，党中央、国务院在人民大会堂召开全国脱贫攻坚总结表彰大会，庄严宣告我国脱贫攻坚战取得了全面胜利。中国证券业协会（以下简称“协会”）代表证券行业荣获“全国脱贫攻坚先进集体”荣誉称号，这是党中央、国务院对证券行业践行扶贫济困社会责任、担当脱贫攻坚初心使命的肯定和鼓励。

党的十八大以来，协会在中国证监会党委的坚强领导下，认真贯彻落实党中央、国务院决策部署，组织引导证券行业履行社会责任，投身精准扶贫的伟大实践，脚踏实地、久久为功，为脱贫攻坚作出行业应有的贡献。2016 年以来，协会先后发起“一司一县”和“一县一企”结对帮扶行动倡议，凝聚行业力量，发挥专业优势。证券行业踊跃投身于这场全社会协同发力、合力攻坚的战斗中，积极开展产业扶贫、金融扶贫、消费扶贫、公益扶贫，5 年来成绩斐然。截至 2020 年底，102 家证券公司结对帮扶的 307 个国家级贫困县已全部实现脱贫“摘帽”。

第一章

开展结对帮扶“五个一”专题活动，持续推进行业社会责任建设

2020 年是脱贫攻坚战的决战决胜之年，也是证券行业“一司一县”结对帮扶的收官之年。协会精心组织开展“五个一”专题活动，通过一张成绩单、一本案例集、一部宣传片、一份县域研究报告和一位突出贡献人物，总结评估“一司一县”结对帮扶成果，展现行业扶贫工作实效，生动讲好证券行业扶贫故事。

一、凝聚攻坚合力，谱写扶贫成绩单

2020 年，按照中国证监会党委扶贫工作部署，协会组织证券公司对帮扶成效进行评估总结，用一份“一司一县”扶贫成绩单展现行业扶贫实效。2016—2020 年，证券公司共服务 26 家贫困地区企业通过首次公开发行股票（IPO）“绿色通道”政策发行上市，累计募集资金 178 余亿元；通过公司债券、并购重组、新三板股权融资、产业基金等多种方式，服务贫困地区企业融资累计超过 3 000 亿元；设立或参与设立公益基金 66 个，规模 6.08 亿元，贫困地区产业基金 48 个，规模 253.93 亿元；采购贫困地区特色产品 3.57 亿元，推广销售特色产品 2.68 亿元；通过发放助学金、生活补贴等方式资助贫困学生 10.04 万人次，通过走访慰问、帮助购买各类保险等方式资助贫困家庭 12.61 万户；累计公益性支出 27.6 亿元，并保持连年增长态势；扶持贫困地区特色产业项目 559 个；深入贫困地区调研和走访 1.29 万人次，调研、指导当地企业 3 462 家次。截至 2020 年底，102 家证券公司结对帮扶的 307 个国家级贫困县（占全国国家级贫困县的 37%）已全部实现脱贫“摘帽”。

二、总结特色经验，汇成扶贫案例集

5 年来，证券行业积极发挥专业优势，借助资本市场作用，创新帮扶形式，在金融扶贫、产业扶贫、消费扶贫、公益扶贫等领域探索具有证券行业特色的扶贫工作。经过近年来的持续努力，行业扶贫实现了由“被动”向“主动”、由“输血”向“造血”、由“全面”

向“精准”的转变。证券公司综合运用承销保荐、并购重组、投资融资、财务顾问等手段，为贫困地区企业规范公司治理、改善融资状况提供专业服务，解决贫困地区产业发展“融资难、融资贵”的“瓶颈”问题，培育县域经济支柱产业，成为金融行业助力脱贫攻坚的重要力量，积累了众多值得借鉴推广的行业经验。2020 年，协会在决胜脱贫攻坚收官之年进一步系统总结行业扶贫先进经验和典型案例，编纂发布了《证券公司助力决胜脱贫攻坚案例汇编》，收录 79 家证券公司的 138 个典型案例，从“多措并举　深耕扶贫成效显著”“因地施策　探索扶贫特色模式”“结对同行　助力实现脱贫摘帽”“深入一线　扶贫路上感人故事和体会”等多个方面，全面展现证券行业助力脱贫攻坚的实事和实效。《证券公司助力决胜脱贫攻坚案例汇编》已通过“证券行业高质量发展论坛”正式向社会发布，并向民政部、国务院扶贫办等有关部门报送，引起积极反响。

三、推广生动实践，制作扶贫宣传片

2020 年，协会持续创新宣传方式，联合第一财经制作金融扶贫宣传片，宣扬证券行业及资本市场服务脱贫攻坚的担当作为。宣传片上集《看得见的力量：证券行业助力扶贫开出“幸福花”》以服务贫困地区龙头企业首发上市（IPO）为例，展现了证券公司借助资本市场力量，为河南省内乡县、陕西省柞水县等地扶持一批上市公司，通过上市融资注入金融活水，实现促进贫困家庭就业、带动当地经济发展的帮扶成效。下集《看得见的力量：证券行业助力扶贫结下“丰收果”》以帮助贫困县域打造支柱产业为例，展现了证券行业为甘肃省静宁县、山西省隰县等地特色产业发展提供一体化服务，实现以产业扶贫激发县域经济发展新动能的有效作为。两集宣传片通过第一财经电视及网络媒体播出，向全社会讲述资本市场扶贫故事，并制作成免费培训视频课程供证券从业人员学习观看，促进行业树立社会责任文化。

四、接续乡村振兴，贡献扶贫智慧经

为使巩固拓展脱贫攻坚成果同乡村振兴有效衔接，2020 年，协会在总结“一司一县”扶贫成果的基础上，动员证券行业组织研究形成“县域经济发展研究报告”，为帮扶贫困县接续推进乡村振兴贡献专业力量。证券公司结合“一司一县”帮扶工作，因地制宜深入开展调研，发挥投资银行专业优势，从贫困地区当地政策支持、资源禀赋、产业定位、困难挑战等角度，研究分析当地经济的发展难点、潜在机遇以及融资需求，形成了“县域经济发展研究报告”，为贫困县地方政府打造当地特色产业、巩固脱贫成果、推进乡村振兴提供了科学建议，贡献了一部促进县域经济发展的“智慧经”。协会根据相关报告形成《证券公司县域经济发展研究报告集》，在协会网站予以发布，并发送相关地方政府以供参考。

五、激励担当作为，宣扬扶贫扎根人

近年来，证券公司普遍成立由公司主要领导担任组长的扶贫工作领导小组，抽调业务骨干组建扶贫部门，选拔政治过硬、业务突出的优秀员工赴贫困地区挂职，现已累计派驻挂职干部、驻村工作队队长、驻村第一书记等 207 名，为当地政府和企业提供“融智”服务，既充实了贫困地区的金融力量，也为落实“志智双扶”提供了扎实的人才保障。2020 年，协会发布《中国证券》特刊——证券公司“一司一县”结对帮扶成果展，从一张扶贫成果图片、一份帮扶成绩单、一位突出贡献人物等方面，通过宣传典型人物突出事迹和其工作感言，生动展现扶贫一线人员敢于迎难而上的奉献精神，彰显证券公司真抓实干决战脱贫攻坚的担当作为，激励行业履行社会责任、服务国家战略迈上新台阶。

第二章
脱贫攻坚接力乡村振兴，证券行业贡献专业力量

党的十八大以来，证券公司深入贯彻党中央、国务院关于脱贫攻坚的决策部署，认真落实中国证监会扶贫工作要求，积极响应协会“一司一县”“一县一企”帮扶倡议，充分发挥专业优势，创新帮扶形式，在金融扶贫、产业扶贫、消费扶贫、公益扶贫等领域，探索出了具有证券行业特色的新时代扶贫工作。证券行业凝聚合力，成为助力决胜脱贫攻坚战斗中的一支生力军。

一、凝聚行业合力，建立扶贫长效机制

一是建立组织领导机制，夯实扶贫主体责任。为强化扶贫工作责任，提高扶贫决策的科学性、工作开展的合理性，各证券公司党委切实担负起主体责任，成立了由主要负责人任组长的扶贫工作领导小组，负责统筹协调和决策督导，明确具体措施和落实方案。同时，下设由投资银行、场外市场、固定收益、财务、人事、扶贫办等职能部门组成的工作组，将帮扶规划、帮扶任务等落实到责任单位和责任人，建立脱贫攻坚责任机制。

二是强化人才管理机制，完善扶贫队伍建设。证券公司建立挂职干部管理制度，科学选拔政治过硬、党性坚定、业务突出、敢于担当、踏实肯干的优秀青年干部，到贫困地区挂职锻炼，为帮扶地区政府和企业提供“融智”服务，充实当地政府金融力量。挂职干部作为证券公司与贫困地区的中介桥梁，切实加强证券公司与帮扶地区政府的沟通协作，通过扎根基层、身体力行，把优秀的理念、资源、信息传播到帮扶地区，为脱贫攻坚工作把好关、服好务、献好策。

三是搭建长效帮扶机制，持续创新扶贫模式。在结对帮扶过程中，证券公司注重提供扶贫长效保障，通过出台专项扶贫政策、与结对地区签订长期帮扶框架协议、构建多元帮扶体系、创新特色帮扶模式等方式，推进贫困地区帮扶工作稳步有序进行，取得了良好的帮扶效果。

例如，天风证券以资源整合为发力点，提出产业扶贫、智慧扶贫、消费扶贫、公益扶贫“四位一体”的立体化“造血式”扶贫方略，形成“打造证券融资新产品、引导县域融资新

观念、升级现代产业新链条、凝聚公益助困新力量、探索巩固防返新举措、构建乡村振兴新标准”的“六新”模式。截至 2020 年底，天风证券与 8 个贫困县开展“一司一县”结对帮扶，在 49 个贫困县设有脱贫攻坚与乡村振兴项目，派驻 2 名党员干部、30 余位金融专家赴贫困县政府挂职或入驻企业，帮助贫困县融资 95.8 亿元，率先挂牌金融扶贫工作站、乡村振兴工作站。

二、多措并举持续帮扶，脱贫攻坚成效显著

一是持续加大金融帮扶力度。证券公司以贫困地区发展需求为导向，发挥金融专业优势，综合运用承销保荐、并购重组、投资融资、财务顾问等手段，帮助贫困地区企业开展直接融资。经统计，2020 年，证券公司服务贫困地区企业融资共计 619 亿元。其中，通过首次公开发行股票并上市融资 98.99 亿元，通过股票增发融资 8.91 亿元，发行债券（含资产支持证券）融资 401.91 亿元，通过新三板开展股权融资 9.68 亿元，通过并购重组融资 61.70 亿元，通过私募股权融资 0.90 亿元，通过区域股权市场融资 24.82 亿元，其他方式融资 12.30 亿元，产生了实实在在的帮扶效果。例如，2020 年 1 月，招商证券作为独家保荐机构及主承销商，助力玉禾田环境发展集团股份有限公司在深圳证券交易所创业板成功挂牌上市。玉禾田注册地位于国家级贫困县安徽省安庆市岳西县，此次公开发行 3 460 万股，发行价格 29.55 元/股，募集资金总额为 10.2 亿元。招商证券助力玉禾田在深交所上市，不仅帮助玉禾田更好地发展主营业务，增强盈利能力，还间接推动了其所在贫困地区的经济发展。

二是积极做好产业帮扶工作。2020 年，证券公司通过挖掘贫困地区产业特色、设立产业基金、拓展营销渠道、发展集体经济等方式，深入挖掘产业特色，拓宽农产品营销渠道，推动产业转型升级，助力贫困地区产业更好发展。例如，自 2012 年起，中国银河证券累计向甘肃省静宁县投入帮扶资金 1.42 亿元，消费扶贫 3 000 余万元，引入帮扶资金 2 500 余万元，帮助销售农特产品 890 余万元，有效带动全县 13 543 户贫困户、62 300 人脱贫。银河证券依托静宁县产业资源，建成现代苹果高新技术示范园 500 亩、苹果苗木繁育基地 500 亩、老果园改造示范园 2 470 亩，投入帮扶资金 1 475 万元用于贫困户建棚补助和肉牛补贴，建成 2 万亩中投银河生态扶贫林，带动 1.4 万贫困人口增收 700 万元，以股权投资形式帮扶静宁县设立首期规模 5 000 万元的中投银河产业发展基金，大力扶持发展优势主导产业，探索建立稳定脱贫长效机制。

三是推进智力帮扶，帮助贫困地区“富脑袋”。2020 年，证券公司积极在贫困地区开展投资者教育，提升投资者风险防范意识，并面向贫困地区党政企业领导骨干开展金融知识培训，提升其金融工作能力。此外，证券公司还积极对接各方资源，开展产业技术培训、职业技能培训，提高贫困地区产业发展技术水平，提高贫困地区群众劳动技能和就业能力。例如，2020 年，中银国际证券面向 6 个结对帮扶县举办脱贫攻坚专题培训，讲授后疫情时代

的经济增长、交易所公司债券产品、地方债发行、大宗商品与国内期货市场等内容，受训人数近 300 人。此外，中银国际证券还组织结对帮扶县扶贫干部参加监管部门举办的脱贫攻坚专题培训，极大提升了结对帮扶县干部对多层次资本市场的认识，受到参训学员的广泛好评。

四是对照“两不愁三保障”，积极投身公益帮扶。2020 年，证券公司大力开展教育扶贫，帮助贫困地区改善办学和住宿条件，资助贫困学生学习生活，开展教师职业技能培训，改善帮扶地区教育教学问题。同时，证券公司积极进行医疗扶贫，通过捐赠医疗设备、购买补充医疗保险、培训医护人员等方式，着力改善贫困地区医疗卫生条件。此外，证券公司还通过资金捐赠，帮助贫困地区提升基础设施水平，为贫困人口营造良好的生存和发展环境。2020 年，证券公司公益性支出 9.62 亿元，同比增长 72.37%；公益性支出 500 万元以上的公司共 55 家，1 000 万元以上的达 31 家。例如，2019—2020 年，中金公司积极帮扶甘肃省会宁县实施农村饮水安全及巩固提升工程，新建 153 个集中取水点，新建高位人饮水池 17 座，改造延伸管道 188 公里，自来水支管通水率实现 100%，彻底解决了全县 28 个乡镇 28 786 户 132 240 人的饮水不稳定和饮水安全问题，着力改善民生福祉。

三、聚焦重点领域脱贫攻坚，集中力量攻坚克难

一是努力克服疫情影响，助力帮扶地区打赢脱贫攻坚战。2020 年，面对突如其来的新冠肺炎疫情，证券公司自发自觉、捐资捐物驰援疫情严重地区，发挥专业优势为湖北地区企业提供金融服务，用责任、担当、奉献彰显“证券人”的大爱。截至 2020 年末，95 家行业机构捐赠物资超过 5.2 亿元，65 家证券公司承销完成“疫情防控债”170 只，助力 22 个省份的 142 家发行人完成融资 1 651.06 亿元。与此同时，新冠肺炎疫情对如期打赢脱贫攻坚战造成新的压力和挑战，各项帮扶工作任务更重、要求更高。各证券公司不断创新帮扶形式，坚持疫情防控和脱贫攻坚两手抓。一方面，积极协调统筹调配资源，通过捐赠“战疫爱心包”、人道救助金、急救专用车、消杀装备、防疫物资等，共计向贫困县域捐赠 4 000 余万元，助力帮扶县做好疫情防控；另一方面，针对结对地区出现的因疫情造成的产品滞销问题，积极组织产销对接，充分利用电商平台、直播带货、线上推介、消费采购等打通销售渠道，为助农扶贫开创新方式。

二是着力突出问题导向，加大深度贫困地区帮扶力度。2020 年，证券公司集中力量、精准施策，加大对“三区三州”等深度贫困地区帮扶力度，着力改善深度贫困地区发展条件。经统计，72 家证券公司主动向深度贫困地区倾斜，结对帮扶 120 个深度贫困县，覆盖全国 36% 的深度贫困县。深度贫困地区产业发展基础薄弱，基础设施建设匮乏。一方面，证券公司通过捐赠帮扶资金、以自有资金认购地方债券等方式，助力深度贫困地区基础设施建设；另一方面，证券公司通过资助产业基地建设、设立产业基金、发展集体经济等方式，为深度贫困地区产业发展注入动力。此外，证券公司还持续开展医疗扶贫、教育扶贫、民生

扶贫等，集中帮助深度贫困地区群众解决特殊困难，助力解决民生痛点问题，提升和改善民生水平。例如，国泰君安证券于2019年出资3 000万元设立“农业产业扶贫基金”，2020年基金支出940万元，推动四川省普格县桑蚕种植园及饲料生产等项目落地。国泰君安证券还为结对帮扶县定制“国泰君安成长无忧”医疗补充保险公益项目，覆盖教师、小学生近35万人次，截至2020年底，已决赔款495.6万元，852户家庭受益。此外，国泰君安证券还出资100万元在结对帮扶县开展“远程医疗服务项目”，截至2020年底，共开展远程医疗问诊297次，培训基层医生12次，受益人数达994人次。

三是持续巩固提升脱贫成果，切实防止返贫。2020年，证券公司坚持“脱贫不脱责任”，对已脱贫地区保持原有帮扶政策稳定，持续巩固提升脱贫成果。一方面，根据已脱贫地区产业发展情况，寻找产业发展的薄弱点，通过开展产业培训、采用“保险+期货”等方式，持续进行产业帮扶，增强产业抗风险能力，为稳定脱贫提供动力；另一方面，通过建立公益基金、试点“防返贫保险”等方式，及时解决特殊人群、重点人群、监测户、边缘户面临的各种困难，确保已脱贫人口稳定脱贫，防止脱贫之后再返贫。例如，中金财富证券与申万宏源证券共同出资680万元，为甘肃省会宁县28个乡镇的3.7万贫困户17万贫困人口购买防返贫综合险，主要针对人身意外事故及自然灾害进行保障，防止因意外、因灾致贫。东吴证券及子公司捐赠124.8万元，设立防贫预警专项基金，向贵州省铜仁市10个区县的1 073户困难家庭给予资金帮扶，防止因病、因灾、因学、因意外等致贫或返贫。东吴证券子公司东吴期货还开展“农民收入保障计划”——贵州省石阡县鸡蛋价格保险其他分散项目，投保主体共计16个，包括7个农户、6家养殖场、3家合作社。保险周期共两期，保障现货每期1 000吨，实现赔付42.4万元，折合每千斤212元，保障效果显著。

第三章
扎实高效推进社会责任实践，积极作为服务国家发展战略

习近平总书记强调，脱贫攻坚取得胜利后，要全面推进乡村振兴，坚决守住脱贫攻坚成果，做好巩固拓展脱贫攻坚成果同乡村振兴有效衔接。积极履行社会责任、服务国家发展战略是证券行业应有的责任担当。协会将继续落实《证券法》赋予的督促行业履行社会责任的重要职责，推动行业接续投身到乡村振兴、绿色发展等国家重大发展战略中。

一、推动行业巩固脱贫成果，接续乡村振兴新使命

脱贫摘帽不是终点，而是新生活、新奋斗的起点。为号召证券行业乘势而上、接续奋斗，切实做好巩固拓展脱贫攻坚成果同乡村振兴有效衔接各项工作，协会在第七次会员大会上发布了《巩固拓展结对帮扶成果　担当推进乡村振兴新使命倡议书》，明确了下一阶段行业服务乡村振兴战略的新任务、新要求。一方面，引导行业持续巩固“一司一县”结对帮扶成果，接续推进乡村振兴新发展。鼓励证券公司发挥专业优势，持续加大产业扶持，逐步实现由集中资源支持脱贫攻坚向全面推进乡村振兴平稳过渡；积极支持乡村振兴重点帮扶县经济建设，助力打造农业全产业链，为实现农业高质高效、乡村宜居宜业、农民富裕富足的良好格局贡献行业力量。另一方面，鼓励行业扎实践行绿色金融服务绿色经济发展，助力实现“碳达峰碳中和”目标。充分发挥证券公司投资银行专业优势，为绿色产业、绿色企业技术创新与转型升级增添动力；推动“绿水青山就是金山银山”理念与乡村振兴相结合，促进绿色发展与乡村振兴的良性循环。

二、建立健全长效激励机制，督促行业履行社会责任

现行社会责任专项评价指标主要围绕证券公司服务脱贫攻坚战略落实情况，稳定脱贫与乡村振兴的长效激励机制建设有待完善。证券行业作为要素资源市场化配置的重要枢纽，有责任、有义务在服务乡村振兴战略和绿色经济发展中发挥积极作用。协会将按照党的十九届

五中全会提出的巩固拓展脱贫攻坚成果、全面推进乡村振兴战略目标，在中国证监会党委统一部署下，根据“一司一县”新使命，进一步建立健全长效激励机制，丰富证券公司社会责任的内涵，完善社会责任专项评价指标体系，发挥好指挥棒作用，激励行业发挥专业力量，保持过渡期帮扶力度总体稳定，做好巩固拓展脱贫攻坚成果同乡村振兴的有效衔接，在促进社会减贫和乡村振兴中更好地履行社会责任，形成支持乡村振兴、致力绿色发展的责任观、价值观、发展观，为脱贫地区可持续发展贡献力量。

三、加强典型经验宣传推广，推动帮扶举措落地见效

协会将及时跟踪证券公司服务乡村振兴工作进展及动态，挖掘证券行业服务乡村振兴的先进典型、最佳实践，通过新闻媒体、户外宣传、网络平台、责任报告、教育培训、专题交流等形式，加强优秀案例的宣传推广，以充分发挥示范作用，推动更多证券公司探索可“造血”、可复制、可持续的帮扶模式，为社会力量参与乡村振兴提供参考。同时，激励、引导证券公司发挥专业优势、人才优势、信息优势，把更多资源投入农村重点领域和薄弱环节，满足乡村振兴多样化、多层次的金融需要，通过发展产业、对接市场推动城乡融合发展，确保帮扶举措惠及乡村振兴重点领域。

新时代脱贫攻坚目标任务如期完成，创造了人类减贫史上的奇迹，成绩鼓舞人心，使命催人奋进。党的十九届五中全会提出的巩固拓展脱贫攻坚成果、全面推进乡村振兴战略目标，为证券行业进一步服务国家战略、履行社会责任提出了新要求。2021 年是乘势而上开启全面建设社会主义现代化国家新征程、向第二个百年奋斗目标进军的开局之年，协会将深入贯彻落实党的十九届五中全会精神，在中国证监会党委统一部署下，进一步凝聚行业合力，引导行业发挥专业力量，保持过渡期帮扶力度总体稳定，持续巩固拓展脱贫攻坚成果，提升金融普惠性，聚焦可持续发展，为接续推进脱贫地区乡村振兴贡献证券行业应有之力。

专题报告之四：

2020 年证券公司投资者保护工作发展综述

2021 年第一季度，中国证券业协会开展了 2020 年证券公司投资者保护专项调查工作，具有证券经纪业务的 105 家证券公司参与了本次专项调查。调查显示，2020 年，证券公司进一步加强投资者教育工作管理，为满足投资者教育需求，在落实新冠肺炎疫情防控工作要求的基础上，更多通过线上渠道为投资者提供投资者教育服务，积极履行投资者适当性义务，开展保障中小投资者求偿权、知情权、投票权活动及防范非法证券活动等，通过多种形式推进投资者教育工作持续、深入开展。

第一章

证券公司投资者教育服务工作情况

2020 年，证券公司从制度、组织、人员、流程、经费等多个方面进一步加强对投资者教育工作的管理，持续完善投资者教育组织体系，结合防疫要求，实现投资者服务线上转型，更多通过线上渠道为投资者提供投资者教育服务；同时，持续优化投资者服务沟通渠道，提升客户体验。

一、持续完善投资者教育组织体系

良好的组织体系是投资者教育持续深入开展的基本保障。调查显示，2020 年，89 家证券公司均建立了公司层面的投资者教育服务工作小组，小组一般由经纪业务、法律合规、客户服务、财富管理、运营管理、互联网金融等前、后台部门组成，在总部层面设有投资者教育专职人员，并在分支机构设有联络人。此外，各证券公司普遍建立了对业务部门及分支机构的投资者教育工作培训及考核评估机制，定期组织业务部门及分支机构开展投资者教育培训及考核评估，并将培训和考核评估结果纳入业务部门及分支机构的年度绩效考核指标体系。

投资者教育工作的持续和深入开展，离不开专业的投资者教育工作人员队伍。2020 年，105 家证券公司投教服务岗位工作人员共有 14 234 人，其中，公司总部投教岗位人员共 643 人，平均每家公司总部配备 6 名以上投教工作人员；2020 年，105 家证券公司营业部投教岗位人员配备 13 591 人，平均每家证券营业部配备 1 名以上投教岗位工作人员。

在制度建设方面，2020 年，证券公司根据中国证券业协会及沪、深证券交易所分别发布的《投资者教育工作指引》的相关要求，持续建立并完善公司层面投资者教育工作规范、管理办法及业务细则等，使投资者教育工作制度日趋完备。调查显示，2020 年，47 家证券公司制定并发布了包括创业板、新三板、柜台交易、股票期权、质押式报价回购等业务在内的专项投资者教育工作制度 68 项；20 家证券公司对公司层面已有的投资者教育与服务相关制度进行了修订。

二、投资者教育经费投入增加

2020 年，105 家证券公司投资者教育经费总计约 5.5 亿元，比上年增加 1.45 亿元，同比上升 35.8%；平均每家公司投入约为 523.81 万元，比上年增加 126.75 万元，同比上升 31.92%；投资者教育经费占同期代理买卖证券业务净收入的 0.32%，较上年减少 0.15%。

近 10 年，证券行业年均投资者教育经费投入约为 6.19 亿元，平均占年度代理买卖证券业务净收入的 0.56%（其中，2011 年度统计口径略有差异，2011 年将各证券公司相关投资者信息系统建设费用计入）（见图专 4－1）。

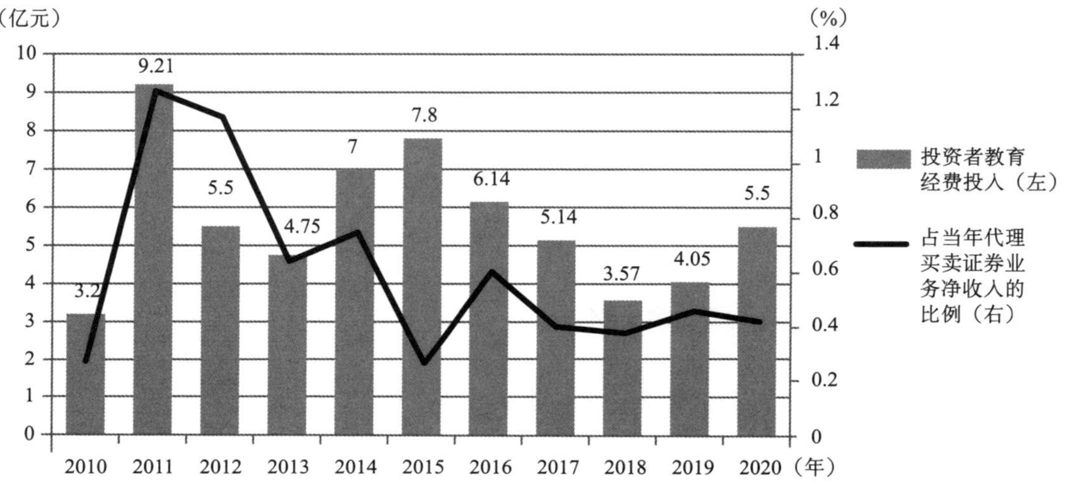

图专 4－1　2010—2020 年证券行业投教经费变化情况

2020 年，证券公司投资者教育经费投入差距较大。经费投入在 1 000 万元及以上的证券公司有 17 家，较上年度增加 4 家，共投入经费 3.6 亿元，占全部公司投入经费比例的 65.45%，比上年增加 12.36%；经费投入在 500 万元（含）至 1 000 万元及 200 万元（含）至 500 万元的公司均有 15 家，200 万元以下的有 58 家。不同投资者教育经费投入规模的公司数量情况见图专 4－2。

三、结合防疫要求实现投资者服务线上转型

2020 年，受新冠肺炎疫情影响，为满足投资者教育需求，证券公司创新投教工作方式，优化工作流程，积极拓展线上渠道开展投资者教育服务，在制作和投放投教作品的同时，依托官方网站、App、投教基地、“两微一端”等渠道开展投教服务宣传，并充分利用更多新媒体等线上渠道，通过网络直播投资者教育讲座、线上公开课等形式为投资者持续提供优质在线投教服务。

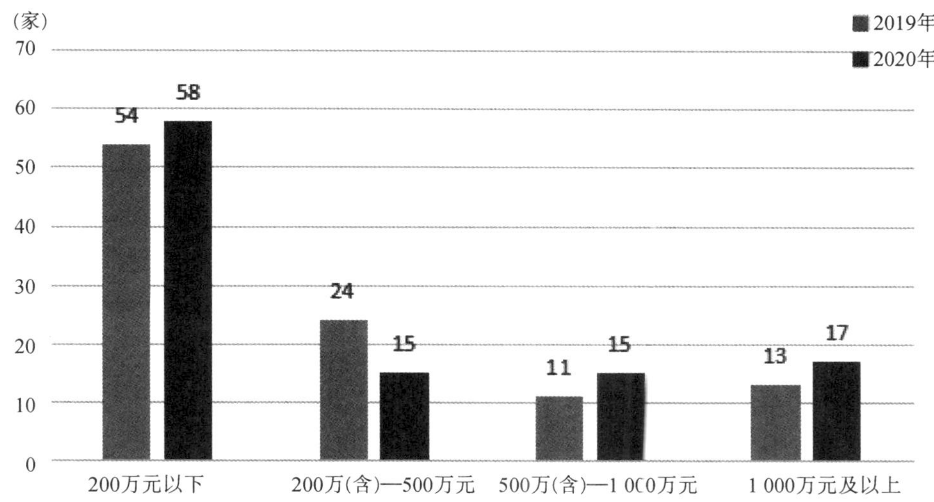

图专4-2　2019年、2020年不同投资者教育经费投入规模的公司数量比较情况

（一）利用新媒体渠道推广传播投教作品

随着市场的不断发展，证券公司根据投资者受众特点，制作原创性强、形式新颖的投教作品。同时，在互联网背景下，积极利用新媒体技术，将艰深难懂的金融专业知识通过通俗易懂和投资者喜闻乐见的形式进行表达，并通过包括微信视频号、新华号、学习强国、今日头条、抖音、快手App等新媒体在内的多种互联网渠道推广展示，拓宽投资者教育的覆盖面。2020年，证券公司围绕新《证券法》实施以及新三板、创业板改革、可转债新规、股市“杀猪盘”、警惕“股市黑嘴”、远离场外配资等主题制作原创投教产品26 500种，产品投放数量达15 343 192部（件）。2020年，证券公司制作电子投资者教育产品点击量（播放量）达10.87亿次，是上一年的2.3倍；制作并发放包括宣传手册、拉杆箱、环保购物袋、财商主题桌游、卡包、水杯、春联等在内的印刷类及用品类投教产品1 188万件（个），兼具实用性及宣传性。

此外，2020年，随着新《证券法》实施以及新三板、创业板改革，根据投教工作要求，证券公司有针对性地开展专项投教活动、制作投教作品，通过多种形式开展宣传，引导投资者正确认识新《证券法》实施和深化资本市场改革。证券公司围绕新《证券法》实施及新三板、创业板改革等主题制作图文、海报、视频等类型投教作品2 183种，发放用品类投教产品1 967 211件（个），并利用自身营业场所、自有媒体资源，通过海报横幅、手册读本、讲座沙龙、知识竞赛、网络直播等多种形式开展宣传（见图专4-3）。

（二）积极落实防疫要求，开展线上投资者教育活动

为落实新冠肺炎疫情防控工作要求，证券公司进一步加大线上活动组织力度，精心策划各类线上投教活动，推动投教服务向线上转型，丰富投教服务方式。2020年，证券公司以

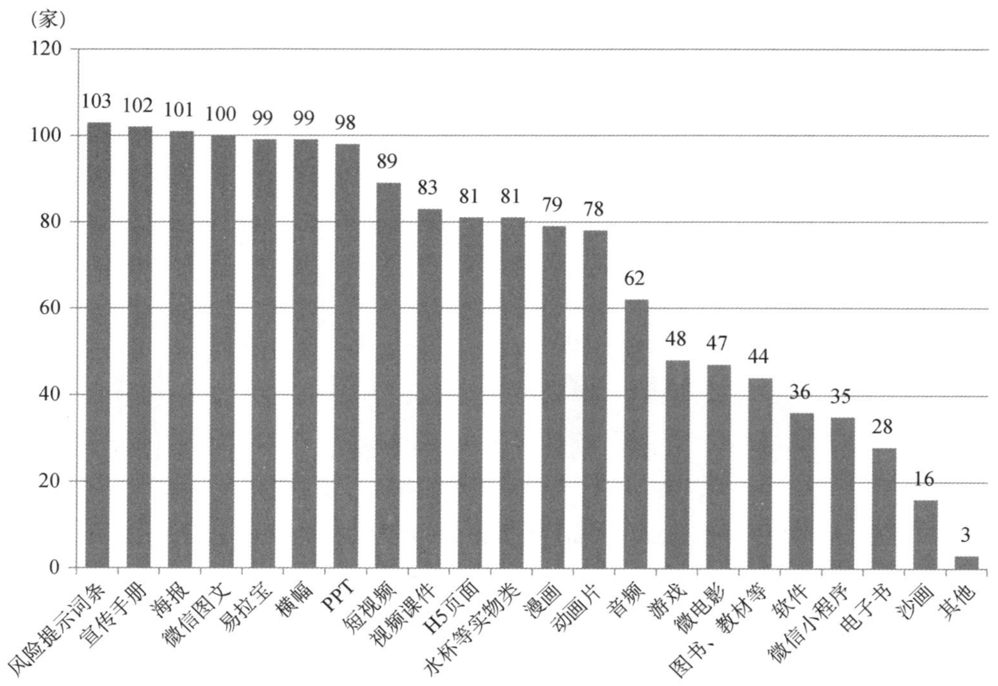

图专 4－3　2020 年使用不同投资者教育产品形式的公司数量情况

“新《证券法》投资者保护”“寻找理性投资者”“疫情防控，法治同行”“创业创新　共迎发展”“理性投资，远离非法证券期货陷阱”等为主题，开展了直播讲座、趣味问答、知识竞赛、模拟交易大赛、微视频展播和投资者征文等多种线上投资者教育活动，以视频直播、在线互动等形式，向广大投资者持续普及金融证券知识，传递理性投资理念。2020 年，证券公司通过线上形式开展投教活动 50 776 场，参与投资者约 3.26 亿人次，其中，开展视频培训、讲座、公开课等直播形式的投教活动 10 030 场，参与投资者达 8 158 万人次。在落实疫情防控积极开展线上活动的同时，证券公司线下活动有序开展，2020 年，证券公司开展线下投教活动 6 万余场，参与人次达 2 530 万余人次，活动内容涉及防范非法证券期货、新三板、创业板改革、反洗钱主题宣传等（见图专 4－4）。

2020 年 5 月 15 日，中国证监会举办第二届“5·15 投资者保护宣传日”活动，活动期间，证券公司开展线上主题投资者教育活动 3 800 场，参与人次达 2 359 万余人次；开展线下主题投资者教育活动 42 937 场，参与人次达 409 万余人次。

四、投资者教育基地成为投资者保护工作的重要窗口

引导投资者树立理性投资理念，增强投资者风险防范意识是投资者保护工作的重要内容。2020 年，证券公司充分发挥投教基地作用，不断丰富投资者教育基地内容，拓展投教基地功能，从完善软硬件设施、配备专业人员、拓宽合作渠道等多个方面优化投资者教育基

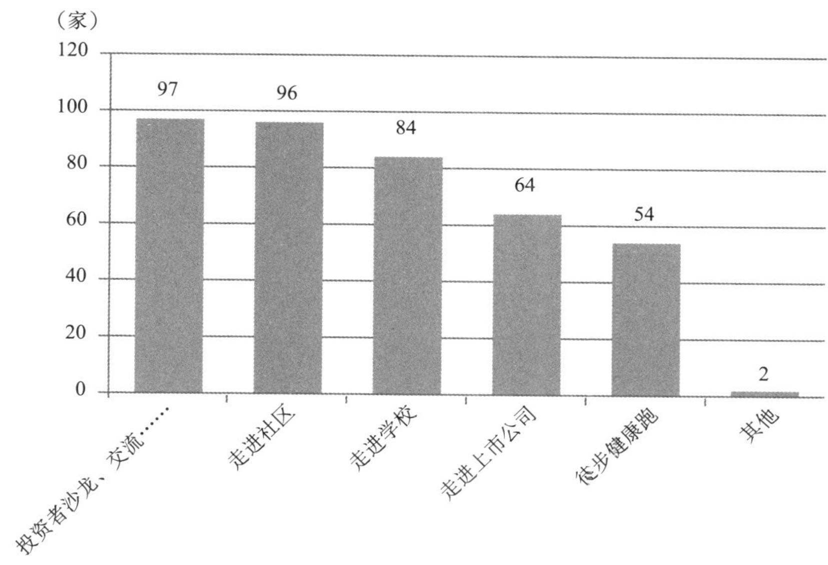

图专 4-4　2020 年使用不同投资者教育活动形式的证券公司数量情况

地服务，帮助投资者系统、持续、便利地获取投资者教育服务，投资者教育基地成为投资者保护工作的重要窗口。截至 2020 年底，共有 54 家证券公司建设已授牌投教基地 88 家，覆盖全国 29 个省份；其中，34 家为国家级投教基地，54 家为省级投教基地。2020 年，为保障投教基地正常运行，证券公司实体投教基地实际发生经费投入约 1.59 亿元，证券公司互联网投教基地实际发生经费投入约 8 815 万元，经费投入内容包括投教基地工作人员薪资以及在制作投教产品、举办投教活动、开展投教宣传、进行投教培训以及建设运行投教基地等工作中产生的费用。

2020 年，实体投教基地为保障疫情期间的投教服务供给，积极创新投教宣传形式，加强线上投教服务。投教基地除了通过微信公众号、微博、抖音号等移动社交平台进行投教宣传外，还运用 VR 技术打造数字投教基地，让投资者足不出户就可以进行“云参观”。此外，基地还开展知识竞赛、直播课、走进社区、走进学校等一系列丰富多彩的投教活动，增加知识传播的趣味性与互动性。2020 年，证券公司被授牌的实体投教基地访问人次达 71.24 万人，受疫情影响访问量较上年有所下降，举办线上及线下投资者教育活动 3 万余场，活动覆盖受众达 2.69 亿人次；互联网投资者教育基地网站及其衍生的微博、微信、App 等平台访问人次达 4.75 亿人次，较上年呈上升趋势，举办线上及线下投资者教育活动 1.78 万场，活动覆盖受众达 6 216 万人次。

为了更好地依托投教基地为广大投资者服务，证券公司持续开展投教基地满意度调查工作。调查显示，2020 年，有 40.1 万人次参与了证券公司实体投资者教育基地满意度调查，在参与调查的投资者中，对投资者教育基地表示满意或较为满意的人次占比为 97.96%，较上年下降 1.81%；有 41.1 万人次参与了证券公司互联网投资者教育基地满意度调查，在参与调查的投资者中，对投资者教育基地表示满意或较为满意的人次占比为 96.38%，较上年提升 1.38%。

五、持续推动投资者教育纳入国民教育体系

近年来，中国证监会高度重视将投资者教育纳入国民教育体系工作。2019 年 3 月，中国证监会与教育部联合印发了《关于加强证券期货普及教育的合作备忘录》（以下简称《合作备忘录》），明确应当加强证券知识普及教育，推动证券期货知识有机融入课程教材体系。为贯彻落实《合作备忘录》精神，2019 年“5·15 投资者保护宣传日”，中国证券业协会发布《证券行业开展“投资者教育进百校”行动倡议书》，号召证券公司走进学校开展证券期货知识普及教育工作，通过公益讲座、开放投教基地、提供在线学习资源等方式，培养在校学生投资风险意识，树立理性投资理念。2020 年，受新冠肺炎疫情影响，中国证券业协会鼓励证券公司继续通过线上方式开展“投资者教育进百校”活动。经统计，2020 年，共有 28 家证券公司结对 401 所学校开展投教活动。

证券公司在“投资者教育进百校”活动中，积极与各地大、中、小学接洽合作，通过与学校签订合作协议、编制财商教材、开设专题讲座及网络课程、组织冬、夏令营、开展社会实践及实习实训以及组织证券知识、模拟交易比赛等线上线下多种形式持续推进投资者教育纳入国民教育体系（见图专 4－5）。2020 年，证券公司在校园内开展了“未来之星之激战股场”“云上庆六一”“财商小达人”“小小投资者，由我来保护”“远离校园贷、不留青春债”等主题投教活动或金融专题课程，帮助青少年正确理解和认识资本市场，形成和树立正确的理财意识。调查显示，60 家证券公司投放了适用在校学生的原创教材、课件、游戏等投资者教育产品 3 316 种，76 家证券公司与在校老师开展了交流座谈等活动，93 家证券公司针对在校学生开展线上及线下投资者教育活动共 3 600 余场，覆盖学生达 2 965 万人次。

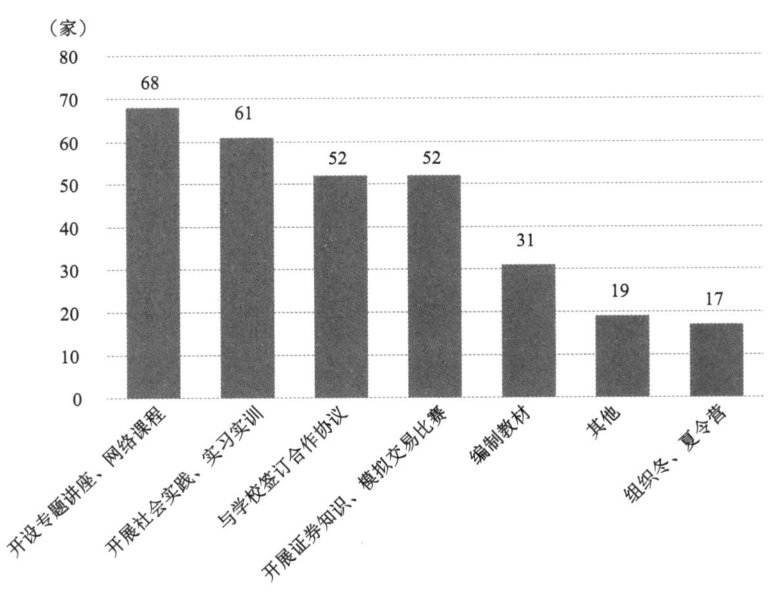

图专 4－5　2020 年采取不同投资者教育纳入国民教育体系形式的证券公司数量情况

六、持续优化服务渠道，提升客户体验

2020 年，证券公司积极响应中国证券业协会号召，畅通客户服务热线，确保投资者诉求直达，同时利用移动互联网技术，打造在线智能客户服务系统，力争及时、高效地解决客户业务咨询问题，满足客户在移动互联网时代下的服务需求。

（一）畅通服务热线，提升服务质量

服务电话是投资者与市场主体互动沟通的重要渠道，也是市场主体了解投资者诉求建议，自觉保护投资者知情权、求偿权等合法权益的重要途径。2020 年 12 月，中国证券业协会与中国期货业协会、中国上市公司协会和中国证券投资基金业协会联合发布了“畅通服务热线 搭建沟通桥梁”倡议书，倡议各上市公司及证券、期货、基金行业机构保持电话畅通，确保投资者诉求直达；提升服务质量，促进投资者诉求化解；完善规章制度，保障电话服务工作效果；加强培训学习，提升电话服务人员业务水平等。倡议一经发出，受到证券公司的积极响应。调查显示，94 家证券公司采取了相应措施，积极落实倡议内容，进一步确保服务热线畅通。采取的主要措施包括：增加热线座席人员数量、优化座席人员排班机制、更新热线服务系统、加强座席人员业务培训、提高业务处理效率、定期检查通信设备及线路、主动回访呼损客户、制定应急计划以及开展应急演练等。

调查显示，95% 的证券公司均具备对外语音服务机构及统一的业务管理系统。在服务时间方面，59 家证券公司客服电话每周人工服务时间为 7 天；2 家证券公司客服电话每周人工服务时间为 6 天；38 家证券公司客服电话每周人工服务时间为 5 天。2020 年，证券公司平均客户电话接通率约为 86.37%，其中，12 家证券公司客户呼入电话接通率达到了 100%，40 家公司接通率为 90%—100%（不含）。具体数据见图专 4－6。

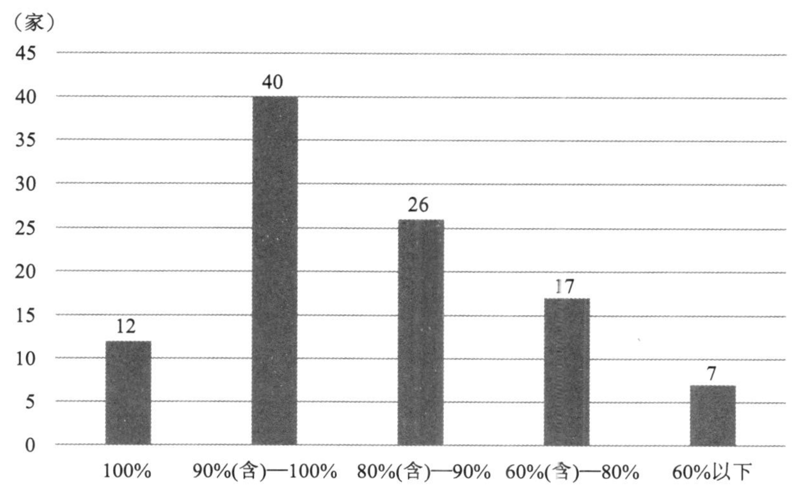

图专 4－6 2020 年不同客户呼入电话接通率公司数量情况

（二）拓宽服务渠道，提高客户服务智能化水平

随着移动互联的快速发展，证券公司在提供传统电话语音服务的同时，在线服务也逐渐向“智能＋互联网”服务转型，具有消息即时回复、多渠道访客接待、24小时在线等功能的智能在线客服成为连接证券公司与客户之间的又一条有效渠道。调查显示，截至2020年底，已有67家证券公司通过官方网站、App、交易终端、微信公众号等渠道上线了智能客户服务系统（见图专4－7），承担起对于客户的业务引导、疑问解答和沟通交流等职责。证券公司智能客服系统一般能够为客户提供7×24小时智能应答服务，当客户发起更加复杂且个性化的需求时，系统可为客户提供转接至专属线上人工客服的选择，由人工座席继续向客户提供解答和服务。

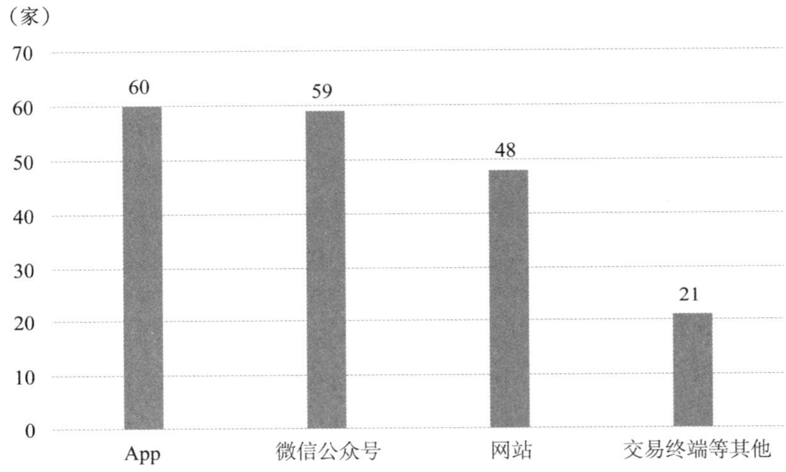

图专4－7　2020年证券公司智能客服上线渠道数量情况

第二章
证券公司投资者适当性管理工作情况

投资者适当性制度是证券公司及其从业人员应尽的义务和责任，也是证券公司提供差异化服务的基础性制度安排。证券公司及其从业人员应在对投资者和金融产品或服务进行充分了解的基础上，将合适的金融产品或服务提供给合适的投资者。2020 年，证券公司积极履行投资者适当性义务，从完善内部管理制度、充分揭示风险、进行客户回访、开展适当性自查及专项培训等各项环节确保适当性管理义务落实到位。

一、持续完善投资者适当性制度建设

2020 年，随着新三板、创业板深化改革，各证券公司积极履行适当性管理职责，以全面落实各项业务的投资者适当性管理工作要求。调查显示，截至 2020 年底，证券公司制定发布与投资者适当性相关的制度、规范等共计 2 264 项；新增公司层面与投资者适当性相关制度 145 项；修订公司层面与投资者适当性相关制度 512 项，具体业务涉及金融衍生品交易、港股通、股票期权、新三板、创业板改革等。同时，90 家证券公司根据公司适当性管理规则新增或修订情况相应对公司适当性管理系统进行了改造或完善。

2020 年，有 76 家证券公司设置了投资者适当性管理专岗，履行投资者评估、适当性复核、自查等适当性相关工作，专岗人员共有 17 560 人。此外，104 家证券公司将相关岗位工作人员适当性职责履行情况纳入公司绩效考核范围。

二、疫情期间引导投资者通过非现场方式办理业务

2020 年，在新冠肺炎疫情期间，证券公司积极引导投资者采取非现场方式进行交易和办理业务，公司通过拥有的单①、双②向视频见证开户资格为客户通过线上形式办理开户及

---

① 单向视频开户是指客户实时录制一段视频，记录关于本人自愿开户等事项的意思表达，证券公司在后台可以通过对投资者录像、身份证影像资料及在公安部身份证核查系统中的照片进行比对，验证客户身份和开户意愿真实性。

② 双向视频见证方式是指开户代理机构通过公安部身份信息核查系统核验投资者所提交身份信息的真实性后，开户代理机构见证人员与投资者进行双向视频，将视频中的投资者相貌与其上传的身份证件影像资料进行比对，确保二者一致，确认本人自愿开户。

相关业务，并进行“双录”。疫情期间，为了落实投资者适当性管理要求，证券公司对客户临柜以及非现场方式办理相关业务均制定了“双录”业务要求，如“双录”柜员应做到勤洗手，并佩戴口罩上岗；请投资者使用消毒液洗手后使用相关设备；对“双录”设备做到一户一消毒；在对客户进行身份识别后，允许柜台员工及投资者佩戴口罩进行“双录”等。

三、充分做好风险提示工作

向投资者充分披露信息和揭示风险是投资者适当性管理的重要环节。根据《证券经营机构投资者适当性管理实施指引》的相关规定，投资者在听取证券经营机构适当性意见的基础上，根据自身能力审慎决策，购买适合自身风险承受能力的产品，证券经营机构可以给出匹配性建议，但不能代替投资者作决定。如投资者执意购买高于其风险承受能力的产品或服务，证券经营机构无权剥夺投资者的投资权利，但证券经营机构会向投资者告知和揭示投资风险，同时投资者也应签署《产品或服务风险警示及投资者确认书》，自行承担投资风险，做到“卖者有责、买者自负”。调查显示，2020 年，证券公司风险揭示书签署比例达到 100%，较好地履行了风险提示义务。

四、对购买金融产品客户履行回访义务

《证券经营机构投资者适当性管理实施指引》要求证券公司建立健全投资者回访制度，对购买产品或接受服务的投资者，每年抽取不低于上一年度末购买产品或接受服务的投资者总数（含购买或者接受产品或服务的风险等级高于其风险承受能力的投资者，不含休眠账户及中止交易账户投资者）的 10% 进行回访。2020 年，证券公司针对购买金融产品客户或接受服务客户的平均回访率达 30.38%，基本履行了客户回访义务。其中，11 家证券公司购买金融产品的客户回访率达到了 100%，8 家证券公司为 60%—100%（不含），74 家证券公司在 60% 以下。具体数据见图专 4 – 8。

五、普通投资者转化为专业投资者人数进一步提升

普通投资者可以申请转化成为专业投资者，除了需要向证券经营机构提供专业投资者申请书外，自然人投资者还需要提供金融资产证明文件或者近三年收入证明等。此外，证券公司在完成投资者申请材料的核验后，还应对投资者进行审慎评估，一般通过追加了解投资者信息、风险测评问卷、投资知识测试以及模拟交易等方式对投资者进行评估。使用不同评估方式的证券公司数量情况见图专 4 – 9。2020 年，普通投资者申请转化成为专业投资者的数量为 76 118 户，比上年增加 32 494 户，占所有普通投资者的 0.6%，较上年增加 0.28%。

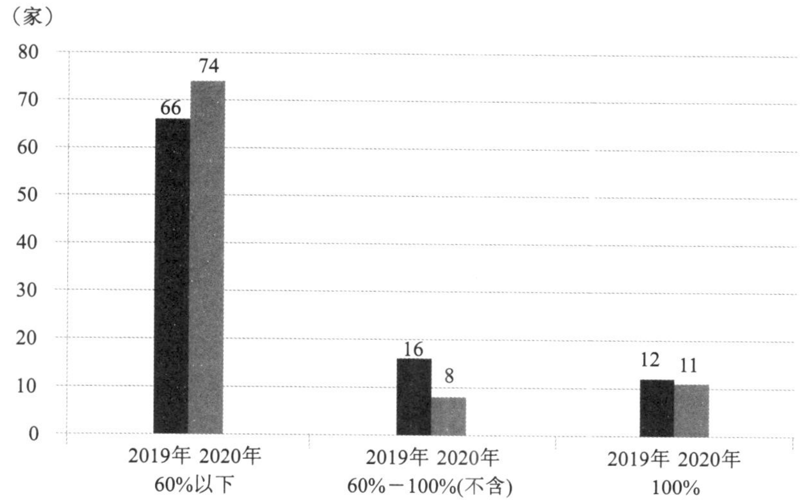

图专 4－8　2019 年、2020 年证券公司销售金融产品回访率比较情况

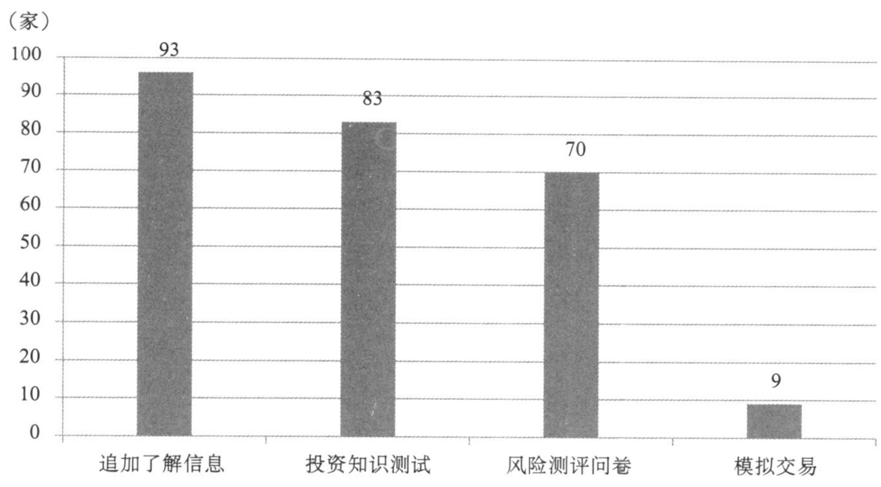

图专 4－9　2020 年采用不同评估方式的证券公司数量情况

六、风险承受能力最低类别投资者占比情况

《证券经营机构投资者适当性管理实施指引》根据投资者的风险承受能力相关因素，将 C1 级投资者中不具有完全民事行为能力、没有风险容忍度或者不愿承受任何投资损失以及法律法规规定的其他情形的自然人作为风险承受能力最低类别的投资者。截至 2020 年底，有 56 家证券公司具有风险承受能力最低类别客户，客户数量约为 118 万户，占总体客户数的 0.7%。

七、开展投资者适当性管理自查情况

根据《证券期货投资者适当性管理办法》相关规定，证券公司应当每半年开展一次适当性自查，自查的内容包括但不限于适当性管理制度建设及落实、人员培训及考核、投资者投诉纠纷处理、发现问题及整改等情况。截至2020年底，104家证券公司已完成2020年第一次适当性管理自查工作，84家证券公司已完成2020年第二次适当性管理自查工作，其余公司拟于2021年第一季度或第二季度启动该项工作。自查有利于证券公司针对发现的问题及时整改完善，不断提高执行适当性制度的准确性和规范性。

2020年，证券公司通过线上或线下形式开展与适当性管理相关的岗位人员培训9 721场，参加培训员工108万余人次；受理与适当性管理相关的客户投诉197起，较上年减少141起，已处理完成181起，处理率为91.88%。

八、开展适当性及金融产品销售培训与检查

2020年，证券公司持续对代销金融产品营销人员开展业务培训，以保证其充分了解所推介金融产品的风险和特点以及符合投资者适当性管理相关要求。调查显示，证券公司全年组织金融产品销售方面的员工线上培训31 821场、线下培训30 123场，总体比上年增加28 054场，增幅较大。参加培训员工达500万人次，覆盖全部销售人员的80%，与上年持平。2020年，证券公司组织金融产品销售检查4 809项（次），对分支机构的检查覆盖率平均为74.24%，比上年增加3.46%。

第三章

维护投资者合法权益情况

2020 年，证券公司积极履行投资者投诉处理首要责任，妥善处理投资者诉求；积极推进多元纠纷化解，开展保障中小投资者求偿权、知情权、投票权活动及防范非法证券活动，客户投诉数量有所下降。

一、妥善处理投资者诉求

2020 年，各证券公司积极履行投资者投诉处理首要责任，根据中国证券业协会及沪、深证券交易所发布的《投资者教育工作指引》的相关要求，通过官方网站、手机 App、营业场所的投资者园地、公告栏等多种渠道（见图专 4－10）向投资者公示投诉渠道和处理流程，并在必要时针对投资者投诉反映出的问题，开展专项的投资者教育活动。调查显示，参与调查的 105 家证券公司均建立了投诉处理机制，以妥善处理客户投诉和纠纷等情况。

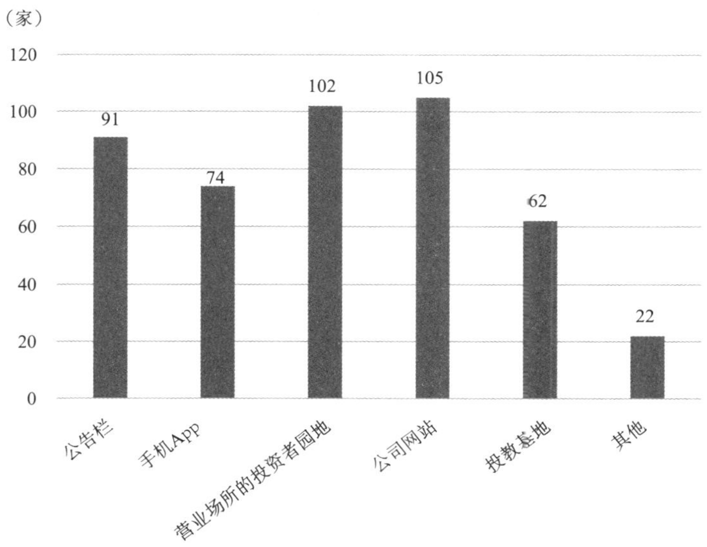

图专 4－10　2020 年证券公司公示投诉渠道和处理流程渠道数量情况

2020 年，105 家证券公司共收到客户投诉 9 497 起，比上年减少 935 起，平均投诉处理率达 96.79%。其中，客户投诉处理率为 100% 的证券公司有 70 家，比上年增加 16 家；客户投诉处理率在 90%—100%（不含）的证券公司有 19 家。不同客户投诉处理率的证券公司数量情况见图专 4－11。证券公司受理客户投诉的类别主要包括客户服务、信息系统、融资业务、投资者适当性管理、营销人员和投资顾问执业等。

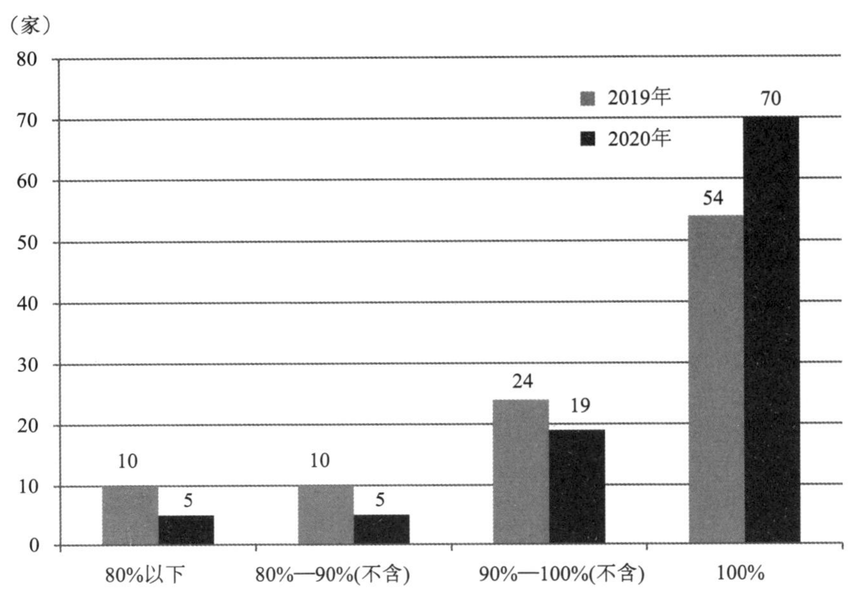

图专 4－11　2019 年、2020 年不同客户投诉处理率的证券公司数量比较情况

二、积极推进纠纷多元化解

行业调解是多元化纠纷解决机制的重要组成部分，通过调解方式解决证券纠纷，具有申请便捷、程序简便、方式灵活、时间快、成本低等优势，有利于证券公司拓宽纠纷化解途径，提高纠纷解决效率。2020 年，证券公司通过调解方式解决证券业务纠纷 2 202 起，调解渠道包括人民调解组织、中国证券业协会及地方协会调解组织、中证中小投资者服务有限公司、法院和仲裁委员会等。

2020 年，证券公司持续推进投诉处理与行业调解的对接。2020 年，95 家证券公司的官方网站链接了中国证券业协会证券纠纷调解在线申请平台，公司数量比上年增加 2 家；98 家证券公司在公司相关业务合同或协议中加入通过证券纠纷行业调解方式解决证券纠纷的争议解决条款，公司数量同上年基本持平。2020 年中国证券业协会通过书面、在线申请平台等方式受理证券纠纷调解申请 739 件，调解成功 586 件。

三、努力维护投资者知情权、投票权

2020 年，证券公司继续通过组织投资者走进上市公司等活动方式维护投资者知情权。受疫情影响，证券公司除了通过线下形式组织投资者走进上市公司外，还开展了线上走进上市公司活动，进一步为投资者与上市公司搭建沟通桥梁。调查显示，证券公司组织投资者线上走进上市公司 1 029 次，参与人数为 4 328 610 人；组织投资者线下走进上市公司 406 次，参与人数为 11 026 人。由于线上活动渠道的拓展，投资者参与人次为上年的 140 倍，呈跳跃式增长。为支持投资者行使投票权，证券公司组织 107.9 万余名投资者参与上市公司表决事项投票。

四、持续开展防范非法证券活动

2020 年，证券公司继续配合各监管机构坚决打击非法证券活动，56 家证券公司发现并举报假冒本公司网站 971 起。在宣传形式上，证券公司通过“两微一端”、投教基地、营业场所的投资者园地以及报刊、广播、户外广告牌、新媒体等多种方式和渠道开展防范非法证券活动宣传工作，且在宣传内容上，紧扣贴近市场、贴近大众的宣传原则，力求喜闻乐见、通俗易懂、形象生动，进而引导投资者树立正确的投资理念，学会辨别和远离非法证券活动。

2020 年 5 月 15 日，在中国证券业协会组织行业开展的“理性投资，远离非法证券陷阱”“防非宣传月”活动中，94 家证券公司制作并发布了包括宣传文章、漫画、海报、音视频、实物用品等在内的原创投教产品 138 985 个（件），悬挂、张贴、摆放宣传品 243 051 个，通过公交地铁、连锁店面、住宅办公楼宇等电子屏宣传 121 877 次；通过报纸杂志、电视台、电台等宣传 266 次；通过网站、微博、微信等宣传 388 421 次；通过短视频和直播平台宣传 43 857 次；累计向投资者发送“防非”短信 37 023 560 条。此外，活动期间，证券公司还举办了知识竞赛、讲座、健康跑等丰富多彩的宣传活动，提示投资者参与非法投资活动的风险，营造了良好的舆论氛围。

第四章 加强投资者保护工作建议

为贯彻落实新《证券法》，持续贯彻执行《国务院办公厅关于进一步加强资本市场中小投资者合法权益保护工作的意见》，切实保护中小投资者合法权益，根据专项调查中证券公司提出的有关意见，建议行业从以下几个方面继续加强投资者保护工作。

一、整合投教资源，加强交流培训

进一步加强行业自律组织、交易所等之间的协商合作，整合行业投资者教育资源，形成合力，建设行业投教领域资源共享库，共享高校信息、师资力量、课程培训、投教素材等，促进提高行业整体投教工作水平；通过专题研讨、经验交流等方式，开展投教工作业务培训，拓宽投教工作思路，进一步提升投教人员的工作技能。

二、拓宽投教渠道，更多探索线上投资者教育途径

随着证券公司营业部轻型化和“互联网+”的发展，非现场交易已经成为证券交易的主流方式，线上办理业务在为客户带来高效、便捷体验的同时，对证券公司的投资者教育工作也提出了更大挑战。证券公司在持续做好线下投资者教育工作的基础上，需更多探索线上投资者教育途径，迎合“互联网+”时代的阅读特点，不断创新投教方式方法，通过广泛利用整合网络、媒体资源，更多借助网站、微信、视频等自媒体和新兴媒体平台，开展多种形式的创新投教活动，将线上与线下形式相结合，拓展投资者教育的深度和广度。针对新入市投资者年轻化的趋势，为其提供更具吸引力的、新兴技术的投资者教育服务，以更加生动形象的方式开展金融知识普及和风险提示，提高投资者参与的主动性和积极性。

三、落实主体责任，强化投资者适当性管理

投资者适当性制度是保护投资者合法权益的根本制度之一。随着资本市场深化改革的不

断推进，证券经营机构应不断健全适当性管理制度体系，提高投资者适当性管理能力，推动工作模式变革，防止适当性管理流于形式，同时加快金融科技运用，创新适当性管理工具方法，进一步提升对投资者的服务水平与服务质量。同时，行业自律组织等自律监管机构应加强对投资者适当性的自律指导，督导证券经营机构归位尽责，增进行业适当性管理经验交流。

专题报告之五：
2020年证券行业人力资源管理发展综述

2020年3月1日，新《证券法》正式实施，明确全面推行注册制，进一步压实证券公司资本市场“看门人”职责。肩负证券市场全面深化改革中的新责任、新使命，证券行业应以自身的高质量发展助力资本市场高质量发展，为经济社会发展积极贡献力量。证券行业是人力资源密集型行业，高质量的人才队伍是行业高质量发展的根本保障。本专题报告基于2020年证券行业人力资源管理调研问卷信息（简称“调研信息”）与中国证券业协会从业人员管理系统信息（简称“中证协信息”），对2020年证券行业人力资源状况进行总结，为行业人力资源发展提供参考。

第一章

2020 年证券行业人力资源发展概况

第一节　证券行业从业人员发展概况

一、证券从业人员数量情况

截至 2020 年底，证券行业登记从业人员数量为 34.68 万人，结束了 2018—2019 年连续两年减少态势，较 2019 年末小幅回升 2.40%。其中，正式员工数量增加 5.71%，证券经纪人数量减少 12.96%。从证券公司调研数据来看，证券公司总部及分支机构人员增长呈现出结构差异、头部集中的特征，即人员增长主要集中在总部及大型公司（见表专 5－1）。

表专 5－1　　2018—2020 年证券行业人员总体情况

类　别	2018 年		2019 年		2020 年	
	人数（人）	增长率（%）	人数（人）	增长率（%）	人数（人）	增长率（%）
行业总人数	359 582	－3.30	353 434	－1.70	358 536	1.44
已登记人数	344 331	－1.80	338 730	－1.63	346 848	2.40

资料来源：中国证券业协会信息，统计范围包括证券公司（含证券经纪人）、证券投资咨询机构、证券市场资信评级机构。

二、证券从业人员年龄与司龄情况

（一）成熟人才占比持续提升

2018—2020 年，证券行业对从业人员的专业能力、从业经历要求不断提升，证券公司中从业经验更丰富的 36 岁以上的成熟人才占比从 35.7% 上升至 39.1%，行业人员平均年龄从 34.6 岁上升至 35.4 岁。总部与分支机构从业人员年龄结构变化幅度相当：总部 36 岁以上员工占比从 30.9% 上升至 35.0%，平均年龄从 34.1 岁上升至 34.9 岁；分支机构 36 岁以上员工占比从 38.7% 上升至 41.7%，平均年龄从 35.0 岁上升至 35.9 岁（见表专 5-2）。

表专 5-2　　2018—2020 年证券公司从业人员各年龄段占比情况

年份	统计范围	25 岁以下（%）	26—35 岁（%）	36—45 岁（%）	46—55 岁（%）	55 岁以上（%）	平均年龄（岁）
2018	总部	7.06	62.00	21.42	8.65	0.87	34.07
2019		5.23	61.10	23.37	9.24	1.06	34.54
2020		5.64	59.35	24.53	9.29	1.18	34.87
2018	分支机构	10.56	50.76	24.88	12.78	1.02	35.03
2019		9.48	50.32	25.42	13.62	1.17	35.46
2020		9.32	48.95	26.26	14.16	1.31	35.91
2018	公司整体	9.46	54.86	23.57	11.23	0.87	34.59
2019		8.05	54.27	24.62	12.04	1.02	35.05
2020		8.05	52.81	25.59	12.35	1.21	35.41

资料来源：调研信息，不少于 95 家证券公司就员工年龄占比情况进行了有效反馈。

（二）1—10 年司龄员工占比持续下降

由于具备丰富从业经验的专业人才培养周期较长，为满足业务转型升级需要，各证券公司在 2018—2020 年普遍加大了对有经验人才的外部引进力度，导致行业从业人员司龄分布在 1—5 年、6—10 年的占比分别从 36.1%、24.7% 下降至 32.1%、22.5%。其中总部员工中 1—5 年司龄员工下降明显，从 41.9% 下降至 36.7%；分支机构 1—5 年、6—10 年司龄员工均有所下降，分别从 33.4%、26.0% 下降至 30.0%、21.8%（见表专 5-3）。

表专 5-3　　2018—2020 年证券公司从业人员司龄占比情况　　（单位：%）

年份	统计范围	1 年以下	1—5 年	6—10 年	11—19 年	20 年以上
2018	总部	10.70	41.85	21.94	15.34	10.17
2019		8.45	41.35	22.05	17.56	10.58
2020		9.70	36.67	23.74	19.01	10.88
2018	分支机构	8.87	33.37	25.99	18.38	13.39
2019		8.67	32.46	23.86	19.75	15.27
2020		10.12	29.66	21.77	22.18	16.27
2018	公司整体	9.45	36.12	24.67	17.45	12.31
2019		8.57	35.32	23.28	19.04	13.78
2020		10.04	32.09	22.51	21.07	14.29

资料来源：调研信息，不少于 99 家证券公司就员工司龄占比情况进行了有效反馈。

三、证券从业人员专业背景情况

（一）高学历特征愈发显著

证券行业各项业务转型升级要求从业人员具备更高的学历水平，证券公司从业人员硕士学历占比 2018—2020 年稳步提升，从 27.6% 提升至 30.0%，大专及以下学历从 11.7% 下降至 9.3%，博士学历占比基本保持在 1.0% 的水平。本科学历占比虽然在总体上维持在 60%，但是总部和分支机构的占比变动相反，总部本科学历占比从 36.4% 下降至 34.7%，分支机构本科学历占比从 72.4% 上升至 74.2%（见表专 5 -4）。

表专 5 -4　2018—2020 年证券公司从业人员学历占比情况　（单位:%）

年　份	统计范围	大专及以下	本　科	硕　士	博　士
2018	总部	3.20	36.40	57.90	2.50
2019		2.92	36.27	58.36	2.45
2020		2.59	34.70	60.33	2.37
2018	分支机构	16.21	72.42	11.24	0.13
2019		14.06	74.16	11.67	0.12
2020		13.05	74.18	12.65	0.12
2018	公司整体	11.67	59.77	27.55	1.02
2019		10.12	60.76	28.13	0.99
2020		9.25	59.75	30.03	0.97

资料来源：调研信息，不少于 95 家证券公司就员工学历占比情况进行了有效反馈。

（二）专业化程度不断提升

证券行业作为知识密集型行业对从业人员专业水平有较高要求，2018—2020 年，除具备律师职业资格的人员占比略有下降外，具备其他职业资格（或专业资格）人员占比持续提升。随着证券经纪业务向财富管理转型、资产管理回归主动管理本源，具有特许金融分析师（CFA 三级）资质的从业人员占比从 1.15% 提升至 1.43%。随着投资及信用业务等风险管理要求不断提高，具有金融风险管理师（FRM 二级）资质的从业人员占比从 0.58% 提升至 0.83%。随着投行业务中介责任进一步压实，具备注册会计师（CPA）资质的从业人员占比从 5.88% 提升至 6.34%（见表专 5 -5）。

表专 5－5　2018—2020 年证券公司从业人员专业资质占比情况　（单位:%）

年　份	统计范围	注册会计师	律　师	CFA（三级）	FRM（通过第二阶段）
2018	公司总部	5.88	3.65	1.15	0.58
2019		6.13	3.60	1.28	0.68
2020		6.34	3.61	1.43	0.83

资料来源：调研信息，不少于 92 家证券公司就员工专业资质占比情况进行了有效反馈。

（三）国际化人才储备持续增加

在我国资本市场对外开放步伐稳步扩大的背景下，处于国际化转型变革中的证券行业对具备境外工作经验或留学背景的人员引进力度不断加大，行业国际化人才占比明显提升。证券公司总部中，具有两年以上境外工作经验的人员占比从 2.1% 提升至 2.4%，具有境外留学背景的人员占比从 17.4% 提升至 20.7%（见表专 5－6）。

表专 5－6　2018—2020 年证券公司国际化人员储备情况　（单位:%）

年　份	统计范围	具有境外工作经验人员（2 年及以上）	具有境外留学背景人员
2018	公司总部	2.08	17.36
2019		2.01	18.02
2020		2.40	20.72

资料来源：调研信息，不少于 78 家证券公司就国际化人员储备情况进行了有效反馈。

第二节　证券行业人才引进情况

2018—2020 年证券行业人才引进具有三个特征：一是总部新聘人员占比相对较大；二是招聘需求主要集中于投行、IT、投研、资产管理等处于转型发展的领域；三是社会招聘来源主要集中于证券公司、银行、会计师事务所、信息技术公司、基金公司等。

一、证券公司总部新聘人员占比持续上升

2018—2020 年，证券公司新聘员工数量占总人数的比例持续提升，从 17.30% 上升至 19.09%。其中，总部新聘员工占比从 16.17% 提升至 19.59%；分支机构新聘员工占比从 2018 年的 15.58% 提升至 2019 年的 19.59% 后，2020 年回落到 18.49%（见表专 5－7）。

表专 5－7　　2018—2020 年证券公司新招聘员工数量及占比情况

年　份	统计范围	新聘员工平均数（人）	新聘员工数占年末人数比（%）
2018	公司总部	138	16.17
2019		131	15.29
2020		179	19.59
2018	分支机构	255	15.58
2019		321	19.59
2020		306	18.49
2018	公司整体	423	17.30
2019		443	18.21
2020		483	19.09

资料来源：调研信息，不少于 97 家证券公司就新聘员工数量及占比情况进行了有效反馈。

二、校招人数占比基本稳定在 20%左右

从招聘渠道方面来看，证券公司新招聘员工以社会招聘为主、校园招聘为辅，校园招聘人数及占比各年间具有一定波动，但基本维持在 20%左右（见表专 5－8）。

表专 5－8　　2018—2020 年证券公司应届生招聘数量及占总招聘人数比例情况

年　份	统计范围	应届生招聘平均人数（人）	应届生招聘占总招聘人数百分比（%）
2018	公司总部	41	29.73
2019		29	22.05
2020		43	24.16
2018	分支机构	57	22.22
2019		58	17.96
2020		56	18.41
2018	公司整体	94	22.12
2019		84	18.97
2020		99	20.54

资料来源：调研信息，不少于 97 家证券公司就应届生招聘数量及占比情况进行了有效反馈。

三、证券行业人才需求领域及社招来源分布

从行业人才需求领域来看，随着注册制改革全面推进，证券公司投行业务条线的专业人才需求最为迫切。此外，信息技术、投研、资产管理、证券经纪（含财富管理）、合规风控等领域的人才需求也相对较大。

从社会招聘渠道来看，行业社会招聘人才来源以证券公司和银行为主，会计师事务所、信息技术公司、基金公司也为重要来源。

第三节　证券行业人力资源成本投入情况

2018—2020 年证券行业总人力成本的变动弹性小于业绩变动。行业人力成本投向相对稳定，总部各部门的总人力成本占比小幅提升。行业人力成本投入主要为薪酬成本，培训投入和人力资源系统投入占比不高。2020 年因疫情防控要求，线上培训增多，行业培训总人数增加，人均培训费用下降。

一、总人力成本投入情况

2018—2020 年证券行业人力成本占营业收入的比重持续下降，行业平均值从 2018 年的 46% 下降至 2020 年的 38%（见表专 5 - 9）。

表专 5 - 9　　2018—2020 年证券公司人力成本投入占比　　（单位：%）

人力成本投入占比	年　份	中位数	平均
总人力成本占营业收入的比重	2018	41	46
	2019	38	40
	2020	36	38

资料来源：调研信息，不少于 108 家证券公司就人力成本投入占比及结构进行了有效反馈。

二、培训投入情况

2018—2020 年证券行业参加培训人数稳步上升，从 29.3 万人增长至 33 万人。同时，受疫情影响，2020 年培训以线上培训为主，人均培训费用从 1 365 元下降至 887 元（见表专 5 - 10）。

表专 5 - 10　　2018—2020 年证券公司人才培训费用情况

年　份	年度培训总费用（万元）	年度培训总人数（万人）	年度人均费用（元）
2018	39 987	29.29	1 365
2019	40 307	30.01	1 343
2020	29 584	33.03	896

资料来源：调研信息，不少于 102 家证券公司就培训费用投入进行了有效反馈。

三、人力资源系统投入情况

从人力资源管理系统投入来看，84%的证券公司投入在100万元以内（见表专5－11）。

表专5－11　　2020年证券公司人力资源系统的投入分布

人力资源系统投入	证券公司家数占比（%）
100万元以内	84
100万—500万元	14
500万—1 000万元	2
1 000万元以上	0

资料来源：调研信息，不少于107家证券公司就人力资源系统投入进行了有效反馈。

第二章
2020年证券行业组织变革情况

第一节　2020年证券公司组织变革概况

一、组织架构调整较为频繁

根据调研数据统计①，2020年共有90家证券公司进行了组织架构调整（仅指一级部门，下同），占比81.82%。其中，21.82%的证券公司调整了4次及以上；10.91%的证券公司调整了3次，17.27%的证券公司调整了2次；31.82%的证券公司调整了1次。

从组织架构调整内容来看，54.64%的证券公司对现有部门进行整合；41.24%的证券公司对现有部门进行拆分；48.45%的证券公司针对新业务或职能，新设一级部门；11.34%的证券公司将部分业务设立为分公司或子公司等。

二、组织架构调整以投行、证券经纪、自营投资业务条线为主

投行、证券经纪和自营投资业务条线持续成为证券公司组织架构调整较为频繁的领域。根据调研数据统计，在进行组织架构调整的证券公司中，51.09%的证券公司对投行业务条线进行了调整，行业整体呈现强化投行部门配置的特点，包括成立投行业务委员会或投行事业部、增设投行业务部门、按行业设置部门，以及梳理优化新三板做市业务与投行业务部门设置等。32.61%的证券公司对经纪业务条线进行了调整，主要包括调整优化相关部门职能，设立财富管理部门等，进一步推进财富管理转型。32.61%的证券公司对自营投资业务条线

① 共有110家证券公司对该部分进行了有效反馈。

进行了调整，包括拆分或新设相关业务部门，优化部门职能等。此外，还有 15. 22% 的证券公司对资产管理业务条线进行了调整，14. 13% 的证券公司对机构销售业务条线进行了调整，14. 13% 的证券公司对运营、存管、清算职能领域进行了调整，14. 13% 的证券公司对党群、工会、团委、纪检职能领域进行了调整。

第二节　2020 年证券公司组织设置情况

一、投资银行业务

投行业务主要按业务种类设置，但细分程度存在差异。根据调研数据统计[①]，在投行业务组织架构中，"股、债、新三板均分设部门"的占比达 38. 32%；"股、新三板在一个部门，债分设部门"的占比为 30. 84%，"股、债、新三板同在一个部门"的占比为 12. 15%。此外，6. 54% 的证券公司设立了投行子公司。

在投行内核职能组织形式上[②]，47. 66% 的证券公司将投行内核部门设为一级部门，33. 64% 的证券公司将投行内核部门隶属于合规风控部门，18. 69% 的证券公司通过设置内核委员会等非常设机构履行相应职能。

在投行质量控制职能组织形式上[③]，51. 40% 的证券公司设置了质量控制一级部门，28. 97% 的证券公司将该职能整体隶属于大投行业务部门，12. 15% 的证券公司将该职能分别隶属于股、债、新三板团队，另有 7. 48% 的证券公司将该职能隶属于子公司或在投行业务委员会下设独立团队。

二、研究业务

根据调研数据统计[④]，92. 45% 的证券公司设立了一级部门开展研究服务。在研究所定位方面[⑤]，40. 95% 的证券公司将研究所定位为综合研究机构，33. 33% 定位为卖方研究机构，17. 14% 定位为买方研究机构，其他证券公司将研究业务定位为内部服务机构；个别证券公司未开展该业务。

---

① 共有 107 家证券公司对该部分进行了有效反馈。
② 共有 107 家证券公司对该部分进行了有效反馈。
③ 共有 107 家证券公司对该部分进行了有效反馈。
④ 共有 106 家证券公司对该部分进行了有效反馈。
⑤ 共有 105 家证券公司对该部分进行了有效反馈。

三、互联网金融业务

目前证券公司普遍开展互联网金融业务，但组织架构设置与定位具有明显差异。在部门设置方面[①]，47.52%的证券公司设置单独的互联网金融一级部门，32.67%的证券公司设为经纪业务内设部门或团队，7.92%的证券公司设为信息技术内设部门或团队，个别证券公司未开展该业务。在职能定位方面[②]，49.46%的证券公司将互联网金融部门定位为业务管理部门，32.26%定位为业务部门，18.28%定位为职能部门。

四、信息技术

数字技术不断发展深刻改变着证券公司展业和运营模式，数字化转型逐渐成为行业共识，证券公司不断加大信息技术投入。在信息技术部门组织形式上[③]，86.92%的证券公司设立了单独一级部门，10.28%的证券公司按研发、运维分设两个一级部门。信息技术系统与产品开发方式上仍以外包开发为主。根据调研数据统计[④]，61.68%的证券公司以外包开发为主，仅23.36%的证券公司以自主开发为主，15.89%的证券公司采用外包开发与自主开发相结合的方式。

五、公司战略协同

证券公司普遍进一步加强公司战略客户管理，更加重视总分、母子间业务协同。根据调研数据统计[⑤]，已有34.26%的证券公司设立了战略客户部门。在业务协同方面，50.93%的证券公司确立了集团业务协同的牵头一级部门，2020年该比例提升12.33%，牵头部门主要为战略发展部、战略客户部或机构业务部门。

六、党建与纪检工作

行业进一步加强党建、纪检工作，贯彻落实扶贫工作，社会责任意识不断强化。根据调研数据统计[⑥]，57.14%的证券公司设立了党委办公室，56.19%的证券公司设立了纪检办公室，33.33%的证券公司设立了党委组织部，21.90%的证券公司设立了党委宣传部。在扶贫

---

① 共有101家证券公司对该部分进行了有效反馈。
② 共有93家证券公司对该部分进行了有效反馈。
③ 共有107家证券公司对该部分进行了有效反馈。
④ 共有107家证券公司对该部分进行了有效反馈。
⑤ 共有108家证券公司对该部分进行了有效反馈。
⑥ 共有105家证券公司对该部分进行了有效反馈。

工作方面①，37.96%的证券公司由党委办公室、党群办公室负责，35.19%的证券公司由综合管理办公室负责，7.41%的证券公司由工会负责，5.56%的证券公司由董事会办公室负责，4.63%的证券公司单独设立扶贫办公室。

① 共有 108 家证券公司对该部分进行了有效反馈。

第三章
2020 年证券公司各业务线人员构成情况

第一节　证券公司总部人员情况

一、人员情况概述

2020 年证券公司总部业务人员占比近 65%，职能人员占比约 35%。随着证券市场回暖，总部各项业务快速发展，业务人员数量较 2019 年显著增长，且超过职能人员增幅（见表专 5－12）。

表专 5－12　　2020 年证券公司总部业务人员及职能人员构成与变动情况　　（单位：%）

年　份	业务整体		职能整体	
	人员占比	增幅	人员占比	增幅
2018	66.01	—	33.99	—
2019	64.84	0.83	35.16	6.19
2020	64.96	8.01	35.04	7.45

资料来源：调研信息，共有 108 家证券公司有效反馈了总部业务人员和职能人员构成情况，业务人员含经纪、投行、自营、研究、机构销售、财富管理、资管、托管、互联网金融、柜台、国际业务等，职能人员含内控、人力、计财、IT、运营、存管、清算、战略、董监办、行政等。

2020 年证券公司总部投行业务、信息技术及经纪业务人员占比较高，三者合计占比近一半，其中投行业务人数最多，占比 28.54%；国际业务、战略发展、董监事会办公室、党建群团等人员占比相对较少，不足 1%。具体来看，自营投资及党建群团人员数量增长最快，2020 年增幅均超过 18%；信息技术人员规模持续上升，近两年增幅均超过 15%；战略发展、人力资源管理人员 2020 年增幅超过 10%；投行、资产管理、资产托管业务人员数量恢复增长；国际业务、柜台业务、董监事会办公室等条线人员规模有所下降（见表专5-13）。

表专5-13　　2020年证券公司总部各业务线人员构成与变动情况

业务线	2020年平均人数（人）	2020年人员构成占比（%）	2020年人员增长率（%）	2019年人员增长率（%）
总部经纪业务	86	8.89	3.14	0.04
财富管理业务	30	3.10	6.98	31.79
互联网金融	28	2.90	8.66	0.05
投资银行业务	276	28.54	8.58	-1.61
自营投资业务	53	5.48	18.61	3.93
研究及机构销售业务	67	6.93	7.97	2.64
资产管理业务	70	7.24	4.38	-3.13
资产托管业务	27	2.79	9.09	-0.98
柜台业务	10	1.03	-5.93	3.53
国际业务	4	0.41	-8.71	-11.40
信息技术	107	11.07	15.04	15.38
内控	56	5.79	7.44	9.62
运营、存管、清算	37	3.83	7.24	7.55
战略发展	6	0.62	12.27	6.82
人力资源	15	1.55	10.50	6.97
财务、资金管理	40	4.14	0.59	3.06
办公室	17	1.76	3.35	1.90
董监事会办公室	5	0.52	-1.60	2.98
党群、工会、团委、纪检	9	0.93	18.40	6.66
行政管理	24	2.48	9.54	2.96

资料来源：调研信息，各业务条线有效反馈问卷数根据公司实际业务开展情况略有差异。

二、证券公司各业务线人员构成情况

（一）证券经纪及财富管理业务线人员情况

2020年，证券经纪业务再次成为证券行业第一大业务收入来源，证券行业实现代理买卖证券业务净收入（含交易单元席位租赁）同比增长47.42①，总部经纪业务人员数量也保持增长，增幅为3.14%。5家证券公司总部经纪业务管理人员配置超过300人，5家证券公

① 资料来源：中国证券业协会发布证券公司2020年度经营数据。

司为200—300人，21家证券公司为100—200人，36家证券公司为50—100人，36家证券公司在50人以下。

从人员构成来看，经纪业务管理人员与信用业务人员比约为8:2，两类业务人员规模均呈现正增长，信用业务人员增长更快（见表专5－14）。同时，随着我国经济高速发展及国民财富不断增加，居民理财需求日益增长，证券公司加快财富管理转型及互联网金融投入，为客户提供个性化、多元化、专业化的服务。2018—2020年财富管理和互联网金融业务人员规模持续增长，2020年分别增加近7%和9%。

表专5－14　　2020年证券公司总部经纪业务人员构成与增长率　　（单位：%）

统计项目	经纪业务管理	信用业务
人员构成占比	79.36	20.64
人员增长率	1.42	6.88

资料来源：调研信息，共有100家证券公司有效反馈了相关人员构成情况。

（二）投行业务线人员情况

2020年，证券行业股票融资、再融资及债券融资业务规模不断扩大，新冠肺炎疫情暴发后，证券公司积极促成疫情防控领域企业发行公司债券进行融资，服务实体经济取得显著成效。证券行业2020年实现投资银行业务净收入672.11亿元，同比大幅增加39.26[①]。在此背景下，2020年投行业务人员规模增长8.58%。3家证券公司投行业务人员配置超过1 000人，14家证券公司为500—1 000人，16家证券公司为300—500人，40家证券公司为100—300人，31家证券公司少于100人。

从人员构成来看，股权融资和债券融资两项业务人员合计占比约为投资银行人员总数的68%，其中股权融资人数最多，占比45.24%；客户及项目管理人数最少，占比不足2%，但增幅近62%，可见证券公司对客户及项目管理重视程度不断提高。注册制对投行的定价及销售能力提出了更高要求，资本市场人员增长显著，增幅达28.43%。债券融资、股权融资、质控、内核人员增速均较快。新三板及资产证券化业务人员数量呈负增长（见表专5－15）。

表专5－15　　2020年证券公司投资银行业务人员构成与增长率　　（单位：%）

业务模块	人员构成占比	人员增长率
股权融资	45.24	7.24
债券融资	22.62	13.06
新三板融资	6.94	－7.72
并购重组财务顾问	3.09	2.99
资产证券化	2.10	－4.75

① 资料来源：中国证券业协会发布证券公司2020年度经营数据。

续表

业务模块	人员构成占比	人员增长率
资本市场	5.23	28.43
质量控制	5.11	8.77
内核	2.07	9.94
存续期管理、合规风控	2.34	6.67
客户及项目管理	1.36	61.78
综合管理（运营、人事、财务、行政等）	3.92	2.05

资料来源：调研信息，共有96家证券公司有效反馈了相关人员构成情况。

（三）自营业务线人员情况

近年来，证券公司再融资规模和频率提高，自营业务收入在证券公司收入构成中保持较大占比，自营投资能力也成为衡量证券公司竞争力的重要指标。2020年，证券公司自营条线人员同比增长18.61%，在各条线人员增幅中居首位。10家证券公司自营业务人员配置超过100人，28家证券公司为50—100人，38家证券公司为20—50人，26家证券公司在20人以下。

从人员构成来看，债券投资人员占比最高，接近50%，权益投资人员占比约22%，衍生品投资人员占比近15%，量化投资及新三板做市人员占比相对较少，不足10%。为更好地应对金融市场波动和投资不确定性，证券公司逐步探索多元化投资方式，债券投资人员持续增加，增幅达35.57%；量化投资和衍生品投资也加大人员配置，增幅均超过20%。新三板做市人员数量持续下降，2020年降幅近6%（见表专5-16）。

表专5-16　2020年证券公司自营投资业务人员构成与增长率　（单位:%）

统计项目	权益投资	债券投资	量化投资	衍生品投资	新三板做市
人员构成占比	21.95	47.66	8.85	14.90	6.64
人员增长率	5.63	35.57	27.31	24.72	-5.98

资料来源：调研信息，共有94家证券公司有效反馈了相关人员构成情况。

（四）研究及机构销售业务线人员情况

研究服务能力仍然是证券公司的核心竞争力之一，相关人员的队伍建设一直为证券公司所重视。2020年研究及机构销售人员同比增长近8%，7家证券公司研究及机构销售业务人员配置超过200人，20家证券公司为100—200人，15家证券公司为50—100人，27家证券公司为20—50人，34家证券公司在20人以下。从人员构成来看，研究员占比约为74.58%，机构销售人员占比约为25.42%，研究及机构销售人员规模均快速增长，增幅均超过10%（见表专5-17）。

表专 5－17　2020 年证券公司研究及机构销售业务人员构成与增长率　(单位:%)

统计项目	研　究	机构销售
人员构成占比	74.58	25.42
人员增长率	10.85	10.27

资料来源：调研信息，共有 101 家证券公司有效反馈了相关人员构成情况。

（五）资产管理业务线人员情况

2020 年 7 月，《公开募集证券投资基金管理人监督管理办法（征求意见稿）》发布，适当放宽“一参一控”限制，允许同一主体同时控制一家基金公司和一家公募持牌机构。新规有利于证券公司开展公募管理业务，有利于推进大集合产品的公募化转型，为证券公司带来新的业务增长点。2020 年，证券公司资产管理业务人员规模在近两年持续下降后迎来恢复性增长，增长 4.38%。5 家证券公司人员配置超过 200 人，14 家证券公司为 100—200 人，27 家证券公司为 50—100 人，38 家证券公司为 20—50 人，10 家证券公司在 10 人以下。

（六）资产托管业务线人员情况

近年来，主经纪商（PB）业务已成为展现证券公司综合实力的重要领域，资产托管及外包服务业务作为 PB 业务的基础内容，有助于证券公司机构客户的开发与服务，对于拓宽公司收入来源、改善收入结构具有重要作用。证券公司资产托管业务人员数量在 2018 年快速增长后，2019 年开始下降，2020 年又恢复增长，同比增加 9%。4 家证券公司资产托管业务人员配置超过 100 人，7 家证券公司为 50—100 人，10 家证券公司为 20—50 人，19 家证券公司在 20 人以下。

（七）内控条线人员情况

近年来，证券公司合规风控意识不断增强，合规风控专业队伍建设不断强化，内控人员规模持续增长。2020 年，内控人员同比增长 7.44%。8 家证券公司内控条线人员配置超过 150 人，7 家证券公司为 100—150 人，27 家证券公司为 50—100 人，51 家证券公司为 20—50 人，15 家证券公司在 20 人以下。

从人员构成来看，内控条线中合规与风控人员配置占比最高，均超过 30%，其中合规部门中具备 3 年以上证券、金融、法律、会计、信息技术等相关领域工作经历的合规管理人员数量占公司总部工作人员比例为 1.99%；风险管理部门具备 3 年以上证券、金融、会计、信息技术等相关领域工作经历的人员占公司总部员工比例为 2.18%。审计人员占比 20.89%，法律事务人员占比较低，仅 6.25%。合规、风控、审计人员增幅均在 8% 左右，法务人员增幅为 6%（见表专 5－18、表专 5－19）。

表专 5－18　2020 年证券公司内控人员构成与增长率　（单位：%）

统计项目	合　规	风　控	法　务	审　计	其他内控人员
人员构成占比	34.36	36.31	6.25	20.89	2.19
人员增长率	7.43	8.24	6.00	8.20	49.43

资料来源：调研信息，共有 103 家证券公司有效反馈了相关人员构成情况。

表专 5－19　2018—2020 年证券公司三年以上合规风控人员配置情况　（单位：%）

年　份	合规人员占比	风控人员占比
2018	1.78	2.09
2019	1.95	2.23
2020	1.99	2.18

资料来源：调研信息，2018 年、2019 年、2020 年分别有 79 家、81 家、82 家证券公司有效反馈了满足一定条件合规人员占比，分别有 71 家、75 家、78 家证券公司有效反馈了满足一定条件风控人员占比。

（八）信息技术人员情况

随着各证券公司积极推进金融科技战略布局，通过金融科技赋能各项业务发展，金融科技人才队伍不断发展。2019—2020 年，证券公司信息技术人员规模持续增长，均保持 15% 以上增幅。5 家证券公司信息技术人员配置超过 400 人，12 家证券公司为 200—400 人，14 家证券公司为 100—200 人，29 家证券公司为 50—100 人，45 家证券公司在 50 人以下。从人员构成来看，研发人员和运维人员基本各占一半，但研发人员增长速度高于运维人员（见表专 5－20）。

表专 5－20　2020 年证券公司信息技术人员构成与增长率　（单位：%）

统计项目	研　发	运　维
人员构成占比	53.23	46.77
人员增长率	22.27	11.80

资料来源：调研信息，共有 93 家证券公司有效反馈了相关人员构成情况。

（九）人力资源管理人员情况

人才始终是证券公司的核心竞争力，切实有效地发挥人力资源管理在公司顶层战略方面的重要作用，推进人才的选育留用，加强人才队伍建设，对证券公司的经营发展具有重要意义。2018—2020 年，行业人力资源管理队伍不断壮大。2020 年，人力资源管理人员规模同比增长超过 10%，增幅在各专业条线中位居前列。10 家证券公司人力资源管理人员配置超过 30 人，10 家证券公司为 20—30 人，37 家证券公司为 10—20 人，51 家证券公司在 10 人以下。

从人员构成来看，人力资源管理各主要模块人员配置相对较为均衡。薪酬福利方面人员占比最高，达到17%，招聘、培训、人事及员工关系方面人员占比均超过10%，组织发展、干部管理、绩效考核方面人员占比为8%—9%。人员增长方面，组织发展、绩效考核、招聘人员增幅均超过10%，人事及员工关系人员规模则相对较稳定（见表专5－21）。

表专5－21　　2020年证券公司人力资源管理人员构成与增长率　　（单位：%）

职能模块	人员构成占比	人员增长率
组织发展	9.04	26.93
招聘	13.72	18.30
干部管理	8.25	6.36
薪酬福利	17.30	9.78
绩效考核	9.90	17.69
培训	13.56	8.92
人事及员工关系	12.15	0.00
HRBP①	12.20	47.86
共享服务中心②	3.88	77.42

注：①HRBP：人力资源业务伙伴，是企业派驻到各个业务或事业部的人力资源管理者，主要协助各业务单元的员工发展、人才发掘、能力培养等方面工作。

②共享服务中心：是企业将各业务单元所有与人力资源管理有关的行政事务性工作集中起来，通过对人员、技术和流程的有效整合，为企业所有的业务单元提供标准化和精简化的人力资源管理服务。

资料来源：调研信息，共有97家证券公司有效反馈了相关人员构成情况。

（十）党务、工会、团委、纪检人员情况

近年来，证券公司深入贯彻落实党中央全面从严治党方针，不断加强党建工作，党建群团人员配置逐步加强。2020年，相关人员增幅达18%，平均配置人数9人，10家证券公司相关人员配置超过20人。

第二节　证券公司分支机构人员情况

2020年，证券公司分支机构人员规模持续增长，整体增幅超过5%。6家证券公司分支机构人数超过6 000人，7家证券公司为4 000—6 000人，11家证券公司为2 000—4 000人，53家证券公司为500—2 000人，26家证券公司在500人以下。

从人员构成来看，零售业务人员占比最高，达到46.07%，增长较稳定。由于业务复杂程度较高，机构业务人员占比较少，仅3.32%。财富管理业务人员涨幅较快，达28.84%，且占比逐年提升。分支机构中后台人员占比略有下降（见表专5－22）。

表专 5－22　**2020 年证券公司分支机构人员构成与增长率**　（单位：%）

统计项目	零售业务	机构业务	财富管理业务	中后台
人员构成占比	46.07	3.32	18.27	32.34
人员增长率	3.43	－6.72	28.84	－2.79

资料来源：调研信息，共有 63 家证券公司有效反馈了分支机构相关人员构成情况。

随着证券经纪业务向财富管理转型，2018—2020 年行业证券经纪人数量呈持续下降趋势。证券经纪人数量与分支机构正式人员比例约 3:7，证券经纪人仍是证券经纪业务营销队伍的重要组成部分。

第四章
2020 年证券行业绩效激励情况

第一节　对标重点关注战略目标

薪酬外部对标有利于增强企业薪酬水平的外部竞争性，对证券公司激励、保留高绩效人才，合理控制企业人工成本至关重要。根据调研统计数据，证券公司在进行公司薪酬水平行业对标时[①]，会重点考虑战略目标（76.92%）、利润规模（74.73%）、收入规模（73.63%）和业务结构（64.84%），同时部分证券公司会考虑人才流动方向（53.85%）、净资产规模（41.76%）等。

在薪酬水平对标群体的选择上[②]，67.03%的证券公司选择对标全行业，65.93%的证券公司选择对标相近规模的证券公司（收入、利润、净资产等），36.26%的证券公司选择对标战略标杆证券公司，仅26.37%的证券公司选择对标性质相近的证券公司（民企、国企、外企、上市公司等）。在薪酬水平对标的差异化方面[③]，78.65%的证券公司选择根据公司战略、部门定位等差异化对标。

第二节　薪酬结构多元化，制度个性化

证券行业市场化程度高，薪酬结构差异大，薪酬制度的个性化特征较为突出。多元化的薪酬结构能够有针对性地激励不同类型的人才。根据调研统计数据，在对不同部门、不同层

---

① 共有91家证券公司就薪酬水平对标考虑因素进行了有效反馈。
② 共有91家证券公司就薪酬水平对标群体的选择进行了有效反馈。
③ 共有89家证券公司就薪酬水平对标差异化进行了有效反馈。

级薪酬的固浮比进行差异化安排方面①，75.82% 的证券公司业务部门固定薪酬占比低、浮动薪酬占比高；67.03% 的证券公司职能部门固定薪酬占比高、浮动薪酬占比低；同时，部分证券公司采用职级越高、固定薪酬占比越低的安排（38.46%）；针对超时工作的安排②，超过 30% 的证券公司按《劳动法》规定提供加班费，超过 20% 的证券公司不提供加班费但可调休，34.78% 的证券公司总部提供固定加班津贴，23.53% 的证券公司分支机构提供固定加班津贴；在年度奖金预发安排方面③，超过 50% 的证券公司不设月度奖或季度奖；在福利方面④，绝大部分证券公司设置了医疗保险（85.87%）、意外险（85.87%），部分证券公司设置了企业年金（57.61%）、高温补贴（55.43%）、采暖费（44.57%）；同时，证券公司提供多种类的现金津贴⑤，主要包括餐补（67.78%）、通信津贴（62.22%）、交通津贴（56.67%）、岗位津贴（44.44%）、值班津贴（42.22%）、外派津贴（35.56%）。在地区差异方面⑥，有 71.59% 的证券公司会针对不同地区的分公司（营业部）人员，在薪酬及福利方面区分设定不同的地区系数。

针对优秀人才引进⑦，证券公司也采用个性化的薪酬政策。54.12% 的证券公司采用“固薪需求超出公司整体框架的部分，以津贴或月度奖金的形式发放”的方式吸引优秀人才，42.35% 的证券公司实行目标年薪制。除此之外，保底年薪制（22.35%）、提供签字费（21.18%）、提供职业转换补偿（10.59%）也被部分证券公司采用。

针对异地引进或公司派驻异地的人才⑧，38.89% 的证券公司对一定职级（职位）以上的人才提供特殊福利政策，11.11% 的证券公司覆盖全部异地引进人才；另有 38.89% 的证券公司提供住房福利，21.11% 的证券公司提供探亲费用，3.33% 的证券公司提供额外探亲假。

第三节　针对各业务条线，采用多元化的激励模式

根据调研统计数据，各家证券公司采取多样化的公司整体奖金总额确定方式。⑨ 有 50.00% 的证券公司基于各部门的业绩奖励规则计提，自下而上汇总确定奖金总包，其中限

① 共有 91 家证券公司就对不同部门、不同层级薪酬的固浮比进行差异化安排进行了有效反馈。

② 共有 92 家证券公司就超时工作的相关安排进行了有效反馈。

③ 共有 92 家证券公司就公司是否设置月度奖或季度奖进行了有效反馈。

④ 共有 92 家证券公司就公司福利设置进行了有效反馈。

⑤ 共有 90 家证券公司就公司设置现金津贴的类型进行了有效反馈。

⑥ 共有 88 家证券公司就对于不同地区的分公司或营业部人员，公司是否在薪酬及福利方面进行区分及如何区分进行了有效反馈。

⑦ 共有 85 家证券公司就公司优秀人才引进的特殊薪酬政策进行了有效反馈。

⑧ 共有 90 家证券公司就针对异地引进或公司派驻异地的人才公司提供的特殊福利政策进行了有效反馈。

⑨ 共有 92 家证券公司就公司整体奖金总额的确定方式进行了有效反馈。

制奖金总包总额与不限制奖金总包总额的证券公司比例各占一半；有 22.83% 的证券公司基于利润的一定比例，自上而下确定奖金总额。

针对不同的业务类型和条线，各家证券公司也采用有针对性的激励模式。在十余种激励模式中，各家证券公司资管业务、固收业务、投资银行业务、新三板业务、权益类自营业务、固收类自营业务、卖方研究业务、零售经纪业务的最终奖金核定会受风控合规指标和组织绩效考核结果的影响，占比均超过 60%；固收业务基于利润计提奖金包，占比超过 45%；权益类自营业务、固收类自营业务基于利润计提奖金包，占比超过 60%；针对金融科技相关部门和职能部门，大部分证券公司则采取基于公司整体收入或利润的一定比例计提奖金的方式。极端（极好、极差）行情下[①]，调整考核目标及奖金递延成为证券公司在奖金相关方面会着重采取的裁量调节方式，占比均超过 60%。

第四节　风险准备金机制的建立与完善

根据调研数据统计，有近 70% 的证券公司在其业务（职能）条线建立了风险准备金机制。[②] 其中有 59.78% 的公司建立了投行业务风险准备金机制，超过 45% 的公司建立了资管业务、自营业务、固定收益业务、经纪业务风险准备金机制。

在建立风险准备金机制的证券公司中，关于风险准备金的发放，50% 的证券公司选择在风险准备金计提后次年开始逐年发放，40.6% 的证券公司选择待风险完全解除后一并发放。若风险准备金逐年发放，51.6% 的证券公司选择平均发放；当出现风险事件时，51.6% 的证券公司选择从部门总奖金包中扣除还未发放的风险准备金，45.3% 的证券公司则选择只停发与风险事件直接相关人员的风险准备金及递延奖金。

① 共有 90 家证券公司就极端（极好、极差）行情下，公司在奖金相关方面会采取哪些裁量调节方式进行有效反馈。

② 共有 64 家证券公司就目前公司各业务（职能）条线是否建立风险准备金机制进行了有效反馈。

第五章
2020年证券行业人力资源管理有关建议

第一节 加强人力资源队伍建设，提升人力资源管理战略定位

证券行业是人才密集型行业，人力资源管理水平是衡量证券公司经营管理能力的重要标准。调研结果显示，2020年人力资源管理人员规模增长超过10%，增幅在各专业线中位居前列，人员队伍不断壮大。尽管提升人力资源管理的重要性已成为行业共识，但在管理实践中，证券公司对人力资源管理的投入仍然偏低。在人员规模上，人力资源管理人员的数量占证券公司人员比例不高，与证券公司总人数相比，单人服务员工比例约为1∶164，且精细化管理水平与国际一流投行存在一定差距。在人员构成上，人力资源管理人员主要配置在薪酬福利、招聘、培训、人事及员工关系等职能模块，而组织发展、干部管理、绩效考核等模块配备人员相对较少。随着人力资源三支柱模型①的逐步推广，一些证券公司向人力资源业务伙伴（HRBP）和共享服务中心（SSC）倾斜资源，但实际应用仍不够成熟，日常工作更多聚焦于传统的事务性工作，对业务发展和公司战略的支撑力度不够。在资源投入上，证券行业人力成本主要是薪酬成本，对培训投入和人力资源系统投入不高。尤其在系统投入方面，调研信息显示，超八成证券公司对人力资源管理系统年投入金额不超过100万元，明显落后于行业整体的信息技术投入，人力资源管理数字化转型力度相对不足。系统开发上的落后，一定程度上导致了人力资源管理工作效率低下，与人力资源管理的重要性不相匹配。

随着国内外市场环境变化，证券公司也在不断调整发展思路和经营策略，现实中很多公司已认识到人力资源管理在公司发展中的重要性，在建立公司核心竞争力的过程中，必须重视人力资源管理队伍能力的强化。一是应将人力资源管理提升到公司战略的高度，尤其是作

① 人力资源三支柱模型是戴维·尤里奇在1997年提出的，即COE（专家中心）、HRBP（人力资源业务伙伴）和SSC（共享服务中心）。以三支柱为支撑的人力资源体系源于公司战略，服务于公司业务，其核心理念是通过组织能力再造，让人力资源更好地为组织创造价值。

为公司经营者要充分认识到人力资源管理能力对公司战略实现的决定性作用；二是需加强人力资源管理队伍的专业化培训，不断提升专业素质和业务能力，将专业知识应用于工作实践；三是应加大对人力资源管理系统的投入，在完善人才数据库的基础上集成各项业务流程，将人力资源的重心由事务性工作转型为人力资源规划等战略性工作。

第二节　完善人才培养制度，打造内部晋升通道

2020 年，证券公司从业人员总量增长，但不同规模的证券公司间出现分化。根据各家证券公司反馈，中小型证券公司的从业人员数量近两年来无明显变化，甚至出现一定比例的下降，吸引、保留人才的压力相对较大，行业内人才出现向头部证券公司集中趋势。此外，证券公司对于具有工作经验的专业人才需求缺口较大，而具有一定从业经验的专业人才培养周期较长，为满足各项业务转型升级需要，证券公司获得人才的途径仍然以外部引进为主，通过内部培养供给人才的能力相对欠缺，培养体系还需进一步完善和提升。证券公司在外部人才引进的过程中，由于公司文化、价值观等方面认知的差异，容易出现风险事件，新员工在公司文化认同上需要一定的时间磨合，这也对公司风控能力提出了更高的要求。

人才是证券公司的第一资源，证券行业的竞争归根结底是人才的竞争，除外部引进优秀人才以外，证券公司应当建立和完善人才培养机制，合理地挖掘、培养内部人才，向内打通各业务条线的晋升通道，建立“跨条线、跨总分营”的人才交流机制，提升员工职业生涯发展规划的透明度，积极推进各类专业人员业务知识、管理技能等不断提升。此外在人才任用观念上，证券公司也应当从以往的“向市场要人，向行外要人”逐步向“内部培养为主，外部引进为辅”转变，加强对员工的培养和关注，进一步提升人才队伍的稳定性和积极性，为公司可持续发展提供人才保障。

第三节　健全人才激励机制，有效拓展长期激励模式

证券行业市场化程度高，薪酬差异大，针对不同类型的人员，各家证券公司往往采用多元化、差异化的薪酬激励模式。从整体来看，目前国内证券行业的激励机制特点仍以现金性收入和短期激励为主，根据调研结果统计，仅有 12% 的证券公司正在实施长期激励计划。2020 年新《证券法》实施后，从法律层面明确了证券公司实施股权激励计划或员工持股计划的要求和界限，已有个别证券公司尝试推出了股权激励计划，在制度框架下探索长期激励的可能性。但对于行业内绝大多数公司来说，目前薪酬结构仍以“固薪 + 绩效奖金 + 津补

贴”的形式为主，部分证券公司考虑实施长期激励，但方向尚不明确。而过度实施短期激励，一方面，容易助长员工的短期行为，忽略甚至损害公司的长远利益，风险隐患不断积累；另一方面，缺乏长期的激励手段可能导致核心岗位员工频繁跳槽，尤其是投行业务、研究业务、资管业务等薪酬弹性较大的岗位，人员离职率显著高于其他条线，导致人才队伍不稳定，不利于公司长远发展。

从境外成熟资本市场来看，实施长期激励机制已成为国际投行的通行做法，高管和普通员工持股比较普遍，并且取得了良好的效果。而在国内，相比于互联网行业和创新型企业等在长期激励方面的成熟应用，证券行业的长期激励模式仍处于初级阶段。为了有效激发人才活力，充分发挥人才价值，应持续推动健全行业人才激励机制。一方面，随着政策、制度的逐步完善，行业理念不断创新，证券公司可参照国际惯例，在新《证券法》制度框架下探索股权激励、员工持股、业绩期权等多种手段的可能性，并结合绩效工资、奖金等现金性激励，设计一揽子人才激励解决方案；另一方面，在激励范围上，长期激励手段除面向公司高管外，还应尽可能多地覆盖到除公司高管外的其他核心员工甚至是普通员工，并针对不同人群进行差异化设计，让长期激励在增强核心团队的士气和稳定性上发挥作用。

专题报告之六：
2020 年中国证券业信息技术与服务发展综述

第一章 2020 年中国证券业信息技术与服务发展情况

第一节 2020 年中国证券业信息技术与服务发展特点

一、数字化转型进一步提速，业务与信息技术（IT）踏上加速转型之旅

2020 年中国证券业协会发布的《关于推进证券行业数字化转型发展的研究报告》中指出，证券行业数字化转型主要面临的挑战在于行业信息技术投入依然处于较低水平、行业数字化应用水平依然有待提升、行业数字化转型人才支撑不足、行业数据安全问题亟待解决四个方面。根据 2020 年中国证券业协会专项调查统计，共 73 家证券公司将数字化（转型）列为公司战略，接近本次调查样本数量的 70%；与此同时，数字化战略逐步由零售经纪业务扩展到机构业务、资产管理、投资银行、自营投资等多个业务领域。

在数字化转型思路上，综合型证券公司选择全面数字化转型路径，数字化发展和金融科技愈发成为大型证券公司未来发展的“催化剂”和“助推器”；而中小型证券公司在细分领域或核心业务实现创新引领或赋能业务，在打造自身的数字化能力时不追求“大而全”，而是从自身定位出发，根据自身的资源禀赋探寻“单点突破”。与此同时，为满足业务快速响应，实现敏捷迭代，各个证券公司无论是在数据、业务还是技术中台上纷纷发力。根据2020年中国证券业协会专项调查统计，行业正在规划或者推进中的中台战略证券公司数，占比在75%以上。总体而言，证券行业正处于数字化转型的加速阶段，部分经营环节在数字化转型上取得阶段性效果。

二、金融科技协同发展，科技与业务开启合作新起点

数字化转型的加速发展，也引发了证券公司技术与业务协同的新思考，传统割裂式的业务提需求、技术做建设的方式已无法满足金融科技协同发展的要求。数字化平台的建设必须以业务战略为导向，以实现业务价值为目标，因而业务与技术的深度融合共创、全员协作参与的机制显得尤为重要。

在业务和技术的融合协作机制上，多家证券公司除了设立横向的数字化战略统筹和推进小组外，更在“传统运营思路”基础上，融入“敏捷运营思维”，同时在业务部门和技术部门明确敏捷组织关键角色，促进业务与科技高效协作，形成合力。业务人员通过明确业务目标与场景，提出所需业务功能，技术人员通过实现设计与开发并反哺业务优化创新的方式，最终实现“协同推进，共创共赢”，形成数字化的合作伙伴关系。

三、疫情防控常态化，助推业务线上化与办公协同智能化

突如其来的新冠肺炎疫情给证券行业进行了一次压力测试，行业的应急处置能力在新冠肺炎疫情期间经受住了考验。得益于金融科技的应用和数字化转型，疫情期间，证券公司引导投资者采取非现场方式进行交易、咨询、服务等活动，为内部员工提供线上交流、远程办公、内部协作的平台与工具，在维护系统安全和保障员工健康的同时，保障了证券市场和证券业务的正常运营，切实保护了广大投资者的利益。

当前疫情防控已进入常态化，但疫情引发的业务线上化及办公协同智能化的思考仍在持续。一方面，行业仍在持续优化完善与投资者之间的数字化连接，通过数字化的平台触达客户、了解客户，服务客户；另一方面，部分证券公司也将内部的沟通、办公、协作机制进行更加深度的数字化，通过为员工赋能，最终提升公司的管理能力，也便于更好地服务于客户方。疫情加速了证券行业数字化进程，业务线上化及办公协同智能化既是提升证券服务质量的助推器，也是行业全面数字化的必经之路。

四、监管科技持续加强，促进资本市场良性互动发展

2018年8月，中国证监会正式发布《中国证监会监管科技总体建设方案》，从金融科技的整体要求上明确监管科技信息化建设工作的需求、内容和目标，其中明确提到应用大数据、云计算等创新技术进行监管数据的实时采集和分析，对市场运行的状态进行实时监测等场景应用。监管科技是在金融与科技更加紧密结合的背景下，以数字化监管为手段，采用自然语言处理、知识图谱、深度学习等人工智能手段实现监管规则形式化、数字化和程序化，构建穿透式监管，以更高效的合规和更有效的监管为价值导向提供解决方案。借助监管科技，监管部门在面对金融机构报送的海量数据时，可以借助科技有效提高处理效率和监管效能；同时，“以科技对科技”的方式能够更加积极地应对金融科技带来的风险。

行业持续致力于通过监管科技手段提高监管效率，中国证监会、证券交易所等机构都构建了相应的监管科技系统和工具，内容包括但不限于数据采集共享、数据质量提升、数据治理与标准化等方面的探索与建设，在应用上也推进了上市监管、私募监管、机构监管、稽查处罚等系统的建设。监管科技的本质目标是推动构建科技与业务深度融合的智能监管新模式，加快构建资本市场科技监管平台及其运行机制，推进简政放权，实现放管结合，降低行政监管成本，提升监管效能和市场治理水平，维护市场稳定运行。监管科技对促进资本市场良性互动发展、提升金融服务实体经济能力具有重要意义。

五、信息安全形势依然严峻，行业继续保持较高投入

信息安全等级保护是我国信息安全保障工作的一项基本制度。国家高度重视信息安全等级保护工作，近年来密集发布了一系列信息安全标准体系文件。自中国证券市场起步以来，信息与通信技术就率先在证券业得到了广泛应用。证券行业信息系统是国家要求重点保障的重要信息系统之一，关系到国家金融安全、社会稳定和广大投资者的权益利益。因此，证券行业更应该促进本行业信息安全建设，增强防护能力，提高业务的运营保障水平。与此同时，国家网络安全主管部门为落实全国网络安全和信息化工作会议精神发起了专项行动——“网络安全实战攻防演练”，旨在检验各单位关键基础设施和重点系统网络安全的综合防御能力和水平，进一步提升行业信息安全水平。

随着数字化浪潮蓬勃兴起，人工智能、大数据、容器、云计算等新一代信息技术与证券业务深度融合，行业机构内信息系统IT基础设施与外部网络环境日趋复杂，面临的网络攻击行为越来越多样化，新的安全威胁随之而来。目前信息系统安全范围已经从原来的基础架构安全扩展到应用、数据、用户、证券业务以及对抗外部欺诈行为等多领域的安全，信息安全保障的内涵不断丰富。行业监管部门进一步加强信息安全管理体系建设，结合国家金融标准化工作，深入开展信息安全技术标准化应用工作，同时加强宣传信息安全法律知识，推动

投资者教育工作。行业机构持续保持较高的信息安全投入，进一步加强用户安全管理，完善网络安全基础架构，突出应用安全管理，加强数据安全管理，同时通过整合组织与人员、管理体系与流程、技术手段三方面因素，设计整体的安全架构并持续完善改进。

第二节　2020 年中国证券业信息技术投入情况①

2020 年底，中国证券业协会对证券公司 2020 年信息技术（IT）投入及人员情况进行了专项调查，收到有效调研反馈共计 107 份。调查结果显示，2020 年证券公司 IT 人员总数同比增长 12.99%，IT 投入总额同比增长 15.05%。IT 人力投入方面，总部 IT 员工同比增长 13.62%，总部常驻外包 IT 人员同比增长 29.20%；分支机构 IT 员工同比减少 7.22%，分支机构常驻外包 IT 人员同比增长 90.91%。IT 资金投入方面，资本性支出同比增长 21.42%，费用性支出同比增长 13.30%，薪酬福利支出同比增长 9.19%。

一、IT 人力投入情况

2020 年证券公司 IT 人员总数为 25 857 人，同比增长 12.99%。总部 IT 员工和总部常驻外包 IT 人员增长较快，反映出随着证券公司数字化转型步伐的深入，证券行业对信息技术人才的需求强劲。随着金融科技与证券业务不断深化融合，各家证券公司争先加大对金融科技领域的投入和布局，特别是加大对信息技术人才的招聘力度，持续加强总部 IT 人员的投入，2020 年证券公司总部 IT 员工为 12 244 人，同比增长 13.62%，总部常驻外包 IT 人员为 8 402 人，同比增长 29.20%。随着分支机构转型的推进，分支机构 IT 人员持续减少，分支机构 IT 员工和分支机构常驻外包 IT 人员为 5 211 人，同比减少 7.03%。从各类别占比方面看，IT 人员进一步向总部集中，总部合计占比为 79.85%，其中总部 IT 员工占比为 47.36%，总部常驻外包 IT 人员占比为 32.49%，占比持续增加；分支机构合计占比为 20.15%，其中分支机构 IT 员工为 20.07%，分支机构常驻外包 IT 人员 0.08%，合计下降 7.03%。具体情况见表专 6－1。

表专 6－1　　2018—2020 年证券行业 IT 人员情况

类别	2018 年		2019 年			2020 年		
	人数（人）	占比（%）	人数（人）	占比（%）	增长（%）	人数（人）	占比（%）	增长*（%）
总部 IT 员工	9 585	46.83	10 776	47.09	12.43	12 244	47.36	13.62

① 本节中的统计数据如无特殊说明，均来自 2018 年、2019 年和 2020 年中国证券业协会专项调查，数据未经审计。

续表

类　别	2018 年		2019 年			2020 年		
	人数（人）	占比（%）	人数（人）	占比（%）	增长（%）	人数（人）	占比（%）	增长*（%）
总部常驻外包 IT 人员	4 946	24.16	6 503	28.42	31.48	8 402	32.49	29.20
总部小计	14 531	70.99	17 279	75.51	18.91	20 646	79.85	19.49
分支机构 IT 员工	5 930	28.97	5 594	24.45	-5.67	5 190	20.07	-7.22
分支机构常驻外包 IT 人员	9	0.04	11	0.05	22.22	21	0.08	90.91
分支小计	5 939	29.01	5 605	24.49	-5.62	5 211	20.15	-7.03
合　计	20 470	100	22 884	100	11.79	25 857	100	12.99

*此处为同比增长，下同。

从证券行业 IT 人员构成方面看，正式员工数量持续增长，2020 年同比增长 6.5%，外包人员大幅增长，2020 年同比增长 29.31%。2020 年，正式员工为 17 434 人，占比为 67.42%，占比连续三年减少，外包人员为 8 423 人，占比为 32.58%，占比持续增长，且增长较快，显示了证券公司对外部科技人才的巨大需求。2018—2020 年证券行业外包员工与正式员工的比例分别为 0.32、0.40、0.48，总部的外包员工与正式员工的比例更高，近三年的比例分别为 0.52、0.60、0.69，呈较快上升趋势，显示证券公司对外部技术人力资源的依赖有所提升。具体情况见表专 6－2。

表专 6－2　　2018—2020 年证券行业 IT 正式员工和外包人员分布情况

类　别	2018 年		2019 年			2020 年		
	人数（人）	占比（%）	人数（人）	占比（%）	增长（%）	人数（人）	占比（%）	增长（%）
正式员工	15 515	75.79	16 370	71.53	5.51	17 434	67.42	6.50
外包人员	4 955	24.21	6 514	28.47	31.46	8 423	32.58	29.31
合　计	20 470	100	22 884	100	11.79	25 857	100	12.99

从证券行业 IT 人员各分项占比来看，总部员工主要分布在开发和运维岗位，总部常驻外包主要分布在开发岗位，分支机构员工和分支机构常驻外包主要分布在运维岗位。总部 IT 各分项中，2020 年总部专职开发和专职运维占比合计超过 47%，总部其他员工比例连续减少，常驻外包的专职开发占比超过 20%。分支机构 IT 各分项中，分支机构员工的专职运维占比持续超过 60%，常驻外包的数量较少且主要集中在运维。具体情况见表专 6－3 和表专 6－4。

表专 6－3　2018—2020 年证券行业总部员工、常驻外包专职 IT 人员各分项情况

年　份	类　别	总部员工				常驻外包			
		专职开发	专职测试	专职运维	其他员工	专职开发	专职测试	专职运维	其他人员
2018	投入人员（人）	4 280	462	3 213	1 630	2 828	1 203	614	301
	人员占比（%）	29.45	3.18	22.11	11.22	19.46	8.28	4.23	2.07
2019	投入人员（人）	4 974	521	3 458	1 823	3 728	1 658	738	379
	人员占比（%）	28.79	3.02	20.01	10.55	21.58	9.60	4.27	2.18
	增长（%）	16.21	12.77	7.63	11.84	31.82	37.82	20.20	25.91
2020	投入人员（人）	5 972	596	3 759	1 917	4 720	2 166	963	553
	人员占比（%）	28.93	2.89	18.21	9.29	22.86	10.49	4.66	2.67
	增长（%）	20.06	14.40	8.70	5.16	26.61	30.64	30.49	45.91

表专 6－4　2018—2020 年证券行业分支机构员工、常驻外包专职 IT 人员各分项情况

年　份	类　别	分支机构员工				常驻外包			
		专职开发	专职测试	专职运维	其他员工	专职开发	专职测试	专职运维	其他人员
2018	投入人员（人）	67	2	3 774	2 087	0	0	8	1
	人员占比（%）	1.13	0.03	63.55	35.14	0	0	0.13	0.02
2019	投入人员（人）	66	3	3 530	1 995	0	0	10	1
	人员占比（%）	1.18	0.05	62.98	35.59	0	0	0.18	0.02
	增长（%）	－1.49	50.00	－6.47	－4.41	0	0	25.00	0
2020	投入人员（人）	67	3	3 247	1 873	0	1	19	1
	人员占比（%）	1.29	0.06	62.31	35.94	0	0.02	0.36	0.02
	增长（%）	1.52	0	－8.02	－6.12	0	0	90.00	0

2020 年，各家证券公司总部 IT 员工人数分化明显，总部 IT 员工人数超过 100 人的共 35 家，同比增长 16.67%。其中，4 家总部 IT 员工人数超过 400 人；上述 4 家之中，有 1 家总部 IT 员工人数超过 500 人，还有 1 家总部 IT 员工人数超过 800 人。同时，2020 年总部 IT 员工人数在 100 人以下的有 72 家，较 2019 年减少 5 家。总部 IT 员工数排名前 10 位的证券公司 IT 员工共 4 418 人，占行业总人数的 36.08%；总部 IT 员工数排名前 20 位的证券公司 IT 员工共 7 068 人，占行业总人数的 57.73%；总部 IT 员工数排名前 30 位的证券公司 IT 员工共 8 422 人，占行业总人数的 68.78%。头部证券公司 IT 人员集中度越来越高，总部 IT 员工数排名前 17 位的证券公司 IT 员工数已超过行业总人数一半。具体情况见图专 6－1。

从业务种类来看，2020 年总部员工、常驻外包专职 IT 人员人数①分布如下：证券经纪业务 8 049 人，占比为 44.65%；投行业务 851 人，占比为 4.72%；资管业务 678 人，占比为 3.76%；融资业务 600 人，占比为 3.33%；投资业务 1 175 人，占比为 6.52%；其他业

① 部分问卷的总部员工、常驻外包未全部计入分项，故此处总人数低于表专 6－1 的统计人数。

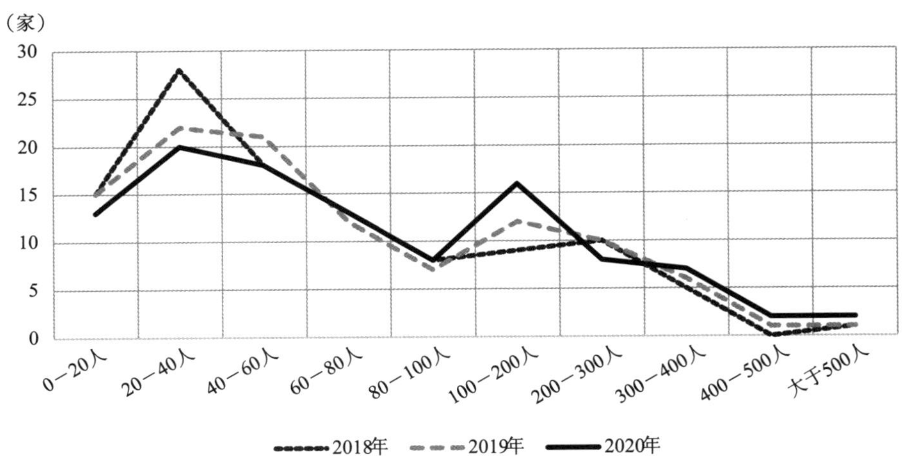

图专 6 – 1　2018—2020 年证券公司总部 IT 人员分布

务 4 885 人，占比为 27. 10%；中后台 1 790 人，占比为 9. 92%。其中，证券经纪业务投入人数最多，作为传统业务以及主要业绩来源，受佣金率的下降、行业同质化竞争以及互联网金融、金融科技赋能等复杂因素的影响较大，证券公司为保持自身竞争力持续加大科技研发投入。中后台业务的人员投入排列第三位，反映了多数证券公司启动了中台战略，成立专门团队负责数据中台、业务中台和技术中台落地，投入了较多的 IT 人力。具体情况见表专 6 – 5。

表专 6 – 5　　2018—2020 年证券行业 IT 人员各业务分布情况

年　份	类　别	证券经纪业务	投行业务	资管业务	融资业务	投资业务	其他业务	中后台
2018	投入人员（人）	5 647	523	482	344	571	2 991	1 343
	人员占比（%）	47. 45	4. 39	4. 05	2. 89	4. 80	25. 13	11. 29
2019	投入人员（人）	6 564	656	584	432	707	3 628	1 740
	人员占比（%）	45. 87	4. 58	4. 08	3. 02	4. 94	25. 35	12. 16
	增长（%）	16. 24	25. 43	21. 16	25. 58	23. 82	21. 30	29. 56
2020	投入人员（人）	8 049	851	678	600	1 175	4 885	1 790
	人员占比（%）	44. 65	4. 72	3. 76	3. 33	6. 52	27. 10	9. 92
	增长（%）	22. 62	29. 73	16. 10	38. 89	66. 20	34. 65	2. 87

从网络安全领域看，2020 年证券公司在网络安全相关的人力投入为 651 人，占当年 IT 总人数的 2. 52%，网络安全相关人数持续增长，同比增长 12. 82%，增速较快。具体情况见表专 6 – 6。

表专 6 – 6　　2018—2020 年证券行业信息安全相关 IT 人员情况

年　份	人数（人）	占 IT 总人数比例（%）	增长（%）
2018	469	2. 29	—
2019	577	2. 52	23. 03
2020	651	2. 52	12. 82

二、IT资金投入情况

2020年证券行业IT总投入为2 399 339万元，同比增长15.05%，资本性支出和费用性支出的占比均超过36%，薪酬福利支出占比超过25%。资本性支出稳步增长，同比增长21.42%；费用性支出有所提升，同比增长13.30%；薪酬福利支出增幅放缓，同比增长9.19%。具体情况见表专6－7。

表专6－7　　2018—2020年证券行业IT投入情况

类别	2018年		2019年			2020年		
	投入金额（万元）	占比（%）	投入金额（万元）	占比（%）	增长（%）	投入金额（万元）	占比（%）	增长（%）
资本性支出	600 064	33.70	730 929	35.05	21.81	887 478	36.99	21.42
费用性支出	679 919	38.18	800 191	38.37	17.69	906 585	37.78	13.30
薪酬福利支出	500 641	28.12	554 328	26.58	10.72	605 276	25.23	9.19
合　计	1 780 624	100	2 085 448	100	17.12	2 399 339	100	15.05

从2020年证券行业IT投入各分项占比来看，薪酬福利支出和软件投入占比超过20%，硬件投入、运维费用和通信费用超过10%。资本性支出方面，硬件投入增长14.02%，占比保持稳定，增速放缓；软件投入增长27.91%，占比略有增长，增速较快。费用性支出方面，增长均超过10%，运维费用和通信费用占比超过10%。随着证券行业金融科技应用的持续深入，证券公司逐渐加大IT建设性投资及自主研发投入：一方面通过采购市场上较为成熟的产品、技术或服务，来快速实现业务落地；另一方面通过借助外部人力资源，快速弥补自主研发资源的不足。同时，随着证券市场快速发展，行业监管规范不断完善，证券公司在IT系统高可用性建设、运维安全保障等方面也不断加大投入，确保信息系统安全稳定运行。具体情况见表专6－8。

表专6－8　　2018—2020年证券行业IT投入各分项情况

年份	类别	资本性支出		费用性支出				薪酬福利支出
		硬件投入	软件投入	运维费用	通信费用	常驻外包费用	其他费用	
2018	投入金额（万元）	27 6 606	323 458	294 392	252 159	89 621	43 747	500 641
	投入占比（%）	15.53	18.17	16.53	14.16	5.03	2.46	28.12
2019	投入金额（万元）	341 377	389 552	363 467	251 407	120 489	64 828	554 328
	投入占比（%）	16.37	18.68	17.43	12.06	5.78	3.11	26.57
	增长（%）	23.42	20.43	23.46	－0.30	34.44	48.19	10.72
2020	投入金额（万元）	389 221	498 257	403 879	290 419	134 319	77 968	605 276
	投入占比（%）	16.22	20.77	16.83	12.10	5.60	3.25	25.23
	增长（%）	14.02	27.91	11.12	15.52	11.48	20.27	9.19

2020 年，各家证券公司的 IT 总投入持续增加，IT 总投入达到亿元数量级的有 59 家。18 家总投入超过 4 亿元，6 家总投入超过 8 亿元。IT 总投入在 1.5 亿—2 亿元的有 17 家。IT 总投入在 0.8 亿元以下的有 33 家，同比减少约 17.50%。投入排名前 10 位的证券公司共投入 957 670 万元，占行业总投入的 39.91%；投入排名前 20 位的证券公司共投入 1 464 063 万元，占行业总投入的 61.02%；投入排名前 30 位的证券公司共投入 1 703 418 万元，占行业总投入的 71.00%。头部证券公司投入集中度越来越高，投入排名前 16 位的证券公司总投入已超过行业的一半。具体情况见图专 6 – 2。

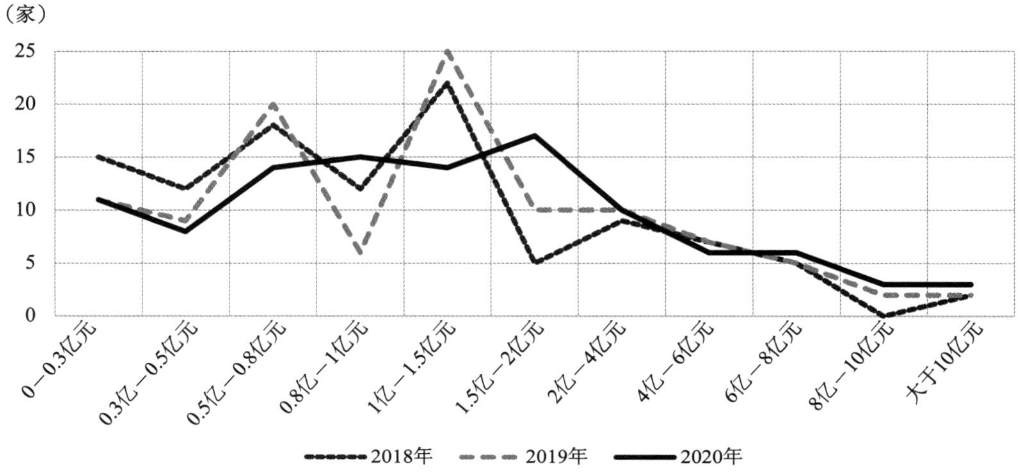

图专 6 – 2　2020 年证券公司 IT 投入分布

从业务种类来看，2020 年 107 家证券公司的资本性支出（包括硬件投入和软件投入）为 798 377 万元①，证券经纪业务和中后台合计占比超过 77%，中后台业务占比增长较快。具体来看，证券经纪业务投入 314 192 万元，占比为 39.35%；投行业务投入 17 114 万元，占比为 2.14%；资管业务投入 35 225 万元，占比为 4.41%；融资业务投入 17 770 万元，占比为 2.23%；投资业务投入为 37 702 万元，占比为 4.72%；中后台投入为 303 491 万元，占比为 38.01%；其他业务投入为 72 883 万元，占比为 9.14%。证券经纪业务 IT 投入占比最大，与 IT 人力投入一样保持较高规模。中后台持续保持较高投入，主要集中在数据中台、业务中台和技术中台等领域。具体情况见表专 6 – 9。

表专 6 – 9　　2018—2020 年证券行业资本性支出各业务占比情况

年　份	类　别	证券经纪业务	投行业务	资管业务	融资业务	投资业务	中后台	其他业务
2018	投入金额（万元）	224 854	11 222	29 862	14 364	28 545	188 301	46 286
	投入占比（%）	41.38	2.07	5.50	2.64	5.25	34.65	8.51

① 部分问卷的资本性支出未全部计入分项，故此处资本性支出低于表专 6 – 7 的资本性支出。

续表

年　份	类　别	证券经纪业务	投行业务	资管业务	融资业务	投资业务	中后台	其他业务
2019	投入金额（万元）	253 220	12 232	35 335	16 506	32 178	246 753	57 787
	投入占比（%）	38.72	1.87	5.40	2.52	4.92	37.73	8.84
	增长（%）	12.62	9.00	18.33	14.91	12.73	31.04	24.85
2020	投入金额（万元）	314 192	17 114	35 225	17 770	37 702	303 491	72 883
	投入占比（%）	39.35	2.14	4.41	2.23	4.72	38.01	9.14
	增长（%）	24.08	39.91	-0.31	7.66	17.17	22.99	26.12

从网络安全领域看，2020 年证券公司在网络安全相关的资本性支出、费用性支出、薪酬福利等投入为 140 600 万元，占当年 IT 总投入的 5.86%，同比增长 29.11%。随着网络安全形势日趋严峻，网络安全投入已成为证券公司的一项重要支出，证券公司通过加强网络安全手段和平台建设、创新网络安全人才培养机制、开展网络安全知识技能普及工作等方式，全方位铸造网络安全的“金钟罩”。具体情况见表专 6-10。

表专 6-10　　2018—2020 年证券行业信息安全相关投入情况

年　份	投入金额（万元）	占总投入比例（%）	增长（%）
2018	85 456	4.80	—
2019	108 900	5.22	27.43
2020	140 600	5.86	29.11

第二章
2020年金融科技在证券业信息技术中的应用发展情况

第一节 2020年证券公司金融科技战略及配套研发体系建设情况[①]

2020年底，中国证券业协会对证券行业中金融科技战略及配套研发体系建设情况进行了专项调查，共收到有效调查反馈107份。调查结果显示，证券行业数字化转型进入全面加速阶段，战略高度持续上升，行业数据治理工作快速推进，并在配套敏捷研发体系建设等方面不断加大投入。

一、数字化战略开展情况

根据本次调查反馈，共73家证券公司将数字化（转型）列为公司战略，占本次调查样本数量的68.22%。其中，数字化战略在2020年启动的有13家，计划于2021年启动的有11家，累计新增48.98%。与此同时，数字化战略的“主战场”逐步由零售经纪业务扩展到机构业务、资产管理、投资银行、自营投资等多个业务领域，数字化战略覆盖多业务领域的证券公司有60家，占比高达82.19%。这说明证券行业数字化转型已进入全面加速阶段，广度和深度不断加大。

从调查数据来看，绝大多数证券公司对数字化战略统筹推进的组织职能进行了明确，但做法各有不同，典型的主要有以下几种：一种是由现有的IT（治理）委员会或信息技术部门牵头，这也是当前较多证券公司采用的做法；另一种则是在相关的业务部门或业务委员会下设立专门的数字化推进组；另外也有一些证券公司设立一级的横向组织或实体部门来专门

① 本节中的统计数据如无特殊说明，均来自2020年中国证券业协会专项调查，数据未经审计。

统筹和推进数字化战略。可见，在数字化转型的治理机制方面，行业正在探索和摸索之中，具体采用何种方式以及效果如何，还需结合公司自身情况，在实践中去检验并不断改进。

共 83 家证券公司反馈在数字化战略推进和实施中存在困难，主要集中在以下几个方面：一是数字化认知、各方重视度和参与度参差不齐；二是组织和文化不能适应数字化战略的需要；三是数字化人才缺乏，技术能力储备较弱；四是数字化转型周期长、见效慢，存在一定的试错风险，资金投入压力较大；五是架构基础较为薄弱，系统严重依赖外购，自主研发能力弱，系统和数据孤岛现象严重。

总体而言，数字化转型涉及业务、产品、IT 以及战略、组织、文化、人才、协同、流程等方方面面，需要企业具有强大的数字化变革力和战略执行力，这对于众多传统金融企业来说是一个巨大挑战。证券公司如何选择数字化转型的治理模式和推进策略，是采取由点到面逐步推进，还是全面推进，应结合公司自身的数字化能力现状，在充分平衡投入与产出、短期与长期的基础上，做出最适合自己的选择。

二、数据治理开展情况

数据驱动和数智化是数字化转型的重要基础。随着行业数字化转型持续深入，证券公司实施数据驱动、开展数据治理的内在驱动力逐渐增强。根据本次调查反馈，107 家证券公司均在不同程度开展数据治理工作，数据治理工作重点逐步由制度体系建设向平台化支撑方向推进。

2020 年，有 75 家证券公司在数据治理方面进行投入（包括数据治理相关的咨询、培训、专项项目、平台建设），投入总金额约 17 807 万元，约占 2020 年证券公司 IT 总投入扣除薪酬福利投入后（1 794 063 万元）的 0.99%。75 家证券公司中，投入金额在 200 万元以下的有 46 家，约占 61.33%，向上依次递减。具体情况见表专 6－11。

表专 6－11　　2020 年证券公司数据治理资金投入情况

数据治理投入金额	200 万元以下	200 万（含）—400 万元	400 万（含）—600 万元	600 万元（含）以上
证券公司数量（家）	46	17	7	5
占比（%）	61.33	22.67	9.33	6.67

82 家证券公司反馈已设立专职 IT 数据团队，IT 数据团队人员数量（含自有人员、常驻外包）在 10 人以下的有 41 家，约占 50.00%，向上依次递减。具体情况见表专 6－12。

表专 6－12　　2020 年证券公司 IT 数据团队人员数量情况

IT 数据团队人员数量	10 人以下	10（含）—20 人	20（含）—50 人	40 人（含）以上
证券公司数量（家）	41	20	15	6
占比（%）	50.00	24.39	18.29	7.32

共88家证券公司反馈在数据治理实施中存在困难，如数据治理范围广、投入大、见效慢，专业数据人才投入不足；业务方对数据治理认知不足，重视度和参与度参差不齐，数据认责难。或针对行业数据治理工作提出建议，包括：一是建议行业制定数据标准和数据治理指引，统筹推进数据治理工作；二是建议行业加强数据生态建设，统一数据分类标准、定义标准、接口标准，促进行业内（包括信息技术服务机构）数据开放和共享。

综上来看，行业数据治理资金及人员投入尚处于较低水平，证券公司在数据治理具体推进中仍然普遍存在困难，尽早出台配套的数据治理实施细则和相关指引、统筹制定行业数据标准、改善行业数据生态等方面的诉求较为强烈。

三、配套研发体系建设情况

随着资本市场改革的深化，业务创新迅速，市场容量持续扩容，这要求证券行业不断追求业务和技术的协同和创新。但由于历史发展原因，证券公司的信息系统建设很大程度上依赖于为行业提供信息技术服务的厂商。信息技术服务和系统产品缺少自有知识产权，这导致证券公司在面对市场和业务需求时无法及时响应，行业同质化严重，很难在技术领域形成核心竞争力。为了提供更好的数字化信息产品和服务，以便更好地满足和响应投资者的需求，提升证券行业的整体形象，引流新增客户和增强存量客户黏性，证券公司需要在产品设计、用户体验以及产品研发的上线时间上提出更高的标准。为此，证券公司的信息化建设模式也逐渐从以外购为主的建设方式向自主研发和合作研发转变。自主研发成为趋势，证券公司持续加大研发体系的建设和投入。

根据2020年的调查结果，证券公司的研发体系建设情况主要从研发模式、技术实践、工具平台和度量管理机制四个方面进行投入建设。在研发模式方面，2020年64家证券公司已经采用敏捷研发模式，约占59.2%，较上年同比提升16.36%，说明敏捷研发模式已经成为主流的研发模式，而且在行业内持续快速普及；66家证券公司采用产品管理机制，并设置产品经理岗位，约占61.1%，较上年同比提升17.86%；52家证券公司同时采用敏捷研发模式和产品管理机制。在技术实践上，证券公司采取的主流技术实践包括微服务、DevOps、持续交付、容器、自动化测试等，其中74家证券公司采用微服务技术实践，约占68.5%；58家证券公司采用DevOps技术实践，约占53.7%；61家证券公司采用持续交付技术实践，约占56.4；54家证券公司采用容器技术实践，约占50%。另外根据调查，在未开展上述技术实践的证券公司中，有相当一部分计划在2021年进行技术预研和实践的计划。在工具平台方面，主要集中在需求管理、代码管理、开发集成、质量管理、开发部署和知识共享等方面，旨在提升研发团队的工作效率和质量，规范研发人员的研发操作行为。在研发过程度量与管理机制方面，有少数证券公司通过度量平台和工具平台的数据采集，在研发过程中进行度量，但仍有87家证券公司没有采用相关的度量管理机制或度量平台，整体约占85.19%。这说明各家证券公司对研发过程的度量管理仍然缺少一致的认识，或者缺少简单有效的管理机制。

结合人员规模和研发体系建设情况来看，证券公司总部专职研发人员排名前10位的总数占行业证券公司专职研发人员的51.02%，证券公司总部专职研发人员排名前10位的平均数达到305人，而证券公司总部专职研发人员的平均数仅有56人。由此可见，头部证券公司可以更好地利用研发人员的规模优势，大力开展研发管理体系建设，提高研发效率和质量，降低研发成本，并在数字化经营支撑中占据更主动的优势地位，而中小证券公司相较大型的头部证券公司，受资金和人才投入限制，在信息化发展上将面临更大挑战。

第二节　2020年金融科技在证券业信息技术中的应用概况①

2020年底，中国证券业协会对金融科技在证券行业中的应用情况进行了专项调查，共收到有效调查反馈107份。调查结果显示，2020年人工智能、大数据、区块链、云计算等金融科技在证券行业的发展和应用进一步深化，其中区块链应用得到较快发展。

一、人工智能

从调查结果来看，共67家证券公司反馈开展了人工智能应用，涉及案例189个，其中2020年投产或在建的案例有103个。人工智能应用范围覆盖八大业务领域，主要集中在证券经纪业务（约占59.79%）、企业管理（约占13.76%）、投资银行（约占11.11%）。从建设模式来看，合作研发占38.09%、全部外购占37.57%、自主研发占24.34%，说明目前市场上人工智能相关技术和产品已相对较为成熟，在满足场景需要的情况下，证券公司首选合作研发或外购建设，以便能够尽快投入使用。具体情况见表专6-13。

表专6-13　　2020年人工智能在证券公司各业务领域的应用案例分布

业务领域	全部外购（个）	合作研发（个）	自主研发（个）	总计（个）	占比（%）
证券经纪业务	48	39	26	113	59.79
资产管理	0	0	2	2	1.06
自营投资	0	0	6	6	3.17
投资银行	9	10	2	21	11.11
信用业务	0	0	1	1	0.53
合规风险	3	8	6	17	8.99
企业管理	10	13	3	26	13.76
IT运营	1	2	0	3	1.59
总计	71	72	46	189	100
占比	37.57%	38.09%	24.34%	100%	—

① 本节中的统计数据如无特殊说明，均来自2020年中国证券业协会专项调查，数据未经审计。

人工智能应用呈现多种技术组合运用特点，使用多种技术的应用案例有107个，约占案例总数的56.61%，说明人工智能应用场景逐步复杂，应用逐步深化。有67.20%的案例（127个）使用到机器学习（深度学习）技术，主要集中在证券经纪业务（约占60.63%）、投资银行（约占13.38%）、合规风险（约占11.02%）；有43.92%的案例（83个）使用到自然语言处理技术，主要集中在证券经纪业务（约占59.04%）、投资银行（约占20.48%）、企业管理（约占10.84%）；有20.11%的案例（38个）使用到语音智能技术，基本集中在证券经纪业务（约占97.37%）；有17.46%（33个）使用到图像（视频）智能技术，主要集中在证券经纪业务（约占63.64%）、企业管理（约占27.27%）。具体情况见表专6－14。

表专6－14　2020年几种主要人工智能技术在证券公司各业务领域的应用案例分布　（单位:%）

业务领域	机器学习（深度学习）	自然语言处理	语音智能	图像（视频）智能
证券经纪业务	60.63	59.04	97.37	63.64
资产管理	1.58	1.21	—	—
自营投资	4.72	2.41	—	—
投资银行	13.38	20.48	—	9.09
信用业务	—	—	—	—
合规风险	11.02	6.02	—	—
企业管理	7.09	10.84	2.63	27.27
IT运营	1.58	—	—	—
总计	100	100	100	100

在67家开展人工智能应用的证券公司中，有40家证券公司已建或规划在建人工智能基础能力平台，涵盖机器人流程自动化（RPA）、视频（图像）智能、语音智能、自然语言处理、机器学习（深度学习）、知识图谱等技术领域。随着人工智能场景不断增加、应用持续深化，证券公司开始重视将通用人工智能能力下沉至平台服务层，以便更快速地赋能各种人工智能应用场景构建。

二、大数据

从调查结果来看，共83家证券公司反馈开展了大数据应用，涉及案例245个，其中2020年投产或在建的案例有118个。大数据应用范围覆盖八大业务领域，主要集中在证券经纪业务（约占51.02%）、合规风险（约占19.59%）、企业管理（约占16.74%）。从建设模式来看，自主研发占45.71%，合作研发占34.29%，全部外购仅占20.00%，说明在数据应用开发领域，证券公司首选自研或合作研发方式。这一方面反映了证券公司对数据价值和数据能力的重视并投入较多自有开发资源，另一方面也因为数据领域本身的复杂性以及数据安全的考虑，部分数据应用不宜完全采用外购。具体情况见表专6－15。

表专6-15　　2020年大数据在证券公司各业务领域的应用案例分布

业务领域	全部外购（个）	合作研发（个）	自主研发（个）	总计（个）	占比（%）
证券经纪业务	26	47	52	125	51.02
资产管理	1	2	1	4	1.63
自营投资	0	1	2	3	1.22
投资银行	0	2	2	4	1.63
信用业务	1	3	3	7	2.86
合规风险	14	12	22	48	19.59
企业管理	4	16	21	41	16.74
IT运营	3	1	9	13	5.31
总计	49	84	112	245	100
占比	20.00%	34.29%	45.71%	100%	—

在83家开展大数据应用的证券公司中，有81家证券公司已建或在建大数据基础能力平台，涉及系统或平台数量151个，涵盖大数据处理、数据仓库、数据治理、数据服务中台等。其中，数据治理平台、数据服务中台建设呈明显加速趋势，说明行业数据治理进入发展新阶段。究其原因，一方面，是由于行业数据治理工作的有效推进；另一方面，随着证券公司陆续建成大数据、数据仓库等基础性平台，其关注重点聚焦在数据本身和数据赋能手段，建设数据治理平台、数据服务中台的内在驱动力逐渐加大。具体情况见表专6-16。

表专6-16　　2017—2020年证券公司数据治理平台、数据服务中台建设分布　　（单位:%）

系统/平台类别	2017年	2018年	2019年	2020年	总计
数据治理平台	—	17.39	26.09	56.52	100
数据服务中台	4.17	8.33	29.17	58.33	100

三、区块链

随着行业“上证链”“中证链”等区块链基础设施的上线推广，行业区块链应用发展迅速。从调查结果来看，共28家证券公司反馈开展了区块链应用，涉及案例30个，其中2020年投产或在建的案例有27个。应用领域主要集中在证券经纪业务（约占43.33%）、投资银行（约占26.67%）、资产管理（约占10.00%）、企业管理（约占10.00%）。从建设模式来看，合作研发占83.33%，自主研发占10.00%，全部外购占6.67%。具体情况见表专6-17。

表专 6 - 17　　2020 年区块链在证券公司各业务领域的应用案例分布

业务领域	全部外购（个）	合作研发（个）	自主研发（个）	总计（个）	占比（%）
证券经纪业务	2	10	1	13	43.33
资产管理	0	2	1	3	10.00
自营投资	0	0	0	0	—
投资银行	0	7	1	8	26.67
信用业务	0	0	0	0	—
合规风险	0	1	0	1	3.33
企业管理	0	3	0	3	10.00
IT 运营	0	2	0	2	6.67
总计	2	25	3	30	100
占比	6.67%	83.33%	10.00%	100%	—

四、云计算

从调查结果来看，共 81 家证券公司反馈已自建云计算基础设施，包括 IaaS 层虚拟化平台，以及 PaaS 层平台和服务。证券公司正在加快面向未来数据中心云基础架构的探索和实践，代表性的如超融合架构、容器化、微服务，以及对象存储等 PaaS 服务。特别是以容器化、微服务为代表的云原生平台发展迅速，这一方面反映了证券公司利用前沿技术持续完善 IT 架构及 IT 运营体系的强烈愿望，另一方面也反映了数字化转型对证券公司敏捷交付能力的迫切需要。具体情况见表专 6 - 18。

表专 6 - 18　　2017—2020 年证券公司新型云计算基础设施建设分布　　（单位：%）

云计算基础设施	2017 年	2018 年	2019 年	2020 年	总计
超融合基础架构	16.67	28.57	19.05	35.71	100
容器化、微服务及对象存储等 PaaS 服务	2.94	23.53	23.53	50.00	100

同时，公有云（含行业云）服务因其开箱即得的便利性，也得到越来越广泛的使用，包括 IaaS、PaaS 和 SaaS 服务。随着信息技术服务机构向细分化和专业化方向发展，公有云 SaaS 服务内容快速丰富，除行情、资讯等基本服务之外，证券公司对人工智能、流媒体、安全检测等相关 SaaS 服务场景使用逐渐增多。另外从调查结果也可以看到，因证券行业对合规管理、数据安全和运行安全等方面存在较高要求，总体上证券公司在公有云服务使用方面相对审慎。

第三节　2020 年金融科技在证券业的典型应用场景[①]

一、金融科技在证券公司经纪业务领域的典型应用场景

（一）智能服务

随着智能客服近些年的进一步完善，证券公司纷纷借助数字化的方式持续优化服务，以专业化、智能化、场景化为建设目标，基于机器学习、知识图谱、标签体系，打造深入证券专业领域、兼容丰富功能的专业型智能助手，有效解决行业智能客服专业领域弱、服务功能单一、语义理解冲突等问题，做到多系统模块间的精准分发与精准回答，以自然语言人机对话形式实现各种功能，为客户提供智能专业、贴心高效的 7×24 小时专属服务。某证券公司智能服务上线以来平均响应速度低于 0.2 秒，客户满意度高达 98%，客服中心在线人工、座席访问量下降 50%。

（二）智能资讯

证券行业资讯服务越发重要，提供及时、精准、有效的资讯服务已成为证券公司服务能力的一个重要方面，通过建设资讯的集中加工处理平台，实现资讯采集、处理和输出的全流程；实现资讯的结构化分解，形成完整的资讯画像；实现资讯实体、事件抽取和情感、观点识别等深度处理；通过 NLP 平台，完善词库、实体库、事件库、计算框架等基础设施，实现文本的基础处理和深度处理功能；构建资讯处理服务能力、资讯处理服务接口，实现资讯处理内容和资讯处理能力的输出，为下游系统提供服务。

（三）精准营销与运营

近些年证券公司已初步建立起客户画像、产品标签以及配套的渠道精准营销、推荐引擎等服务和内部运营体系。根据本次调研报告，在前期的基础上，目前部分证券公司正在不同维度地扩充客户的标签画像，如基于账户规范的标签、机构客户标签和全景视图等。在机构客户层面上，全面分析机构客户行为和风险偏好，基于机构客户数据归并整合、数据质量提升，并利用大数据建立机构客户画像和标签体系，打造面向机构的综合化智能服务体系。同时基于“场景＋数据＋算法”的精准营销服务体系，实现更加个性化的机构服务，更高效、

① 本节中的案例信息来自 2020 年中国证券业协会专项调查。

高质量地服务机构客户投资、研究咨询、托管外包、金融产品配置等多元化的综合金融需求。

（四）智能审核

构建智能审核平台，通过提供人脸识别、活体检测、OCR 文字识别等能力，依据不同的前台业务场景，在应用系统内提前设计好需要智能化介入的流程节点。同时实时获取业务的数据流，自动触发智能化辅助的请求，并实时将处理结果返回给业务平台，从而实现自动录入、校验和控制。减少人工识别、审核、质检等环节的工作量，实现业务简单化、标准化、合规化，同时提高审核人员的审核效率和人员利用率。

（五）智能投顾

随着金融科技的发展，越来越多的证券公司也进一步布局与持续完善智能投顾工具。在智能投顾工具方面，打造客户投资智能工具闭环，构建买方智能投顾体系，持续提升客户理性投资能力，并形成与诊断结果相匹配的、个性化的投资组合。智能投顾主要采用智能组合策略、动态调整策略，同时配合策略审核机制，确保投顾产品平稳。在工具层面上，通过 NLP 模型群，深入分析财经新闻、公告、研报等文本数据，抽取关键事件，实现自然语言选股、选基金；通过投资分析模型群，对基金、股票和企业财务风险进行评分，并自动生成分析报告，辅助投资者分析决策。

（六）智能外呼

随着投资者保护要求以及证券公司客户数与回访业务量逐年增加，证券行业也在积极推进智能化语音外呼平台的建设。智能外呼实现智能化服务管理，可以提高人员工作效率，并将部分客服中心日常外呼通知服务事项由人工服务转为机器语音自动外呼自助完成。将客服中心日常服务的标准化梳理与智能化外呼功能有效结合，能够解放一线人员对于标准化通知服务的工作量，转为开展更加有价值的工作，从而减少低价值的重复性劳动，进一步完善和优化客户服务体系，提高客户服务水准与服务效率。

二、金融科技在证券公司资产管理业务的典型应用场景

（一）知识图谱

知识图谱提供了一种从海量非结构化数据中提取结构化知识并利用图分析进行关联挖掘的重要技术手段，通过辅助投研体系的知识图谱模型搭建，深度解析企业股权关系、产业链关系和热点事件的关联推理。如某证券公司资产管理针对研究所分析师投研知识数字化的需求开发了专用型图谱平台，平台可通过图形化绘制的方式快速落地研究员脑海中的投研知识，并形成数字化的知识图谱，同时结合基于深度学习的 NLP 模型，可以基于已有的图谱

节点进行图谱的自动化生长和传导分析等功能。但因金融知识具有较高的复杂性、层次性、动态性，目前知识图谱技术在证券公司内的应用尚处于探索阶段，金融知识图谱作为专业领域知识图谱，除了在资产管理领域可投产使用外，在合规、风控、客服等领域也都有着重要的应用价值。

（二）量化策略

在策略投研方面，部分证券公司利用大数据、机器学习（深度学习）、GPU硬件加速等技术建设或持续优化量化投研平台，支持高频量化策略的研发及回测、多租户管理，满足资产管理及其他业务线高效策略投研需要。如某证券公司资产管理基于云平台，建设了涵盖日频行情、高频行情、财务数据、一致预期数据、沪港通、融资融券、新闻等数据的金融大数据分析挖掘平台，并利用Lightgbm、Xgboost、GBDT等集成学习算法，DQN强化学习以及CNN 、LSTM、DNN、Attention、Transfomer等深度学习算法构建量化策略，同时研发了AI量化因子自动挖掘机，能够自动从多维度的历史数据中挖掘出有用的量化因子供研究员使用。

（三）信用评级

证券公司依托自身的研究能力，依靠人工智能、自然语言处理、大数据挖掘建模、机器学习等技术研发手段，结合外部评级数据，推出以研究员分析框架为基础，让机器模仿研究员的思维能力，自动处理海量信息，并形成可视化、产品化的方式展示信用评级。如某证券公司拥有较强的策略研究能力，针对信用评级的量化策略研究已有一定规模，且对算法模型的数据准确性作过评估，通过自研方式建设债券量化评级平台，逐步丰富平台能力，辅助债券投资经理进行投资决策。

三、金融科技在证券公司自营投资业务的典型应用场景

金融科技在自营投资领域的应用场景主要集中在策略投研、高性能交易、风险管理方面。在策略投研方面，证券公司利用大数据、机器学习（深度学习）、GPU硬件加速等技术研发建设量化投研平台。在高性能交易方面，部分证券公司打造支持多投资品种的分布式策略交易平台，采用异步通信、内存交易等技术降低处理延时。在风险管理方面，部分证券公司基于大数据构建投资数据集市，以便更高效地支持投资风险管理和投资决策，利用大数据、企业图谱和舆情预警，辅助投资研究并对投资标的进行智能风险监测。

科技人员从市场数据、量化分析、实时定价决策、做市报价、风险管理、交易管理、安全熔断机制和交易后清算、结算的角度搭建一体化的做市平台，提升市场定价能力、市场交易处理能力、交易实时风控能力，保障交易效率和准确性。目前除了少数代表性的证券公司，绝大部分证券公司在做市交易方面的科技应用刚刚起步。

四、金融科技在证券公司投资银行业务的典型应用场景

根据中国证券业协会调研数据，投资银行领域的金融科技探索将是许多证券公司启动建设和重点布局的方向。

（一）智能投行平台

通过对原有底稿系统、项目管理系统以及OA系统进行整合与新建，形成统一的投行综合管理系统，在此基础上将投行从多方渠道收集的数据、文档、报告、制度等信息入库，形成系统化、标准化、结构化的知识体系。利用大数据、知识图谱、自然语言处理等技术打造智能投行，从承揽、承做、承销以及存续期管理等更多个维度提升投行全业务、全流程管理效能。

（二）投行智能审核

投行业务原有审核均依靠人工进行检测和复核，工作量庞大，且具有一定的操作风险。随着业务的发展，基于智能质检工具对投行业务涉及的相关文档进行智能复核，采用智能纠错、数据验证、智能查重等技术手段可以有效提高投行文档质检效率。如某证券公司支持简体中文版的招股意向书与债券募集说明书的同一份文件的财务信息检测与不同文件相同数据间的多文件一致性检测，以及对文档中的文字、行文进行错别字检测，同时包含项目银行流水单（扫描件）的识别及预警等功能。

五、金融科技在证券公司信用业务的典型应用场景

信用业务的应用场景主要在信用风险自动化监控上，因信用业务带有杠杆属性，在行情快速上涨或者突发事件发生后，释放风险的程度也较强，因此监控市场风险、板块行业风险、客户持仓风险，并在此基础上建立一套科学的测试和预警机制对信用业务平稳发展至关重要。信用风险自动化监控主要通过个股及板块评估模型的自动化，同时将风险较高的个股和板块与公司客户持仓进行结合，分析出公司信用业务的风险及客户的持仓信用风险；同时搭建数据与信息结果的展示平台，形成数据在权限范围内的信息共享；对于内部管理来说，还可以实现个股模型与担保品折算率模型的联动，对折算率模型进行合理修正。

六、金融科技在证券公司合规和风控领域的典型应用场景

（一）风险数据集市

绝大部分证券公司基于大数据和数据仓库技术建设风险数据集市，打通数据底层进行风险指标整合计算，进而通过统一风险门户集中呈现。基于大数据平台进行风险管理数据集市

源数据存储层建设，采集并存储内部或外部数据。内部数据包含但不限于客户数据、市场数据、产品数据、财务数据、风险管理数据等；外部数据包含但不限于资讯数据、交易所及登记公司相关结算文件等；同时进行基础数据层建设，根据数据模型和数据标准将源数据存储层的数据进行清洗和转换，形成符合数据标准、具备良好质量的基础数据，为净资本监控、市场风险管理、信用风险管理等提供基础数据；再进行指标数据层建设，根据数据模型和数据标准结合净资本监控、市场风险、信用风险等需求，生成相关指标数据向风控类系统提供数据服务，并且支持按照净资本监控子主题、市场风险子主题、信用风险子主题等构建风险管理指标体系。

（二）智能工具应用

目前部分证券公司依托大数据、智能模型技术，针对既有风险管理各环节，在既定风险管控规则中，增加对变量、因子的智能化构建，建立前瞻性的分析模型，提升智能化的风险洞察分析和预测预警能力。在数据基础上，优化现有风险识别、评估、监控等各环节的数字化计量和分析模型，加强风险管理数据实时分析、预测预警的能力。根据中国证券业协会调研数据，目前在反洗钱可疑客户、异常交易监控、场外配资监控等多个方面均有行业应用案例。

（三）交易实时风控

以往证券公司交易风险管理以事前、事后为主，随着交易的快速发展以及监管逐渐放开第三方交易接入业务，证券公司面临的交易中风险不断加大。根据中国证券业协会调研数据，目前部分证券公司基于内存计算、大数据流式计算等技术建设交易实时风控系统，实现事中风险识别和控制，从而提升主动风险防控能力。某些证券公司在交易实时风控系统中还使用了机器学习（深度学习）、GPU硬件加速等技术，进一步提升智能化风险识别能力及算法执行速度。

（四）文本检测

证券公司对外发布的信息（如资讯、研报、短信、通知、公告等）和用户在公司平台上发布的信息（如留言、咨询等）需要进行严格的审核，保障内容的合法合规。利用人工智能技术对文字、图片、视频、音频等内容进行核查，检测敏感信息，标识敏感类型，实现内容的自动核查，可有效提升审核效率和质量，减少内容违规的问题，有利于满足监管要求，维护证券公司品牌和公众形象。

七、金融科技在企业管理领域的典型应用场景

（一）智能财务

智能财务是一种集业务活动、财务会计活动和管理会计活动全功能、全流程智能化的财

务管理模式。它基于先进的财务管理理论、工具和方法，借助智能机器（包括智能软件、智能硬件）和人类财务专家共同组成的人机一体化混合智能系统，通过人和机器的有机合作，完成企业复杂的财务管理活动，并在管理中不断扩大、延伸和逐步取代部分人类财务专家的活动。某证券公司以计划财务部作为公司整体数字化转型的切入点，在智能财务系统建设中以"始于数据，借力科技、成于金融"为理念，采用顶层设计、螺旋式提升的方法，从流程、业务、组织、学习能力四个维度进行重构；利用金融科技，推动部门在企业管理能力提升、防控风险、支持科学决策、为业务发展建言献策等方面扮演更重要的角色，从而助力推动证券公司整体数字化转型的进程。

（二）电子印章

电子印章可以实现对整个印章全生命周期管理，提高印章风险管理水平和效率，有效解决合同起草、合同审批、合同用印、履约执行等环节可能出现的假冒、篡改、伪造等问题；建设电子合同印章服务中心，可以为员工及管理人员提供统一的使用入口；建设合同协议标准模板库、范本库，提供合同文本在线协同编辑能力，方便起草人高效拟稿；规范合同审批流程，结合大数据、OCR智能识别技术，实现合同文本提取比对、机器人智能预审，提升审核效率；建设合同台账，汇聚合同审核、付款、开票、收款、变更、诉讼、终止等各个环节信息，对合同整个周期进行全部电子化记录与留痕，清晰记录合同相关信息与数据，满足合同监管部门、承办部门等管理需求，实现合同执行全程管理，确保合同全程操作有效、合规。

（三）企业协同与办公

新冠肺炎疫情引发了办公协同智能化的思考，智慧企业协同与办公平台需要将外部行业"智慧化、平台化、移动化、生态化"的数字化趋势及特点引入公司内部，其包含了与内部员工相关的办公、人力、培训、招聘、财务、差旅等内容。目前部分证券公司提出了通过数据的应用和科技的手段将企业经营管理的过程和问题转变成可以分析和优化的数字、模型问题，进而推动客户体验提升、运营流程再造、业务模式创新。如某证券公司构建了全连接企业数字化运作平台，减少了沟通协调及管理成本，提高沟通时效30%，通过统一数据服务，不仅提升了数据使用效率，且更有利于各层级基于数据分析进行经营决策，为公司整体规划和策略制定提供有效的数据支撑，具有良好的数字化示范作用。

（四）机器人流程自动化（RPA）

随着RPA技术和相关产品的成熟，目前RPA技术已广泛应用在证券行业，涉及的领域也从最早的技术运维到业务、运营、办公、托管、财务等各大板块。根据中国证券业协会调研数据，证券行业在RPA领域一直在持续投入，同时结合人工智能实现了智能化的场景应用，将人员从低价值劳动中解放出来，极大地提升了效率。

（五）辅助管理分析及运营决策

对于数据密集型的运营决策领域，大数据技术被证券公司广泛用于各类报表生产、经营分析、决策支持、精细化管理及运营，如面向各管理层级提供驾驶舱功能、商机挖掘、客户分级运营、客户流失预警等。

八、金融科技其他技术创新典型应用场景

（一）分布式

近几年证券行业在分布式架构领域（包括分布式核心交易系统）已有很多收获，分布式架构的发展与应用部署仍是未来证券行业的发力点。传统集中式架构的最大痛点是“牵一发而动全身”，分布式架构相比集中式架构的明显优势是其具备的灵活、易扩展、低成本等特性。这些特性决定了在业务品种和业务量爆炸式增长的过程中，分布式架构会成为新型业务架构的选择。与此同时，分布式架构能够更好地满足和实现国家在“安全可靠、自主创新”方面的要求，是加快证券行业关键基础设施建设、稳步推进行业关键信息基础设施国产化、防范系统性金融风险的关键一步。分布式架构是信息化发展的重要方向，证券公司将在分布式架构转型涉及的应用系统、消息总线、技术平台、基础设施与资源上持续发力。

（二）高性能

随着传统经纪业务的转型发展步伐不断加快，为满足客户需求，尤其是机构客户多元化的交易需求，各证券公司均在实现交易服务的全面升级，探索极速订单系统和策略交易的整合，以策略交易平台为中心，打造极速行情与金融大数据中心，实现算法设计、定制服务、策略交易、风险控制、极速通道等一站式的交易服务体系。根据中国证券业协会调研数据，目前绝大部分证券公司在高性能交易上均有投入并且仍在持续，主要支撑证券经纪业务的开展，占比高达 83.7%，高性能交易也在合规风险管理以及支持公司自身的资管与自营业务开展上有所体现。而高性能行情主要为对行情速度有要求的相关机构提供服务，其能为投资交易系统或各类金融终端提供准确、快速、稳定、统一的国内外市场行情数据、衍生行情数据和市场参考数据，帮助交易员、策略分析师、研究员等进行市场研究、市场投资决策，也为量化平台提供行情数据。

（三）低延时

随着资本市场的快速发展和算法交易技术（尤其是高频交易）在全世界范围内的应用，证券行业在交易与行情低延时领域面临着巨大的技术挑战。高精度、低延时的交易能力是证券公司的核心竞争力之一；高速的行情数据获取和策略计算能力是各种高频交易算法的核

心。现场可编程门阵列（FPGA）技术作为一种用于突破软件延迟瓶颈的解决方案，在证券行业的应用场景逐步扩大，也是证券市场近些年发展得比较快、研究得比较多的技术之一。如某证券公司正在积极开展FPGA应用研究，目标是搭建一个高稳定低延迟的金融加速计算基础架构，形成友好易用的开发框架，用户无须关心底层实现，只需专注于开发自己的业务逻辑，更高效地实现客户的个性化业务需求；另有证券公司实现了基于FPGA的硬件沪、深行情系统，系统上线以来得到用户的高度认可，为实盘交易持续提供亚微秒级行情服务。

（四）软件定义网络（Software Defined Network，SDN）

SDN，即通过将网络设备的控制面与数据面分离，实现网络流量的灵活控制，使网络变得更加智能，为核心网络及应用的创新提供良好的平台。作为下一代网络的主流技术，SDN优势在于易用和强大的网络控制、便捷和高效的网络管理以及出色的网络性能。SDN已经在学术界和产业界得到了广泛关注，证券行业也正在探索使用中。如某证券公司通过云平台对接硬件SDN控制器，云环境下的网络管理入口由统一操作界面发起，用户对网络环境的创建、变更和维护均通过云平台驱动硬件SDN控制器完成，不但可以对金融云的网络集中管控，形成统一的操作视图，还可以实现计算资源和网络资源的高效联动。同时网络管理员也可以在SDN控制器上查看业务访问视图、网络逻辑视图、物理连接视图，快速定位故障点，极大地提高了工作效率。

（五）安全运营

安全运营是“攻防”博弈的过程，只有各领域多维度协同作战，才能有效地防御攻击。安全运营就是感知网络空间和物理空间中的安全态势，洞察其中的过程、行为、状态，进行高效决策，形成安全策略或安全指令，进而按需有机协同各类组织和人员、各类安全系统和厂商执行安全策略或安全指令的一个循环的、动态的、闭环的智慧型活动。在证券公司现有安全技术防护体系基础上建设一个全面、智能、可视化的安全运营中心，为安全工作提供统一的运营平台，借鉴大数据和人工智能等新技术的发展，全面提升安全态势的整体感知能力、各项安全策略的一体化集中控制能力以及安全风险的及时处置和响应能力，是未来安全运营发展的重要方向。

（六）智能化运维

打造集监、管、控、营为一体的智能化运维体系，是系统运维领域的终极方向。随着人工智能和大数据技术的发展成熟，智能运维在证券行业已大规模应用。智能运维基于已有的海量运维数据（CMDB、ITSM、监控告警、日志、实时业务流量等），通过机器学习和模型训练，解决了智能监控、智能预警与智能溯源问题，进一步提高了运维效率，保证系统的连续性。

第三章
2021 年中国证券业信息技术与服务展望

一、资本市场改革持续推进，信息系统建设同步完善

新《证券法》于 2020 年 3 月 1 日起正式施行，进一步完善了证券市场的基础制度，为资本市场全面深化改革落地提供了坚实的法律保障。从 2019 年在上海证券交易所设立科创板并试点注册制，到 2020 年创业板推行注册制改革，这充分展示了中国资本市场明确的改革方向与坚定不移的决心。注册制是资本市场改革的重大制度突破，从科创板的"试验田"到创业板实施推广的过程中，证券市场充分吸收科创板注册制推行试验和创业板存量业务改革的经验。

注册制下的科创板与创业板成绩斐然，2020 年 145 家企业在科创板上市，107 家企业在创业板上市，合计占全市场首发上市数量的 64%。同年，A 股 IPO 融资额前十大个股中，科创板独占 7 家，说明注册制给 IPO 市场带来了巨大机遇。而资本市场深化改革在带来重大机遇的同时，也对证券公司的业务运营能力、管理能力和信息技术能力提出了更大的挑战。面对资本市场深化改革和注册制推行的影响，在管理能力方面，综合类证券公司将进一步发挥资源整合的优势，利用突出的资本实力、风险定价能力和机构客户的布局等优势，快速抢占市场；专业类证券公司需要进一步聚焦细分业务领域和内部资源，如在投行业务中走"精品投行"路线，实现小而精特色经营，形成特色业务。在信息技术方面，证券公司将面临信息技术应用的"新基建"，积极响应全面注册制的改革，把握资本市场深化改革过程中带来的明确机遇，提前储备技术，做好信息系统布局规划，通过信息技术提升业务中的研究能力、定价能力和客户服务能力；同时做好风险合规管理，持续完善科创板、创业板、新三板、OTC 以及基金投顾等相关业务的系统和平台，配套对应投资者适当性管理、信息披露监督、风险管理、合规管理的平台能力，形成多元化、多层次的业务服务体系，以提供完善而丰富的产品服务。

未来，资本市场改革将持续加速深化，并从增量改革阶段迈入存量改革阶段，从试点准备到大范围推广，市场容量进一步打开，投资者对证券市场的信心亦得到提振，投资需求得

到激发。证券公司将在信息技术方面持续增加 IT 建设投入，包括加大数字化转型力度、完善业务系统、构建灵活和安全可控的 IT 治理结构，积极响应证券市场的业务创新和扩容。

二、证券公司加速数字化转型，数字化业务与基础设施建设全面融合

当前证券行业整体处于数字化转型阶段，包括在信息技术建设方面以交易无纸化为重点的电子化阶段和以业务线上化为重点的互联网证券阶段。证券行业的数字化转型最早于 2015 年提出，并在 2018—2020 年得到快速应用和发展。战略先行，谋定而动，2020 年已有 73 家证券公司把数字化转型列为公司级战略，占比约 68.2%。把数字化转型提升到战略的高度，展示出证券行业数字化转型的坚定方向和重要性。在证券公司的数字化转型中，数字技术集中在零售经纪业务、财富管理业务、系统运维和风控合规等领域落地，其中手机证券 App 作为线上最靠近客户的窗口，是数字化技术应用的重点之一。通过这个窗口，证券公司可以实现“1 + N”式的金融服务全覆盖，即以手机证券 App 为窗口，以证券经纪业务为纽带，整合投资银行、基金、研发、资管、期货、支付等业务资源，为客户在投融资、理财规划、财富管理、资讯交流等领域提供一站式服务，从而打造自主的综合金融服务平台。其他应用场景，如在客户获取、投资分析、线上交易、程序化交易、实时风控和合规监管等方面也已经实现数字化流程的变革，这是利用技术创新实现业务运营和管理模式转变的典型例子。随着新兴技术的发展和成熟，证券公司将更多地利用如大数据、人工智能、区块链、云计算、知识图谱、RPA 等创新技术，拓展更多的业务领域和业务场景，从改善流程和核心业务到实现创新的产品服务，打造全新业务模式并推动核心业务转型，从而拓展更多的服务领域和商业机会。

数字化转型是企业的全面转型，涉及企业战略、组织结构、业务模式、信息技术应用和文化等各个方面。转型成败的关键取决于数字化技术能否在企业中顺利地大规模推广和有机运用，信息技术作为实施数字化转型的重要抓手，需要持续加大投入，同时需要对内外部信息技术资源进行高效配置。在内部，证券公司需从首席信息官等高层 IT 领导的角色出发，以整体战略作为驱动，进行顶层设计和规划，并成立专门的数字化运营推广组织，储备充足的数字化人才，自上而下对数字化战略达成一致的共识，并通过业务 IT 融合、敏捷管理等方式加速变革；在外部，证券公司需从业务生态和技术生态等方面全面分析潜在竞争者的竞合关系，加强与各类创新信息技术服务商、互联网金融科技公司等的合作，考虑引入信息技术战略合作伙伴，顺应资本市场与证券行业发展需要，通过优势互补与资源共享，助力行业构建多层次多元化的良性生态圈。

三、机构服务业务蓬勃发展，信息技术升级与运用成关键

随着新《证券法》的实施、再融资制度的优化以及并购重组新规的推行，资本市场的

基础性制度愈发完善，证券公司面临巨大的业务发展机遇。针对科创板和创业板的注册制改革措施落地，企业上市发行和投融资等业务需求将持续激发；银行理财子公司加速成立，在资本市场将占据重要的市场地位，或成为证券公司重要的战略客户。机构客户服务的发展已经进入快车道，证券公司围绕机构客户的创新产品和服务将不断增加。通过业务效率提升和业务边界的拓展，为机构客户提供全生命周期的综合金融服务将成为在市场竞争中脱颖而出的关键所在，但这也将势必对证券公司的信息技术能力提出更高的要求。

在信息技术应用方面，证券公司陆续上线机构 CRM 平台和机构客户服务平台等数字化平台，把以客户为中心作为运营理念，整合机构业务流程和工作流程，串联机构服务的投资融资、交易、客户服务和风控管理等各个环节，实现机构需求和业务资源的高效配对，有效提升业务运营管理效率，并通过客户网络的引流新增和内部转化，不断拓展和丰富机构服务业务。

未来，市场投资者的结构将持续得到优化，机构投资者的占比将进一步提升，证券公司机构服务领域的重点除了综合服务的链接与整合之外，还将结合数字化技术，在核心业务和服务中持续投入，如高速行情、智能投研、智能交易等核心领域的金融科技的应用，同时加大自主研发和合作开发的力度，坚持以客户为中心，提升机构客户的专业化服务能力，提升客户的满意度。

四、行业监管持续加强，科技赋能监管

随着资本市场改革不断深化，多层次多元化的证券行业生态圈也在逐步构建。创新业务产品不断推陈出新，金融科技高速发展，证券市场运行过程中的风险问题也越来越复杂。新兴技术赋能传统金融，证券公司纷纷实施数字化业务经营的转型，除了传统的金融风险之外，创新技术也为业务经营运作的过程带来了对应的技术风险。由于技术风险背后的复杂性、隐蔽性和传染性，证券公司若控制不力甚至可能演变为系统性风险，这为传统证券行业以及监管机构带来了重大挑战。

近年来，监管机构的各项工作全面展开并取得阶段性成效，其中通过大数据分析、自然语言处理（NPL）、机器学习等监管科技的结合运用，对市场的相关数据进行实时搜集、分析和处理，在风险预防、发现、监控等阶段实现精准处置，持续赋能行业监管，切实保障资本市场技术系统安全稳定运行，为资本市场改革创新提供技术保障。随着金融的快速发展与科技的日益深化，监管科技场景将持续丰富并广泛应用。监管科技的运用和落地能够持续加强数据标准化和共享能力，建设数据管理体系，构建数据中台，保障各主体各系统之间的数据共享和流动，并通过监管机构、经营机构、核心机构等机构的相互协作补位，助力构建新型监管生态体系，实现有效监管、高效监管。

未来，随着以全面注册制为代表的资本市场改革持续推进，监管科技将进一步得到应用，通过新型技术的深度应用，构建智能监控模式，加快构建资本市场科技监管平台及其运

行机制，不断提升监管水平，合理引导市场经营机构助力证券市场的数字化创新与发展。

五、网络安全需求不断演进，安全保证能力持续提升

随着金融科技的发展和融合，各种新技术不断引入运用，并与原有技术相互融合，如大数据、云计算、人工智能、区块链等，这些新技术的安全性、合规性还未得到充分的验证，容易产生安全漏洞。同时证券市场改革带来了大量的业务机会，创新业务带来了更复杂的业务结构和业务调用链，对证券信息技术应用的安全带来挑战，并可能引发业务的安全和合规问题。

因此，综合安全保障能力建设仍是证券公司和经营机构的重点工作，网络安全的投入将持续加大。随着证券公司自主研发实力的不断提升，更多证券公司将引入安全开发流程 SDL 和 DevSecOps，并与 CMMI、敏捷等研发管理体系深度融合，在需求设计阶段开展安全建模、提出安全需求和设计，构建安全防护知识库，尽可能通过自动化的手段，实现高效的“安全左移”。各级监管机构对数据安全、隐私保护非常重视，行业经营机构将深入开展数据安全的体系化建设和运营，保障客户信息和经营信息的安全可用。行业经营机构还将加大新技术的应用，通过人工智能、大数据分析、机器学习和自动化流程等技术手段对风险行为、信息系统漏洞等进行主动、实时的安全检测和分析，基于安全运营流程的标准化和自动化编排提升运营效率，持续建设和完善全方位的网络安全防御体系，并通过专业培训加强全员的安全技能和安全意识，提升安全防护的整体效果。针对零信任技术在行业的落地，行业经营机构也将积极开展研究、探索工作。

专题报告之七：2020 年中国证券公司国际业务发展综述

第一章 2020 年中国证券公司国际业务发展环境与特点

第一节 2020 年中国证券公司国际业务发展面临的环境

一、全球经济萎缩不确定性增加，多地区实行宽松金融政策托底

2020 年，在突然暴发的新冠肺炎疫情背景下，全球经济发展受阻，部分市场需求萎缩或延缓；而疫情导致区域封锁与人员跨境出行限制，使得部分跨境业务拓展受限。根据国际货币基金组织（IMF）统计，2020 年全球 GDP 增速同比下降 4.3%，全球贸易萎缩 7.6%。多个经济体在疫情期间采取大规模的经济刺激或托底经济措施。在全球金融条件宽松的背景下，利率和波动率下行驱动风险资产估值扩张，主要风险资产价格震荡上升。2020 年，除欧元区和英国之外，美国标普 500、日本日经平均指数、明晟新兴市场指数分别实现了

16.26%、16.01%和15.85%的增幅。据彭博经济研究的数据，美联储、日本央行、欧洲央行与英国央行2020年仅在量化宽松政策上的投入就超过5.6万亿美元。据不完全统计，2020年全球央行降息次数超过200次，全球超60%的经济体利率不到1%，部分地区和国家更是进入负利率时期。

2020年，中国经济发展环境面临深刻而复杂的变化，突发的新冠肺炎疫情使世界经贸环境的不稳定不确定性增大。在全球经济增速萎缩4.3%的情况下，我国实际GDP同比增长1.9%，减税降费、刺激消费政策、优化专项债使用、针对中小微企业精准信贷支持等多项政策的落实刺激消费、稳定经济增长。2020年中国经济总量突破百万亿元大关，全年国内生产总值达101.6万亿元，同比增长2.3%，是全球唯一实现经济正增长的主要经济体，在世界经济中的份额也由2019年的16.3%上升至17%。

二、互联互通为证券公司打开跨境增量市场

自2018年5月1日起，互联互通每日的额度扩大至原来的4倍，沪港通、深港通成交金额持续同比大增。截至2020年底，深港通累计交易金额已近24万亿元人民币。债券通自2017年7月开通以来日均成交金额快速上升，基础设施不断完善。债券通公司数据显示，债券通2020年交投活跃，累计成交58 518笔、4.81万亿元人民币，较2019年增长82.8%。截至2020年底，通过债券通入市的境外投资者（含产品）共计2 352家，较上年底增长46.9%。在2020年12月16日，债券通单日交易量创历史新高，达369.4亿元人民币。

2020年10月，首批香港与内地交易所买卖基金（ETF）互挂计划的四只产品在港深两地同时上市。深港两地实现ETF互挂，使内地与香港地区实现ETF的互联互通向前迈出了第一步，为内地及海外的投资者开通了新的投资渠道。上市的四只产品中，南方东英银华中证5G通信主题ETF、恒生嘉实沪深300指数ETF在港交所挂牌上市；嘉实恒生中国企业ETF、银华工银南方东英标普中国新经济行业ETF在深交所挂牌上市。

沪伦两地继续推进资本市场合作，稳妥推进沪伦通业务。2020年6月和10月，中国太平洋保险和长江电力分别成功在英国伦敦交易所实现GDR发行。中国太平洋保险成为国内首家发行GDR的保险公司，长江电力是我国实业类企业第一单GDR发行，还成为首家荣膺伦敦证券交易所“绿色经济标志”的中国发行人。华泰国际则在年内取得GDR做市商资格，是全亚洲唯一取得该资质的金融机构。

三、粤港澳大湾区建设给证券公司国际业务带来发展机遇

粤港澳大湾区建设有序推进。为促进粤港澳大湾区跨境贸易和投融资便利化，2020年，广东省地方金融监管局联合中国人民银行广州分行、广东银保监局、广东证监局、中国人民银行深圳市中心支行、深圳银保监局、深圳证监局共同印发了《关于贯彻落实金融支持粤

港澳大湾区建设意见的实施方案》，提出：第一，支持粤港澳大湾区内地金融租赁公司、汽车金融公司、证券公司、基金管理公司、期货公司、保险公司等机构按规定在开展跨境融资、跨境担保、跨境资产转让等业务时使用人民币进行计价结算；第二，支持粤港澳大湾区内地符合条件的财务公司、证券经营机构等非银行金融机构向国家外汇管理部门申请结售汇业务资格；第三，支持粤港澳大湾区内地证券公司开展并购重组、海外业务，积极开发多样化、差异化的金融产品、金融工具，进一步落实各类扶持政策措施，打造具有国际竞争力的一流投资银行；第四，探索研究在粤港澳大湾区试点证券期货机构跨境业务等。

四、海南自由贸易港建设为证券公司跨境业务发展带来机遇

2020年6月，中共中央、国务院印发《海南自由贸易港建设总体方案》，提出：第一，对具有强制性标准的领域，原则上取消许可和审批，建立健全备案制度，对外商投资实施准入前国民待遇加负面清单管理制度，大幅减少禁止和限制条款；第二，以国内现有本外币账户和自由贸易账户为基础，构建海南金融对外开放基础平台，通过金融账户隔离，建立资金“电子围网”，为海南自由贸易港与境外实现跨境资金自由便利流动提供基础条件；第三，率先在海南自由贸易港落实金融业扩大开放政策，支持建设国际能源、航运、产权、股权等交易场所，加快发展结算中心；第四，支持住房租赁金融业务创新和规范发展，支持发展房地产投资信托基金（REITs），稳步拓宽多种形式的产业融资渠道，放宽外资企业资本金使用范围等。

第二节　2020年中国证券公司国际业务发展特点

一、证券公司国际化战略布局稳步推进，业务模式持续丰富

根据中国证券业协会2020年证券公司海外展业情况调查问卷，138家证券公司中共有91家反馈问卷，其中34家开展海外业务，相较2019年多了7家。国内证券公司积极探索国际业务新模式，加快谋划国际业务新布局。

海外经营业务持续丰富。由于疫情带来的风险和不确定性的增加，多家证券公司为海外子公司提供担保，加强了对境外公司的监管。2020年12月，华泰香港的全资子公司华泰金融控股（香港）有限公司取得伦敦证券交易所做市商资格。

二、中国香港地区已成为中国对外投资第一大区域

根据国家外汇管理局披露的数据，截至2020年，中国对外证券投资中有45%的资产流向香港，已超过此前投向首位的美国。自有数据记录以来，投向香港市场的金额从2015年的585亿美元持续提升至2020年的4 091亿美元，平均年复合增长率约为48%。而中国对外证券投资规模在2020年达到8 999亿美元，近两年平均年复合增速为34%。根据香港交易所披露，2020年港股通成交金额为55 080亿港元，较2019年同比增长94%，创历史新高（见表专7－1）。

表专7－1　中国对外证券投资资产

项　目	2015年	2016年	2017年	2018年	2019年	2020年
总额（亿美元）	2 808.30	3 596.50	4 977.35	4 979.57	6 459.81	8 998.52
中国香港地区（亿美元）	584.95	922.06	1 543.94	1 542.10	2 264.26	4 091.04
占比（%）	21	26	31	31	35	45
排名（位）	2	2	1	1	1	1

资料来源：国家外汇管理局。

三、“一带一路”建设方面展现较强韧性，区域跨境业务多点开花

2020年受新冠肺炎疫情影响，人员流动和海外出行受到限制，但“一带一路”合作并未止步且取得了新的进展，展现了较强的韧性。健康丝绸之路、数字丝绸之路、绿色丝绸之路成为新的合作亮点。2020年9月，国泰君安通过香港子公司国泰君安国际完成对越南子公司的战略整合，稳步推进“一带一路”地区布局。

第二章

2020 年中国证券公司国际业务开展情况

第一节　投资银行业务

一、股票发行与 IPO 业务

从总额上看，受疫情影响，2020 年全球股市前期经历多次“黑天鹅”事件后稳定上行，2020 年全球股票承销总额同比激增 68.88%。国内证券公司在世界排名中整体份额与名次均有所提升，头部优势更为显著，具有较强的竞争力。2020 年全球股票发行市场承销商承销金额前 50 位中共有 10 家国内证券公司上榜，总数与 2019 年持平，但总体排名呈上升趋势；合计承销金额为 1 059.06 亿美元，同比增长 121.61%，远超全球承销金额增幅；合计占总承销份额 11.0%，比 2019 年同期上升 0.93 个百分点。其中，中金公司、中信证券两家承销金额进入前 10 位，名次与上年持平。2020 年全球股票发行市场承销金额前 10 位承销商及进入前 50 位的国内证券公司见表专 7－2。

表专 7－2　2020 年全球股票发行市场承销金额前 10 位承销商及进入前 50 位的国内证券公司

承销商	排　名	金额（百万美元）	发行数（家）	排行榜份额（%）
高盛公司	1	85 016.81	437	9.13
摩根士丹利	2	83 585.77	420	8.98
摩根大通	3	65 382.59	426	7.02
美国银行	4	62 062.90	392	6.67
花旗集团	5	58 693.31	334	6.31
瑞士信贷集团	6	48 359.18	280	5.19

续表

承销商	排　名	金额（百万美元）	发行数（家）	排行榜份额（%）
瑞士银行	7	27 665.82	193	2.97
巴克莱	8	25 409.44	179	2.73
中金公司	9	25 204.80	120	2.71
中信证券	10	20 882.08	126	2.24
中信建投证券	12	16 474.83	63	1.77
华泰证券	15	11 918.23	69	1.28
海通证券	19	9 462.76	97	1.02
国泰君安证券	20	8 441.06	65	0.91
招商证券	31	5 201.30	41	0.56
民生证券	44	2 811.91	32	0.30
国信证券	45	2 809.53	30	0.30
国金证券	47	2 699.64	23	0.29

资料来源：Bloomberg。

2020 年中国香港股票承销总额同比增长 70.71%。2020 年中国香港市场股票发行承销金额排名中，承销金额前 50 位中有 16 家中国内地证券公司，数量与 2019 年对比呈持平状态；合计发行金额 1 659.12 亿港元，较 2019 年同比上涨 84.33%，超过市场总额增长；16 家证券公司占全部市场份额的 22.68%，同比提升 0.95 个百分点。2020 年中国香港市场股票发行承销金额前 10 位承销商见表专 7－3。

表专 7－3　　2020 年中国香港市场股票发行承销金额前 10 位承销商

承销商	排　名	金额（百万港元）	发行数（家）	排行榜份额（%）
摩根士丹利	1	98 391.03	55	14.06
高盛公司	2	58 603.21	37	8.37
中金公司	3	50 817.06	54	7.26
花旗集团	4	45 862.75	28	6.55
招商银行	5	32 302.51	51	4.62
瑞士银行	6	31 135.93	26	4.45
中信证券	7	31 013.68	32	4.43
瑞士信贷集团	8	29 362.36	22	4.20
海通证券	9	28 051.09	56	4.01
汇丰银行公共有限公司	10	26 470.05	23	3.78

资料来源：Bloomberg。

2020 年中国香港 IPO 市场承销金额前 50 位中有 14 家为中国内地证券公司，较 2019 年减少 2 家；合计占总市场份额 29.02%，同比增加 4.32 个百分点；发行金额 1 161.67 亿港元，较 2019 年同比增长 39.16%。2020 年香港 IPO 承销金额前 10 位中，中国内地证券公司数量较 2019 年增加 1 家，中金公司排名与上年持平，中信证券与海通证券进入前 5 名，两家合计市场份额增加 6.23 个百分点，是 2020 年市场份额增加的主要因素。2020 年中国香港市场 IPO 承销金额前 10 位承销商见表专 7－4。

表专 7－4　　2020 年中国香港市场 IPO 承销金额前 10 位承销商

承销商	排　名	金额（百万港元）	发行数（家）	排行榜份额（%）
中金公司	1	31 393.63	33	7.84
招商银行	2	28 747.64	46	7.18
中信证券	3	23 667.61	24	5.91
海通证券	4	20 352.37	51	5.08
工商银行	5	19 983.28	26	4.99
农业银行	6	19 662.78	34	4.91
瑞士银行	7	18 387.01	16	4.59
中国银行	8	18 260.27	24	4.56
高盛公司	9	18 140.70	16	4.53
花旗集团	10	17 707.17	15	4.42

资料来源：Bloomberg。

二、债券发行情况

（一）海外债券发行情况

2020 年亚洲（日本除外）G3 货币债券市场承销商按金额排名前 50 位中，有 10 家为中资证券公司，比 2019 年相比减少 1 家，合计占市场份额 9.52%，同比减少 0.68 个百分点。2020 年亚洲（日本除外）G3 货币债券市场承销金额前 10 位承销商见表专 7－5。

表专 7－5　　2020 年亚洲（日本除外）G3 货币债券市场承销金额前 10 位承销商

承销商	排　名	金额（百万美元）	发行数（家）	排行榜份额（%）
汇丰银行	1	24 703.46	278	7.13
花旗集团	2	21 180.37	203	6.11
渣打银行	3	19 097.18	231	5.51
中国银行	4	15 645.69	257	4.51
瑞士银行	5	14 931.78	178	4.31

续表

承销商	排　名	金额（百万美元）	发行数（家）	排行榜份额（%）
摩根大通	6	14 065.96	159	4.06
美国银行	7	13 749.93	135	3.97
高盛公司	8	13 021.49	120	3.76
法国巴黎银行	9	11 154.07	133	3.22
德意志银行	10	10 908.06	124	3.15

资料来源：Bloomberg。

2020 年中国离岸债券市场承销商按金额排名前 50 位中，有 12 家为中资证券公司，较 2019 年减少 1 家，合计占总市场份额 14.15%，同比减少 2.92 个百分点。2020 年中国离岸债券市场承销金额前 10 位承销商见表专 7－6。

表专 7－6　　2020 年中国离岸债券市场承销金额前 10 位承销商

承销商	排　名	金额（百万美元）	发行数（家）	排行榜份额（%）
中国银行	1	13 237.92	232	6.30
汇丰银行公共有限公司	2	9 900.62	159	4.71
工商银行	3	7 610.26	150	3.62
瑞士银行	4	7 562.15	116	3.60
渣打银行	5	7 558.07	141	3.60
高盛公司	6	7 500.39	89	3.57
美国银行	7	7 493.35	84	3.57
东方汇理	8	6 768.02	96	3.22
交通银行	9	6 549.11	135	3.12
摩根大通	10	6 458.08	95	3.07

资料来源：Bloomberg。

（二）熊猫债券

2020 年我国共发行熊猫债 43 期，较 2019 年的 35 期有所回升，但仍少于 2018 年的 58 期；发行总额 586.5 亿元，同比增加 43.1 亿元，增幅为 7.9%。2020 年，在新冠肺炎疫情冲击之下，中国人民银行积极出台各类政策给予市场流动性支持，融资利率的大幅下跌带动熊猫债券市场在上半年交易火热，但下半年熊猫债券融资成本的相对走高削弱部分发行人的发债意愿，发行规模明显下滑。2020 年 9 月，中国银行间市场交易商协会发布《境外非金融企业债务融资工具分层分类管理细则》并明确：一是形成熊猫债分层管理机制，为境外优质跨国企业提供发债便利；二是引入统一注册机制，允许境外成熟层企业适用多品种统一注册；三是放宽主承销商家数限制。此外，美元弱势及中国经济面的加速向好支撑人民币汇率波动升值，境外投资者加码配置人民币资产，从需求端推动熊猫债券市场发展。

境外参与我国债券交易市场也越发活跃，境外投资者数量与投资规模均呈良好增长态势。2020 年，境外机构持有各类债券总计 2.88 万亿元，增加了 1 万亿元，主要持有券种和增持券种均为记账式国债和政策性银行债，占其持有总量的 97.92%，占其增持总量的 98.48%。

三、并购业务

2020 年中国香港并购市场中，中金公司、华兴资本入围总交易价值前 10 名。总交易价值排名前 50 位中，有 6 家内地证券公司，与 2019 年持平；合计占总市场份额 11.64%，较 2019 年同期下降 0.96 个百分点（见表专 7－7）。

表专 7－7　2020 年香港市场并购业务总交易价值前 10 名及进入前 50 名内资证券公司

承销商	排　名	金额（百万港元）	交易数目（笔）	排行榜份额（%）
汇丰银行	1	25 126.23	10	35.56
高盛集团	2	15 918.73	7	22.53
摩根士丹利	3	14 052.98	7	19.89
摩根大通	4	13 594.52	3	19.24
美驰集团	5	11 800.00	2	16.70
德意志银行	6	11 800.00	1	16.70
英高集团	7	5 818.35	1	8.23
花旗集团	8	5 155.48	6	7.30
中金公司	9	4 830.68	6	6.84
华兴资本	10	2 050.53	1	2.90
中国通海证券	22	577.18	3	0.82
海通证券	23	519.88	1	0.74
中信建投	26	398.00	1	0.56
中信证券	29	230.44	2	0.33
华泰证券	35	188.83	2	0.27

资料来源：Bloomberg。

第二节　资产管理业务

一、合格境内机构投资者（QDII）业务

截至 2020 年底，共计 19 家中国内地证券公司获得 QDII 业务资格，总计 QDII 业务额度

121.4 亿美元。与 2019 年底相比获批资格证券公司数量增加 2 家，上海东方证券资产管理有限公司和平安证券股份有限公司新获批额度（见表专 7－8）。

表专 7－8　　证券公司获批 QDII 业务额度

机构名称	额度（亿美元）	最新批准日期
中国国际金融有限公司	24.0	2020 年 11 月 4 日
广发证券资产管理（广东）有限公司	17.0	2018 年 5 月 30 日
中信证券股份有限公司	12.8	2020 年 9 月 22 日
国信证券股份有限公司	10.0	2015 年 1 月 30 日
上海海通证券资产管理有限公司	8.0	2015 年 1 月 30 日
安信证券股份有限公司	6.5	2020 年 8 月 31 日
上海国泰君安证券资产管理有限公司	6.5	2020 年 9 月 22 日
招商证券股份有限公司	6.0	2020 年 9 月 22 日
申万宏源证券有限公司	4.8	2020 年 11 月 30 日
银河金汇证券资产管理有限公司	4.0	2013 年 1 月 24 日
华泰证券（上海）资产管理有限公司	4.0	2020 年 11 月 4 日
中信建投证券股份有限公司	3.6	2020 年 11 月 4 日
上海光大证券资产管理有限公司	3.0	2015 年 1 月 30 日
中银国际证券有限责任公司	3.0	2014 年 12 月 28 日
兴证证券资产管理有限公司	2.2	2018 年 4 月 24 日
太平洋证券股份有限公司	2.0	2014 年 4 月 30 日
国金证券股份有限公司	1.0	2018 年 6 月 28 日
上海东方证券资产管理有限公司	2.0	2020 年 9 月 22 日
平安证券股份有限公司	1.0	2020 年 11 月 4 日
	合计金额：121.4	

资料来源：国家外汇管理局。

二、人民币合格境外机构投资者（RQFII）业务与合格境外机构投资者（QFII）投资顾问业务

2020 年 9 月，中国证监会、中国人民银行、国家外汇管理局三部门发布 QFII、RQFII 新规，《合格境外机构投资者和人民币合格境外机构投资者境内证券期货投资管理办法》及配套规则自 2020 年 11 月 1 日起施行。修订内容主要涉及三个方面：一是将 QFII、RQFII 资格和制度规则合二为一，放宽准入条件，简化申请文件，缩短审批时限，取消委托中介机构数量限制，优化备案事项管理，减少数据报送要求；二是新增允许 QFII、RQFII 投资全国中小企业股份转让系统挂牌证券、私募投资基金、金融期货、商品期货、期权等，允许参与债券回购、证券交易所融资融券、转融通证券出借交易；三是加强跨市场监管、跨境监管和穿透式监管，强化违规惩处，细化具体违规情形适用的监管措施等。RQFII 业务的开展为境外人

民币投资提供了渠道，在引进外资方面起到了积极的作用，也推动了人民币国际化进程，同时为中资金融机构创造了业务机会，促进了国内资本市场的发展。

第三节 证券经纪业务

中资证券公司主要依托香港子公司开展国际化业务，但中国香港市场经纪业务持续呈现“僧多粥少”、竞争激烈的行业格局。根据香港交易所披露数据，2020 年港交所股票日均成交金额 890.3 亿港元。此外，头部证券公司效应明显：2020 年 A 组证券公司（交易所参与者市占率排名第 1—第 14 名）交易量市场占有率为 59%，B 组证券公司（排名第 15—第 65 名）市占率约为 34%，而 C 组证券公司（排名第 65 名以后）市占率为 7%。中资证券公司在香港开展业务，既要与国际大型投行和银行竞争，又受进入香港时间晚、自身资本实力弱、业务线单一等多项自身条件约束，因此在经纪业务中占的市场份额不高。

受益于近年互联互通机制的快速发展，中资证券公司在香港的经纪业务份额有所提升，目前已有海通国际和中银国际跻身 A 组证券公司；此外，参与衍生品业务的证券公司数量也在增加。

根据香港交易所披露数据，截至 2020 年底，共有 15 家衍生权证发行商，其中国泰君安证券（香港）及海通国际证券为入选的两家中资证券公司。中资证券公司在香港本土经纪业务市场的竞争力有望进一步提升（见表专 7－9）。

表专 7－9　　个股衍生品发行商一览

发行商	中文名	穆迪评级	标准普尔评级
Bank Vontobel AG	瑞通银行	A3	-
BNP Paribas Issuance B. V.	法国巴黎银行	Aa3	A
Citigroup Global Markets Europe AG	花旗集团	A1	A+
Credit Suisse AG	瑞信	A1	A
Goldman Sachs Structured Products (Asia) Limited	高盛	A3	BBB+
The Hongkong and Shanghai Banking Corporation Limited	汇丰	Aa3	AA-
J. P. Morgan Structured Products B. V.	摩根大通	Aa2	A+
Macquarie Bank Limited	麦银	A2	A
Morgan Stanley Asia Products Limited	摩根史丹利	A3	BBB+
SG Issuer	法兴	A1	A
UBS AG	瑞银	Aa3	A+
The Bank of East Asia, Limited	东亚银行	A3	A-
BOCI Asia Limited	中银国际	—	—
Haitong International Securities	海通国际	—	—
Guotai Junan Securities (Hong Kong) Limited	国泰君安（香港）	—	—

资料来源：中国香港证券交易所官网。

第三章
2020 年中国证券公司国际业务面临的问题与 2021 年展望

第一节 2020 年中国证券公司国际业务面临的问题

一、整体盈利能力有所提升，行业内发展不均衡

随着资本市场不断深化对外开放，证券公司境外机构专业服务能力有所提高。截至 2020 年末，证券行业共有 34 家香港子公司。2020 年 34 家香港子公司实现营业收入 333.97 亿元，同比增长 11.06%；实现净利润 59.98 亿元，同比增长 65.12%；子公司整体净利率 17.96%，同比提高 5.88 个百分点，业绩增长显著。

从统计数据看，境内取得海外业务收入的证券公司数量在逐步提升，但行业内发展不均衡，分化加剧，如业务开展成熟的海通证券、中金公司，其境外子公司证券业务收入占总营收比重稳定超过 20%。截至 2020 年底，已有海通证券、国泰君安证券、华泰证券、广发证券、中金公司、招商证券、中信证券、中国银河证券、中信建投证券 9 家证券公司取得了中国证监会的试点开展跨境业务资格，均为资本实力排名前列的综合性证券公司，呈现明显的头部化趋势。

二、业务模式相对单一，深度与广度不足

中资证券公司通过设立全资香港子公司开展国际化业务，最早一批是从 20 世纪 90 年代开始，经过 20 余年的发展，香港子公司通常已经成为其国际化的起点。通过设立办事处或者收购兼并，中资证券公司的足迹范围已经扩展至新加坡、美国、欧洲、印度等多个市场，

涉足品种也逐渐扩展至外汇期货、财富管理产品和场外衍生品等。

从经纪业务看，目前中资证券公司在境外经纪业务提供的产品线已逐步完善，除了传统的证券投资、孖展业务（融资融券）、新股认购（可融资）和基金选购，还包括期权期货、杠杆式外汇及贵金属，以及产品内涵更加广阔的场外产品投资。但在金融产品、做市及投资业务领域，中资证券公司的产品深度和广度尚显不足，主要品种限于信用债做市，利率产品、货币产品、外汇和大宗商品等较少涉及；此外产品设计的深度处于初级阶段，如结构性票据大多只是具备代持和杠杆的功能，在收益结构设计方面较少涉及，与外资大行产品设计复杂程度也有一定差距。

从投行业务看，美国金融危机之后，中资证券公司的投行业务迎来了高速发展的阶段。但由于外资大行和港股存量公司依然保持着良好的关系，加上再融资和配股承销，中国香港股票发行和配股承销业务的龙头位置依然被外资大行占据。

第二节　2021 年中国证券公司国际业务展望

一、粤港澳大湾区推动金融行业高质量发展，有利于证券公司拓展国际业务

2021 年是粤港澳大湾区和深圳先行示范区建设全面铺开、纵深推进的关键之年。在疫情冲击和世界范围经济低迷的背景下，粤港澳大湾区经济领先全国复苏。目标是到 2022 年，粤港澳大湾区基本形成国际一流湾区和世界级城市群框架；到 2035 年，粤港澳大湾区形成以创新为主要支撑的经济体系和发展模式。随着一系列政策和措施的落实，粤港澳大湾区互联互通水平不断提高，新的金融机构、金融产品和金融业态将陆续涌现，粤港澳大湾区将积极迈向金融现代化。

一是服务实体经济。短期来看，在疫情后复苏时期，粤港澳大湾区出台跨境贸易、支付、结算、投资、融资等一揽子便利化措施，有助于提高资金融通效率，降低结算成本，帮助企业充分利用我国在抗击新冠肺炎疫情中的先发优势开拓海外市场，尽快降低疫情对经济的冲击。长期来看，粤港澳大湾区支持境外私募基金参与创新型企业融资，鼓励创新型企业赴港澳上市，有助于借鉴海外私募股权投资（PE）和风险投资（VC）经验优势和资金优势，扶植创新型企业做大做强。

二是促进粤港澳三地金融资源整合。粤港澳大湾区整合粤港澳三地的金融资源优势，四大中心城市发展各有侧重。2021 年初广州期货交易所的正式成立将会弥补粤港澳大湾区金融交易所的短板，有利于形成分工合理、合作共赢的国际金融枢纽建设。未来以四大中心城市为核心构建点面结合的经济圈，有利于建立金融一体化市场，提高粤港澳大湾区金融实

力，维护港澳稳定和健康发展。

三是丰富跨境资产配置渠道。“理财通”的落地实施有望推动粤港澳大湾区内银行理财、基金、保险等金融产品互联互通，迎合居民与日俱增的资产配置和财富管理需求。境外金融产品设计、服务体系更加成熟，能与内地形成互补，更好地满足个人和机构差异化资产配置需求。

四是加快金融开放创新步伐。在粤港澳大湾区范围内试点金融业务开放，对金融机构而言将加剧竞争，但引入先进的业务及管理经验将提升整体竞争力；对金融市场而言，有助于提升资源配置效率，引入长期增量资金，同时随着利率、汇率市场化改革，推动利率、汇率衍生品工具、场外市场发展；对金融监管而言，跨境金融的发展将进一步推动我国审慎监管框架的完善，与国际金融监管接轨。

二、“一带一路”持续深入合作为证券公司带来持续的业务机会

2021 年 3 月全国“两会”指出，2021 年要持续高质量共建“一带一路”。坚持共商共建共享，坚持以企业为主体，遵循市场化原则，健全多元化投融资体系，有序推动重大项目合作，推进基础设施互联互通。提升对外投资合作质量效益，包括推动进出口稳定发展、积极有效利用外资、深化多边和双边及区域经济合作等。“十四五”规划蓝图中要求建设更高水平开放型经济新体制，推动共建“一带一路”高质量发展。展望 2021 年疫情后周期，证券公司在“一带一路”建设中将进一步发挥投融资职能，推动多项区域合作，为构建面向全球的高标准自由贸易区网络发挥积极有力的推动作用。

专题报告之八：2020 年中国区域性股权市场和柜台市场发展综述

第一章 2020 年区域性股权市场发展综述

第一节 2020 年中国区域性股权市场发展情况

一、区域性股权市场发展

（一）2020 年区域性股权市场总体概况

2020 年，在疫情严峻的情况下，区域性股权市场在市场规模和市场效率方面取得了积极进步，积极支持实体经济特别是中小微企业发展，帮助中小企业渡过难关。截至 2020 年底，全国 34 家区域性股权市场共有挂牌公司 3.47 万家，其中股份公司 1.36 万家，展示企业近 13 万家；累计为企业实现各类融资 1.4 万亿元，其中股权融资超 2 900 亿元，债券融资约4 058亿元，股权质押融资约4 977亿元，其他融资超2 200亿元；共有11家公司转至沪、深证券交易所上市，521家企业转至新三板，21家企业被上市公司和新三板挂牌公司收购，4 954家有限责任公司改制为股份公司。

（二）“十三五”期间区域性股权市场发展

1. “十三五”期间区域性股权市场主要法律法规政策体系不断完善

“十三五”期间，区域性股权市场顶层设计逐步完善，初步搭建起“法律—部门规章—行业指引—自律规范文件”四级管理制度体系，对区域性股权市场的规范发展意义重大。

（1）法律地位更加明确的五年。2020年3月1日正式施行的新《证券法》，首次将区域性股权市场纳入《证券法》调整范围，明确了区域性股权市场的法律地位。新《证券法》明确将证券交易场所划分为证券交易所、国务院批准的其他全国性证券交易场所、按照国务院规定设立的区域性股权市场三个层次，明确非公开发行的证券可以在区域性股权市场转让，区域性股权市场可以为非公开发行证券的发行、转让提供场所和设施，区域性股权市场的发展进入崭新的历史时期。

（2）部门规章有效衔接，业务监管指向清晰的五年。2017年1月，国务院办公厅发布《关于规范发展区域性股权市场的通知》（国办发〔2017〕11号），对区域性股权市场作出专门制度安排，明确区域性股权市场由所在地省级人民政府按规定实施监管，并承担相应的风险处置责任；中国证监会对省级人民政府的监督活动进行指导、协调、监督，负责制定统一的区域性股权市场业务及监管规则，对市场规范运作情况进行监督检查，对可能出现的金融风险进行预警提示和处置督导。随后，为进一步规范区域性股权市场的活动，保护投资者合法权益，防范区域性股权市场风险，2017年5月，中国证监会发布《区域性股权市场监督管理试行办法》（中国证监会令第132号），统一了区域性股权市场的业务和监管规则。

（3）行业指引逐步完善，行业管理不断细化的五年。2018年以来，《区域性股权市场信息报送指引（试行）》《关于规范发展区域性股权市场的指导意见》《关于进一步明确区域性股权市场可转债业务有关事项的函》等区域性股权市场行业指引文件相继出台，对《区域性股权市场监督管理试行办法》（中国证监会令第132号）进一步细化，明确了区域性股权市场相关业务发展的具体要求。

（4）自律规范逐步延伸，行业自律稳步推进的五年。2018年中国证券业协会设立区域性股权市场委员会以来，其作为区域性股权市场行业自律组织，组织印发了一系列政策解读、领导讲话纪要、研讨会议纪要、行业研究报告、市场统计分析简报等自律性规范文件，不断丰富市场、完善市场功能，秉持“规范与发展并举”的原则，不断助推行业实现新的发展。

2. 地方政府支持区域性股权市场力度不断增强

“十三五”期间，地方政府支持区域性股权市场发展的政策呈现“由无到有，由少到多”的趋势，特别是《国务院办公厅关于规范发展区域性股权市场的通知》（国办发〔2017〕11 号）发布以来，各地政府频频出台更多支持政策，推动区域性股权市场规范发展。

（1）积极支持挂牌企业直接融资。例如，2019 年，安徽省鼓励省级股权投资基金、省科技成果转化引导基金投资科创板挂牌企业，推动各级政策性融资担保机构为挂牌企业提供融资担保，且年化担保费率最高不超过 1.2%，对省级种子投资基金、省级风险投资基金及省科技成果转化引导基金投资于科创板挂牌企业的投资失败容忍度分别按照 50%、30%、40% 执行；允许省级股权投资基金将投资挂牌企业所获得超额收益的 10% 让渡给基金管理机构；允许种子期、初创期挂牌科创企业的创业创新团队根据约定，回购政府性股权投资基金所持股权。湖南省对在区域性股权市场挂牌并实现股权融资 300 万元以上的企业，省财政按其中介费用的 50% 予以补助；对在区域性股权市场严格按照有关规定发行债券实现融资的企业，省财政按 30% 予以贴息补助，融资补助累计不超过 50 万元。

（2）支持区域性股权市场股权登记托管业务。例如天津市金融局、市场监管委联合发文，明确天津滨海柜台交易市场是区域内的证券登记托管机构，具备开展股权登记托管业务的资格，支持其开展区域内非公众股份公司股权集中登记托管工作。上海市鼓励区域性股权市场为非公众股份公司办理股权登记托管，发挥私募股权投资基金参投项目退出流转平台作用。

（3）积极支持推动市场设立特色板块。在地方政府的支持下，哈尔滨股交中心、海南股交中心等市场相继设立科创专板，四川省在成都设立科技创新专板试验基地。除科创板外，其他特色板块不断设立：山东桓台县人民政府与齐鲁股交中心联合设立“桓台乡村振兴板”，南昌小蓝经济技术开发区管理委员会与江西联合股交中心联合设立“南昌小蓝经开区板”，江苏股交中心在“成长板”下设立“专精特新板”“文旅板”“农业板”等特色板块，推动省内高新技术企业、专精特新和小巨人企业、农业龙头企业等企业到区域性股权市场挂牌。

（4）打造综合政策平台和创新平台。湖北省推动各地政务信息资源共享平台与区域性股权市场信息服务平台实现互联互通，鼓励政府引导基金优先投资挂牌企业，支持政府性融资担保机构提供增信服务。上海市支持上海股权托管交易中心借助上海“五个中心”和自贸试验区建设等相关政策措施，充分发挥上海市有关金融开放创新优势，积极与境内外多层次资本市场对接，在有关政策框架内，争取相关创新业务先行先试。

（5）支持政策更加多样。如广东、河北、湖北鼓励地方政府以购买金融服务的方式，支持区域性股权市场为中小企业提供业务培训和融资服务。湖北、北京、安徽、广东等地对协助企业挂牌、融资的金融机构、增信机构、保荐机构等服务机构或区域性股权市场运营机构，直接给予一定奖励。

3. 区域性股权市场运营机构整合规范发展情况

2017—2018 年，多个省区市对行政区域内原有的多个交易场所进行了整合。截至 2020

年底，全国各省、自治区、直辖市、计划单列市共设立区域性股权市场运营机构 34 家（2020 年云南省区域性股权市场已经成立，但尚未完成备案，未计算在内），区域性股权市场结构和布局得到进一步优化。

二、区域性股权市场服务企业情况

（一）企业情况

1. 挂牌企业情况

《关于规范发展区域性股权市场的通知》和《区域性股权市场监督管理试行办法》中明确规定，区域性股权市场不得跨区域经营。2017 年以来，在中国证监会和地方监管部门推动下，各市场有序清理异地挂牌托管企业，鼓励异地挂牌企业尽快回归本省区域性股权市场。根据《关于规范发展区域性股权市场的指导意见》中关于“区域性股权市场已挂牌公司应在 2019 年底前完成股权登记托管，有限责任公司参照挂牌的应符合上述规定条件和要求，否则转为展示企业或者纯托管企业或者摘牌处理”的要求，区域性股权市场对挂牌未托管的企业进行了处理，进一步加强了对挂牌企业的监管。2020 年，区域性股权市场挂牌企业数量继续稳定增长。截至 2020 年底，区域性股权市场挂牌企业合计 34 666 家，较 2019 年增加了 5 835 家，增幅为 20.24%。2020 年底，各区域性股权市场共有挂牌股份公司 13 633家，较 2019 年底增加 2 511 家，增幅为 22.58%。逐月来看，2020 年，新冠肺炎疫情暴发初期（2 月初），新增挂牌企业出现低谷。随着企业复工复产，4 月以来，挂牌企业数量逐渐回升，并于 12 月达到顶峰（见表专 8－1 和图专 8－1）。

表专 8－1　　2018—2020 年区域性股权市场挂牌情况

项　目	2018 年（家）		2019 年（家）		2020 年（家）	
	本年净增	历史累计	本年净增	历史累计	本年净增	历史累计
挂牌公司数量	—	24 808	4 023	28 831	5 835	34 666
其中：股份公司	—	8 395	2 727	11 122	2 511	13 633
有限责任公司	—	16 413	1 296	17 709	3 324	21 033
改制为股份公司数量	—	3 049	920	3 969	985	4 954

注：2018 年，根据《区域性股权市场监督管理试行办法》及《关于规范发展区域性股权市场的指导意见》要求，各区域性股权市场对未进行股权托管的挂牌公司进行了清理，将部分公司转为展示或纯托管企业，部分公司进行了摘牌处理，导致 2018 年挂牌公司数较 2017 年有所减少。

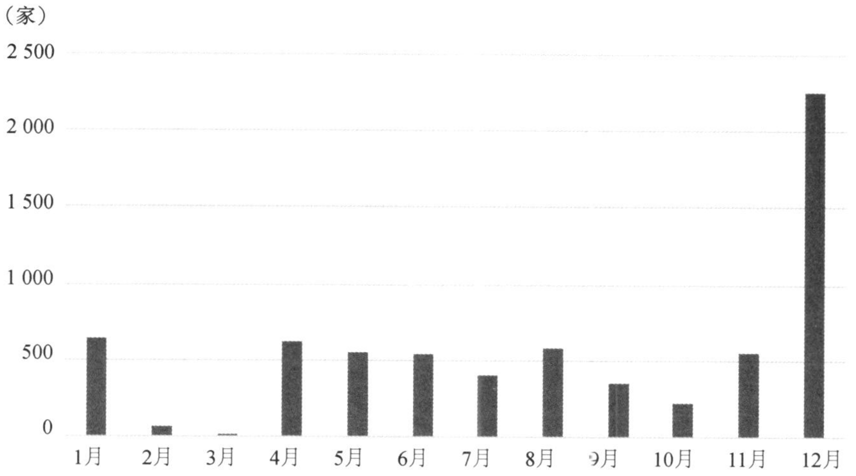

图专8－1　2020年区域性股权市场挂牌公司数量月度新增情况

在市场扩容的同时，挂牌企业质量也逐步提升。2018—2020年，区域性股权市场挂牌股份公司占比分别为33.84%、38.58%、39.33%，呈现逐年上升态势。

2. 托管公司情况

截至2020年底，区域性股权市场共登记托管企业52 353家，其中挂牌企业34 637家、展示企业7 411家、纯托管企业10 305家。登记托管企业中，股份公司20 761家，有限公司31 592家；托管总股本28 337.88亿元（见图专8－2）。

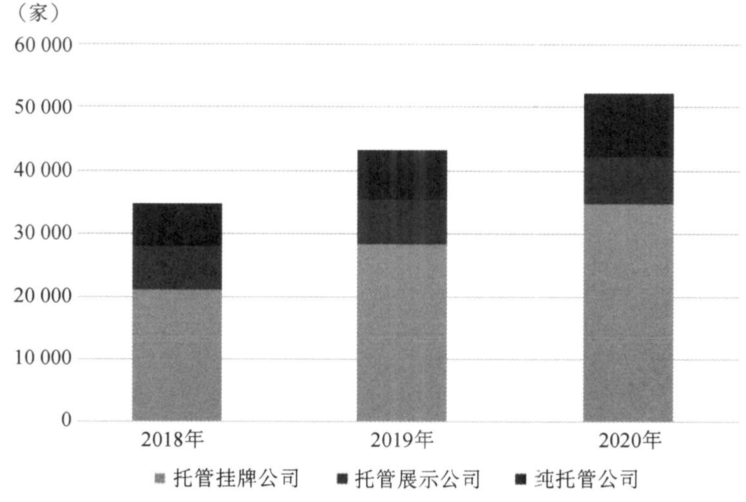

图专8－2　2018—2020年区域性股权市场托管公司情况

3. 展示企业情况

截至2020年底，各区域性股权市场共有展示企业129 292家，较2019年增加18 561家，增幅达16.76%，较2015年末的41 485家增长超过2倍（见图专8－3）。

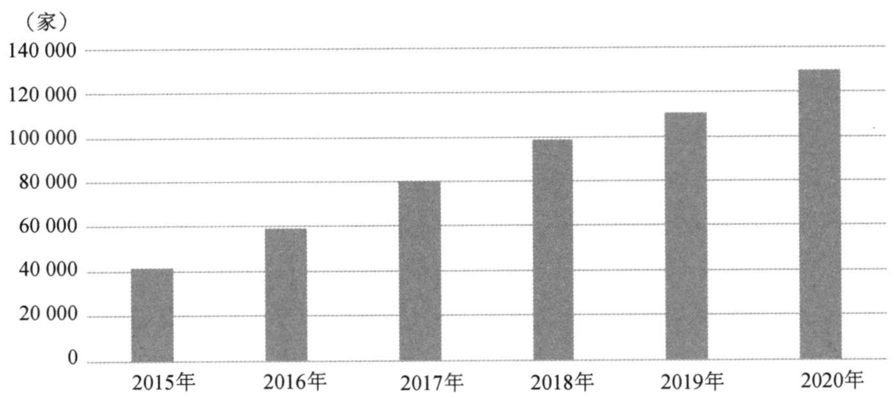

图专 8－3　2015—2020 年区域性股权市场展示企业数量

（二）融资业务

2020 年，区域性股权市场为中小微企业实现各类融资 2 883.64 亿元，其中股权融资 892.64 亿元，占比 30.96%；可转债融资 757.82 亿元，占比 26.28%；股权质押融资 1 017.63 亿元，占比 35.29%；其他融资 215.54 亿元，占比 7.47%。

1. 股权融资情况

截至 2020 年底，区域性股权市场为中小微企业实现股权融资累计 2 936.41 亿元，其中 2020 年全年新增 892.64 亿元，增加量显著高于 2019 年的 636.74 亿元，市场股权融资功能逐步提升。从股权融资的内部结构来看，挂牌、展示与纯托管企业融资占比分别为 21.51%、17.3%、61.2%（见图专 8－4）。

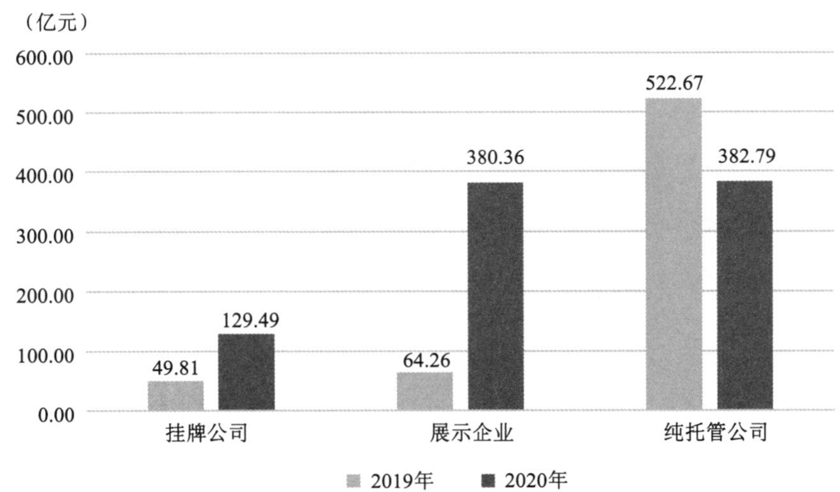

图专 8－4　2019—2020 年区域性股权市场股权融资分布

为提升中小企业股权融资规模，部分区域性股权市场开展了创新探索：一是组成专业团队，为优质企业开展“一对一”深度服务，通过完善公司治理水平，提高企业股权价值，协助企业引入战略投资者。二是运用大数据开展企业股权估值服务，为投资者提供合理的估值参考。三是通过各类优秀企业评选、路演等活动，挖掘、宣传一批优质成长型企业，并吸引投资机构参与，推动企业获得股权融资。四是探索成立基金，通过市场化方式投向挂牌企业。如浙江股权交易中心联合地方政府平台发起设立 50 亿元的长三角一体化科创企业产业发展基金；湖南股权交易所联合股东单位、证券公司、基金公司发起设立“岳麓山科创基金”，投向科技创新专板挂牌企业。

2. 可转债融资情况

中国证监会于 2020 年出台的《关于进一步明确区域性股权市场可转债业务有关事项的函》（清整办函〔2020〕30 号）明确区域性股权市场开展可转债业务应回归服务中小微企业的基本定位，要求停止违规业务增量，确保妥善化解存量，并进一步明确和细化了可转债业务有关监管要求。截至 2020 年底，区域性股权市场累计发行可转债 2 387. 32 亿元，其中 2020 年发行 757. 82 亿元。

2020 年，部分区域性股权市场聚集担保、保险、基金投资等金融要素资源，根据《关于进一步明确区域性股权市场可转债业务有关事项的函》的相关要求，积极推进可转债发行回归业务本质。如广东股权交易中心发行“直投专项基金 + 可转债”，由地方产业直投专项基金认购可转债，并结合地方政府对发行可转债企业的融资补助，有效降低了可转债融资成本；浙江股权交易中心开发“可转债 + 担保”模式，联合担保机构为中小微企业可转债融资提供担保增信服务。

3. 股权质押融资情况

截至 2020 年底，区域性股权市场累计实现股权质押融资 4 977. 15 亿元，其中 2020 年新增 1 017. 63 亿元。市场在规范开展企业股权登记托管业务的基础上，积极探索盘活企业股权“休眠资产”，为托管挂牌企业提供股权质押融资服务，拓宽了抵押品不足的企业特别是轻资产的科技型企业的融资渠道。

（三）转让情况

截至 2020 年底，区域性股权市场累计转让成交额为 2 140. 12 亿元，其中 2020 年转让成交额 672. 42 亿元，市场转让交易额呈快速增长趋势。其中挂牌公司的股票转让 337. 27 亿元，占比为 15. 76%；线下过户 1 748. 36 亿元，占比为 81 69%；可转债交易 54. 49 亿元，占比为 2. 55%。从月度情况看，在复工复产、企业景气逐渐回暖等因素的推动下，2020 年下半年成交额 407. 76 亿元，较上半年 264. 66 亿元增长超 50%（见图专 8 – 5）。

总体来看，区域性股权市场线上股权转让和可转债转让数额相对较低，2019 年、2020 年加总占比分别为 10. 9%、8. 54%。可转债转让额增长较快，2020 年较上年增长超 3 倍，纯托管及展示企业的股权转让分别增长 75% 和 112%。挂牌企业的转让主要发生在线上，线

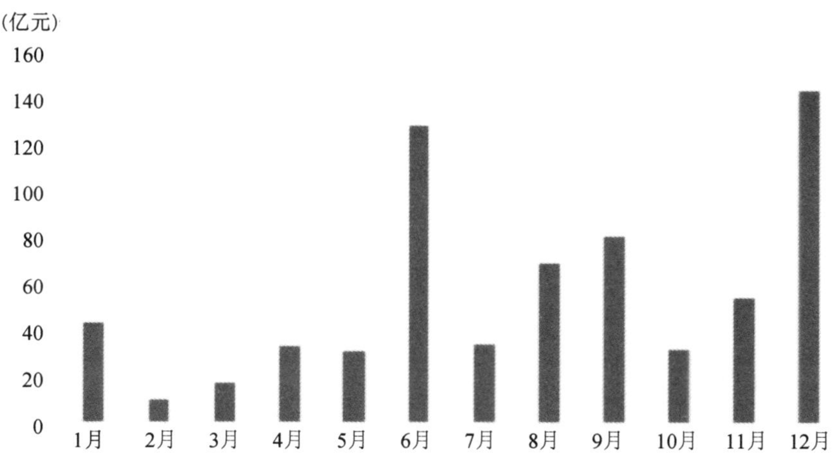

图专 8－5　2020 年区域性股权市场产品转让月度成交情况

下非交易过户较少（见图专 8－6）。

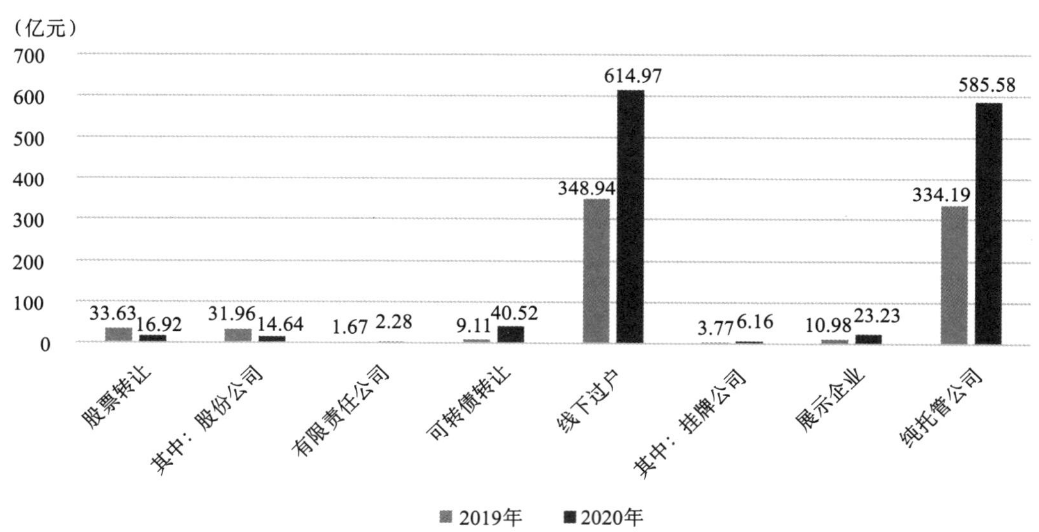

图专 8－6　2019—2020 年区域性股权市场产品转让成交分布情况

（四）投资者情况

截至 2020 年底，区域性股权市场共有投资者 44.71 万户，其中合格投资者 11.35 万户，豁免投资者 33.36 万户①（见表专 8－2）。

① 豁免投资者是指不受合格投资者规定限制并符合下列情形之一：（一）证券发行人、挂牌公司实施股权激励计划；（二）证券发行人、挂牌公司的董事、监事、高级管理人员及发行、挂牌前已持有股权的股东认购或者受让本发行人、挂牌公司证券；（三）因继承、赠予、司法裁决、企业并购等非交易行为获得证券。

表专 8－2　　区域性股权市场投资者情况　　（单位：户）

投资者类型	2019 年增加		2020 年增加		累计值（截至 2020 年底）	
	合格	豁免	合格	豁免	合格	豁免
个人	15 706	1 074	15 722	102 996	98 537	321 337
机构	2 401	592	3 176	43 590	15 011	12 262
合　计	18 107	1 666	18 898	146 586	113 548	333 599

从合格机构投资者情况来看，截至 2020 年底，中国证券投资基金业协会备案的私募基金及管理机构 415 户，基金管理公司及子公司 158 户；商业银行 405 户，较上年增加 149 户，增幅 58.2%；证券公司及子公司 68 户；一般法人或其他组织 2.04 万户，较上年增加 5 904户，增幅 40.7%。

（五）会员机构情况

截至 2020 年底，区域性股权市场共有中介机构 7 872 家，全年增加 301 家。从中介机构类型看，证券公司（包括分支机构）219 家，增幅 0.46%；律师事务所 1 534 家，增幅 7.95%；会计师事务所 1 562 家，增幅 5.83%；资产评估机构 234 家，增幅 9.86%；证券投资咨询机构、财务顾问机构、商业银行、其他机构等 4 323 家，较上年增长 2 112 家，增幅 95.52%。上述机构中属于推荐机构的有 3 297 家，较上年增加 23 家（见图专 8－7）。

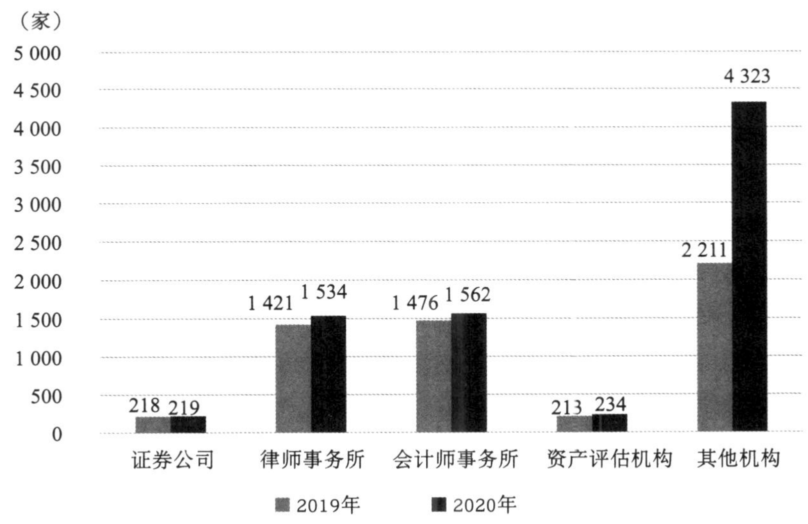

图专 8－7　2019—2020 年区域性股权市场中介机构结构

第二节 2020年区域性股权市场发展特点

一、坚持规范健康发展

“十三五”期间，规范发展、防控风险已逐步成为各区域性股权市场的共识。根据2020年中国证券业协会对区域性股权市场开展的专项调查，29份反馈有效问卷的区域性股权市场均根据全面风险管理理念，设立了独立的风控审核部门，制定了业务规则、内部管理制度、工作程序及流程，覆盖到大部分业务和内部管理领域，初步形成了较完整的合规风控体系。截至2020年底，股权融资、可转债、股权质押成为区域性股权市场的主要融资方式，合计占比达92.53%，区域性股权市场融资方式逐步规范；私募债存量由2018年底的373.27亿元降至2020年底的75.15亿元，私募债存量得到有序压降，相关业务风险基本得到化解。

二、配合中国银保监会要求，规范商业银行股权托管

2019年7月中国银保监会印发《商业银行股权托管办法》，要求非上市商业银行按照市场化原则，选择符合条件的股权托管机构完成股权集中托管。全国各区域性股权市场抢抓政策机遇，集中开展了未上市城商行、农商行等股权集中登记托管。

2020年，商业银行托管成为区域性股权市场重点业务和亮点。根据调查问卷反馈，截至2020年底，29家区域性股权市场共托管城商行、农商行、村镇银行、其他地方非银金融机构等共计2 426家，托管股本总数达到8 982.86亿股，托管股东人数达到2 897万人；通过开展股权确权、出具合规证明等手段，有力促进了托管商业银行股权规范管理和有序流转，逐步形成了商业银行产权关系明晰、股权结构合理、监管体系完善的良好局面。

三、全力服务地方政府，政策措施综合运用平台效能初步显现

区域性股权市场不断提升服务深度，拓宽服务广度，发展依托于政府、服务于政府，聚力国家、区域重点战略，助推区域经济转型升级发展，同时积极履行脱贫攻坚、抗击疫情等社会责任。

（一）开展县域资本市场工程，助推地方政府、中小企业发展

为更好地助推县域经济高质量发展，部分市场积极探索、推进实施县域资本市场工程。

例如齐鲁股权交易中心自2019年推动县域资本市场工程以来，截至2020年底已与11个市的17个区县政府完成县域资本市场工程签约，结合县域特色产业和发展需求，在企业股权管理、规范辅导、融资对接、招商路演及平台建设等方面开展深度服务；内蒙古股权交易中心推动县域金融工程，以产业发展、资源对接和服务政府为核心，探索出“财政支出资本化、资本主体市场化、主体资产证券化”的县域金融新模式；山西股权交易中心重点围绕祁县特色产业和龙头企业，对接资本市场、县域国资改革、县域农商行、城商行股权登记托管等服务；湖南、江西、武汉等市场亦在县域资本市场工程方面展开积极探索并取得有益成效。

（二）积极履行社会责任，助力扶贫攻坚

自党中央提出坚决打赢脱贫攻坚战以来，各区域性股权市场努力发挥普惠金融服务的功能作用，切实履行脱贫攻坚社会责任，通过帮助贫困县区企业挂牌上市、融资服务、孵化培育等方式，在助力产业脱贫、推动区域经济社会发展等方面开展了创新探索并取得较好实效。例如，青海股交中心子公司青海财富基金管理公司联合青海省扶贫开发公司设立“青海省村集体经济发展基金”，陆续出资设立三只子基金，撬动社会资本2.15亿元；新疆股交中心为支持服务机构开展精准扶贫相关项目出台政策性减免政策，对会员机构服务的南疆三地州（喀什地区、和田地区、克州）及农业、旅游、精准扶贫、援疆项目、科创类企业开展挂牌、债券融资业务给予30%的收费减免（股交中心收费部分），同时对深度贫困地区企业实行展示、基础层挂牌免费政策；天津滨海柜台交易市场设立专项全职驻村工作小组，以驻村人员日常工作方式服务精准扶贫；中原股交中心、石家庄股交中心分别设立了“扶贫板”和“金融扶贫板”，集中服务贫困县挂牌企业，并减免相关服务费用。

（三）积极克服疫情不利影响，助力中小微企业融资

2020年新冠肺炎疫情暴发后，各区域性股权市场积极履行社会责任，投身防疫抗疫第一线。20余家市场出台专门针对疫情防控形势的制度文件，在简化工作流程、改进信息披露方式、减免相关费用方面做出专门安排。同时通过捐赠物资、帮助融资、提供相关配套服务等多种方式，支持抗疫，帮助企业复工复产。例如，齐鲁股交中心与中国银行山东省分行、平安银行济南分行、远东租赁、蓝色创投等融资服务合作机构联合推出了“齐鲁股权抗疫融”普惠融资项目，提供的第一批普惠融资产品有应急转贷资金、疫情防控贷、普惠融资租赁等10个品种，帮助企业复工复产；海峡股权交易中心开设医药（疗）特色板块，鼓励医疗、健康、医药生产及应急保障物资等企业挂牌特色板块，并提供挂牌费用减免、专项融资对接、路演专场服务、对接产业链上下游上市公司等综合服务；内蒙古股交中心设立绿色通道、简化业务流程、制订专项服务方案，为内蒙古农垦生产资料股份有限公司发行金额为500万元的抗疫专项私募可转换债券，有效解决了企业流动性困难。此外，各股交中心纷纷开展远程辅导，提供专业援助，如依托多层次资本市场资源联合有关合作机构开展在线

网课、实时直播课等线上服务模式，为企业提供远程辅导咨询；为企业提供财税、金融、法律等专业援助；联合沪、深证券交易所、全国股转系统、中证机构间报价系统、中介服务机构及政府相关部门，为拟上市企业提供线上专家咨询服务等。

四、发挥金融基础设施作用，凝聚各方资源服务中小企业

2020 年，区域性股权市场发挥金融基础设施作用，与证券公司、私募基金机构持续加强合作，凝聚各方资源服务中小企业。

（一）与证券公司开展合作情况

截至 2020 年底，共有 35 家证券公司直接或通过子公司入股 24 家运营机构，其中 11 家运营机构的第一大股东为证券公司。证券公司作为推进企业挂牌区域性股权市场的重要力量，在企业挂牌股改、产品创新、合规风控、技术合作等多方面为区域性股权市场挂牌企业提供支持：一是通过帮助企业挂牌，促进企业通过资本市场规范发展；二是通过培训、咨询服务，提高企业家对资本市场的认识水平，对初创企业进行股份制改造和培育，完善企业治理结构，提升其管理水平和盈利能力。

（二）与私募基金机构开展合作情况

2020 年，区域性股权市场与私募基金机构创新合作模式，并提供基础设施服务。一是区域性股权市场探索开展股权投资和创业投资份额转让业务。2020 年 7 月 15 日，李克强总理主持的国务院常务会议决定“在区域性股权市场开展股权投资和创业投资份额转让试点”。2020 年 12 月 10 日，中国证监会正式批复同意在北京股权交易中心开展股权投资和创业投资份额转让试点。二是部分区域性股权市场在投前尽调和投后管理方面与创投机构开展合作。部分市场推动挂牌企业对接各类投资基金；部分市场引导创投机构投资的中小企业挂牌托管，并为企业提供培训、路演、投融资撮合等综合金融服务；部分市场探索引导创投机构认购区域性股权市场可转债并实现后期转股，创投机构在控制风险的同时保留转股权利，部分被投企业已进入上市辅导阶段。

五、创新金融综合服务，拓展综合金融服务广度与深度

（一）推动科创企业发展

截至 2020 年底，安徽、北京、上海、天津、石家庄、四川、陕西、湖南、广东、内蒙古、齐鲁、青海等区域性股权市场均设立了科技创新专板或科技板块，武汉、辽宁预计将于 2021 年推出科技创新专板。在地方政府支持下，各地科技创新专板为地方种子期、初创期

的小微科创型企业和成长期、成熟期、暂不具备上市条件的高新技术企业提供挂牌展示、托管交易、投融资服务、培训辅导等差异化服务，为科技型企业规范上市及吸引股权融资开辟路径。

各地打造科创专板的主要创新做法有：一是突出企业特色。各市场的科创专板普遍具有“科技硬核、高速成长、上市预期”等特点，主要集中在生物医药、新材料、新能源、新一代信息技术、智能制造等领域。二是联合地方政府为科创专板企业出台精准专项政策。内蒙古、湖南、安徽等市场推动地方政府为科创专板的挂牌企业进行专项补贴，规模从10万元至70万元不等。三是与银行、证券公司、保险公司、私募投资机构等合作，搭建涵盖多种金融服务要素的综合金融服务平台，加速对科创企业的孵化培育、政策对接、战略咨询等深度服务，加速企业上市进程，拓宽企业融资渠道。例如，上海股交中心利用大数据为挂牌企业量身定制专属产品，联合银行推出针对挂牌企业的“上股交科创贷”“股交跨境贷”“股交成长贷”等，促进科创企业与各类融资机构的对接。湖南股交所设立了科创基金，助推企业股权融资。安徽股交中心成立科创资源委员会，并提供科创咨询和估值服务，帮助区域性股权市场梳理科创企业先进模式。四是为满足不同层次科创企业需求，设立科创专板分层机制，实行分层管理。例如，安徽股交中心在科创专板设立了精选层、培育层和基础层；广东股交中心在科创专板设立了展示层和挂牌层。

（二）推动多层次市场联动发展

2020年，区域性股权市场努力探索与更高层次资本市场的互联互通。截至2020年底，区域性股权市场挂牌公司中累计转沪、深证券交易所上市11家，较上年增加1家；转新三板挂牌521家，较上年增加8家。

2020年，多地区域性股权市场抢抓机遇，在企业培育、转板等方面加强与更高层次资本市场的合作。一是加快与沪、深证券交易所、地方政府创新合作模式，协力建设沪、深证券交易所地方资本市场服务基地，加快培育和发展科技创新型企业。辽宁、天津、哈尔滨、贵州等市场与上交所合作共建上交所资本市场地方服务基地，宁波、福建等市场与深交所共建深交所资本市场地方服务基地，齐鲁股交中心与上交所、深交所等合作共建多层次资本市场资源联合培育基地。二是协助地方政府挖掘地方优质上市后备资源，开展企业的培育孵化工作。部分运营机构通过与沪、深证券交易所合作举办路演推介活动，或组织企业参加“走进上交所”“走进上市公司”等上市辅导见面会，帮助企业熟悉资本市场运行规则，提振上市信心。三是加强与新三板的对接合作。新三板在多层次资本市场中发挥了“上联下通、承上启下”的作用，是联通区域性股权市场的重要抓手。2020年8月，北京、浙江、齐鲁、湖南等多家区域性股权市场与全国中小企业股份转让系统开展沟通对接，就推进挂牌企业转板、证券账户对接、企业挂牌辅导与服务等方面进行了深入交流。

（三）探索地方政府购买服务

随着区域性股权市场运营机构的不断发展，区域性股权市场在承接政府购买服务中发挥了积极作用。政府购买服务项目还款来源有保障、风险相对较小，对市场相关业务带动作用较大，已成为部分市场的业务增长点。2020 年，多家区域性股权市场参与了县域资本市场服务、区域中小微企业购买金融服务、地方中小企业融资平台项目系统业务运营服务、企业上市、“专精特新”培育活动等项目，将原有分散、多头的改制挂牌培训、财务顾问服务、融资对接服务整合成系统化、系列化的综合服务，并形成可量化的评价指标体系，由政府购买各类服务包，通过政府购买服务，对地方实体经济提供服务与支持。如广东股交中心发挥专业能力，承接地方财政专项资金管理人、直投基金管理人项目，负责基金资产的投资运作；内蒙古股交中心通过“财政支出资本化、资本主体市场化、主体资产证券化”手段创新推出“环卫一体化”混改化债模式，助力地方政府将环卫资产资源转化为国有股权，进行混改引入社会资本投资，有效盘活了地方政府现有资产资源，缓解了债务压力。

（四）投融资对接服务

2020 年，区域性股权市场积极组织线上线下投融资对接活动，以“专场路演”“云路演”等形式引导优质项目与机构投资者对接，引导优质标杆企业参加国内各类专业路演活动。根据中国证券业协会对区域性股权市场的问卷调查，29 家市场全年共举办企业路演 1 071场，平均每家 37 场；共举办其他各类投融资对接活动 1 148 场，平均每家 40 场。

（五）规范培育服务

2020 年，区域性股权市场通过规范培育培训，帮助企业提升专业水平、规范公司治理结构。根据中国证券业协会对区域性股权市场的调查问卷（共收到有效反馈问卷 29 份），29 家市场全年共举办培训活动 1 255 场，平均每家 43 场，共培育企业 53 家，合计 137 家次。目前，多家市场已形成了较为系统的培训内容和课程安排，从政策、财税、法律、营销等方面为企业定制多角度的线上线下专题培训课程；同时，通过培训帮助小微企业提高规范发展意识；在企业股改挂牌过程中，帮助企业建立健全公司治理机制以及管理制度，培育和规范挂牌企业。

（六）探索引入区块链技术

截至 2020 年底，北京、上海、江苏、浙江、深圳 5 家市场均已完成与中国证监会监管区块链实现连通对接；部分市场还加入了地方金融监管部门的节点，有利于推动地方金融监管工作。

第二章
2020 年中国证券公司柜台市场发展综述

第一节　2020 年中国证券公司柜台市场发展情况[①]

一、柜台市场发展概况

2020 年在新冠肺炎疫情的冲击下，国内经济形势总体呈现先低后高的特征，而证券市场的核心和重点在于新《证券法》的颁布实施及注册制的落实，证券公司柜台市场总体上仍以平稳为主基调。

在政策法规及制度层面，2020 年 9 月 25 日中国证券业协会发布实施《证券公司场外期权业务管理办法》，该办法是继 2018 年中国证监会和中国证券业协会相关通知后，对证券公司场外期权业务监管制度的优化和完善，包括灵活设置资质要求等五大方面内容。

2020 年柜台市场在业务、产品等方面缺乏适合创新的环境和土壤，试点证券公司更务实地追求做大现有业务和产品规模。一方面，柜台市场在主要依赖的类固收产品市场利率不断走低、信用事件频发的背景下，更多地考虑如何在追求业务规模的同时管控风险；另一方面，更多的试点证券公司在思考和探索柜台市场不再作为独立的业务，而是如何与财富管理业务对接、融入并提供支持，在证券公司现有业务体系中形成协同效应，更好地体现价值。

二、柜台市场运行情况

2020 年，柜台市场业务稳步发展，在投资者账户、产品发行、产品转让等规模方面均

① 资料来源：中证机构间报价系统股份有限公司。

保持增长趋势。

（一）投资者账户情况

2020 年，柜台市场新增账户数 540.14 万户，同比上升 1.47%；截至 2020 年底，累计存续账户数 3 006.92 万户，相较于 2019 年底存量增长 13.37%（见表专 8－3）。

表专 8－3　　柜台市场投资者账户情况　　（单位：万户）

项　目	2019 年		2020 年	
	个人	机构	个人	机构
年度累计新增	531.7	0.61	539.16	0.98
年度累计销户	6.98	0.14	11.8	0.22
年底存续户数	2 649.44	2.82	3 002.49	4.43

注：（1）新增、销户指各年内（1 月 1 日—12 月 31 日）新增和销户的数；（2）年底存续户数指截至各年 12 月 31 日存续的账户数。

（二）产品发行情况

2020 年，柜台市场产品发行销售总规模 12 048.44 亿元，同比上升 33.65%；2020 年发行销售产品总数 3.54 万只，与 2019 年基本持平（见表专 8－4 和表专 8－5）。

表专 8－4　　柜台市场发行销售产品金额表　　（单位：亿元）

产品类型	2019 年		2020 年	
	自销规模	代销规模	自销规模	代销规模
资管计划	997.51	447.45	1 000.43	604.41
收益凭证	3 841.78	0	5 970.01	0
基金专户	0	20.15	0	69.35
私募基金	0	241.08	0	966.87
银行理财产品	0	141.02	0	3.71
信托计划	0	252.98	0	225.72
债券	0	3 073.27	0	3 207.94
总计	4 839.29	4 175.95	6 970.44	5 078.00

注：各年发行、代销规模为该年度 1 月 1 日—12 月 31 日期间发行、代销的产品规模。

表专 8－5　　柜台市场发行、销售产品数量表　　（单位：只）

产品类型	2019 年		2020 年	
	自销数量	代销数量	自销数量	代销数量
资管计划	1 314	642	1 821	1 214
收益凭证	29 425	0	27 523	0

续表

产品类型	2019 年		2020 年	
	自销数量	代销数量	自销数量	代销数量
基金专户	0	38	0	102
私募基金	0	553	0	1 092
银行理财产品	0	222	0	60
信托计划	0	560	0	651
债券	0	2 780	0	2 982
总计	30 739	4 795	29 344	6 101

注：各年发行、代销数量为该年度 1 月 1 日—12 月 31 日期间发行、代销的产品数量。

（三）产品转让情况

2020 年，柜台市场转让的产品种类包括信托计划、资管计划、收益凭证、私募基金等，累计转让规模 251.45 亿元，同比上升 38.09%；转让产品数量 1.34 万只，同比减少 46.72%（见表专 8－6）。

表专 8－6　　柜台市场产品转让情况

产品类型	2019 年累计		2020 年累计	
	数量（只）	金额（亿元）	数量（只）	金额（亿元）
资管计划	22 845	167.73	11 654	220.87
收益凭证	2 138	7.07	1 695	9.65
基金专户	0	0	0	0
私募基金	31	3.94	15	4.56
银行理财产品	93	0.77	0	0
信托计划	31	2.58	26	0.61
资产支持证券	0	0	0	0
其他	—	—	4	15.77
总计	25 138	182.09	13 394	251.45

（四）产品代销管理模式调研情况

代销金融产品业务已逐渐成为证券公司财富管理转型的核心内容，也是柜台市场目前服务的主要业务。根据中国证券业协会 2020 年证券公司柜台市场调查问卷，42 家获得柜台业务试点资格的证券公司中，有 37 家开展金融产品代销业务，36 家同时销售公募和私募金融产品。其中 23 家对公私募产品代销使用同一套系统集中管理，26 家在金融产品引入上实现了集中管理，30 家认同对金融产品引入及运营进行集中管理或分别进行集中管理，为财富管理转型提供高效服务。

三、柜台市场运行特点

（一）投资者特点

1. 账户数保持稳定增长

截至 2020 年底，柜台市场累计存量账户已达 3 006.92 万户。自柜台市场成立以来，投资者新增账户数一直保持稳定增长。

2. 账户数集中程度较高

柜台市场账户呈现明显的高度集中特征。截至 2020 年底，存量账户和新增账户前 5 位证券公司的合计占比分别达 84.26% 和 77.14%，而存量账户和新增账户前 10 位证券公司的合计占比分别为 93.43% 和 89.86%，账户数继续呈现高集中特性（见表专 8－7）。

表专 8－7　　2020 年柜台市场账户集中度情况　　（单位：万户）

名　次	存续账户	新增账户
前 5 名	2 533.68	419.47
前 10 名	2 809.44	488.65
总数	3 006.92	543.78

3. 机构账户增幅较大

场外投资者高度集中于个人投资者账户。虽然截至 2020 年底存续账户中个人账户仍然占据 99% 以上的比重，但 2020 年机构账户新增账户增长幅度明显高于个人账户，同比涨幅达到 60%。

（二）产品特点

1. 收益凭证、资管计划增幅明显

作为占据柜台市场重要比例的两大产品，2020 年收益凭证和资管计划发行销售规模仍有一定幅度的增长。

2020 年收益凭证规模同比大幅增长，涨幅达 55.40%，发行规模和发行只数均创单年历史新高，收益凭证作为证券公司常用的融资工具依然稳居柜台市场发行销售产品规模榜首。从发行期限及结构看，收益凭证发行期限以一年以内短期为主，占比 82.59%，收益凭证的发行结构以固定收益类为主，占比 81.38%；从发行场所看，柜台市场与中证机构间报价系统发行规模分别达到 5 970.01 亿元和 5 289.92 亿元，两个市场发行总量突破 1 万亿元。

资管计划作为柜台市场发行销售的主要产品之一，扭转了 2019 年受资管新规较大影响的颓势，2020 年发行规模呈上升趋势，同比增长 11.06%。同时，随着资管行业转型升级步入规范发展轨道，资管业务迎来高质量发展。

2. 私募基金和基金专户成增长亮点

证券公司对于财富管理的重视以及受股票市场持续火热的影响，各证券公司纷纷加强私募基金和基金专户的销售，进一步拓展财富管理业务，私募基金和基金专户上升幅度较大。2020 年私募基金和基金专户的发行销售规模分别是 2019 年的 4 倍和 3 倍以上。

3. 银行理财发行受阻，信托产品下降

银行理财继续受非银行金融机构不能代销的影响，证券公司代销端基本停滞。信托产品信用事件频出使得证券公司对于代销信托产品持谨慎态度，同时信托产品与市场上权益类产品以及同类固收产品相比无明显竞争优势，导致信托产品发行销售规模同比下降 10.78%。

（三）交易特点

1. 转让规模增大，品种较为单一

柜台市场转让的产品类型涵盖了信托计划、资管计划、收益凭证以及私募基金等。虽然 2020 年转让规模同比上升，但每类产品转让只数均同比下降，总体而言转让活跃度较低。产品转让规模仅占发行销售总规模的 1.95%，且转让结构较为单一，除零星的私募基金、信托计划及其他产品外，主要以资管产品和收益凭证为主，两类产品合计转让只数占比达到 91.6%。

2. 做市业务尚待进一步发展

目前，证券公司主要通过中证机构间报价系统推进做市业务，柜台市场自身的流动性机制尚未建立。柜台市场做市业务缺乏独立的制度依据，目前主要参照自营相关制度，而自营业务对于持仓比例等严格的要求在一定程度上限制了柜台市场做市业务的发展。

四、场外金融衍生品业务情况

（一）市场概况

2012 年 12 月，中国证券业协会发布《证券公司柜台交易业务规范》，启动证券公司柜台市场场外衍生品业务。经过多年发展，证券公司场外金融衍生品业务已经形成了一定规模和影响力，与场内市场形成有效互补，在满足投资者风险管理、财富管理方面发挥了重要作用。

2020 年，证券公司场外金融衍生品业务保持高速增长势头，取得蓬勃发展。全年累计新增名义本金、累计新增交易笔数、年末存续名义本金等指标均大幅增长。

2020 年，证券公司场外金融衍生品业务全面落实“建制度、不干预、零容忍”的监管要求，持续加强制度建设，优化参与主体准入标准，强化监测监控和业务备案管理，有效防范系统风险。对于收益互换和场外期权，中国证监会继续通过业务试点和交易商资质进行参与主体的管理，截至 2020 年底，全市场共有 28 家证券公司具备收益互换业务资质，7 家证券公司具备场外期权业务一级交易商资质，31 家证券公司具备场外期权业务二级交易商资质。自 2020 年 9 月《证券公司场外期权业务管理办法》降低证券公司分类评价的准入门槛后，2020 年新增 4 家场外期权业务二级交易商，包括 1 家外资控股证券公司。

经过多年的摸索，各家证券公司在场外衍生品业务管理方面积累了一定经验。根据中国证券业协会 2020 年证券公司柜台市场调查收到的 37 份有效问卷，目前 27 家证券公司在业务管理上选择由一个部门负责全流程的管理，其余 10 家证券公司在尽职调查、协议签署、对冲交易和数据报送等业务环节分别由不同部门负责。

（二）交易情况

1. 业务规模快速增长

2020 年，证券公司场外金融衍生品业务新增规模与年末存续规模均实现快速增长。其中，2020 年累计新增名义本金 47 597.06 亿元，同比增长 158.61%；年末存续名义本金 12 780.50亿元，同比增长 105.26%。2020 年证券公司场外衍生品累计新增交易首次突破 11 万笔，同比增长 93.36%（见表专 8－8）。

表专 8－8　　　　2020 年场外衍生品交易情况

年　份	本年累计新增名义本金（亿元）			本年累计新增交易笔数（笔）			年末存续名义本金（亿元）		
	收益互换	场外期权	合　计	收益互换	场外期权	合　计	收益互换	场外期权	合计
2019	5 582.16	12 822.82	18 404.98	32 053	25 132	57 185	1 583.62	4 642.92	6 226.54
2020	21 551.07	26 045.99	47 597.06	72 124	38 451	110 575	5 210.83	7 569.67	12 780.50
同比增长	286.07%	103.12%	158.61%	125.01%	53.00%	93.36%	229.05%	63.04%	105.26%

注：场外衍生品数据含柜台市场及报价系统。

2. 交易集中度呈下降趋势

2020 年，在累计新增名义本金、累计新增交易笔数、年末存续名义本金出现显著增长的同时，证券公司场外衍生品新增交易集中度（指每月新增交易中名义本金排名前 5 位的证券公司交易量之和在全市场中的占比）依然维持在较高水平，但全年整体呈下降趋势，显示出头部证券公司交易量比重的下降和市场参与者的增多。其中，场外期权业务新增交易集中度在 2020 年上半年维持在 75% 以上高位，并在 5 月达到 81.70% 的峰值，而后在 11 月降至 69.12% 的全年最低点；收益互换业务新增交易集中度在 2020 年上半年维持在 94% 以上高位，并在 2 月达到 98.56% 的峰值，而后在 12 月降至 87.93% 的全年最低点（见图专 8－8）。

3. 交易对手、合约标的各有侧重

场外衍生品的交易对手方面，市场的主要买方有商业银行、私募基金、证券公司及子公司和其他机构（包括实体企业、财务公司和境外机构等）。以名义金额计算，2020 年新增收益互换交易中其他机构和私募基金占比最高，分别为 41.97% 和 40.97%；新增场外期权交易中商业银行和证券公司及子公司占比最高，分别为 60.52% 和 14.67%。

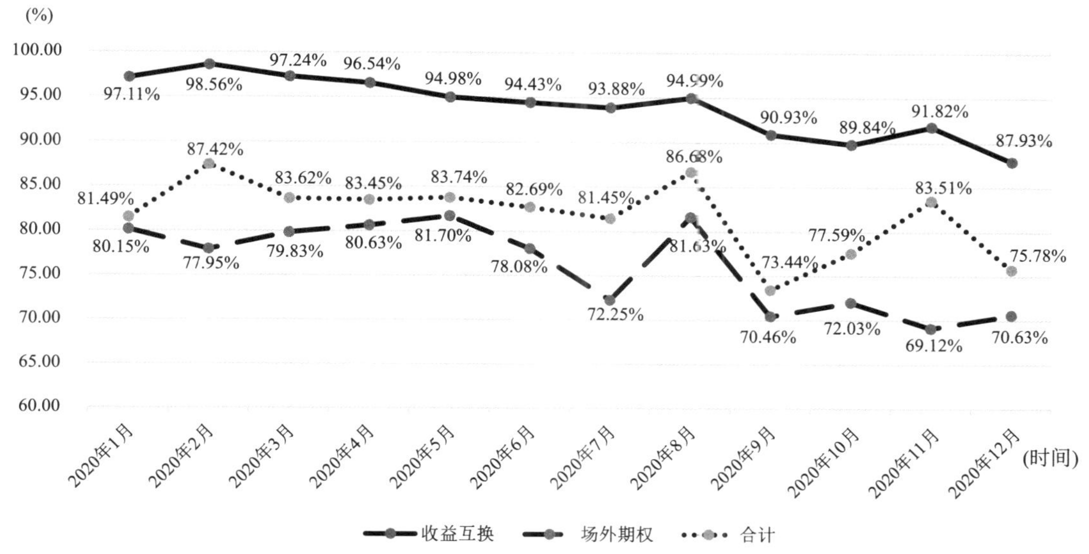

图专 8－8　2020 年证券公司场外衍生品新增交易集中度

场外衍生品的合约标的方面，主要有 A 股股指、A 股个股、大宗商品和其他标的（包括利率、汇率和国债期货等）。以名义金额计算，2020 年新增收益互换交易中 A 股个股占比最高，为 54.11%；新增场外期权交易中大宗商品占比最高，为 39.49%。

第二节　2020 年中国证券公司柜台市场发展面临的问题与 2021 年展望

一、2020 年中国证券公司柜台市场发展面临的问题

（一）规则体系需进一步完善

柜台市场在中国证券业协会及中证机构间报价系统指导下以自律监管为主，各证券公司将柜台市场业务纳入公司合规与风控体系框架内，实行全流程管理。但是，目前柜台市场的法律地位、功能定位、监管安排等尚待明确及完善，导致监管约束力不足，监管效能受到一定影响，主要问题体现在以下两个方面：一是规范层面。灵活性、多样性和非标准化是柜台市场产品和业务的重要特点和优势，而柜台市场具体业务规则的缺乏，使得柜台市场所开展的业务范围尚不明确，难以推进柜台市场产品和业务的发展与创新。二是监测监控层面。监测监控标准、手段、系统等需进一步完善，应加强对市场情况的掌握、风险的监测、问题的

发现，并及时采取自律措施。

（二）金融产品代销管理需进一步统一

随着证券行业经纪业务向财富管理的转型和持续升级，证券公司加大了对代销金融产品的布局及销售力度。2020 年公募和私募金融产品均发行火爆，“日光基”屡见不鲜，进一步提高了证券公司对金融产品代销业务的重视程度。

在证券公司对公募和私募金融产品代销火热的同时，管理上存在的一些问题也逐渐显现出来。例如，系统重复建设以及多部门运营管理的现象较为普遍：多家证券公司对于管理属性类似的公募和私募金融产品，仍分别使用不同的交易系统、不同的管理流程，并由不同的部门运营，这导致了系统的重复建设和人员的冗余配备。

（三）数据报送和应用需进一步优化

场外业务的非标属性导致在规则理解、备案和报告、数据应用上出现了一些问题。根据中国证券业协会 2020 年证券公司柜台市场调查问卷，多数证券公司反馈存在以下问题：对数据字段的定义以及数据字段获取存在疑虑；同一口径数据重复、多渠道上报；人工操作数据报送的效率较低并易产生差错；数据报送缺乏具有逻辑关系的核对机制以及对数据质量的反馈机制；市场缺乏权威数据统计分析等。场外业务数据在准确性、及时性和完整性上的缺失，一定程度上影响了场外市场业务数据的质量以及市场的监测监控效能。

二、2021 年中国证券公司柜台市场展望

（一）柜台市场业务呈现数字化发展趋势

证券公司柜台市场数字化进程将不断加快，充分利用科技赋能，持续优化柜台功能建设：一是数字化产品销售。通过视频“双录”、电子签名、数字证书和区块链等技术应用，实现基于电子签名的线上化签约功能，突破客户临柜签署书面合同的限制，为客户提供实时非现场的场外金融产品销售交易服务。根据中国证券业协会 2020 年证券公司柜台市场调查问卷，37 家开展代销业务的证券公司中已有 27 家支持私募产品线上购买功能，21 家支持机构投资者线上购买私募产品。二是数字化客户体验。不断优化完善客户端系统，特别是移动客户端系统，实现 7×24 小时交易、线上咨询、客户交流、智能投顾等互动服务，提升客户体验。三是数字化服务与管理。建设中后台支撑体系，打造集客户分析、账户管理、投资分析、资产配置、数据分析、考核管理等多项功能于一体的综合服务平台，更好地适应证券公司财富管理转型需要。

柜台市场数字化发展，应进一步聚焦财富管理服务，加大对各类新技术的应用，基于客户、投顾、产品的服务与支撑，通过数字化中台将投顾平台、客户平台、投研平台、营销平

台、产品平台等多个子平台打通串联，全面提升各类平台对财富管理的支撑能力。

（二）场外金融衍生品业务助力证券公司服务实体经济发展

在资本市场全面深化改革的大背景下，场外金融衍生品业务有望迎来进一步发展。一是对标境外金融衍生品市场，境内场外金融衍生品市场尚处于发展初期，业务的全面性和规模化的潜力极大，未来发展的空间巨大；二是在监管政策支持下，未来市场的参与主体将不断丰富，行业强烈的业务需求将逐步得以释放和满足，为市场发展不断注入生机和力量；三是市场不断夯实的规范化建设，特别是制度体系和监测监控的优化，将为衍生品业务发展提供有力的支撑和保障。

场外金融衍生品业务作为证券公司重要的创新业务之一，有望成为证券公司服务实体经济和差异化竞争的重要突破。在资本市场全面注册制的趋势下，场外金融衍生品的挂钩标的将大幅增加，并且随着个股涨跌幅限制放开，场外金融衍生品作为投资者的对冲工具，业务需求和盈利空间有望进一步放大。场外金融衍生品业务将成为证券公司拓宽佣金收入、丰富风险对冲工具的重要手段，也将成为证券公司直接服务实体经济发展的重要工具。

专题报告之九：
2020 年机构间私募产品报价与服务系统发展综述

2020 年，中证机构间报价系统股份有限公司（以下简称“中证报价”）在中国证监会及中国证券业协会的指导下，秉持“共识、共信、共生”理念，顺应资本市场改革发展方向，融入国家发展战略，主动谋新求变，建设完善机构间私募产品报价与服务系统（以下简称“报价系统”）和场外证券业务报告系统，切实发挥行业公共平台功能，继续打造我国场外市场的重要金融基础设施，以便更好地服务市场、服务行业、服务监管。

第一章
2020 年报价系统发展的主要特点

报价系统的创建与发展，均是围绕我国场外市场建设这一大背景和根本出发点。作为行业金融基础设施，报价系统始终坚持服务场外市场发展的初心使命，以提供市场组织和监管支持为两大功能抓手，为行业提供优质的公共服务。

一是不断深化市场组织服务。为各类参与主体提供机构私募产品报价、发行、转让、互联互通、登记结算等核心功能；在全流程一体化服务的基础上，创新场外业务应用场景，助力行业数字化、电子化转型；积极探索场外业务互联互通、后台共享等新型功能，实现科技与业务相互渗透、深度融合，为场外金融要素市场化配置提供交易与系统支持。在新冠肺炎疫情期间，报价系统快速响应、积极应对，为场外市场的正常运转提供了有效支持。

二是持续强化监管支持服务。提升场外市场监测监控科技水平，建立科学化、规范化、信息化的监测机制，深入开展场外业务统计分析、业务监测；充分利用信息技术手段，将业务报告与报告主体业务流程有机结合，拓展场外业务报告范围、提升报告质量，进一步提高信息数据处理能力和监测监控的针对性，为场外业务监管与自律管理提供支持。

第二章
2020 年报价系统运营情况

第一节　总体运营情况

一、参与人情况

（一）参与人数量持续增长，结构进一步优化

2020 年，报价系统参与人数量保持增长趋势，新增参与人主要以私募基金、综合性投资机构、实体企业、银行、其他金融机构等为主。截至 2020 年 12 月 31 日，报价系统参与人总共 4 067 家。在参与人数量保持增长的同时，参与人结构不断优化，参与人活跃度不断提高。

（二）加强管理，持续开展参与人信息核查工作

2020 年，中证报价以《机构间私募产品报价与服务系统管理办法（试行）》《机构间私募产品报价与服务系统参与人管理规则（试行）》为指导，以参与人登记信息为抓手，结合行业公开信息，围绕参与人工商信息有效性与参与人类别权限管理两大主题，持续开展月度参与人类别权限核查及年度参与人工商信息全面核查工作，通过对参与人信息的持续更新和相应管理措施的及时实施，有效防范相关风险。

二、私募产品发行与交易情况

（一）产品发行规模

经过6年多的建设，报价系统产品发行数量和规模持续增长。2020年报价系统共完成9 019只产品注册发行，绝大部分为收益凭证，占比99.96%。收益凭证发行金额5 289.86亿元，同比增长51.34%。2020年报价系统日均成功发行产品规模21.55亿元，同比增长51.33%，创下自报价系统成立以来年度新增与日均发行规模的新高。截至2020年12月31日，报价系统累计发行产品40 588只，累计募集资金21 534.59亿元。

2020年，报价系统的参与人规模与发行的产品类型也趋于稳定，原有已成功发行的收益凭证、资产管理计划、非公开发行公司债券、资产支持证券、私募股权投资基金、私募证券投资基金、信托产品等品种，在报价系统继续平稳存续与兑付，期间无相关风险事件发生。截至2020年12月31日，共有227家参与人在报价系统发行产品，其中38 866只发行成功，1 722只发行失败，产品发行成功率为95.76%。

（二）产品交易规模

为满足在报价系统发行产品的转让需求，提高存续产品的流动性，报价系统积极构建基于互联网的开放式、全网运行的询报价交易平台。

1. 转让市场平稳发展

报价系统支持证券公司资管计划、私募基金、非公开发行公司债券、资产支持证券、收益凭证、私募股权等私募产品在线转让，提供协议转让、做市转让、拍卖竞价和标购竞价等多元化转让方式。

自2014年报价系统成立至2017年底，报价系统转让交易规模连续3年高速增长，交易金额从49.23亿元、262.68亿元到2017年的峰值595.78亿元；2018年转让交易增长趋于平稳，全年交易金额为482.08亿元；2019年由于在报价系统挂牌转让的债券和资产支持证券大量回售或到期兑付，导致转让交易规模较上一年大幅减少，交易金额为117.03亿元。2020年存量的债券与资产支持证券持续到期兑付，导致全年转让交易规模进一步下降至89.02亿元。截至2020年12月31日，报价系统累计转让交易金额共计1 595.85亿元。

从产品类型看，截至2020年12月31日，共有5 273只私募产品在报价系统挂牌转让，其中非公开发行公司债券转让成交金额占比达到80.35%，成为报价系统转让交易最为活跃的产品（见图专9-1）。

2. 完善做市商机制

为进一步提高报价系统私募产品的流动性，满足投资者交易需求，中证报价积极推进报价系统做市商机制建设，着力培育私募产品做市商队伍。报价系统支持做市商采用双边报价

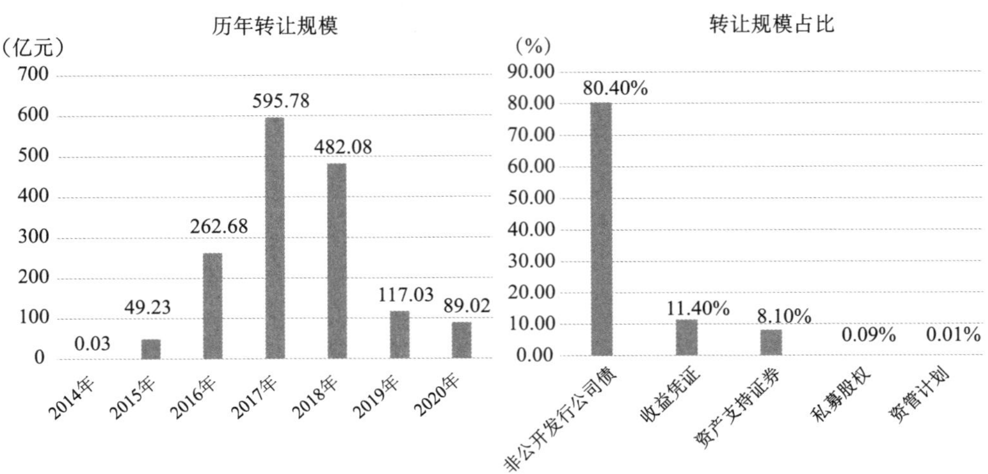

图专9－1　报价系统年度转让交易金额与各类产品转让成交金额占比

做市、回应询价做市等做市方式。截至2020年12月31日，报价系统共计14家做市商在报价系统对收益凭证、资产管理计划等131只产品提供双边报价；做市交易累计成交3 170笔，交易金额136 251.69万元。

3. 申购、赎回与回购业务

截至2020年12月31日，共计31只产品在报价系统进行申购与赎回业务，报价系统共收到申购申请430笔，申购确认金额共计77.52亿元；共收到赎回申请719笔，赎回确认金额共计69.34亿元；共计28只产品在报价系统完成回购业务，涉及金额共计64.77亿元。

第二节　具体业务及专项工作开展情况

一、针对新冠肺炎疫情开展专项应对工作，发挥行业基础设施作用

（一）发挥行业基础设施作用，助力实体机构及行业复工复产

1. 发挥在线服务优势，助力证券行业服务正常运转

受到突如其来的新冠肺炎疫情影响，证券行业服务广大投资者的传统渠道和方式受到极大限制。为助力行业共抗疫情、复工复产，中证报价建设运营的基础设施平台中证易签主动加大服务推广力度，全额减免平台服务费，以最大限度发挥电子签约在线服务优势。

2020年，中证报价联合地方行业协会、托管人、管理人，积极组织开展线上培训会50余场，覆盖超过5 000名从业人员。与部分基金小镇达成战略合作，进一步丰富推广渠道。

截至2020年底，中证易签与海通证券、招商证券、中金公司等24家托管证券公司和托管银行完成系统对接，覆盖超过80%已获资质的托管证券公司。相较2019年，中证易签服务管理人数量增长4.3倍，上线产品数量增长12倍，签约总笔数增长13倍。

2. 深化配套服务，助力小微企业抗“疫”

在疫情特殊时期，报价系统本着服务中小微企业发展的核心理念，积极了解注册企业的需求与困难，即时作出改变与调整，结合调研时企业提出的多元化培训建议，组织开展非常时期涉税政策解读、短视频直播风口下寻找并抓住创业机会、区块链应用场景和技术应用、品牌农业上行的探索与实践等23期助力企业复工展业公益线上培训活动，以及“5G产业发展与投融资机遇”的产融结合云培训暨在线路演，累计参与人次17 089人。

（二）开展疫情专项应对工作，保障报价系统平稳运行

1. 关注疫情影响，做好存量业务风险防范

针对新冠肺炎疫情导致的衍生风险，报价系统及时对市场趋势进行研判与把握，对于可能受疫情影响引发风险的产品进行提前关注，通过持续与证券公司保持电话、邮件沟通联系，及时掌握可能受疫情影响的项目运行、现金流归集、相关重要主体资信、本息兑付以及信息披露等情况，建立全部存续期产品兑付及风险监测跟踪台账并按月进行风险评估，逐一盯防，各个击破，做到“早排查”和“早防控”。

2. 启用疫情防控期间业务保障措施，保障登记结算业务正常运行

疫情防控期间，报价系统采用远程接入与现场值班相结合的方式开展登记结算工作，实行登记结算业务逐日报告制度，并制订了《新型冠状病毒感染肺炎疫情防控期间清算业务应急保障方案》等应急方案，切实保障报价系统登记结算业务能够正常运行。

3. 加强应急响应机制建设，增强应急协调能力

一方面，积极应对疫情突发事件，加强应急响应机制建设。面对突发的新冠肺炎疫情，中证报价快速响应做好应急安排，加强应急管理。一是制订《公司关于做好新型冠状病毒感染肺炎疫情防控工作的应急预案》，并于春节后首个交易日发布报备。预案按照“员工健康安全第一，同时确保业务安全稳定运行”的原则，对应急组织、防疫期间人员健康安全方面的相关管理与应急处置、产品业务风险监测与应急处置，特别是产品注册、交易、清算及信息技术等关键业务的应急处置作了明确规定与安排。二是加大疫情期间的风险管理与报告力度，编制《疫情防控期间（2020年2—3月）风险管理情况报告》，及时汇总报告疫情期间员工安全及业务稳定情况。另一方面，组织开展突发事件应急演练，增强应急协同能力。结合疫情防控形势与相关业务工作安排，确定清算业务和信息系统两个重点演练事项，并在2020年第四季度筹备部署了现场应急演练工作。

二、固定收益业务规范发展

2020年，在面对新冠肺炎疫情衍生风险和外部环境持续变化的情况下，报价系统继续

坚持把防范化解风险摆在突出位置，加强合规风控管理，推动各项业务稳步发展。

（一）加强资产证券化及债券业务存续期管理，确保付息兑付平稳运行

2020年，报价系统继续稳步推进各类债券以及资产证券化产品的到期兑付工作。截至2020年12月底，报价系统累计发行债券（含ABS）2 210亿元，存量债券15只，余额共计47亿元；存量资产支持证券19只，余额共计113亿元。相关债券和ABS产品的付息兑付工作均持续平稳推进，未出现重大风险事件。

此外，根据《报价系统非公开发行公司债券存续期信用风险管理业务操作指引（试行）》和《机构间私募产品报价与服务系统资产支持证券存续期信用风险管理指引（试行）》的要求，为了进一步引导证券公司做好风险排查和信息披露工作，报价系统启动了2020年下半年度债券和ABS业务的风险排查工作，涉及受托管理人7家，受托管理债券15只；涉及ABS管理人13家，管理ABS产品21单。存量ABS产品中无违约类、风险类或关注类产品。

（二）稳步推进收益凭证业务，提升证券公司资本中介能力

报价系统作为服务证券行业发展的基础设施，通过持续稳步推进收益凭证业务，帮助证券公司提升资本中介能力。一方面，收益凭证作为一种发行便捷的融资工具，可以有效弥补证券公司在短久期融资工具方面的缺失，提升证券公司管理流动性风险的能力。截至2020年12月底，证券公司通过报价系统发行收益凭证9 014只，发行规模5 279.49亿元，相较于2019年规模增长显著。另一方面，收益凭证具备结构灵活的特征，能够满足证券公司服务柜台客户、提升财富管理能力的需求。报价系统针对这一特征，通过预沟通机制，在2020年下半年着力推进非保本收益凭证的发行工作。非保本类收益凭证产品的产品类型覆盖雪球型、指数增强型、线性挂钩期货型等多种市场热点类型，产品的发行只数、规模以及多样性均得到了显著提升。

三、场外衍生品市场严控业务风险

2020年，随着监管部门对于场外衍生品市场的管理逐步完善，报价系统场外衍生品市场也相应地转向以强化合规风控管理为主题的发展路径中。

（一）场外衍生品核心交易平台加强业务合规管理

根据《证券公司场外期权业务管理办法》，证券公司开展场外期权业务需要符合更为严格的资质要求，为此报价系统相应调整了核心交易平台的准入标准。截至2020年12月底，报价系统累计与43家证券（子）公司签署2020—2021年度《机构间私募产品报价与服务系统场外衍生品核心交易平台使用协议》，为93家申请核心平台权限的参与人机构开通衍生

品在线签约权限。累计新增初始名义本金228.76亿元，新增交易1 339笔。其中场外期权业务新增初始名义本金21.75亿元，新增交易311笔；收益互换业务新增初始名义本金207.01亿元，新增交易1 208笔。

（二）场外衍生品交易服务系统稳步推进市场拓展

场外衍生品交易服务系统主要为证券公司等金融机构提供场外衍生品询价报价、合约估值、在线签约、风险管理、保证金管理、清算结算、交易报告等全流程系统信息服务。截至2020年12月底，报价系统通过市场调研，收集业务和系统市场需求，跟踪并挖掘潜在客户群体购买需求，持续优化系统服务功能，完成与11家交易服务系统存量客户协议续签工作。2020年交易服务系统累计新增初始名义本金155.8亿元，新增交易2 056笔。其中场外期权业务新增初始名义本金150.88亿元，新增交易2 041笔；收益互换业务新增初始名义本金4.92亿元，新增交易15笔。

四、中小微企业服务稳步提升

报价系统搭建了为中小微企业对接资本市场资源的金融服务平台，面对复杂多变的市场环境，在继续坚持加强业务规范管理，支持创新创业、扶贫攻坚等政策号召的同时，针对新冠肺炎疫情对实体企业的冲击，及时调整服务手段与服务方向，助力小微企业复工复产。

（一）加强风险防范，稳步推进业务开展

报价系统持续加强股权业务的风险防范与合规开展。在防范风险方面，报价系统实施了推荐机构“白名单”的常态化管理措施，加强对存量推荐机构的舆情监测和风险排查，定期更新机构名单向市场公示。目前活跃推荐机构31家，2020年新增5家，取消业务资质2家。在业务合规方面，报价系统督促各中介机构与注册企业有序完成2019年年度和2020年半年度信息披露工作，收到并整理信息材料438份。2020年度信息披露工作完成度较之前有较大提升，反映出企业规范信息披露意识逐渐增强。

（二）贯彻国家“双创”战略，不断优化“双创”平台发展模式

为支持青年创新创业，中国证券业协会与共青团中央合作依托报价系统搭建“双创”平台，一方面联连结各级地方政府扶持“双创”企业发展，另一方面对接推荐机构、孵化器、投资机构等深入参与“双创”业务。2020年，在以往业务的基础上，中证报价进一步加强了与共青团中央以及中国青年企业家协会的合作，积极支持各类创新创业大赛，拓展项目来源。截至2020年12月底，“双创”平台累计上线企业及项目数量792个，其中企业664家，项目128个；累计举办投融资对接、创业支持活动127场；2020年新增企业与项目144个；处于审核阶段企业与项目40个；参与8次地方及全国“双创”大赛，累计组织60

多家机构参与赛事评审；积极为上线企业提供配套服务，累计举办 2 次企业上线仪式，18 家企业参加；累计举办 2 次投融资对接会，共 34 家企业与项目、50 多家投资机构参与。

五、电子签约业务迅速发展

中证易签作为中证报价建设并运营的基础设施平台，旨在为证券行业提供基于区块链技术的电子签约及存证公共服务。随着直销和代销场景电子合同文件签署及存证功能的完善，2020 年中证易签平台充分发挥数字化、在线化优势，为证券行业抗击疫情、规范数字化转型、实现高质量发展做出了有力贡献。

（一）聚焦证券公司数字化转型痛点，上线代销业务功能

为持续推进行业公共服务创新，满足证券行业代销模式下的电子签约业务需求，中证报价通过对 30 多家证券公司的深入调研，精准定位行业电子签约痛点和需求，加快推出代销业务场景电子签约新功能，实现管理人、托管人与代销机构间的全流程闭环链接。

自 2020 年 8 月首批合作证券公司正式上线以来，随着业务功能及流程的不断优化，证券公司在线签约效率大幅提升，签约笔数月均增长超 100%，受到行业高度关注和充分认可。2020 年，中证易签与 6 家证券公司签署代销业务功能合作协议。

（二）加快推进行业公共服务创新，发挥数据汇聚优势助力科技监管

在深化行业电子签约应用的基础上，中证报价进一步加大行业公共服务场景拓展和功能创新力度。中证报价开展私募资管产品签约电子化研究，并在部分证券公司推进试点；开展债券协议交易核对需求调研，并启动方案设计。

针对证券公司柜台业务以合约为核心业务载体和业务实现形式的显著特点，中证报价探索以电子签约为抓手和扎口，发挥行业数据汇聚优势，实现柜台业务数据集中、在线、实时汇聚的可行方案。

六、场外市场登记结算服务稳中有进

2020 年，报价系统在做好登记结算运营与管理的基础上，从优化系统、业务创新及防控风险等方面着手，稳中求进，为各类业务的开展提供了有力支撑。

（一）认真做好报价系统账户管理、产品登记管理、清算交收等登记结算业务运营服务工作

截至 2020 年 12 月底，报价系统存量参与人产品账户共计 3 365 个，存量资金结算账户共计 4 240 个，较 2019 年同期分别增长 3.54% 和 2.94%；存量合格投资者账户共计

9 706 314个，较 2019 年同期增长 13.80%；共有 40 889 只产品在报价系统登记，其中 40 588只产品在报价系统发行，发行成功并登记金额共计 21 534.59 亿元；累计有 1 080 717 个合格投资者参与交易，较 2019 年增长 38.97%。

（二）紧盯结算资金管理，实现交收规模突破万亿元

2020 年，报价系统继续精细化管理结算渠道，确保全年不发生结算资金交收异常情形，不出现资金交收违约事件。截至 2020 年底，2020 年报价系统累计交收资金 10 412.85 亿元，同比增长 31.16%。受益于收益凭证发行规模增长，2020 年报价系统日均交收资金量为 42.50 亿元，同比增长 30.62%，交易日日均沉淀资金 6.69 亿元。

（三）持续优化登记结算核心系统，推动报价系统登记结算业务向智慧运行方向升级

2020 年，报价系统进一步优化了资金结算系统、中证 TA、交易中心清算模块、场外衍生品清算系统，新增了一键对账、参数批量审核、参与人业务文档传输、场外衍生品协议及交易确认书录入与修改等功能，优化了受托类账户开立与签约操作页面，实现了业务效率与参与人体验感的双提升。

（四）提高估值质量，丰富估值服务，稳步推进报价系统估值业务

2020 年，报价系统继续稳步推进估值运营工作，截至 2020 年底，累计发布估值日报 473 期，市场投资者查阅点击量累计 16.26 万人次。为了进一步提高估值服务质量，报价系统一是研究了层次分析法在分类评价中的应用，完成了固定收益型收益凭证估值分类评价模型优化及分类评价结果的更新；二是增加估值报价商至 25 家，并加强了报价商的日常沟通与联系；三是采用了信息化加工方式进行估值操作，提升估值精细化程度。此外，报价系统梳理了浮动收益型收益凭证、场外期权、互换等品种的主流产品结构，并与基础估值模型进行了初步匹配，为下一步拓宽估值品种、丰富估值服务做好了准备。

七、持续服务行业扶贫

为推动证券行业实施精准扶贫，促进贫困地区发展，在中国证券业协会指导下，中证报价依托报价系统建立中国金融扶贫综合服务平台（以下简称“扶贫平台”）。扶贫平台定位于行业扶贫宣传平台、扶贫资源汇聚平台、贫困地区企业投融资对接平台，旨在推动贫困地区资源优势产业化，增强贫困地区自主、持续发展能力；推动贫困地区产业资源与资本市场对接，满足贫困地区企业融资需求；扩充多层次资本市场服务实体经济的功能，通过金融扶贫、产业扶贫，助力贫困地区实现精准脱贫。

扶贫平台搭建了证券行业扶贫信息报送系统、行业扶贫微信宣传平台、扶贫平台网站、

中国发展中县域优质产品交易平台等网站系统，开展证券公司扶贫信息数据报送、行业扶贫动态宣传、贫困县域展示、县域企业产融对接服务、贫困县域农特产品销售等扶贫业务。经过几年的运营，扶贫平台在各个业务领域取得了一定的成就，得到了行业以及社会的广泛认可。

2020 年是脱贫攻坚的决胜年和收官年，扶贫平台继续做好行业扶贫信息整理及行业动态宣传工作，及时传递证券行业扶贫最新情况。截至 2020 年底，扶贫平台共收到 124 家证券公司报送的各类扶贫信息 5 027 条，发布行业扶贫动态 69 期，为 23 个贫困县企业开展私募股权融资，为 51 个贫困地区的产业项目进行了融资需求展示，组织了 16 场针对贫困地区的培训、交流及路演活动，为 223 个国家级贫困县进行了县域展示。2020 年扶贫平台新增 5 家证券公司报送的各类扶贫信息 316 条，行业扶贫动态 3 期，已支持 14 家贫困县企业开展私募股权业务。为庆祝全国 832 个贫困县全部脱贫“摘帽”，扶贫平台制作了证券行业扶贫成果线上展宣传，总结 2016 年至全面脱贫期间，证券行业服务脱贫攻坚实践经验，宣传行业扶贫成果。

八、积极推动投资者教育培训工作

中证报价投教基地围绕中国证监会 2020 年重点工作，在全民学习新《证券法》、“5・15”投资者保护宣传日、新三板改革、推动投资者教育纳入国民教育体系等方面积极开展投教工作。中证报价投教基地与中国证券业协会、投保基金、股转公司、证券公司、高校和新华网等机构联合举办了《中国资本市场投资者保护状况蓝皮书》系列报告解读活动、“学习新证券法，做理性投资人”证券知识竞赛、“三板新风，携手向前”新三板改革系列线上课程以及“十万块为什么”财商系列课程；举办了 170 场线上线下活动，参与人数超过 410 万人次；发布了原创投教产品 1 348 种，覆盖面达 6 512 万人次。

为贯彻落实党中央关于做好“六稳”工作、落实“六保”任务要求，响应中国证监会提出的“金融支持防控疫情”号召，中证报价投教基地积极组织了 2020 年“扬帆计划・证券行业大学生实习”系列活动，支持行业履行社会责任。2020 年 2 月，中证报价投教基地联合 10 家证券公司投教基地开展了“扬帆计划・证券行业大学生实习”之“共同战疫线上投教周”活动，举办了 10 场线上直播，共有超过 3.1 万名在校大学生参与，超过 443 万名投资者进行了线上观看，扩大了投资者教育进校园的影响力和覆盖面，让更多的高校学生在抗击疫情期间了解金融行业，加强金融素养，为未来就业与生活提供帮助。2020 年 7 月，中证报价与中国证券业协会联合发起 2020 年“扬帆计划・证券行业大学生实习”活动，共有 30 家证券公司接收了在校大学生参与实习申请，来自 469 所高校的 1 384 名学生参与到活动中。

为赋能行业投教数字化转型，2020 年 11 月，中证报价与中国证券业协会联合中信建投证券举办了以“投教数字化”为主题的投教能力训练营。该活动对行业投教工作起到了重要的引导作用，证券公司国家级投教基地的覆盖率达 100%。同时，中证报价搭建了行业投教工作者与字节跳动、新浪、雪球等互联网平台沟通交流的平台，实现金融科技与投资者教育服务的相互促进、良性循环。

第三章 2020年报价系统风险管理与监测监控情况

第一节　报价系统业务风险管理

风险管理是报价系统建设和发展的重中之重，中证报价在严控业务风险的前提下稳步推进各项业务发展，牢牢守住不发生重大风险的底线。2020年，面对突发疫情、公司定位转型等各种变化，中证报价风险管理工作经受住了考验，保障了公司现有业务平稳、合规运行，未发生风险事件。

一、加强风险评估与监督排查工作

（一）收益凭证业务风险排查

2020年，全市场收益凭证发行规模相比往年有明显提升，非本金保障型收益凭证发行规模也有明显提升，接近过去三年之和。2020年11月，中证报价组织开展了对报价系统收益凭证业务的风险排查，主要围绕收益凭证业务、存续规模与净资本占比、证券公司流动性压力、产品收益率变动、投资者结构等方面开展排查、统计和测算，结合与证券公司柜台相关数据的比对，编制《报价系统收益凭证风险排查报告》。

（二）场外衍生品业务风险分析

为确保报价系统场外衍生品业务合规、风险可控，中证报价建立了每日风险管理分析机制，对报价系统场外衍生品市场的全量交易进行事后风险管理分析，针对每笔交易的产品设计、合约条款、交易结构、交易目的等情况进行分析和记录。

二、进一步提升风险监测与预警能力

自2017年起，收益凭证、资产支持证券、非公开发行公司债券这三类重点业务的风险监测指标体系已应用近4年，为保证风险监测指标体系的有效性、灵敏性、专业性，结合实际应用情况对其持续评估优化是一项重要工作。依托风险监测指标体系成果，中证报价定期编制三类重点业务的风险监测报告并不断优化报告版式，提升报告的专业性和可读性。

（一）优化风险监测与分析框架体系，完善风险监测指标

2020年，中证报价完成风险监测与分析框架体系优化，突出监测重点，并对各主要风险类型进行层级细化，分析并识别各主要风险的产生根源与风险特征，明确各类风险的关键风险因素，同时考虑各因素之间的关联性，合理消除相关性影响，使框架分类科学、标准规范，加强风险监测研判能力。

（二）完善风险监测报告，提升专业性、可读性

2020年，中证报价完成风险监测报告优化，调整报告结构，补充了外部风险数据的录入，在现阶段可获得数据的基础上增加了“产品风险等级”“波动率”“利差”“投资者”等维度分析，加大集中度风险的分析深度，增强数据比较、风险数据展示的直观性，从视觉感官上加深使用者对重要风险数据的感知，进一步提升风险监测报告的专业性、可读性。

三、严把准入关，加强产品合规审核

为确保各业务合法合规开展，中证报价以单只产品风险管理为基础，对业务准入实行初审、复审两道审核流程。对私募产品发行与转让实行注册管理，建立标准化审核底稿制度，从合规性、材料齐备性、产品结构及相关主体经营情况四个方面对产品进行审核和评估，通过严格审核把关，坚决把不合规的产品排除在报价系统之外。

为使业务审核工作标准化、规范化，提高审核效率及审核质量并防控风险，中证报价结合现行内部业务规则及相应的上位法规、自律规则和常见问题，多次修订、新增工作底稿模板，保证审核无漏洞、无死角。

四、积极开展风险文化建设工作

2020年，中证报价发布了整体培训方案。为提升公司全员风险意识，针对公司员工专门制订了风险管理类专业技术培训方案，包括风险管理基础理念培训、风险管理案例培训、外部专家培训等。结合疫情形势，组织3次全公司范围内现场培训，包括风险管理案例培

训，涉及信用风险、市场风险、操作风险共9个案例；风险管理基础理念培训；新《证券法》《民法典》等新法规学习培训，不断提升全员风控合规意识。

第二节 场外证券业务监测监控

中证报价持续建设并完善场外证券业务报告系统，形成了覆盖证券公司参与区域性股权市场、收益凭证、场外衍生品、非公开发行公司债券、场外债券交易等业务的场外业务报告与监测监控工作体系。

一、全力推动场外衍生品业务电子化接口报送工作，提升监控科技水平

为了迅速提高电子化报送程度，中证报价加快推进电子化接口报送工作。一是参与制定《场外证券业务报告系统衍生品业务数据报送文件接口规范》，由中国证券业协会于2020年9月25日发布。二是完成交易报告库端电子化接口报送系统开发工作，建立电子化接口报送的测试环境，包括公网环境及准生产环境，并配套起草了《场外证券业务报告系统文件接口数据报送指引——衍生品业务V1.0》，指导证券公司接口测试对接具体操作，由中证报价于2020年11月5日发布。三是组织交易商系统对接测试，在调研38家证券公司电子化报送准备情况的基础上，已完成首批3家证券公司的系统对接联调测试；第二批10家证券公司及第三批22家证券公司均已开始测试工作。

二、持续优化场外证券业务报告系统，推进场外债券投资交易监测平台建设

场外证券业务报告系统自运行以来，累计接收近246家备案机构注册，合计提交各类交易报告51万份，报告信息超过1 000万条，涵盖场外衍生品、收益凭证、非公开发行公司债券、证券公司柜台业务信息及证券公司开展区域性股权市场业务等多项场外证券业务。场外债券投资交易监测平台自运行以来，累计接收487家证券基金经营机构报送的场外债券投资交易信息，报告信息合计超5 000万条。2020年，中证报价持续推进系统建设，致力于行业基础设施的优化，更好地服务监管机构和自律组织。

（一）优化场外证券业务报告系统

一是为落实《关于优化衍生品主协议报送方式的通知》的相关要求，调整报告系统主协议报送方式，推进场外证券业务报告系统新增报送产品列表报送、调整交易确认书报送内容等功能。二是为落实《证券公司债券业务执业能力评价办法（试行）》的相关要求，完善

了备案信息，发布了新版《非公开发行公司债券备案内容与格式》，更新了备案系统。三是完成场外衍生品业务生命周期管理功能开发，新增场外衍生品业务存续期管理、部分终止、交易对账等功能。

（二）持续完善场外债券投资交易监测平台系统功能

一是完成场外债券投资交易监测平台系统升级开发，完善机构产品信息管理、数据校验规则、线上撤回流程等功能，实现提升数据质量、简化报送流程等目标。二是开展债券基础信息库完善项目，整合上交所、深交所、外汇交易中心等不同来源数据。

三、扎实推进场外证券业务统计分析，持续开展场外业务监测监控

中证报价依据场外交易报告系统数据，持续开展数据统计与监测监控，业务涵盖场外衍生品、收益凭证、非公开发行公司债券、场外债券交易等。一是以场外证券业务报告数据为基础，每月向全市场公开发布《场外证券业务开展情况报告》，成为公开披露场外证券市场信息的权威途径，提升了场外证券市场透明度。二是为确保场外市场健康发展，将债券发行、非公开发行公司债券备案、场外衍生品等业务信息，通过数据统计、定期报告等多种形式，为监管机构、自律组织提供监测监控服务。采用日报、周报、专项数据支持等方式合计向监管机构、自律组织报送统计数据 820 余次，采用《场外证券业务开展情况报告》《非公开发行公司债券备案情况简报》《证券公司场外期权月报》等形式报送定期分析报告 100 余份、各类快报近 100 份。三是及时总结日常监测经验，形成专题研究 10 余篇，深入剖析业务发展情况。总结场外证券业务发展情况，撰写《加强场外债券投资交易监测对手方管理的建议》《中美债券市场监测机制比较研究》等专题报告。

四、推进 TR（交易报告库）建设，探索建立监测指标体系

根据监管机构要求，结合各场外证券业务发展情况，中证报价积极推进交易报告建设工作，采取“分业务条线分步推进”方式，探索建立场外证券业务监测指标体系。

一是加强 TR 建设基础研究工作。分析研究世界主要发达经济体在交易报告及监测监控方面的先进经验，形成《香港交易报告库的发展及对我国交易报告库建设的启示》与《美国交易报告库的案例研究》。

二是经过指标草拟、征求市场主体意见、系统内征求意见三个阶段，完成《场外债券投资交易监测指标》，内容包括合规监测、风险预警、异常行为监测和报送情况 4 部分共 45 个指标。

三是根据《关于进一步加强证券公司场外期权业务管理的通知》和《证券公司场外期权业务管理办法》，起草场外期权业务监测指标方案。

五、参与证券业务基础制度建设，助力多层次资本市场发展

一是加强业务基础研究，完善监测监控机制，制定监测监控业务规划，撰写《证券基金经营机构对商业银行二级资本债投资情况》等报告。二是参与证券行业基础研究，完成《中国场外衍生品市场的演进和格局》《我国证券行业场外衍生品业务的问题与思考》等报告，为期货法立法工作提供研究借鉴。

第三节　场外证券业务数据服务

一、推动场外证券业务数据标准化，提升监管数据质量

（一）参与场外产品信息数据接口标准建设，推动行业数据标准化

2020 年 12 月 23 日，《资本市场场外产品信息数据接口》发布。该标准通过规范收益凭证等场外产品的分类模板、元素定义和接口形式，实现产品信息跨平台、跨系统、跨行业高效流转及标准化采集，助力监管部门和自律组织全面监测监控市场运行情况，有效提高市场透明度。

（二）发布实施交易对手编码编制方案，推动建立场外证券业务统一编码体系

为落实监管机构关于“场外衍生品的交易参与方必须持有 LEI，场外衍生品的监管数据报送必须使用 LEI”等批量赋码的要求，中证报价发布实施《场外证券业务交易对手编码编制方案》，通过统一场外证券业务交易对手编码规则，解决交易对手基础信息不一致、不准确等问题，提升监测监控的数据质量，加强投资者适当性管理。

（三）参与国际衍生品编码技术采标工作，推动交易报告数据标准化建设

根据监管机构的相关要求，中证报价积极参与国际衍生品编码技术指引采标相关工作。中证报价和上海清算所联合牵头，负责《金融市场交易报告数据要素指南：产品数据要素》，即唯一产品识别码（UPI）的采标工作。此项工作有助于推动交易报告数据标准化工作，提升交易报告库的国际接轨水平，有效地支持我国交易报告库的建设。

二、建立数据共享与服务机制，完善数据生态体系

（一）建设负面客户数据库，推动建立数据共享机制

一是启动负面客户数据库的建设工作。为落实《证券公司场外期权业务管理办法》的相关要求，在充分研究银行业征信条例、非公开发行公司债券及资产证券化业务基础资产负面清单指引等相关规定的基础上，中证报价调研多家证券公司听取行业经验与意见，发布实施《关于报送场外期权负面客户有关问题的通知》，汇总、收集场外期权负面客户信息，提供负面客户信息的查询服务。二是推动与上海证券交易所、深圳证券交易所建立场外期权业务数据共享机制，解决场外期权数据多头报送的问题。

（二）推动建立数据服务机制，提高市场透明度

一是组织成立收益凭证指数编制小组。依托场外证券业务报告系统，从产品发行规模、存续期限、收益结构等维度，展示收益凭证市场的总体发展态势，监测收益凭证在证券公司债务融资中的规模比重。二是组织研究场外衍生品监测指标体系。调研市场机构对相关数据产品的业务需求，从交易对手集中度、标的集中度、市场多空情绪等维度，探索风险度量方法和监测监控指标。

三、加强场外业务数据生态研究，推动公司数据治理

一是组织编写《场外证券业务数据治理研究报告》。深入研究《通用数据保护条例》等欧美国家的数据监管政策以及国内《数据安全法》《个人信息保护法》《数据安全管理办法》等法律法规，通过对场外业务数据现状的调研分析，结合行业数据治理工作规划，提出具体的实施规划及业务场景。

二是积极开展数据资源梳理和数据分类分级工作，建立集中统一的数据管理机制。组织完成中证报价重要业务系统的数据资源目录整理工作，并定期向监管机构报送更新。梳理共涉及13个核心系统、690多张数据表、1.9万个数据项，初步理清了公司数据资源的分布情况，为数据应用和数据共享打下基础。

三是起草制定《中证报价数据分类分级及应用管理办法》，明确规定了数据分类分级的原则标准、部门职责、操作流程和应用管理，防范越权使用、信息泄露等数据风险，提升内部数据治理和外部数据共享的标准化和规范化。

专题报告之十：2020 年中国证券公司固定收益业务发展综述

第一章 2020 年中国债券市场发展概况

第一节 2020 年中国债券市场规模和结构

中国债券市场作为资本市场的重要组成部分，在支持实体经济发展，确保货币政策的有效传导、宏观经济的健康运行和金融资源的有效配置等方面发挥着重要的、无可替代的作用。根据中央结算公司统计监测部的数据，2020 年末债券市场总托管量达到 104.32 万亿元，同比增加 16.94 万亿元，同比增长 19.38%。其中，中央结算公司托管债券 77.14 万亿元，占全市场的 73.95%，以国债、地方政府债和金融债为主；上海清算所托管债券 13.37 万亿元，占全市场的 12.82%；交易所市场托管债券 13.81 万亿元，占全市场的 13.23%。从债券市场存量占 GDP 的比例来看，2020 年我国债券市场存量占 GDP 的比例为 102.7%，不及马来西亚（110%）等亚洲新兴市场国家，更是远低于日本（251%）、美国（201%）、英国（203%）等发达国家的占比水平，中国债券市场的规模依然有很大上升空间。从为实体经济融资层面来看，企业债券融资远超非金融企业股票融资，中国债券市场已经成为实体经济发展的重要基石。

2020 年，债券市场共发行各类债券 37.75 万亿元，同比增长 39.62%。其中，中央结算公司登记发行债券 21.87 万亿元，占比 57.94%；上海清算所登记发行债券 9.69 万亿元，占比 25.67%；交易所市场新发债券 6.19 万亿元，占比 16.40%。新冠肺炎疫情发生以来，为抗击疫情，中国人民银行采取多项便利措施，支持金融机构在疫情防控期间发行各类金融债券。中央结算公司支持抗疫特别国债、农发行阻击疫情主题债券、国开行战疫专题债券、进出口银行抗击疫情主题债券等各类型金融机构疫情防控主题债券，以及湖北省政府债券顺利招标发行，为债券市场助力疫情防控提供了专业高效的技术保障和支持服务。2020 年，债券市场共计发行各类疫情防控主题债券 13 672.26 亿元，为支持疫情防控、促进经济恢复增长起到了重要作用。其中，在中央结算公司发行 10 645 亿元，占比达 77.86%。

从二级市场看，据 Wind 统计，2020 年全市场现券交易额为 241.1 万亿元，其中银行间市场为 229.8 万亿元，占比 95.3%；而回购交易 2020 年全市场交易额为 894 万亿元，银行间为 610.6 万亿元，占比 68.3%。可见，银行间市场在债券二级市场中占据主导地位，证券公司在银行间市场面临着与商业银行的激烈竞争，但在交易所债券市场却大有可为，交易所市场具有独特优势。第一，从总体上看，交易所债券市场具有平台优势。交易所市场既有债权类资产，又有股权类资产、股债混合类资产，不同风险偏好的投资者可以有更多的投资选择。而且仅就债券交易而言，交易所的交易系统具有明显的技术优势。其既具有撮合系统的匿名性和低成本，也有报价驱动系统的即时流动性。从结算方式上看，交易所市场一开始就采用净额结算方式，能够显著降低投资者交易成本。第二，从投资者构成上看，交易所债券市场具有更为多样化的市场成员。目前银行间市场成员主要由约 1 万个机构投资者组成。截至 2020 年底，交易所市场已拥有 1.78 亿投资者，其中个人投资者占比达 99%，这些投资者是债券市场庞大的潜在客户基础，只要交易所市场能够提供具有足够吸引力的债券产品，这些庞大的潜在客户完全可以变成现实的客户基础。从投资偏好上看，交易所市场成员风险偏好特性更为多样化，这对未来交易所市场发展衍生债券品种是非常有利的。此外，随着银行被允许进入交易所债券市场，交易所债券市场不但可以巩固其在零售市场上的优势，而且未来在批发市场上的劣势也将得到显著的改善。第三，从回购业务上看，与现券交易相比，回购业务在交易所市场的占比相对更高。这主要是因为交易所市场的回购交易有以下制度上的优势：一是交易所市场质押券制度更加灵活，交易所市场实行的标准券折算制度、质押可替换机制以及到期自动续作机制，使交易所信用债的质押效率更高、流动性更强、更便捷，十分有利于信用债质押回购；二是交易所市场采用中央对手方机制，每日调整债券的标准券折算率，基本无交易对手风险；三是交易所市场作为股票交易保证金闲时的理财工具更为快速便捷，资金利用效率更高，个人投资者也可在交易所逆回购融出资金，在获得一定收益的同时也不妨碍投资者投资股票。

第二节 2020年中国债券市场走势分析

2020年在疫情冲击及防疫取得明显效果、经济超预期的先后影响下，利率债全年呈现“V”形走势，10年期国债收益率年初和年末都在3.15%左右。2020年初，国内外陆续暴发新冠肺炎疫情，中国人民银行短期内投放了大量的流动性，货币政策处于宽松阶段，债券市场也随之迎来一波强劲的牛市。3月国内防疫取得显著的成果，经济生产活动逐步恢复到了正常水平，而海外疫情则持续反复。在国内外供需错配的背景下，我国的制造业快速回升，出口增速自4月以来明显上升，超出了大部分的市场预期，投资和消费也逐渐回归正常水平，宏观基本面展现了强劲的韧性。因此，中国人民银行开始不断回笼流动性，宽松的货币政策开始逐步退出，由此债券市场转弱，债券收益率开始呈现震荡上行的走势。11月永煤违约事件引发信用市场巨震，二级市场急跌，拿券需求急剧弱化，随着悲观情绪扩散，一级市场信用债融资同样受阻。随后，中国人民银行资金投放规模逐渐扩大，短端利率的回落缓释了市场焦灼情绪，市场利率开始回落。但投资者偏谨慎的风险偏好未有根本好转，个券表现极为分化，低等级债券、特别是民营企业债券受冷落倾向尤为明显。

2020年债券收益率全年先降后升，呈“V”形走势。1—4月，受疫情影响，国债、政策性银行金融债收益率大幅下行，企业债收益率也有所下行，但幅度不及国债、政策性银行金融债。5月之后，随着我国疫情防控取得重要阶段性成果，政策对冲力度不断加大，经济快速向好回升，债券收益率曲线整体上行。截至2020年末，各券种收益率基本回归至上年末水平。主要期限的国债收益率较上年末上行7.34BP，政策性银行金融债下行2.43BP，企业债未发生变化。而2020年债券价格经历了快速上升和触顶回落两个明显的阶段。中债新综合净价指数于1—4月快速上行，5月之后逐步下降，11月下旬至年末稍有回升。截至2020年末，中债新综合净价指数收于99.8606点，较上年末下降0.73%。从波动幅度看，指数于4月29日达到年内最高点103.3877点，11月20日达到年内最低点99.1803点，较最高点下降4.07%（见图专10-1）。

第三节 2020年中国债券市场投资者结构分布

目前，我国债券市场按投资场所主要分为银行间债券市场和交易所市场。债券市场的投资者除特殊结算会员外，可分为银行类、非银行金融机构类、非金融机构类、个人类和境外机构六大类。随着非银行的债券投资者增多，2020年以来我国债券市场投资者的持仓结构

图专 10－1　2020 年中国债券市场走势

资料来源：Wind。

呈现进一步多样化的趋势。

从中债登统计的持仓量结构看（见表专 10－1），截至 2020 年 12 月末，持仓量占比由高到低分别为商业银行（63.2%）、非法人产品（18.3%）、境外机构（3.7%）、交易所市场（3.1%）。从增速来看，全市场同比增速 18.72%，其中银行间市场增速为 18.78%、交易所市场增速为 27.96%。从 2020 年银行间市场增速来看，增速最高的为基金公司及基金会（84.1%），其次为其他金融机构（60.9%），再次是境外机构（53.7%），最后是证券公司（38.6%）。

表专 10－1　2019—2020 年中国债券市场投资者持仓结构变化

机构类型	2019 年 12 月 30 日		2020 年 12 月 30 日		
	持仓量（亿元）	占比（%）	持仓量（亿元）	占比（%）	同比增长（%）
一、银行间债券市场	622 488.80	96.9	739 400.74	95.9	18.78
政策性银行	19 508.05	3.1	18 452.79	2.4	－5.41
商业银行	417 298.37	65.8	487 641.10	63.2	16.86
全国性商业银行	313 050.43	49.3	355 322.38	46.1	13.50
城市商业银行	57 168.23	9	68 421.03	8.9	19.68
农村商业银行	40 344.56	6.4	55 225.81	7.2	36.89
农村合作银行	110.36	0	130.57	0.0	18.31
村镇银行	130.01	0	243.65	0.0	87.41
外资银行	5 735.32	0.9	7 307.03	0.9	27.40
其他	759.46	0.1	990.62	0.1	30.44

续表

机构类型	2019年12月30日		2020年12月30日		
	持仓量（亿元）	占比（%）	持仓量（亿元）	占比（%）	同比增长（%）
信用社	7 678.52	1.2	8 924.97	1.2	16.21
保险机构	17 679.64	2.7	23 424.79	3.0	32.50
证券公司	6 746.44	1.1	9 353.21	1.2	38.64
基金公司及基金会	68.21	0	125.59	0.0	84.12
其他金融机构	1 674.12	0.3	2 693.67	0.3	60.90
非金融机构	13.93	0	11.77	0.0	-15.50
非法人产品	116 941.53	17.3	141 439.98	18.3	20.95
境外机构	18 769.73	3	28 848.44	3.7	53.70
其他	16 110.25	2.6	18 484.43	2.4	14.75
二、柜台市场	8 546.21	0.1	8 026.88	1.0	-6.08
三、交易所市场	18 745.21	3	23 986.39	3.1	27.96
合　计	649 780.22	100	771 414.01	100.0	18.72

资料来源：根据中国债券信息网有关数据整理。

第四节　2020年证券公司托管债券变化

作为中国债券市场上的重要投资者，截至2020年底，证券公司持有的债券类型前5位的存量规模按大小排序分别为：中期票据4 051亿元，记账式国债3 907亿元，企业债1 821亿元，政策性银行债1 614亿元以及地方政府债1 087亿元。从占比来看，中期票据占比31%，记账式国债占比30%，企业债占比14%，政策性银行债占比12%以及地方政府债占比8%（见图专10-2）。

从2020年全年变动来看，与年初相比，证券公司增持2 170亿元记账式国债、521亿元中期票据、116亿元资产支持证券和61亿元商业银行债，减持114亿元地方政府债以及109亿元政策性银行债，企业债的持仓变动幅度较小。从总量来看，2020年证券公司更偏好于国债，在2019年之后继续大幅度增持。从月度变动来看，证券公司2020年2月、6月、8—9月以及11月明显增持国债，3—4月明显增持了中期票据，而在9月后明显减持了政策性银行债，其他债券品种持仓量变化不大（见图专10-3）。

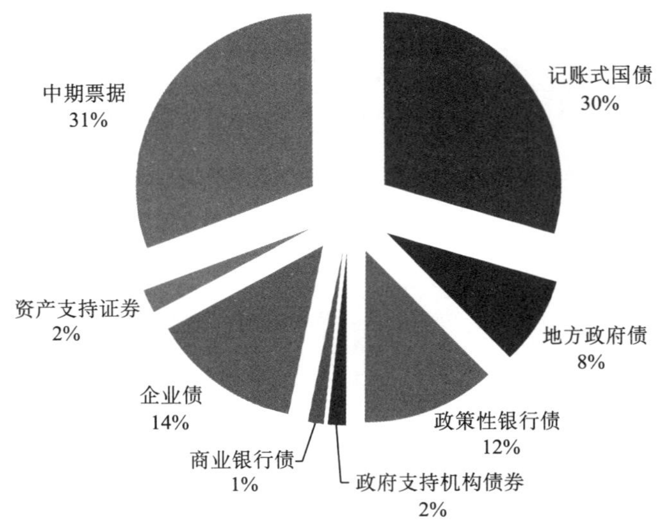

图专 10－2　2020 年底证券公司存量债券持仓分布

资料来源：Wind。

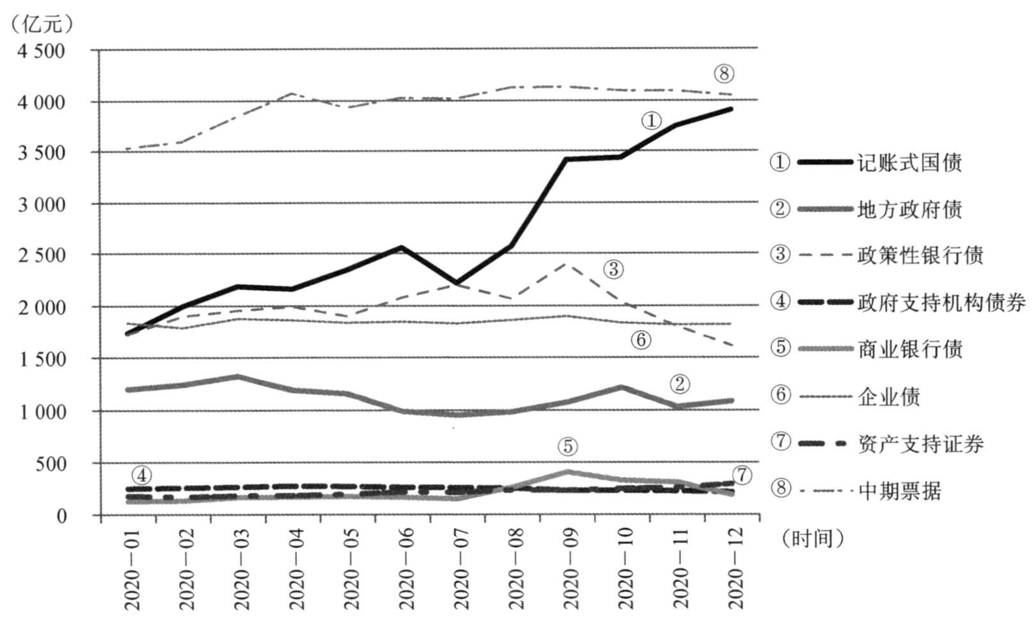

图专 10－3　2020 年证券公司债券持仓增量变化

资料来源：Wind。

第二章 2020 年中国证券公司固定收益业务发展情况

第一节 证券公司固定收益业务发展概况

从历史上看，债券承销业务主要由银行和证券公司承揽，2020 年同样如此，按 Wind 口径，银行总承销金额为 15.09 万亿元，证券公司总承销金额为 10.05 万亿元。银行类承销商主要承销的债券品种包括地方政府债、非政策性金融债、短融、中票、定向工具、政府支持机构债、资产支持证券等。从承销金额来看，工商银行、中国银行、农业银行、建设银行、交通银行五大国有银行占据前 5 名，2020 年全年承销金额分别为 1.76 万亿元、1.57 万亿元、1.45 万亿元、1.41 万亿元和 1.13 万亿元，前 5 名的市场份额占 48.5%，前 10 名的市场份额为 74.1%。证券公司类承销商主要承销的债券品种包括非政策性金融债、资产支持证券、公司债、可转债，此外还有少量的政策性银行债、短融、中票、定向工具、政府支持机构债、企业债、可交换债等。从承销金额来看，中信证券、中信建投证券、国泰君安证券、中金公司和华泰证券承销金额位居前 5 名，2020 年全年承销金额分别为 12 993 亿元、11 148 亿元、7 594 亿元、6 858 亿元和 5 482 亿元，前 5 名的市场占有率为 43.9%，前 10 名的市场份额为 63.5%。可见，虽然银行和证券行业内部的竞争格局均相对稳定，近年来前 5 名、甚至前 10 名的名单变化不大，但证券行业的市场集中度仍要小于银行。2020 年，共有 96 家证券公司承担了债券承销商角色，前 10% 的证券公司占据了近 2/3 的市场份额，前三甲的承销金额均为 5 000 亿元以上，而超过 2/3 的证券公司承销金额只有不到 500 亿元。

从债券交易业务看，中债登 2020 年全年债券市场交割量为 1 396.9 万亿元。其中，证券公司全年交割量为 122.7 万亿元，占比 8.8%；基金公司交割量为 149.4 万亿元，占比 10.7%；工、农、中、建四大行 2020 年全年交割量为 143.8 万亿元，股份制商业银行 315.5 万亿元，城市商业银行 350.4 万亿元，农村商业银行 129.7 万亿元。可见，银行始终是银行间市场的主体，2020 年全年交割量占比达到 67.2%。从证券公司竞争结构看，前五大证券公司的占比为 26.1%，前十大证券公司的占比为 44%。在交易所市场，证券公司则占据主导地位。2020 年上海证券交易所现券交易额为 23 万亿元，其中证券公司交易额为 5.6 万亿元，占比 24.3%。

第二节　证券公司固定收益业务发展特征

一、债券市场的国际化步伐加快

2020 年 2 月，摩根大通新兴市场政府债券指数（GBI－EM）纳入中国债券，2020 年 9 月富时全球政府债券指数（WGBI）宣布将于 2021 年 10 月纳入中国国债，加上 2019 年 4 月彭博巴克莱全球综合指数（BBGA）的纳入，至此全球三大主要债券指数均将纳入中国债券，中国债券市场的对外开放步伐进一步加快。根据中国人民银行、国家外汇管理局的数据，2020 年 9 月底境外机构和个人持有人民币债券资产达到 30 119 亿元人民币，同比增长 37.9%，占债券托管量的比例达到 4.05%。而 2020 年底，境外机构在中债登持有的记账式国债达到 18 776 亿元人民币，同比增长 43.7%，占比达到 9.66%，比 2019 年底增加 1.12 个百分点，是仅次于商业银行的第二大持有机构。2020 年中国相较于其他国家在抗疫、经济复苏和政策水平方面的优异表现，使得人民币对美元汇率以 8% 的涨幅在所有新兴市场国家货币中位居前列，人民币升值预期加上中美 10 年期国债 200 个 BP 以上的利差，以及债券通在 QFII（合格境外机构投资者）、RQFII（人民币合格境外机构投资者）的基础上更好地满足了境外投资者的需求，使得国内人民币债券特别是国债的吸引力大增。而中国债券市场国际化不仅是将境外资本引进中国，而且是双向开放，即境外投资人既可以投资中国的债券市场，也可以在中国发行以人民币计价的债券（熊猫债券）。2020 年共发行 43 期熊猫债券，共计人民币 586.5 亿元，熊猫债平均发行规模较上年出现明显增长，尤其是国际机构债，然而相较于整个债券市场，熊猫债的体量还是偏小的，未来还有发展的空间。

二、债券市场基础设施实现互联互通

为贯彻落实 2020 年全国金融工作会议关于推进金融基础设施互联互通的要求，进一步便利债券投资者，促进我国债券市场高质量发展，2020 年 7 月 19 日，中国人民银行、中国证监会联合发布《中国人民银行　中国证券监督管理委员会公告（〔2020〕第 7 号）》，同意银行间与交易所债券市场相关基础设施机构开展互联互通合作。债券市场基础设施实现互联

互通，有利于切实便利债券跨市场发行与交易，促进资金等要素自由流动，形成统一市场和统一价格，为货币政策顺畅传导和宏观调控有效实施奠定坚实基础，也有利于提升我国债券市场基础设施服务水平和效率，推动构建以客户为中心、适度竞争的债券市场基础设施服务体系，更好地服务实体经济。由于历史原因，在不同市场交易的债券品种有一定的差异，我国债券市场存在着较为复杂的多头监管情况。从交易场所看，银行间市场和交易所市场分别由中国人民银行和中国证监会监管。中国债券市场的割裂现象经常会造成国际投资者的困扰，银行间债券市场与交易所债券市场二者的监管机构不同，交易方式也有差异。为解决跨市场债券信息披露不统一问题，2020年12月25日，中国人民银行、国家发改委、中国证监会联合发布《公司信用类债券信息披露管理办法》（以下简称《办法》），自2021年5月1日起施行。这是继统一违约债券处置机制、建立债券市场统一执法机制、银行间交易所市场信用评级互认等多项措施后，公司信用类债券部际协调机制又一重要成果。《办法》旨在推进公司信用类债券信息披露协调统一，主要体现在四方面：一是统一信息披露基本原则；二是统一信息披露义务人；三是统一企业、中介机构的信息要求；四是统一存续期重大事项认定标准及披露要求。《办法》通过统一和明确信息披露程序和要求，提升信息披露质量，有助于增强市场透明度，完善市场约束机制，有助于强化投资者保护，有助于健全债券市场基础性制度，推动债券市场持续健康发展。实现基础设施的互联互通，只是实现统一监管的中国债券市场的第一步，对于形成市场的良性竞争、实现债券市场要素自由顺畅流动、防范和控制金融风险以及促进债券市场的创新都有着重大的历史意义。

三、信用债的违约风险蔓延势头得到遏制

2020年中国债券市场信用风险仍居高位，新增违约或展期债券规模共计1 491.75亿元，较上年增加8.23%。2020年新增违约或展期债券以中高等级债券为主，评级在AAA级、AA+级的违约或展期债券规模分别为731.16亿元和457.94亿元，合计占比超83%，较2019年上升29个百分点。违约或展期债券评级上移主要由于国有企业违约增多，2020年国有企业债券违约规模达828.35亿元，同比上升473%，其中92%为AA+级以上债券。以华晨汽车集团控股有限公司（简称“华晨集团”）和永城煤电控股有限公司（简称“永煤集团”）为代表的AAA级国企的违约是2020年信用风险的突出事件。2020年11月10日，永煤集团因未能按期兑付“20永煤SCP003”（超短期融资券）到期应付本息，构成实质违约，涉及本息金额共10.32亿元。这是继10月华晨集团债券违约后，国企AAA级评级债券再度出现违约，引发信用债市场巨幅波动，二级市场急跌，拿券需求急剧弱化，一级市场相关地区信用债融资严重受阻。2020年11月21日，国务院金融稳定发展委员会第四十三次会议指出，近期违约个案有所增加，是周期性、体制性、行为性因素相互叠加的结果。会议要求，金融监管部门和地方政府要从大局出发，建立良好的地方金融生态和信用环境，秉持“零容忍”态度，维护市场公平和秩序；要依法严肃查处欺诈发行、虚假信息披露、恶意转

移资产、挪用发行资金等各类违法违规行为，严厉处罚各种“逃废债”行为，保护投资人合法权益。实际上，为缓和信用债市场情绪，金融管理部门在年底还连续推出一系列政策措施，包括加强债券市场评级行业监督管理、统一公司信用类债券信息披露标准等。所有这些措施，对于恢复投资者对相关弱国企、弱行业和弱省份的投资信心起到了积极的作用。

第三章
2021 年中国证券公司固定收益业务发展展望

一、公司债券市场规模不断扩大

2020 年信用债券的注册制改革将为公司债券的发展奠定良好基础。2020 年 2 月 29 日，国务院办公厅印发《关于贯彻实施修订后的证券法有关工作的通知》，要求公开发行公司债券应当依法经中国证监会或者国家发改委注册。8 月 7 日至 9 月 6 日，中国证监会就修订《公司债券发行与交易管理办法》向社会公开征求意见。11 月 27 日，上海证券交易所发布《上海证券交易所公司债券发行上市审核规则适用指引第 1 号——申请文件及编制》和《上海证券交易所公司债券发行上市审核规则适用指引第 2 号——特定品种公司债券》两项规则，标志着上海证券交易所健全优化公司债券注册制发行上市审核规则体系的工作取得阶段性成效。

2020 年 4 月 10 日，以深圳市地铁集团有限公司、上海陆家嘴（集团）有限公司为代表的首批注册制企业债发行人获得国家发改委企业债券注册通知书，标志着新《证券法》下首批注册制企业债券正式问世。随后，深圳地铁集团成功发行全国首单注册制企业债券，发行总额 60 亿元。美国公司债发行分为公募和私募两种发行方式，也实行注册制。当前公司债存量规模在 9.5 万亿美元左右，公司债规模仅次于国债、抵押贷款相关债券，是美国企业融资的重要手段。而 2020 年底，中国公司债存量规模为 8.9 万亿元，其中私募 4.3 万亿元，公募 4.6 万亿元，加上 2.3 万亿元的企业债、7.5 万亿元的中期票据、2.1 万亿元的定向工具，仍不及美国公司债的存量规模。2021 年国内经济将延续复苏势头，大部分行业将迎来收入和盈利的改善，从而带动企业整体信用状况在 2021 年得到修复，这使得 2021 年中国公司债市场更具吸引力。但 2021 年又是信用债券兑付的一个高峰期，据 Wind 数据，截至 2020 年 12 月 31 日，2021 年信用债到期偿还量为 6.4 万亿元，而在剔除当年发行、当年到期的金额后，2020 年和 2019 年信用债到期偿还量分别为 5.2 万亿元和 4.7 万亿元。考虑到 2020 年发生的一系列违约事件，关注尾部企业的信用状况显得更有必要。

二、ESG 投资成为国内主流投资理念

1987 年，联合国在《我们共同的未来》报告中首次阐述了可持续发展理念，得到了国际社会的广泛认同。为号召全球企业遵守国际公认的价值观和原则，时任联合国秘书长科菲·安南于2000 年倡导成立了“联合国全球契约组织”。该组织将全球企业公认的价值观和原则总结为环境、社会和治理三个维度，并于 2004 年提出了“ESG”概念。ESG 是环境（Environment）、社会责任（Society）和公司治理（Governance）三个英文单词的首字母缩写，是一种关注环境、社会、治理绩效而非财务绩效的企业评价体系。实现经济的高质量发展是“十四五”时期的主要目标，而高质量发展必须兼顾经济的稳定、发展的均衡、环境的宜居和社会的公平，是绿色、和谐和可持续的增长。近年来，追求长期价值增长、兼顾经济和社会效益的 ESG 理念，在国际社会备受关注。根据国际可持续投资联盟发布的《2018 年全球责任投资回顾》报告，2018 年主要经济体 ESG 投资规模达 30.68 万亿美元，较两年前大幅增长 34%，占资产管理行业总规模的 1/3；其中，欧洲 ESG 投资规模的全球占比为 45.9%，美国占比 39.1%，日本占比 7.1%，三者合计达 92.1%。2018 年我国 ESG 投资占资产管理行业的比重只有 0.49%，远低于欧洲（48.8%）、美国（25.7%）和日本（18.3%）。近些年，我国资本市场已经在践行 ESG 理念方面作了一些探索。2018 年，中国证监会修订了《上市公司治理准则》，要求上市公司将 ESG 融入公司发展战略，并且搭建了 ESG 信息披露的基本框架；同年，中国证券投资基金业协会发布了《绿色投资指引（试行）》，要求基金管理人每年报送绿色投资自评报告。2020 年，除欧洲外，日本、中国、韩国、英国等国家和地区也设定了碳中和目标。为了实现这些目标并引导资金的有效分配，各国政府正寻求与私营部门的协作。欧盟、日本等国成立了国家级特别工作组，旨在监管和鼓励 ESG 在金融领域的应用。ESG 已成为固定收益市场，尤其是投资级债券市场中的一大趋势，其相关性不断增强。然而，ESG 不仅仅是投资策略，还是一种新的价值理念和评价工具，将深刻影响实体经济发展的方向。ESG 可以说是 2020 年以来最热门的投资话题，在新冠肺炎疫情的影响下，ESG 投资在全球出现史无前例的增长，这一趋势将在 2021 年持续。我国 ESG 数据提供商商道融绿发布的《中国责任投资年度报告 2019》统计显示，2019 年底我国 ESG 公募基金规模为 485 亿元，只占国内基金总规模的 2% 左右。相比我国债券市场整体规模而言，我国 ESG 债券市场规模还非常小，远未被充分开发，预计将来会在政府支持及引导下快速增长。

但实际上，与 ESG 相关的中国绿色债券市场已经形成较大的发展规模。2020 年我国绿色公司债券发行规模、发行主体数量较上年分别增加 22.88% 和 100%，市场影响不断扩大。证券行业积极推动绿色债券市场发展，绿色债券品种日益丰富，资金投向基本涵盖各类绿色项目，节能减排效益显著。根据中国证券业协会公布的数据，2020 年，49 家证券公司作为绿色公司债券主承销商或绿色资产证券化产品管理人，在沪、深证券交易所共承销发行 76

只产品，合计金额 904.65 亿元。在绿色发展理念下，碳中和、绿色发展、新型城镇化建设等领域债券有望进一步扩容。2021 年政府工作报告提出，要扎实做好碳达峰、碳中和各项工作，在此背景下，碳中和及绿色投资领域将是一个庞大的市场。银行间市场和证券交易所市场已先后启动并鼓励非金融企业的碳中和债券发行，银行间市场更在 2021 年 2 月 8 日成功发行了全国首批碳中和债券，这也是全球首次以“碳中和”命名的贴标绿色债券产品，国家开发银行则向全球投资人发行了首单碳中和绿色债券。在社会责任方面，2020 年证券行业共参与承销 55 只扶贫专项债发行，发行总额达 1 733.45 亿元，较 2019 年增加 337.30%。

三、高收益债券市场逐步形成

高收益债的概念源于美国，海外市场一般将三大评级机构界定的投机级债券视为高收益债，2013—2019 年，高收益债发行规模占美国公司债发行规模比重为 6%—12%；2020 年，美国高收益债的发行额高达 4 216 亿美元。由于国内债项评级都偏高，无法有效区分投机级债券资质，因此我们将到期收益率介于 6%—8% 的债券均视为高收益债。在存量高收益债中，央企、国企和民企的规模占比分别为 2.4%、76.2% 和 21.4%；AAA、AA+、AA、其他评级的规模占比分别为 16.3%、20.1%、54.4% 和 9.2%；城投和房企的规模占比分别为 57.8% 和 10.9%，位居前列；其余行业中，存量高收益债规模超过 1 000 亿元的还有综合行业、建筑装饰以及商业贸易。对于收益率处于 6%—8% 的债券而言，其潜在的买盘力量并不稀缺。风险偏好较高的证券公司自营和私募基金天然会配置这类高收益债；而风险偏好中等的城商行、农商行、银行理财和证券公司资管在负债端成本刚性上升的背景下，对于投资收益率的要求也自然提高，对于相对高收益债券的需求正在不断增加；风险偏好较低的全国股份行、保险资管以及公募基金的下沉相对受限，但在无风险利率相对低位且不断下行的市场环境下，完全不涉足高收益债的可能性也较低。整体而言，在当前的无风险利率水平下，向资质下沉要收益的胜率也许要高于拉长久期，高收益债在 2021 年的发展机会不容忽视。

由于中国现阶段评级体系仍有待完善，高收益债券往往产生于企业在出现一定风险隐患或相关指标出现负面变动时，部分机构基于公司风控要求减仓而折价成交，此时在没有评级机构跟进评估的基础上，信用风险仍然较高，估值进一步恶化的概率仍然较大。随着中国人民银行等 5 部门发布《关于促进债券市场信用评级行业高质量健康发展通知（征求意见稿）》，评级机构的改革也成为 2021 年监管的重要工作之一，这也成为中国高收益债市场走上正轨的必要前提。随着监管逐步减弱债券发行对评级的依赖，评级机构也正处于改革与调整的新阶段，以违约率为核心验证信用评级质量，这种更加市场化的评级体系，将逐步增大债券评级区分度，为中国高收益债市场的健康运行和风险预警提供必要基础。近两年信用债违约率不断上升，刚兑氛围逐步淡化，未来国内高收益债的定价将更加市场化，风险与机遇并存下，掌握国内高收益债市场特点与投资逻辑对于挖掘优质高收益债尤为重要。长期来看，专业高收益债投资者群体的兴起以及债券基础设施的完善将助推高收益债市场的发展。随着国内高收益债市场规模的扩大，基金专户、证券公司资管、公募基金等资管产品的高收益债配置比例也逐渐增加，海通高收益债1号、东方红高收益债均是高收益债产品的典型代表，预计国内高收益债ETF也将随着市场扩容而产生。

四、加快中国债券市场的改革，加强监管力度和监管体系建设

针对银行间和交易所两大市场产品分离、不少产品同质又互有竞争的现状，2020年中国债券市场持续出台了一些打通债券市场的政策，试图从信息披露、准入条件、违约处置、执法监管等方面逐步实现统一。这些措施对中国债券市场的发展产生了深远影响，进一步完善了制度规则和基础设施体系，推动了中国债券市场互联互通。未来顶层制度设计将充分借鉴境外成熟市场的有益经验，按照有利于提高监管效能、有利于防范金融风险的原则，遵循债券市场规律，对交易结算的基础制度、技术体系等进一步改进完善。同时，还将进一步加强交易所债券市场和银行间债券市场的制度规则衔接，加快债券市场互联互通，促进债券市场要素自由流动和资源优化配置。

附录：

2020 年中国证券行业重要制度规范

日　期	制度规范
1 月 13 日	中国证监会发布《非上市公众公司信息披露内容与格式准则第 3 号——定向发行说明书和发行情况报告书（2020 年修订）》
1 月 13 日	中国证监会发布《非上市公众公司信息披露内容与格式准则第 4 号——定向发行申请文件（2020 年修订）》
1 月 13 日	中国证监会发布《非上市公众公司信息披露内容与格式准则第 9 号——创新层挂牌公司年度报告》
1 月 13 日	中国证监会发布《非上市公众公司信息披露内容与格式准则第 10 号——基础层挂牌公司年度报告》
1 月 15 日	上海证券交易所发布《关于银行参与上海证券交易所债券交易结算有关事项的通知》
1 月 17 日	中国证监会发布《非上市公众公司信息披露内容与格式准则第 11 号——向不特定合格投资者公开发行股票说明书》
1 月 17 日	中国证监会发布《非上市公众公司信息披露内容与格式准则第 12 号——向不特定合格投资者公开发行股票申请文件》
1 月 22 日	中国证券业协会发布《公司债券业务工作底稿内容与目录指引》
1 月 22 日	中国证券业协会发布《公司债券承销业务尽职调查指引》
1 月 23 日	中国证监会发布《证券公司风险控制指标计算标准规定》
2 月 14 日	中国证监会发布《关于修改〈上市公司证券发行管理办法〉的决定》
2 月 14 日	中国证监会发布《关于修改〈创业板上市公司证券发行管理暂行办法〉的决定》
2 月 14 日	中国证监会发布《关于修改〈上市公司非公开发行股票实施细则〉的决定》
2 月 14 日	中国证监会、财政部、中国人民银行、中国银保监会联合发布《关于商业银行、保险机构参与中国金融期货交易所国债期货交易的公告》
2 月 21 日	中国证监会发布《关于废止部分证券期货规范性文件的决定》
2 月 28 日	中国证券业协会发布《证券公司投资银行类业务工作底稿电子化管理系统建设指引》
2 月 28 日	上海证券交易所发布《上海证券交易所上市公司内幕信息知情人报送指引》
2 月 28 日	深圳证券交易所发布《深圳证券交易所上市公司规范运作指引（2020 年修订）》
3 月 1 日	上海证券交易所发布《关于上海证券交易所公开发行公司债券实施注册制相关业务安排的通知》
3 月 3 日	中国证监会发布《关于取消或调整证券公司部分行政审批项目等事项的公告》
3 月 6 日	中国证监会发布《关于降低证券公司 2019 年度及 2020 年度证券投资者保护基金缴纳比例的公告》
3 月 6 日	中国证监会发布《上市公司创业投资基金股东减持股份的特别规定》（2020 年修订）
3 月 6 日	上海证券交易所发布《上海证券交易所上市公司创业投资基金股东减持股份实施细则（2020 年修订）》

续表

日　期	制度规范
3月6日	深圳证券交易所发布《深圳证券交易所上市公司创业投资基金股东减持股份实施细则（2020年修订）》
3月12日	中国证券业协会发布《证券经营机构及其工作人员廉洁从业实施细则》
3月13日	中国证监会发布《证券期货规章制定程序规定》
3月13日	上海证券交易所发布《上海证券交易所交易规则（2020年第二次修订）》
3月13日	深圳证券交易所发布《深圳证券交易所交易规则（2020年修订）》
3月18日	中国证券业协会发布《关于网下投资者参与全国股转系统股票向不特定合格投资者公开发行相关业务规则适用的通知》
3月20日	中国证监会发布《关于修改部分证券期货规章的决定》
3月20日	中国证监会发布《科创属性评价指引（试行）》
3月27日	上海证券交易所发布《上海证券交易所科创板企业发行上市申报及推荐暂行规定》
4月17日	中国证监会发布《公开募集证券投资基金投资全国中小企业股份转让系统挂牌股票指引》
4月27日	深圳证券交易所发布《深圳证券交易所创业板投资者适当性管理实施办法（2020年修订）》
4月30日	中国证监会发布《关于废止〈创业板市场投资者适当性管理暂行规定〉的决定》
4月30日	中国证监会发布《关于创新试点红筹企业在境内上市相关安排的公告》
5月19日	中国证券业协会发布《非上市公众公司股票公开发行并在新三板精选层挂牌承销业务规范》
5月21日	中国证券业协会发布《发布证券研究报告执业规范（修订稿）》
5月21日	中国证券业协会发布《证券分析师执业行为准则（修订稿）》
5月28日	上海证券交易所发布《上海证券交易所章程（2020年修订）》
5月29日	中国证监会发布《关于修改〈证券公司次级债管理规定〉的决定》
6月3日	中国证监会发布《关于全国中小企业股份转让系统挂牌公司转板上市的指导意见》
6月5日	上海证券交易所发布《关于红筹企业申报科创板发行上市有关事项的通知》
6月12日	中国证监会发布《创业板上市公司持续监管办法（试行）》
6月12日	中国证监会发布《创业板上市公司证券发行注册管理办法（试行）》
6月12日	中国证监会发布《创业板首次公开发行股票注册管理办法（试行）》
6月12日	中国证监会发布《证券发行上市保荐业务管理办法》
6月12日	中国证监会发布《创业板首次公开发行证券发行与承销特别规定》
6月12日	深圳证券交易所发布《深圳证券交易所创业板股票异常交易实时监控细则（试行）》
6月12日	深圳证券交易所发布《深圳证券交易所行业咨询专家库工作规则》
6月12日	深圳证券交易所发布《深圳证券交易所创业板上市公司证券发行上市审核问答》
6月12日	深圳证券交易所发布《深圳证券交易所创业板上市委员会管理办法》
6月12日	深圳证券交易所发布《深圳证券交易所创业板上市公司规范运作指引（2020年修订）》
6月12日	深圳证券交易所发布《深圳证券交易所创业板创新试点红筹企业财务报告信息披露指引》
6月12日	深圳证券交易所发布《深圳证券交易所创业板发行上市申请文件受理指引》
6月12日	深圳证券交易所发布《深圳证券交易所创业板创新试点红筹企业财务报告信息披露指引》
6月12日	深圳证券交易所发布《香港中央结算有限公司参与深股通上市公司网络投票实施指引（2020年修订）》

续表

日　期	制度规范
6 月 12 日	深圳证券交易所发布《深圳市场首次公开发行股票网下发行实施细则（2020 年修订）》
6 月 12 日	深圳证券交易所发布《深圳证券交易所创业板交易特别规定》
6 月 12 日	深圳证券交易所发布《深圳证券交易所创业板上市公司重大资产重组审核规则》
6 月 12 日	深圳证券交易所发布《深圳证券交易所创业板上市公司证券发行与承销业务实施细则》
6 月 12 日	深圳证券交易所发布《深圳证券交易所创业板企业发行上市申报及推荐暂行规定》
6 月 12 日	深圳证券交易所发布《深圳证券交易所创业板股票上市规则（2020 年修订）》
6 月 12 日	深圳证券交易所、中国证券金融股份有限公司、中国证券登记结算有限责任公司联合发布《深圳证券交易所创业板转融通证券出借和转融券业务特别规定》
6 月 12 日	深圳证券交易所发布《深圳证券交易所创业板首次公开发行证券发行与承销业务实施细则》
6 月 12 日	深圳证券交易所发布《深圳证券交易所创业板上市公司证券发行上市审核规则》
6 月 12 日	深圳证券交易所发布《深圳证券交易所上市公司股东大会网络投票实施细则（2020 年修订）》
6 月 12 日	深圳证券交易所发布《深圳证券交易所创业板股票发行上市审核规则》
6 月 12 日	深圳证券交易所发布《深圳证券交易所创业板股票首次公开发行上市审核问答》
6 月 12 日	深圳证券交易所发布《深圳证券交易所创业板上市保荐书内容与格式指引》
6 月 12 日	深圳证券交易所发布《关于创业板股票涉及股票质押回购及约定购回交易有关事项的通知》
6 月 21 日	深圳证券交易所发布《深圳证券交易所上市公司业务办理指南》
6 月 24 日	深圳证券交易所发布《深圳证券交易所上市公司纪律处分实施标准（试行）》
7 月 3 日	中国证监会发布《科创板上市公司证券发行注册管理办法（试行）》
7 月 3 日	上海证券交易所发布《上海证券交易所科创板上市公司证券发行承销实施细则》
7 月 3 日	上海证券交易所发布《上海证券交易所科创板上市公司证券发行上市审核规则》
7 月 3 日	上海证券交易所发布《上海证券交易所科创板上市公司证券发行上市审核问答》
7 月 10 日	中国证监会发布《证券投资基金托管业务管理办法》
7 月 10 日	中国证监会发布《公开募集证券投资基金侧袋机制指引（试行）》
7 月 10 日	中国证监会发布《关于修改〈首次公开发行股票并上市管理办法〉的决定》
7 月 10 日	中国证监会发布《关于修改〈科创板首次公开发行股票注册管理办法（试行）〉的决定》
7 月 10 日	中国证监会发布《关于修改〈证券公司分类监管规定〉的决定》
7 月 10 日	中国证券业协会发布《关于明确创业板首次公开发行股票网下投资者规则适用及自律管理要求的通知》
7 月 10 日	深圳证券交易所发布《关于创业板风险警示股票和退市整理期股票交易制度安排的通知》
7 月 13 日	中国证券业协会发布《证券业务示范实践第 1 号——证券公司运营管理信息报告机制》
7 月 15 日	中国证券业协会发布《中国证券业协会自律措施实施办法》
7 月 15 日	中国证券业协会发布《中国证券业协会自律处分委员会办案规程》
7 月 17 日	上海证券交易所发布《上海证券交易所、中国证券登记结算有限责任公司科创板上市公司股东以向特定机构投资者询价转让和配售方式减持股份业务指引》
7 月 20 日	中国证券业协会发布《创业板首次公开发行证券承销规范》
7 月 22 日	中国证监会发布《非上市公众公司监管指引第 5 号——精选层挂牌公司持续监管指引（试行）》

续表

日　期	制度规范
7月24日	中国证监会、工业和信息化部、司法部、财政部联合发布《证券服务机构从事证券服务业务备案管理规定》
7月24日	深圳证券交易所发布《深圳证券交易所上市公司股份协议转让业务办理指引（2020年修订）》
8月6日	中国证券业协会发布《证券从业人员职业道德准则》
8月7日	中国证监会发布《公开募集基础设施证券投资基金指引（试行）》
8月7日	深圳证券交易所发布《现金管理产品运作管理指引》
8月21日	中国证监会发布《非上市公众公司监管指引第6号——股权激励和员工持股计划的监管要求（试行）》
8月28日	中国证监会发布《公开募集证券投资基金销售机构监督管理办法》
8月28日	中国证监会发布《公开募集证券投资基金宣传推介材料管理暂行规定》
8月30日	深圳证券交易所发布《深圳证券交易所上市公司风险分类管理办法》
9月11日	中国证监会发布《关于证券市场信息披露媒体条件的规定》
9月11日	上海证券交易所发布《科创板上市公司持续监管通用业务规则目录》
9月17日	中国证监会发布《关于修改〈关于加强上市证券公司监管的规定〉的决定》
9月25日	中国证监会发布《合格境外机构投资者和人民币合格境外机构投资者境内证券期货投资管理办法》
9月25日	中国证券业协会发布《证券公司场外期权业务管理办法》
10月30日	中国证监会发布《关于修改、废止部分证券期货规章的决定》
10月30日	深圳证券交易所发布《深圳证券交易所合格境外机构投资者和人民币合格境外机构投资者证券交易实施细则（2020年修订）》
10月30日	中国证券金融股份有限公司发布《关于合格境外机构投资者和人民币合格境外机构投资者申请参与转融通证券出借有关事项的通知》
12月4日	中国证券业协会发布《证券公司保荐业务规则》
12月4日	上海证券交易所发布《上海证券交易所科创板上市委员会管理办法》
12月4日	上海证券交易所发布《上海证券交易所科创板股票发行上市审核规则（2020年修订）》
12月4日	上海证券交易所发布《上海证券交易所交易型开放式指数基金业务实施细则（2020年第二次修订）》
12月11日	中国证监会发布《关于开展上市公司治理专项行动的公告》
12月23日	中国证监会发布《证券交易数据交换协议》《资本市场场外产品信息数据接口》
12月31日	中国证监会发布《可转换公司债券管理办法》
12月31日	上海证券交易所发布《上海证券交易所风险警示板股票交易管理办法（2020年12月修订）》
12月31日	上海证券交易所发布《上海证券交易所退市公司重新上市实施办法（2020年12月修订）》
12月31日	上海证券交易所发布《上海证券交易所科创板股票上市规则（2020年12月修订）》
12月31日	上海证券交易所发布《上海证券交易所股票上市规则（2020年12月修订）》
12月31日	深圳证券交易所发布《深圳证券交易所交易规则（2020年12月修订）》
12月31日	深圳证券交易所发布《深圳证券交易所退市公司重新上市实施办法（2020年修订）》
12月31日	深圳证券交易所发布《深圳证券交易所自律监管措施和纪律处分实施办法（2020年修订）》
12月31日	深圳证券交易所发布《深圳证券交易所创业板股票上市规则（2020年12月修订）》
12月31日	深圳证券交易所发布《深圳证券交易所股票上市规则（2020年修订）》

后　记

《中国证券业发展报告（2021）》由中国证券业协会组织编撰，由中国证券业协会和12家单位组成的写作组共同完成。报告分为总报告、分报告及专题报告，撰稿单位情况如下：海通证券股份有限公司负责撰写“总报告：2020年中国证券业发展回顾与展望”“专题报告之一：2020年中国证券公司合规管理发展综述”及“专题报告之二：2020年中国证券公司风险管理发展综述”；国泰君安证券股份有限公司负责撰写“分报告之一：2020年中国证券经纪业务发展回顾与展望”；中信建投证券股份有限公司负责撰写“分报告之二：2020年中国投资银行业务发展回顾与展望”；申万宏源证券股份有限公司负责撰写“分报告之三：2020年中国证券公司资产管理业务发展回顾与展望”；中信证券股份有限公司负责撰写“分报告之四：2020年中国证券公司融资类业务发展回顾与展望”和“分报告之五：2020年中国证券公司投资业务发展回顾与展望”；联合信用评级有限公司负责撰写“分报告之六：2020年中国证券市场资信评级业务发展回顾与展望”；中国证券业协会会员管理部负责撰写“专题报告之三：2020年证券行业履行脱贫攻坚社会责任综述”；中国证券业协会证券纠纷调解中心负责撰写“专题报告之四：2020年证券公司投资者保护工作发展综述”；中国证券业协会从业人员管理部负责撰写“专题报告之五：2020年证券行业人力资源管理发展综述”；安信证券股份有限公司负责撰写“专题报告之六：2020年中国证券业信息技术与服务发展综述”；广发证券股份有限公司负责撰写“专题报告之七：2020年中国证券公司国际业务发展综述”；东方证券股份有限公司和齐鲁股权交易中心负责撰写“专题报告之八：2020年中国区域性股权市场和柜台市场发展综述”；中证机构间报价系统股份有限公司负责撰写“专题报告之九：2020年机构间私募产品报价与服务系统发展综述”；第一创业证券股份有限公司负责撰写“专题报告之十：2020年中国证券公司固定收益业务发展综述”。按报告顺序，各写作组负责人分别为：李明亮、朱志雄、贾新、蒋健蓉、张玲、艾仁智、王建业、杜洪波、徐仕达、周素霞、黄钰薇、许彦冰、陈福、王春华、李学锋、刘辉、王皓宇。

本报告编写过程中，得到了中国证监会证券基金机构监管部、公司债券监管部、发行监管部的大力支持。初稿完成后，中国证监会证券基金机构监管部、中国证监会市场监管二部、中国证券金融股份有限公司、中国证券业协会证券经纪业委员会、投资银行委员会、资产管理业务委员会、融资类业务委员会、投资业务委员会、合规管理委员会、风险管理委员会、国际战略委员会、场外市场委员会、固定收益委员会、信息技术委员会、资信评级委员会的专家及资产证券化业务专家对报告内容进行了认真审阅并提出了宝贵的修改意见和建议。此外，本报告的完成也得到了上海证券交易所、深圳证券交易所、中国证券投资基金业协会及广大会员单位的支持，在此一并表示感谢！

《中国证券业发展报告（2021）》编委会

2021 年 7 月